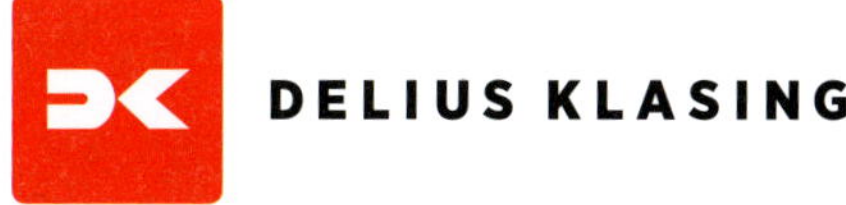
DELIUS KLASING

Der amtliche Sportbootführerschein Binnen

Mit Antriebsmaschine

Mit den 253 Prüfungsfragen
und Auswahlantworten

Ministerialdirigent a. D. Kurt Graf †

Ministerialrat a. D. Dr. Dietrich Steinicke

Delius Klasing Verlag

Außerdem sind von Kurt Graf und Dr. Dietrich Steinicke im Delius Klasing Verlag erschienen:
Der amtliche Sportbootführerschein – Binnen „Mit Antriebsmaschine + Segeln"
Der amtliche Sportbootführerschein – See

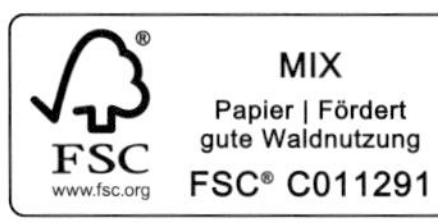

Bibliografische Information der deutschen Nationalbibliothek
Die Deutsche Nationalbibliothek verzeichnet diese Publikation in der Deutschen Nationalbibliografie; detaillierte bibliografische Daten sind im Internet über http://dnb.dnb.de abrufbar.

16., aktualisierte Auflage
ISBN 978-3-667-12898-0

Lektorat: Felix Wagner, Gerd Kley
Grafik: Prof. Christoph Drescher
Satz: Comwedo, Bielefeld
Druck- und Bucheinband: Kunst- und Werbedruck, Bad Oeynhausen
Printed in Germany 2024

Delius Klasing Verlag GmbH, Siekerwall 21, D-33602 Bielefeld
Tel. 05 21/5 59-0, Fax 05 21/5 59-115
E-Mail: info@delius-klasing.de
www.delius-klasing.de

Vorwort

Die Neubearbeitung des Werkes „Der amtliche Sportbootführerschein – Binnen" mit den beiden Ausgaben „Mit Antriebsmaschine" und „Mit Antriebsmaschine + Segeln" wurde erforderlich, weil das Bundesministerium für Verkehr und digitale Infrastruktur (BMVI) in Umsetzung einer Bundestags-Resolution durch Erlass vom 20. November 2011 einen neuen Fragen- und Antwortenkatalog nach dem Antwort Auswahl-Verfahren (multiple-choice-system) eingeführt hat, der zum 1. Mai 2012 in Kraft trat. Gleichzeitig traten umfangreiche Änderungen des Prüfungsverfahrens in Kraft.

Der neue Fragen- und Antwortenkatalog besteht aus Basisfragen, die mit dem gleichzeitig neu herausgegebenen Fragen- und Antwortenkatalog für die Prüfung zum Erwerb des Sportbootführerscheins – See identisch sind, und spezifischen Fragen zum Erwerb des Sportbootführerscheins – Binnen mit Antriebsmaschine und mit Antriebsmaschine + Segeln. Daher mussten zusammengehörige Sachkomplexe und die dazugehörigen Erläuterungen gesplittet werden, wenn auch die Gesamtzahl der Fragen auf 253 verringert wurde. Darüber hinaus wurden innerhalb der beiden Teile unnötigerweise zusammengehörende Fragen getrennt aufgeführt. Um das Erlernen des Wissensstoffes zu erleichtern, wurden sie entgegen der Numerierung den zugehörigen Sachkomplexen zugeordnet mit einem Hinweis in der Nummernfolge. Auch die in dem Basisteil und in dem Spezialteil getrennt aufgeführten, zusammengehörigen Fragen wurden durch Verweisungen verbunden. Schließlich wurde das Grundlagenwissen, das nicht mehr durch entsprechende Fragen abgedeckt ist, weil diese gestrichen wurden, wie zum Beispiel die Lichterführung eines Motorbootes, den hiermit in Zusammenhang stehenden Fragen vorangestellt. Denn nur durch das Verständnis der Zusammenhänge kann Einzelwissen gelernt und behalten werden.

Das Antwort-Auswahl-Verfahren scheint auf den ersten Blick eine Vereinfachung zu sein, weil das Wissen nicht mehr formuliert, sondern nur noch „angekreuzt" werden muss. In Wirklichkeit sind aber die vier Auswahlantworten zum Teil so geschickt und verwirrend kaum unterschiedlich formuliert, dass nur das wirklich erlernte Fachwissen das Kreuz bei der richtigen Antwort machen hilft. Deshalb wurde am Schluss der Erläuterungen zu jeder Frage/Antwort oder zu jedem Fragenkomplex der notwendige Wissensstoff zum visuellen Erlernen unter dem Stichwort „Merke" kurz und knapp zusammengefasst.

Auch diese Auflage des Werkes folgt, entsprechend dem Motto „Der sichere Weg zur Prüfung", der bewährten Systematik, Didaktik und Grafik des Standardwerkes „Der amtliche Sportbootführerschein – See" –, ebenfalls von den beiden Autoren und bereits in 24 Auflagen erschienen. Statt dem Bewerber ein allgemeines Lehrbuch in die Hand zu geben, stellen die Autoren den Fragen- und Antwortenkatalog in den Mittelpunkt: Die sachlich zusammenhängenden Fragen und Antworten sind nach Blöcken gegliedert, erläutert, vertieft und durch Zeichnungen visualisiert. Gleichzeitig wird auf die Zusammenhänge mit anderen Themenbereichen des komplexen Verkehrssicherheitssystems hingewiesen. Auf diese Weise wird der Prüfungsstoff leichter verständlich, lernbar und merkfähig. Die Prüfungserfolge bestätigen das.

Das bewährte Querformat ist beibehalten worden, um das Werk ins Bücherschapp an Bord stellen zu können. Denn es soll nicht nur der Ausbildung bis hin zur Prüfung dienen, sondern auch als Nachschlagewerk während eines Törns.

Eine weitere Neubearbeitung des Werkes wurde erforderlich, weil durch die neue Sportbootführerscheinverordnung vom 3. Mai 2017 die bisherigen Sportbootführerscheinverordnungen See und Binnen zu einer einzigen Verordnung vereinigt wurden, ohne die unterschiedlichen Prüfungsanforderungen, insbesondere die Fragen- und Antwortenkataloge, sachlich zu ändern. Dagegen wurde bei dieser Gelegenheit das Regelwerk den heutigen Rechtsförmlichkeitsanforderungen angepasst und die Generaldirektion Wasserstraßen und Schifffahrt mit einbezogen, sodass Teil I erheblich geändert werden musste.

Eine weitere erhebliche Änderung erfolgte durch die Bekanntmachungen Nr. 69 und Nr. 70 im Verkehrsblatt 2022 betreffend die Änderungen des Fragen- und Antwortenkataloges für die Geltungsbereiche See- und Binnenschifffahrtsstraßen vom 18. April 2023, und vor allem durch die Änderungen der Sportbootführerscheinverordnung vom 1. Dezember 2022, der weitere Änderungen durch Gesetz vom 14. März und Verordnung vom 14. April 2023 folgten. Besonders die Änderung vom 1. Dezember 2022 präzisierte die körperlichen und medizinischen Voraussetzungen für den Erwerb der Fahrerlaubnis erheblich und regelte nun auch weitere Bereiche zur Praxisprüfung und Zertifikatsausstellung per Verordnung. Dadurch wurde eine erhebliche Überarbeitung des Werkes erforderlich.

Hamburg, im April 2024 Der Autor

Inhalt

Teil I Das Wichtigste über den Sportbootführerschein mit dem Geltungsbereich Binnenschifffahrtsstraßen

Teil II Der amtliche Fragen- und Antwortenkatalog für die Prüfung zum Erwerb des amtlichen Sportbootführerscheins mit dem Geltungsbereich Binnenschifffahrtsstraßen

Teil III Die praktische Prüfung

Anhang

Allgemeine Sorgfaltspflicht

Über diese Verordnung hinaus hat jeder Verkehrsteilnehmer auf Binnenschifffahrtsstraßen alle Vorsichtsmaßnahmen zu treffen, welche die allgemeine Sorgfaltspflicht und die Übung der Schifffahrt gebieten, um insbesondere

a) die Gefährdung von Menschenleben,

b) die Beschädigung anderer Fahrzeuge oder Schwimmkörper, der Ufer, der Regelungsbauwerke sowie von Anlagen jeder Art in der Wasserstraße oder an ihren Ufern,

c) die Behinderung der Schifffahrt zu vermeiden und

d) jede vermeidbare Beeinträchtigung der Umwelt zu verhindern.

(BinSchStrO, § 1.04)

Zeichenerklärungen, Abkürzungen, Gesetze, Verordnungen

1. Zeichenerklärungen

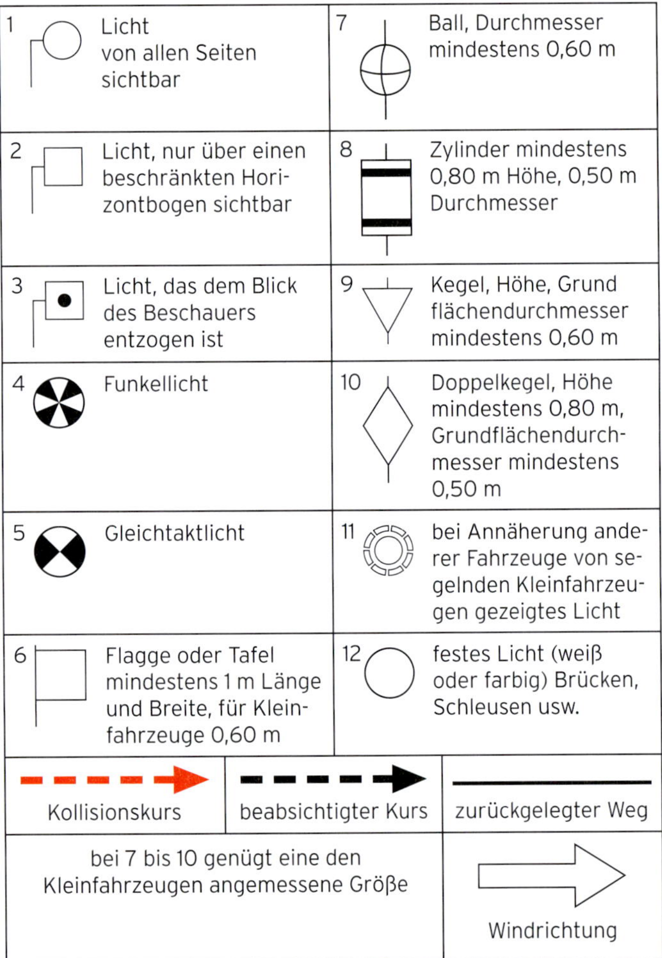

Nr.	Bedeutung	Nr.	Bedeutung
1	Licht von allen Seiten sichtbar	7	Ball, Durchmesser mindestens 0,60 m
2	Licht, nur über einen beschränkten Horizontbogen sichtbar	8	Zylinder mindestens 0,80 m Höhe, 0,50 m Durchmesser
3	Licht, das dem Blick des Beschauers entzogen ist	9	Kegel, Höhe, Grund flächendurchmesser mindestens 0,60 m
4	Funkellicht	10	Doppelkegel, Höhe mindestens 0,80 m, Grundflächendurchmesser mindestens 0,50 m
5	Gleichtaktlicht	11	bei Annäherung anderer Fahrzeuge von segelnden Kleinfahrzeugen gezeigtes Licht
6	Flagge oder Tafel mindestens 1 m Länge und Breite, für Kleinfahrzeuge 0,60 m	12	festes Licht (weiß oder farbig) Brücken, Schleusen usw.

Kollisionskurs	beabsichtigter Kurs	zurückgelegter Weg
bei 7 bis 10 genügt eine den Kleinfahrzeugen angemessene Größe		Windrichtung

2. Abkürzungen

ADAC	Allgemeiner Deutscher Automobilclub
betr.	betreffend
BGBl.	Bundesgesetzblatt
BHO	Bundeshaushaltsordnung
BMVI	Bundesministerium für Verkehr und digitale Infrastruktur
BSH	Bundesamt für Seeschifffahrt und Hydrographie
BZRG	Bundeszentralregister
bzw.	beziehungsweise
cm	Zentimeter
d. h.	das heißt
DMYV	Deutscher Motoryachtverband
DSV	Deutscher Segler-Verband
DVFG	Deutscher Verband Flüssiggas
E	Ost
ECE	Europäische Wirtschaftskommission der UNO
EG	Europäische Gemeinschaft
einschl.	einschließlich
Erl.	Erläuterung(en)
evtl.	eventuell
ff.	folgende
GDWS	Generaldirektion Wasserstraßen und Schifffahrt
GG	Grundgesetz der Bundesrepublik Deutschland
ggf.	gegebenenfalls
GSG	Gerätesicherheitsgesetz
H	Höhe der Gezeit
hPa	Hektopascal
HSW	höchst schiffbarer Wasserstand
i. d. F.	in der Fassung
km	Kilometer
KoA-See	Koordinierungsausschuss des Deutschen Motoryachtverbandes und des Deutschen Seglerverbandes für die Durchführung der Sportbootführerscheinverordnung – See
kW	Kilowatt
KVR	Kollisionsverhütungsregeln
m	Meter
m^2	Quadratmeter
m^3	Kubikmeter

mm	Millimeter
N	Nord
o. Ä.	oder Ähnliches
PA	Prüfungsausschuss
PK	Prüfungskommission
PS	Pferdestärke
S	Süd
S.	Seite
SpFV	Sportbootführerscheinverordnung
t	Tonne
u. a.	unter anderem
UNO	United Nations Organization (Vereinte Nationen)
usw.	und so weiter
u. U.	unter Umständen
vgl.	vergleiche
VkBl.	Verkehrsblatt
VO	Verordnung
W	West
WSA	Wasserstraßen- und Schifffahrtsamt
WSV	Wasserstraßen- und Schifffahrtsverwaltung
z. B.	zum Beispiel
z. T.	zum Teil

3. Gesetze, Verordnungen

BGebG
Gesetz über Gebühren und Auslagen des Bundes (Bundesgebührengesetz) Art. 1 des Gesetzes vom 7. August 2013 (BGBl. I S. 3154), zuletzt geändert durch Art. 1 des Gesetzes vom 3. Juni 2021 (BGBl. I. S. 1465)

BinSchAufgG
Binnenschifffahrtsaufgabengesetz in der Fassung der Bekanntmachung vom 5. Juli 2001 (BGBl. 1 S. 2026), zuletzt geändert durch Artikel 1 des Gesetzes vom 3. Juni 2021 (BGBl. 1 S. 1467)

BinSchPatentV
Binnenschifferpatentverordnung vom 15. Dezember 1997 (BGBl. 1 S. 3066), zuletzt geändert durch Art. 2 § 1 der Verordnung vom 21. September 2018 (BGBl. 1 S. 1398)

BinSchStrO
Binnenschifffahrtsstraßen-Ordnung (Anlage 1 Abs. 1 der Verordnung zur Einführung der Binnenschifffahrtsstraßen-Ordnung vom 16. Dezember 2011 (BGBl. 1 S. 2) mit Berichtigung vom 26. Juli 2012 (BGBl. 1 S. 1666), zuletzt geändert durch Artikel 5 der Verordnung vom 5. Januar 2022 (BGBl. 1 S. 2)

BinnenSchUO
Binnenschifffahrts-Untersuchungsordnung Artikel 1 der Verordnung vom 21. September 2018 (BGBl. 1 S. 1398), zuletzt geändert durch Artikel 1 der VO vom 5. Januar 2022 (BGBl. 1 S. 2)

BMVI-WS-BGebV
Besondere Gebührenverordnung des Bundesministeriums für Verkehr und digitale Infrastruktur für individuell zurechenbare öffentliche Leistungen im Zusammenhang mit der Verwaltung der Wasserstraßen und der Schifffahrtsverwaltung (BMVI-Wasserstraßen und Schifffahrt Besondere Gebührenverordnung – BMVI-WS-BGebV) vom 28. Oktober 2021 (BGBl. 1 S. 4744)

Bordlichter
Verordnung über die Farbe und Lichtstärke der Bordlichter sowie die Zulassung von Signalleuchten in der Binnenschifffahrt (BordlichterV-Binnen) vom 28. November 2000 (BGBl. I S. 1680), zuletzt geändert durch Art. 8 Nr. 8 der VO vom 16. Dezember 2011 (BGBl. II S.1300)

BV Kat Bin – See
Allgemeine Verwaltungsvorschrift für die Erteilung von Buß- und Verwarnungsgeldern für Zuwiderhandlungen gegen strom- und schifffahrtspolizeiliche Vorschriften des Bundes auf Binnen- und Seeschifffahrtsstraßen sowie in der ausschließlichen Wirtschaftszone und auf der Hohen See (Buß- und Verwarnungsgeldkatalog Binnen- und Seeschifffahrtsstraßen) vom 1. Juli 2015 (VkBl. S. 615), zuletzt geändert durch Bekanntmachung Nr. 71 vom 27. April 2023 (VkBl. S. 363)

DonauSchPatentV
Verordnung über die Befähigungszeugnisse in der Donauschifffahrt vom 27. Mai 1993 (BGBl. 1 S. 741)

DonauSchPV
Donauschifffahrtspolizeiverordnung vom 27. Mai 1993 (BGBl. I S. 741), zuletzt geändert durch Artikel 2 der Verordnung vom 5. Januar 2022 (BGBl. I S. 2)

Fragen- und Antworten-Katalog für den amtlichen Sportbootführerschein – Binnen vom Oktober 2011 (VkBl. S. 887 und Sonderband, B 8414), zuletzt geändert durch Erlass vom 25. April 2017 (VkBl. S. 522)

MoselSchPV
Moselschifffahrtspolizeiverordnung vom 3. September 1997 (BGBl. 11 S. 1670), zuletzt geändert durch Artikel 3 der 13. Verordnung zur Änderung rhein- und moselschifffahrtspolizeilicher Vorschriften vom 16. Februar 2022 (BGBl. II S. 82)

OWiG
Gesetz über Ordnungswidrigkeiten in der Fassung der Bekanntmachung vom 19. Februar 1987 (BGBl. I S. 602), zuletzt geändert durch Artikel 9a des Gesetzes vom 30. März 2021 (BGBl. I S. 448)

RadarpatentVO
Verordnung über die Erteilung von Radarpatenten auf den Bundeswasserstraßen vom 26. Juni 2000 (BGBl. II S. 818), zuletzt geändert durch Artikel 2 der Verordnung vom 30. Mai 2014 (BGBl. 1 S. 610)

RheinPatVO
Verordnung zur Einführung der Rheinpatentverordnung in der Fassung vom 15. Dezember 1997 (BGBl. II S. 2174), zuletzt geändert durch Art. 3 § 8 der Verordnung zur Einführung der Verordnung über die Schiffssicherheit in der Binnenschifffahrt 19. Dezember 2008 (BGBl. 1 S. 2868)

RheinSchPV
Verordnung zur Einführung der Rheinschifffahrtspolizeiverordnung vom 19. Dezember 1994 (BGBl. II S. 3816), zuletzt geändert durch Artikel 1 der zwölften Verordnung zur Änderung rhein- und moselschifffahrtspolizeilicher Vorschriften vom 20. Mai 2021 (BGBl. II S. 442)

RiVerbSpbootFüV – Bin
Richtlinien für den Deutschen Motoryachtverband und den Deutschen Segler-Verband über die Durchführung der Aufgaben nach § 11 SportbootFüV-Bin vom 21. Februar 1990 (VkBl. S. 156), zuletzt geändert durch Erlass vom 20. Oktober 2011 (VkBl. S. 887) und vom 13. März 2012 (VkBl. S. 224), in Kraft getreten am 1. Mai 2012. Diese Richtlinien sind vorläufig weiter anzuwenden, soweit sich nicht aus der Sportbootführerscheinverordnung explizit etwas anderes ergibt (Bekanntmachung des BMVI vom 13. Oktober 2017 – VkBl. S. 1001)

RiVerb-SpbootFüV – See
Richtlinien vom 15. September 2005 für den Deutschen Motoryachtverband und den Deutschen Segler-Verband nach § 4 Sportbootführerscheinverordnung – See (Verkehrsblatt – Dokument Nr. B 8101), zuletzt geändert durch Erlass vom 20. Oktober 2011 (VkBl. S. 887) und vom 13. März 2012 (VkBl. S. 224). Diese Richtlinien sind vorläufig weiter anzuwenden, soweit sich nicht aus der Sportbootführerscheinverordnung explizit etwas anderes ergibt (Bekanntmachung des BMVI vom 13. Oktober 2017 – VkBl. S. 1001)

SpFV
Verordnung über das Führen von Sportbooten (Sportbootführerscheinverordnung – SpFV), erlassen durch Artikel 1 und 2 der Zweiten Verordnung zur Änderung sportbootrechtlicher Vorschriften im See- und Binnenbereich, vom 3. Mai 2017 (BGBl. I S. 1016), zuletzt geändert durch Artikel 2 Absatz 7 der Verordnung zur Neuregelung befähigungsrechtlicher Vorschriften in der Binnenschifffahrt vom 26. November 2021 (BGBl. 1 S. 4982)

StGB
Strafgesetzbuch vom 15. Mai 1871 in der Fassung der Bekanntmachung der Neufassung vom 13. November 1998 (BGBl. I S. 3322), zuletzt geändert durch Art. 1 des Gesetzes vom 16. Juni 2021 (BGBl. I S. 1810)

STVO
Straßenverkehrs-Ordnung vom 6. März 2013 (BGBl. I S. 367), zuletzt geändert durch Artikel 1 der Verordnung vom 18. Dezember 2020 (BGBl. I S. 3047)

Wassermotorräder
Wassermotorräder-Verordnung vom 31. Mai 1995 (VkBl. S. 769), zuletzt geändert durch Artikel 3 der Verordnung 31. Oktober 2019 (BGBl. I1 S. 1518)

Wasserski
Verordnung über das Wasserskilaufen auf Binnenschifffahrtsstraßen (Wasserskiverordnung) vom 17. Januar 1990 (BGBl. I S. 107), zuletzt geändert durch Artikel 36 der Verordnung vom 2. Juni 2016 (BGBl. I S. 1257)

WasStrG
Bundeswasserstraßengesetz in der Fassung der Bekanntmachung vom 23. Mai 2007 (BGBl. 1 S. 962; 2008 1 S. 1980), zuletzt geändert durch Artikel 57 des Gesetzes vom 23. Juni 2021 (BGBl. 1 S.1858)

Teil I

Das Wichtigste über den Sportbootführerschein mit den Geltungsbereich Binnenschifffahrtsstraßen

Hinweis
Fundstellen mit §§-Bezeichnung beziehen sich jeweils auf die SpFV
Fundstellen ohne §§-Bezeichnung beziehen sich auf die Richtlinien zur SpFV

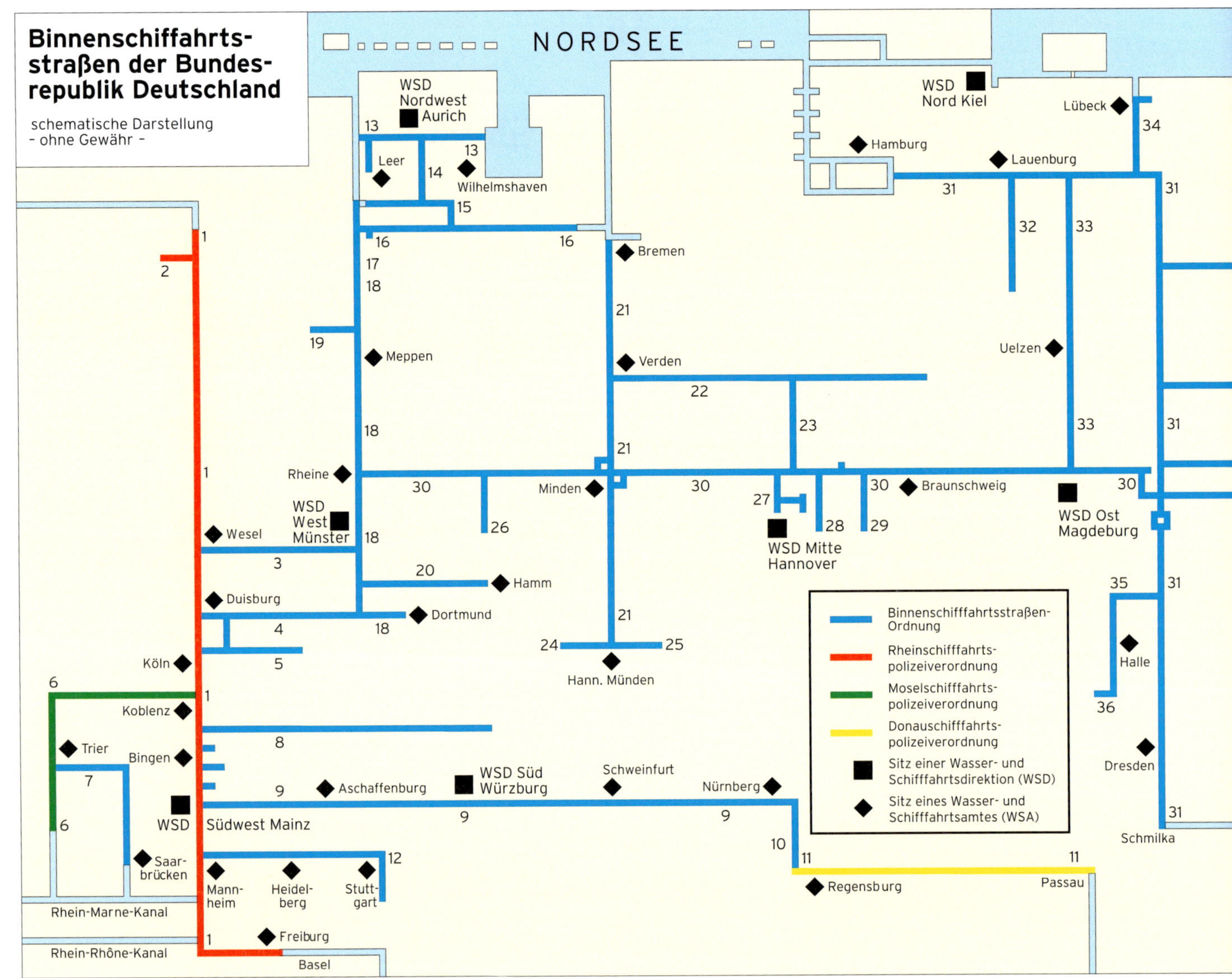

Binnenschiffahrts-straßen der Bundes-republik Deutschland
schematische Darstellung
- ohne Gewähr -
NORDSEE
WSD Nordwest Aurich
Leer
Wilhelmshaven
Bremen
Verden
Meppen
Rheine
Minden
WSD West Münster
Wesel
Hamm
Duisburg
Dortmund
Köln
Koblenz
Trier
Bingen
WSD Südwest Mainz
Saar-brücken
Mann-heim
Heidel-berg
Stutt-gart
Freiburg
Basel
Rhein-Marne-Kanal
Rhein-Rhône-Kanal
Aschaffenburg
WSD Süd Würzburg
Schweinfurt
Nürnberg
Regensburg
Passau
Hann. Münden
WSD Mitte Hannover
Braunschweig
WSD Ost Magdeburg
WSD Nord Kiel
Hamburg
Lübeck
Lauenburg
Uelzen
Halle
Dresden
Schmilka
Binnenschifffahrtsstraßen-Ordnung
Rheinschifffahrts-polizeiverordnung
Moselschifffahrts-polizeiverordnung
Donauschifffahrts-polizeiverordnung
Sitz einer Wasser- und Schifffahrtsdirektion (WSD)
Sitz eines Wasser- und Schifffahrtsamtes (WSA)

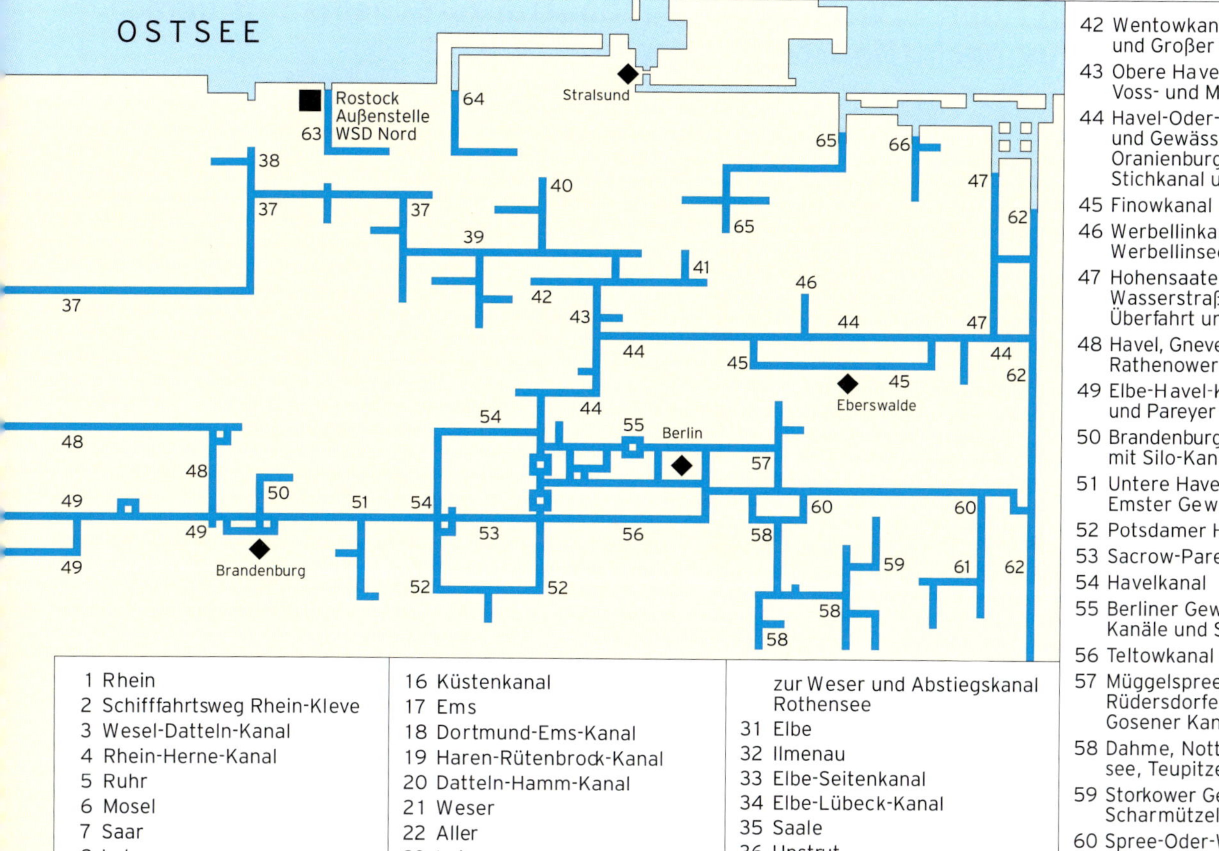

1 Rhein
2 Schifffahrtsweg Rhein-Kleve
3 Wesel-Datteln-Kanal
4 Rhein-Herne-Kanal
5 Ruhr
6 Mosel
7 Saar
8 Lahn
9 Main
10 Main-Donau-Kanal
11 Donau
12 Neckar
13 Ems-Seitenkanal Oldersum-Emden, Ems-Jade-Kanal
14 Nordgeorgsfehn-Kanal
15 Leda-Elisabethfehn-Kanal
16 Küstenkanal
17 Ems
18 Dortmund-Ems-Kanal
19 Haren-Rütenbrock-Kanal
20 Datteln-Hamm-Kanal
21 Weser
22 Aller
23 Leine
24 Fulda
25 Werra
26 Stichkanal Osnabrück
27 Stichkanal Hannover-Linden bis zum Schnellen Graben
28 Stichkanal Hildesheim
29 Stichkanal Salzgitter
30 Mittellandkanal mit Nord- und Südabstieg zur Weser und Abstiegskanal Rothensee
31 Elbe
32 Ilmenau
33 Elbe-Seitenkanal
34 Elbe-Lübeck-Kanal
35 Saale
36 Unstrut
37 Müritz-Elde-Wasserstraße mit Plauer See, Kölpin- und Müritzsee, Ziegelsee
38 Störkanal mit Schweriner See
39 Müritz-Havel-Wasserstraße mit Rheinsberger Gewässern
40 Obere Havel-Wasserstraße mit Kammerkanal
41 Templiner, Feldberger und Lychener Gewässer
42 Wentowkanal und Großer Wentowsee
43 Obere Havel, Voss- und Malzer Kanal
44 Havel-Oder-Wasserstraße und Gewässer, mit Oranienburger Kanal, Veltener Stichkanal und Alter Oder
45 Finowkanal
46 Werbellinkanal und Werbellinsee
47 Hohensaaten-Friedrichsthaler Wasserstraße mit Schwedter Überfahrt und West-Oder
48 Havel, Gneversdorfer Vorfluter, Rathenower Schleusenkanäle
49 Elbe-Havel-Kanal, Niegripper und Pareyer Verbindungskanal
50 Brandenburger Havelgewässer mit Silo-Kanal, Beetz-See
51 Untere Havel-Wasserstraße, Emster Gewässer und Seen
52 Potsdamer Havel und Seen
53 Sacrow-Paretzer-Kanal
54 Havelkanal
55 Berliner Gewässer, Kanäle und Seen
56 Teltowkanal
57 Müggelspree, Müggelsee, Rüdersdorfer Gewässer, Gosener Kanal, Seddinsee
58 Dahme, Notte-Kanal, Krossinsee, Teupitzer Gewässer
59 Storkower Gewässer, Scharmützelsee
60 Spree-Oder-Wasserstraße mit Stichkanälen, Ruhlebener Altarm, Spree-Kanal, Rummelsburger See
61 Spree, Schwielochsee, Neuendorfer See
62 Oder, Westoder und Lausitzer Neiße (Grenzgewässer)
63 Warnow
64 Recknitz
65 Peene mit Kummerower See
66 Uecker

Gesamtübersicht über den Erwerb des Sportbootführerscheins mit dem Geltungsbereich Binnenschifffahrtsstraßen

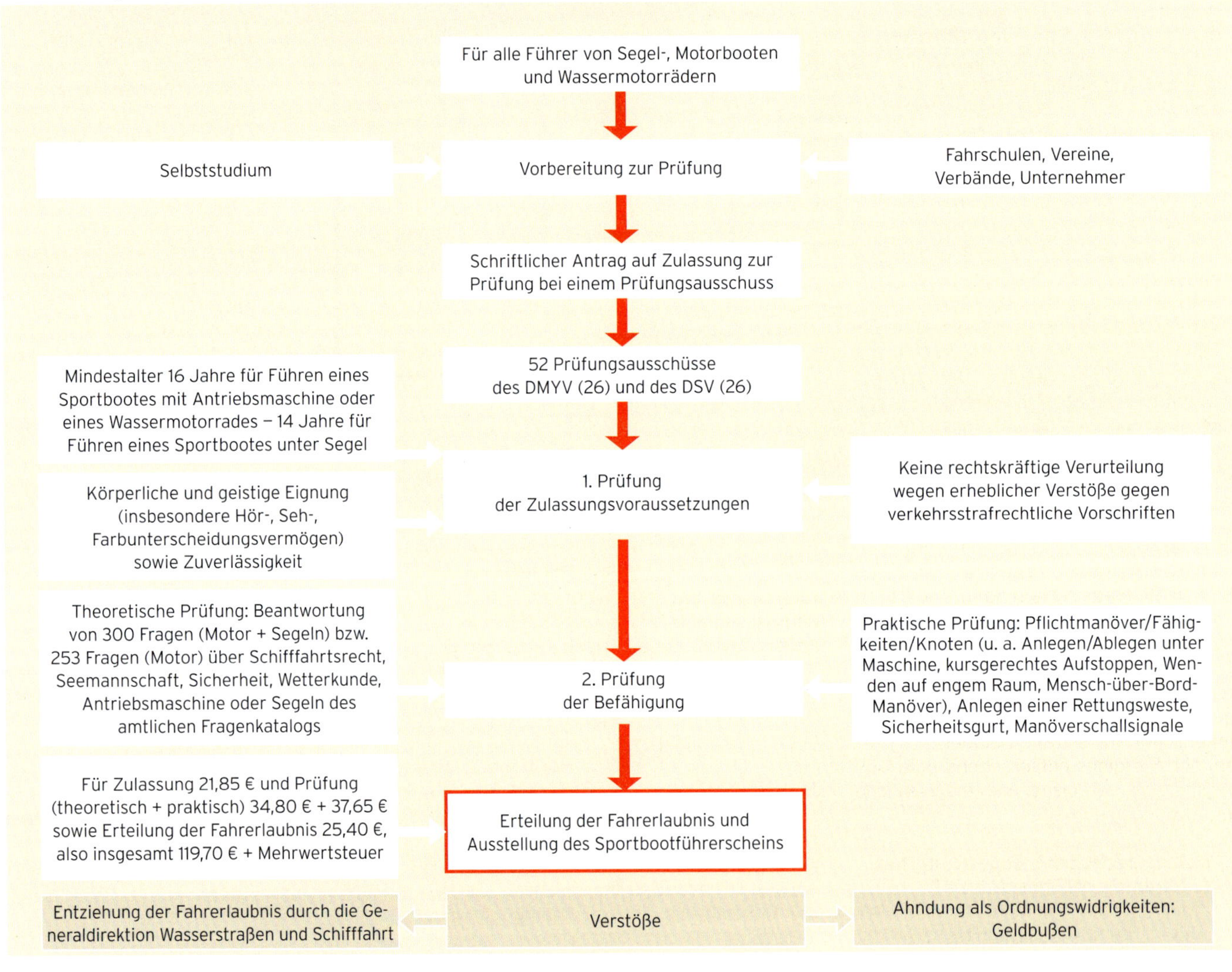

I. Inhalt und Umfang der Verpflichtung zum Besitz eines Sportbootführerscheins mit dem Geltungsbereich Binnenschifffahrtsstraßen

1. Warum ist der Sportbootführerschein mit dem Geltungsbereich Binnenschifffahrtsstraßen erforderlich?

Wer am Verkehr teilnimmt, gleichgültig ob im Straßen-, im Luft- oder im Schiffsverkehr, muss die Verkehrsregeln und die für das benutzte Fahrzeug geltenden Sicherheitsvorschriften kennen. Das Prinzip, die erforderlichen Kenntnisse durch Ausbildung, durch Erziehung und nicht durch Bestrafung zu erwerben, hat das BMVI veranlasst, aufgrund des § 3a BinSchAufgG eine Führerscheinpflicht auf den Binnenschifffahrtsstraßen der Bundesrepublik Deutschland einzuführen. Zunächst konnte die Befähigung durch den Motorbootführerschein A für Binnenfahrt des DMYV oder durch den Führerschein für Binnenfahrt des DSV mit Motor nachgewiesen werden. Aus Gründen der Rechtsstaatlichkeit wurde dieses Verfahren aber mit Wirkung vom 1. April 1989 durch die Sportbootführerscheinverordnung - Binnen abgelöst, die den amtlichen Sportbootführerschein - Binnen als Nachweis der Fahrerlaubnis einführte. Ab dem 10. Mai 2017 ist mit der neuen Sportbootführerscheinverordnung vom 3. Mai 2017 ein einheitlicher Sportbootführerschein für die See- und die Binnenschifffahrtsstraßen eingeführt worden, der allerdings entsprechend dem Geltungsbereich – wie bisher – unterschiedliche Anforderungen enthält.

2. Welche rechtliche Bedeutung hat der Sportbootführerschein?

Der Sportbootführerschein mit dem Geltungsbereich Binnenschifffahrtsstraßen ist eine Fahrerlaubnis, deren jeder bedarf, der ein Sportboot mit Antriebsmaschine auf den Binnenschifffahrtsstraßen führen will (§§ 2 Nr. 1, 3 Abs.1).

Der Sportbootführerschein ist aber kein Befähigungszeugnis im Sinne der Patente der Berufsschifffahrt; er hat nur die Bedeutung eines Nachweises, dass der Inhaber die Fahrerlaubnis besitzt(§ 3 Abs.1).

Der Sportbootführerschein hat nicht nur nationale, sondern auch internationale Bedeutung. Gemäß der Resolution Nr. 40 der Hauptarbeitsgruppe „Binnenschifffahrt" der Wirtschaftskommission der Vereinten Nationen ist der Sportbootführerschein auch als internationales Zertifikat eingeführt. Er dient dem Führer von Sportfahrzeugen als international einheitlicher Nachweis seiner Qualifikation im Ausland. Vom BMVI wurde bei der Umsetzung dieser Resolution sichergestellt, dass das internationale Zertifikat nicht als besonderes Papier mitgeführt werden muss, sondern dass es in den amtlichen Sportbootführerschein integriert wurde. Mit dem in einem einzigen Zertifikat verbundenen internationalen und nationalen Führerschein wird die Kontrolle im Ausland erheblich erleichtert, da das Formular mehrsprachig ist und Fälschungen ausgeschlossen sind (Anlage 1 SpFV in Anhang 4).

3. Wo ist der Sportbootführerschein mit dem Geltungsbereich Binnenschifffahrtsstraßen erforderlich?

Der Sportbootführerschein ist auf den **Binnenschifffahrtsstraßen** der Bundesrepublik Deutschland für alle Sportboote von weniger als 20 m Länge (ohne Ruder und Bugspriet) erforderlich - mit Ausnahme auf der Elbe im Hamburger Hafen (§§ 1 Nr. 2, 2 Nr. 1). Binnenschifffahrtsstraßen sind die **Bundeswasserstraßen** nach § 1 Abs. 1 Nr. 2 des BinSchAufgG. Diese Binnenschifffahrtsstraßen sind in der Übersicht auf den Seiten 20 und 21 schematisch dargestellt. Hinsichtlich des Befahrens der Binnenschifffahrtsstraßen im **Großraum Berlin** vgl. Nr. 4.6 und Nr. 6, S. 23.

4. Wer muss einen Sportbootführerschein auf den Binnenschifffahrtsstraßen haben?

Einen Sportbootführerschein für die Binnenschifffahrtsstraßen muss jeder besitzen, der auf den Binnenschifffahrtsstraßen ein **Sportboot** von weniger als 20 m Länge (Segel-, Motorboot oder Wassermotorrad) **mit Antriebsmaschine** führen will, das mit einer Antriebsmaschine ausgerüstet ist, **deren größte nicht überschreitbare Nutzleistung mehr als 11,03 kW (15 PS)** beträgt (§ 5 Abs. 1 Nr. 1). Wer ein Sportboot unter Segel führen will, benötigt den Sportbootführerschein nur auf bestimmten Binnenschifffahrtsstraßen im Großraum Berlin (§ 5 Abs. 2 mit Anlage 8, siehe Anhang 4.8), wenn die Segelfläche mehr als 6 m^2 beträgt (§ 2 Nr. 3, § 3 Abs. 4).

4.1 Wer ist Fahrzeugführer?

Fahrzeugführer im Sinne der SpFV ist, wer für das Befolgen der schifffahrtspolizeilichen Vorschriften verantwortlich ist. Der Eigentümer oder der Führer eines Sportbootes darf weder anordnen noch zulassen, dass jemand sein Boot führt, der nicht Inhaber der Fahrerlaubnis ist. Steht der Fahrzeugführer bei

Fahrtbeginn noch nicht fest, so ist der Fahrzeugführer, der den Sportbootführerschein besitzen muss, von den Beteiligten festzulegen, was zweckmäßigerweise im Log- bzw. Schiffstagebuch festzuhalten ist. Ein Sportboot im Sinne der SpFV führt nicht, wer es unter Aufsicht des Inhabers einer Fahrerlaubnis für die jeweilige Antriebsart fortbewegt. In diesem Fall ist Führer allein der Beaufsichtigende. Der Fahrzeugführer kann sich also beim Steuern des Fahrzeugs oder bei der Bedienung des Motors Hilfspersonen bedienen (**Rudergänger**), die dann keiner Fahrerlaubnis bedürfen, wenn sie nach den Anweisungen und unter Aufsicht des Fahrzeugführers tätig werden und die Möglichkeit besteht, dass dieser sofort Einfluss auf die Schiffsführung nehmen kann. In diesem Fall ist der Fahrzeugführer die allein beaufsichtigende und anweisungsberechtigte Person (§ 12 Abs. 2).

4.2 Was ist ein Sportboot?

Sportboote im Sinne der SpFV sind auf Binnenschifffahrtsstraßen Fahrzeuge, die von ihren Bootsführern für Sport- oder Erholungszwecke nicht gewerbsmäßig verwendet werden und **weniger als 20 m Länge** (ohne Ruder und Bugspriet) haben (§ 1 Nr. 1 und 2). Ausgenommen sind Fahrzeuge, die durch Muskelkraft oder nur mit einem Segel von höchstens 6 m^2 Fläche fortbewegt werden (§ 2 Nr. 3).

Sportboote sind nicht nur die konventionellen Wasserfahrzeuge, wie Verdränger und Gleiter, sondern auch Fahrzeuge mit halb oder ganz aus dem Wasser herausragenden Fahrzeugkörpern (Tragflächen-, Luftkissen-, Amphibienfahrzeuge).

Motorisierte Wassersportgeräte, die als „Wasserbob", „Wasserscooter", „Jetbike" oder „Jetski" bezeichnet werden, sind unter dem Spezialbegriff „Wassermotorrad" zusammengefasst und dem Sportboot gleichgestellt worden. Dagegen sind aufblasbare Schwimmhilfen und Badematratzen nicht als Sportboote im Sinne der Verordnung anzusehen.

Was den Einsatz für „Sport- und Erholungszwecke" der Sportboote betrifft, der weit auszuzlegen ist, so kommt es auf den gewöhnlichen Einsatz im Einzelfall an. Da es auf die Bauart nicht ankommt, können auch umgebaute Fahrzeuge der Berufsschifffahrt Sport- und Erholungszwecken dienen. Hier muss jedoch im Einzelfall genau geprüft werden, ob sie nicht weiterhin für gewerbliche Zwecke oder ähnliche Einsätze verwendet werden.

Der Sportbootcharakter geht auch dann verloren, wenn die Verwendung für Sport- oder Erholungszwecke gewerbsmäßig erfolgt. Das hat zur Folge, dass das Fahrzeug den Sicherheitsvorschriften und den Besetzungsregeln für die gewerbliche Schifffahrt unterliegt. Die Verwendung von Fahrzeugen für Sport- und Erholungszwecke ist gewerbsmäßig, wenn die Nutzung des Bootes auf Dauer in der Absicht zur Gewinnerzielung erfolgt. Ein Indiz für die Gewerbsmäßigkeit kann die entgeldliche Beschäftigung von Personen als Schiffsbesatzung usw. sein. Die Überlassung des Fahrzeugs beispielsweise an einen Freund zu einer Bootstour ist noch keine gewerbsmäßige Nutzung. Es kommt daher sehr auf die genauen Umstände des Einzelfalles an, ob es sich also um ein Sportboot im Sinne der SpFV handelt.

4.3 Wann ist ein Sportboot mit einer Antriebsmaschine ausgerüstet?

Ein Sportboot ist nicht nur dann mit einer Antriebsmaschine ausgerüstet, wenn es einen eingebauten Motor – Verbrenner- oder Elektromotor – oder einen fest angebrachten Außenbordmotor besitzt, sondern auch, wenn z. B. der Außenbordmotor an Bord mitgeführt, aber noch nicht fest angebracht ist.

4.4 Wann macht eine Antriebsmaschiene ein Sportboot fahrerlaubnispflichtig?

Die Antriebsmaschine muss eine größte, nicht überschreitbare Nutzleistung bei Verwendung

a) eines Verbrennungsmotors mehr als 11,03 kW (15 PS) bzw.
b) eines Elektromotors mehr als 7,5 kW in der Betriebsart S1 (Dauerbetrieb) nach DIN EN 60034-1: Ausgabe Februar 2011

haben. Diese Regelung ergibt sich im Umkehrschluss aus § 5 Abs. 1 Nr. 1 wonach Sportboote mit einer größten nicht überschreitbaren Nutzleistung bei Verwendung

a) eines Verbrennungsmotors von höchstens 11,03 kW (15 PS) bzw.
b) eines Elektromotors von höchstens 7,5 kW in der Betriebsart S1 (Dauerbetrieb) nach DIN EN 60034-1: Ausgabe Februar 2011

fahrerlaubnisfrei sind.

4.5 Wann ist ein Sportboot unter Segel fahrerlaubnispflichtig?

Sportboote unter Segel sind nur auf den in Anlage 8 aufgeführten Binnenschifffahrtsstraßen fahrerlaubnispflichtig (§ 5 Abs. 2). Zu der Frage, welche Motoren ausgenommen sind, hat das BMVI auf Wunsch der Industrie zur Erleichterung des Handels und der Kontrollen durch die Wasserschutzpolizei eine sogenannte **Freiliste** herausgegeben, die auf dem neuesten Stand gehalten wird und die auch im Geltunsbereich der SpFV gilt. Die Freiliste wird beim Bundesamt für Seeschifffahrt und Hydrographie geführt (aktuelle Liste im Internet: www.bsh.

de/Schifffahrt/Sportschifffahrt/Fuehrerscheinfreie Sportbootmotoren/Liste.pdf).

4.6 Wie wird die Leistung des Verbrennermotors festgestellt?

Die Leistungsprüfung ist nach den Bestimmungen der DIN 1941 „Abnahmeprüfung von Hubkolben-Verbrennungsmotoren" durchzuführen. Die blockierte Leistung an der Propellerwelle, die als größte nicht überschreitbare Nutzleistung nach DIN 6271 „Hubkolben-Verbrennungsmotoren, Normbezugsbedingungen und Angaben über Leistung, Kraftstoff- und Schmierölverbrauch" dauernd abgegeben werden kann, ist unter Berücksichtigung der dort unter Nr. 5 genannten Normbezugsbedingungen anzugeben.
Bei Fahrzeugen mit Luftschraubenantrieb sind der blockierten Leistung an der Propellerwelle die blockierte Leistung an der Welle der Luftschraube und bei Fahrzeugen mit Pumpenantrieb die blockierte Leistung an der Rotorwelle der Pumpe gleichzusetzen.
Den Nachweis, dass der Motor 3,68 kW oder weniger leistet, hat der Fahrzeugführer bzw. der Hersteller oder Importeur zu führen und durch ein Gutachten eines anerkannten Sachverständigen zu belegen. Als Sachverständige sind insbesondere zugelassen

- Institute, Technische Hochschulen (Universitäten),
- Fachhochschulen und
- Technische Überwachungsvereine.

5. Welche Kleinfahrzeuge gelten als Wassermotorräder?

Das Bundesministerium für Verkehr und digitale Infrastruktur (BMVI) hat unter www.elwis.de ein Verzeichnis der Kleinfahrzeuge veröffentlicht, die als Wassermotorräder gelten.

6. Welche Regelung gilt für das Befahren der Gewässer im Großraum Berlin?

Die Sportbootführerscheinverordnung mit dem Geltungsbereich Binnenschifffahrtsstraßen gilt nach der Wiedervereinigung auch im Land Berlin mit einer Ausnahme: Auch Sportboote unter Segel mit mehr als 6 m^2 Segelfläche sind fahrerlaubnispflichtig auf den Berliner Binnenschifffahrtsstraßen gern. Anlage 8 SpFV (§ 5 Abs. 2) (siehe Anhang 4, Anlage 8). Der Bewerber soll bei der Prüfung für die Fahrerlaubnis für ein Sportboot unter Segel das 14. Lebensjahr vollendet haben (§ 6 Abs. 1). Ist das vorgeschriebene Alter am Tag der Prüfung noch nicht erreicht, darf die Fahrerlaubnis erst dann erteilt werden und damit der Führerschein ausgehändigt werden, wenn das 14. Lebensjahr vollendet ist.

7. Welche Befähigungsnachweise werden als Fahrerlaubnis anerkannt?

Als Fahrerlaubnis zum Führen eines Sportbootes mit Antriebsmaschine werden folgende höherwertige Berufsschifferpatente bzw. Befähigungszeugnisse anerkannt (§ 3 Abs. 2):

- Schifferpatent für den Bodensee der Kategorien B und C oder den Hochrhein (§ 3 Abs. 2 Nr. 1).
- Im Geltungsbereich dieser Verordnung erteilte amtliche Berechtigungsscheine zum Führen eines mit Antriebsmaschine ausgerüsteten Fahrzeugs auf den Binnenschifffahrtsstraßen oder anderen Binnengewässern außerhalb der Seeschifffahrtsstraßen (§ 3 Abs. 2 Nr. 2).
- Amtliche Berechtigungsscheine zum Führen eines mit Antriebsmaschine ausgerüsteten Dienstfahrzeugs auf den Seeschifffahrtsstraßen, die in dem Geltungsbereich dieser Verordnung vor dem 1. April 1978 erteilt worden sind (§ 3 Abs. 2 Nr. 3).
- Befähigungszeugnisse der Gruppen A und B der Schiffsbesetzungs- und Ausbildungsordnung vom 19. August 1970 (BGBl. I S. 1253) für die Seeschifffahrt, die vor dem 1. April 1978 erteilt worden sind (§ 3 Abs. 2 Nr. 4).
- Fahrerlaubnisse oder Befähigungszeugnisse, die nach den Bestimmungen der Binnenschifferpatentverordnung vom 15. Dezember 1997 (BGBl. I S. 3066), zuletzt geändert durch Artikel 31 der VO vom 2. Juni 2016 (BGBl. I S. 1257) in der jeweils geltenden Fassung zum Führen von Fahrzeugen berechtigen (§ 3 Abs. 2 Nr. 5).

Inhabern dieser Befähigungsnachweise wird auf Antrag ohne Prüfung ein Sportbootführerschein mit dem Geltungsbereich Binnenschifffahrtsstraßen für die jeweilige Antriebsart ausgestellt (§ 3 Abs. 5, vgl. die Übersicht im Anhang 5).

8. Welche Befähigungsnachweise ersetzen die vorgeschriebene Fahrerlaubnis (Fortgeltung früherer Befähigungsnachweise)?

Die folgenden Befähigungsnachweise ersetzen die vorgeschriebene Fahrerlaubnis (§ 3 Abs. 4):

- Befähigungsnachweis nach der Sportbootführerscheinverordnung – Binnen vom 21. März 1978;
- Sportbootführerschein nach der Sportbootführerscheinverordnung

– See vom 20. Dezember 1973, der vor dem 1.4.1978 erteilt worden ist;
- Motorbootführerschein nach der Motorbootführerscheinverordnung vom 17. Januar 1967.

Inhabern vorstehender Befähigungsnachweise wird auf Antrag ohne Prüfung ein Sportbootführerschein für die Binnenschifffahrtsstraßen für die jeweilige Antriebsart ausgestellt(§ 3 Abs. 7).

9. Mit welchen sonstigen Befähigungsnachweisen und Berechtigungsscheinen kann der für die Fahrerlaubnis erforderliche Befähigungsnachweis auch sonst noch geführt werden?

Bei den folgenden amtlichen Befähigungsnachweisen und Berechtigungsscheinen gilt nur der für die Fahrerlaubnis nach der SpFV vorgeschriebene Befähigungsnachweis als erbracht (§ 3 Abs. 3). Sie befreien also nicht von dem Erfordernis einer Fahrerlaubnis.
Gegen Vorlage eines dieser Befähigungsnachweise wird dem Inhaber auf Antrag ohne Ablegung einer Prüfung eine Fahrerlaubnis erteilt, sofern er die allgemeinen Anforderungen nach § 6 Abs. 1, Nrn. 1–3) erfüllt:

- Im Geltungsbereich der SpFV nach anderen Vorschriften erteilte amtliche Befähigungsnachweise zum Führen eines Fahrzeugs mit Antriebsmaschine oder unter Segel auf Binnengewässern außerhalb der Seeschifffahrtsstraßen für die jeweilige Antriebsart, soweit das BMVI diesen als Befähigungsnachweis anerkannt hat (§ 3 Abs. 3 Nr. 1).
- Schifferpatente für den Bodensee der Kategorien A und D für die jeweilige Antriebsart (§ 3 Abs. 3 Nr. 2);
- von einer als gemeinnützig anerkannten Körperschaft erteilte und vom BMVI anerkannte Berechtigungsscheine zum Führen von Wasserrettungsfahrzeugen (§ 3 Abs. 3 Nr. 3).

Eine Übersicht wird vom BMVI im Verkehrsblatt veröffentlicht.

10. Welche Regelung gilt für Personen mit Wohnsitz im Ausland?

Personen mit Wohnsitz im Ausland, die sich nicht länger als ein Jahr in der Bundesrepublik Deutschland aufhalten, bedürfen keiner Fahrerlaubnis **(sogenannte Gastregelung)**. Ist in dem Staat ihres Wohnsitzes für das Führen von Sportbooten auf Binnengewässern ein Befähigungsnachweis amtlich vorgeschrieben oder wendet dieser Staat die Resolution Nr. 40 ECE (TRANS/SC. 3/147, VkBl. 2013 S. 987) an, gilt Satz 1 nur, wenn diese Personen Inhaber des Befähigungsnachweises oder des Internationalen Zertifikats nach der Resolution Nr. 40 ECE für die jeweilige Antriebsart sind; das Bundesministerium für Verkehr und digitale Infrastruktur macht im Verkehrsblatt bekannt, welche Staaten die Resolution Nr. 40 ECE anwenden (§ 5 Abs. 1 Nr. 3 und 4).
Vgl. die Übersicht über die Führerscheinpflicht auf ausländischen Binnengewässern im Anhang 6.

II. Beleihung des DMYV und des DSV

1. Übertragung von Hoheitsaufgaben, Einrichtung von Prüfungsausschüssen

Der DMYV und der DSV sind beliehen (§ 16 Abs. 1) mit der

- Entscheidung über Anträge auf Zulassung zur Prüfung,
- Abnahme der Prüfungen, Erteilung der Fahrerlaubnisse,
- Ausstellung der Sportbootführerscheine und Ersatzausfertigungen,
- Erteilung erforderlicher Auflagen,
- Festsetzung und Erhebung von Gebühren und Auslagen,
- Übermittlung der erforderlichen Daten an die benannte Stelle.

Diese Aufgaben sind Hoheitsaufgaben. Durch § 3a BinAufgG hat der Gesetzgeber jedoch die Möglichkeit geschaffen, Wassersportorganisationen des privaten Rechts mit der Durchführung hoheitlicher Aufgaben zu beauftragen (**sogenannte beliehene Unternehmen**).

Beide Verbände unterstehen bei der Erfüllung der übertragenen Aufgaben der Fach- und Rechtsaufsicht des BMVI, das sich bei der Durchführung der Fachaufsicht der Generaldirektion Wasserstraßen und Schifffahrt bedient. DMYV und DSV haben diese Aufgaben nach Maßgabe der Verordnung und der ebenfalls vom BMVI erlassenen Durchführungsrichtlinien wahrzunehmen (§ 16 Abs. 2). Zur Durchführung der übertragenen hoheitlichen Aufgaben haben der DMYV und der DSV flächendeckend gemeinsam oder jeweils getrennt Prüfungsausschüsse (PAs) eingerichtet (Anhang 2 und 3), die aus einem Leiter und anderen Prüfern bestehen. Die Leiter und die anderen Prüfer werden von den beliehenen Verbänden bestellt und entlassen, die dem BMVI jährlich eine Liste über die Besetzung der Prüfungsausschüsse vorlegen(§ 9).

2. Voraussetzungen für die Bestellung und Entlassung der Prüfer und deren Befugnisse

Die Prüfer müssen geeignet und zuverlässig sein. Sie müssen körperlich und geistig zum Führen eines Sportbootes tauglich sein, ausreichende Kenntnisse und Fähigkeiten zu den in den Prüfungsteilen abgefragten Themen besitzen und die Gewähr bieten, dass die Hoheitsaufgaben nach Maßgabe der Sportbootführerscheinverordnung und der zu ihrer Durchführung erlassenen Richtlinien ordnungsgemäß ausgeführt werden (§ 10 Abs. 1). Zum Nachweis der körperlichen Tauglichkeit ist vor der ersten Bestellung ein ärztliches Zeugnis nach dem Muster der Anlage 2 SpFV vorzulegen. Zur Feststellung oder Überprüfung der Tauglichkeit des Prüfers kann der beauftragte Verband die Vorlage eines amts- oder fachärztlichen Zeugnisses oder Gutachtens verlangen. Vor der ersten Bestellung ist zum Nachweis der Zuverlässigkeit ein behördliches Führungszeugnis (Belegart 0) nach den Vorschriften des Bundeszentralregistergesetzes erforderlich (§ 10 Abs.1).

Die Bewerber müssen ihre fachliche und soziale Qualifikation in einem von den Verbänden durchzuführenden Prüfungsverfahren nachweisen. Das Prüfungsverfahren muss zur Feststellung der individuellen Geeignetheit, Prüfungen durchzuführen, und zur Kontrolle des aktiven Fachwissens folgende Elemente enthalten: Vorstellung, Präsentation, Durchführung von Prüfungen, Konfliktlösungen, Problemlösungen, Leistungs- und Organisationstests. Die Elemente sind mündlich, schriftlich, theoretisch, praktisch, individuell, in der Gruppe und als Rollenspiel zu prüfen. Ansprüche auf Teilnahme an der Prüfung, Vorschlag zur Bestellung und Einsatz als Prüfer/in bestehen nicht (Anlage 6 SpFV im Anhang 4).

Die Leiter der Prüfungsausschüsse und die anderen Prüfer müssen mindestens einen Sportbootführerschein mit dem Geltungsbereich Binnenschifffahrtsstraßen oder einen Sportbootführerschein mit dem Geltungsbereich Seeschifffahrtsstraßen besitzen und die für die Bestellung als Prüfer erforderlichen Voraussetzungen nach Anlage 6 erfüllen (§ 10 Abs. 2).

Die regelmäßige Bestellung als Leiter der Prüfungsausschüsse und der Prüfer erfolgt für die Dauer von fünf Jahren. Die beliehenen Verbände haben die Leiter der Prüfungsausschüsse und die Prüfer über ihre Stellung nach Maßgabe der Anlage 7 SpFV (s. Anhang 4.7) zu belehren und die Gewähr zu bieten, dass sie die Voraussetzungen jederzeit erfüllen (§ 10 Abs. 3).

Wenn Umstände eintreten, die den Leiter des Prüfungsausschusses oder einen anderen Prüfer für die Prüfungstätigkeit ungeeignet oder unzuverlässig erscheinen lassen, so haben die beliehenen Verbände dies zu prüfen.

Ergibt die Prüfung, dass der betreffende Prüfer nicht mehr geeignet oder zuverlässig ist, ist er von dem Verband aus seinem Amt zu entlassen (§ 10 Abs. 4).

Die Prüfer haben folgende Rechte und Pflichten:

- einen zur Prüfung zugelassenen Bewerber zurückzuweisen, wenn er erkennbar die Anforderungen an Zuverlässigkeit oder Tauglichkeit nicht (mehr) erfüllt;

- in der Prüfung den Umfang der Befähigung des Bewerbers festzustellen;

- in der Prüfungskommission über Bestehen oder Nichtbestehen der Prüfung, Erteilung oder Nichterteilung der Fahrerlaubnis sowie ggf. über zu erteilende Auflagen zu entscheiden;

- während der Prüfung Ruhe und Ordnung aufrechtzuerhalten, um im Interesse aller Bewerber einen ordnungsgemäßen Prüfungsablauf zu gewährleisten;

- alle Entscheidungen nach Maßgabe der gesetzlichen Vorschriften zu treffen und dabei die Richtlinien des Bundesministeriums für Verkehr und digitale Infrastruktur, die sonstigen Anordnungen der Verbände sowie die Weisungen der zuständigen Fachaufsichtsbehörde zu beachten;

- sich bei Entscheidungen, die nach pflichtgemäßem Ermessen zu treffen sind, ausschließlich von sachgerechten Erwägungen leiten zu lassen und sachfremde Überlegungen nicht zu berücksichtigen;

- sich den Bewerbern gegenüber höflich, aber bestimmt zu verhalten. (Anlage 2 RiVerb)

III. Die Zulassung zur Prüfung

1. Welche Voraussetzungen müssen erfüllt sein?

Voraussetzungen für die Zulassung zur Prüfung (§ 6 Abs. 1)

- Mindestalter 16 Jahre
- Körperliche und physische (medizinische) Tauglichkeit*
- Zuverlässigkeit

1.1 Wie alt muss der Bewerber sein?

Der Bewerber soll bei der Prüfung für die Fahrerlaubnis für ein Sportboot mit Antriebsmaschine mindestens 16 Jahre alt sein; er darf frühestens 3 Monate vorher zur Prüfung zugelassen werden. Ist das vorgeschriebene Alter am Tag der Prüfung noch nicht erreicht, darf die Fahrerlaubnis erst erteilt und der Führerschein ausgehändigt werden, wenn das 16. Lebensjahr vollendet ist.

Ein Bewerber, der noch nicht 18 Jahre alt ist, bedarf der schriftlichen oder elektronischen Zustimmung des gesetzlichen Vertreters (§ 6 Abs. 1).

* Das Formular „Ärztliches Zeugnis für Sportbootführerscheinbewerber" ist im Internet unter **www.sportbootfuehrerscheine.org** als PDF-Datei herunterzuladen.

1.2 Wann ist ein Bewerber zum Führen eines Sportbootes körperlich und physisch (medizinisch) tauglich?

Der Bewerber besitzt die zum Führen eines Sportbootes erforderliche körperliche und geistige Tauglichkeit, wenn er

- ein ausreichendes Seh- und Farbunterscheidungsvermögen sowie
- das erforderliche Hörvermögen besitzt und
- keine sonstigen die Tauglichkeit beeinträchtigenden Befunde vorliegen.

Der Bewerber muss seine körperliche und physische Tauglichkeit zur Führung eines Sportbootes durch ein ärztliches Zeugnis* nach Maßgabe des Musters der Anlage 2 SpFV (s. Anhang 4.2) nachweisen. Zur Feststellung oder Überprüfung der Tauglichkeit kann der Prüfungsausschuss die Vorlage eines amts- oder fachärztlichen Zeugnisses oder Gutachtens verlangen (§ 6 Abs. 3).

1.2.1 Seh- und Farbunterscheidungsvermögen

Der Bewerber besitzt ein ausreichendes Seh- und Farbunterscheidungsvermögen, wenn er die Kriterien nach Anlage 2 Teil 2 SpFV erfüllt. Augenarzt und Arzt für Hals-Nasen-Ohren-Heilkunde im Sinne der Anlage 2 Teil 2 ist auch ein Facharzt für Arbeitsmedizin oder ein Betriebsarzt, sofern er Untersuchungen nach den Unfallverhütungsvorschriften G 25 durchführen darf. Das Zeugnis muss vor der Prüfung beim PA vorliegen (§ 7 Abs. 1).

Wenn die mit der mangelnden Tauglichkeit verbundenen Gefahren nicht durch Auflagen (Hilfsmittel, technische Spezialvorrichtungen, bestimmtes Verhalten) ausgeglichen werden können, so kann der Bewerber nicht zur Prüfung zugelassen werden. In Zweifelsfällen, z. B. bei Querschnittslähmung, ist der Bewerber unter Vorbehalt zur Prüfung zuzulassen und die körperliche Tauglichkeit anschließend erst im Rahmen der praktischen Prüfung festzustellen.

1.2.2 Unter welchen Auflagen können Bewerber mit beschränkter Tauglichkeit in Bezug auf das Sehvermögen zugelassen werden?

Bewerbern, die bedingt tauglich sind, kann die Fahrerlaubnis unter Auflagen erteilt werden, soweit dadurch die mit dem Mangel der Tauglichkeit verbundenen Gefahren ausgeglichen werden können. Ein nicht ausreichendes Farbunterscheidungsvermögen kann nicht durch Auflagen ausgeglichen werden. Die Auflagen werden im Sportbootführerschein eingetragen (§ 6 Abs. 4).

Wird von einem Bewerber die vorgeschriebene Sehschärfe nur mit Sehhilfe erreicht, so wird ihm die Auflage erteilt, eine gegen Verlust besonders gesicherte Brille oder andere Sehhilfe bei der Führung des Sportbootes ständig zu tragen und eine Ersatzsehhilfe mitzuführen.

Zusätzlich ist der Führerschein des Bewerbers mit einem Stempel folgenden Inhalts zu versehen:

> Brille mit Sicherung oder andere Sehhilfe ist zu tragen; Ersatz ist mitzuführen.

Betragen bei einem Bewerber die Sehschärfewerte ohne oder mit Sehhilfe auf dem einen Auge noch genau 0,7 und auf dem anderen genau 0,5 oder erfüllt er nur die An-

forderungen für eine Ausnahmeregelung, so ist ihm die Auflage zu erteilen, durch eine im Abstand von zwei Jahren durchzuführende- ärztliche oder gegebenenfalls fachärztliche Wiederholungsuntersuchung nachzuweisen, dass diese Voraussetzungen noch vorliegen. Die Frist kann auf Vorschlag des Augenarztes bis auf vier Jahre verlängert oder bis auf ein Jahr verkürzt werden.
Der Führerschein des Bewerbers ist dann mit einem Stempel folgenden Inhalts zu versehen:

> Wiederholungsuntersuchung im . . . (Monat/Jahr).

Erfüllt der Bewerber nur die Anforderungen für eine Ausnahmeregelung nach Anlage 3 III. (Sehvermögen), ist der Führerschein mit einem Stempel folgenden Inhalts zu versehen:

> Darf keine Wasserskiläufer ziehen.

(§ 6 Abs. 4)

1.2.3 Hörvermögen

Der Bewerber muss das erforderliche Hörvermögen besitzen, d. h. die Kriterien der Anlage 2 Teil 3 SpFV (Anhang 4.2) erfüllen. Wenn ein Bewerber die Anforderungen an das Hörvermögen nicht erfüllt, kann die Auflage erteilt werden, eine zweite Person an Bord mitzunehmen. Zusätzlich ist der Führerschein des betreffenden Bewerbers mit einem Stempel folgenden Inhalts zu versehen (§ 6 Abs. 4):

> Zweite Person mit ausreichendem Hörvermögen muss an Bord sein.

Eine Hörhilfe kann zugelassen werden, wenn nachgewiesen ist, dass sie die Frequenzbereiche von 500, 1000 und 2000 Hertz/ 40 Dezibel abdeckt und den Raumklang ausreichend wiedergibt. Der Führerschein des Bewerbers ist mit einem Stempel folgenden Inhalts zu versehen (§ 6 Abs. 3):

> Hörhilfe ist zu tragen.

Andere technische Hilfsmittel können zugelassen werden, wenn nachgewiesen ist, dass die mit dem Mangel der Hörfähigkeit verbundene Verkehrsschwäche ausgeglichen wird (§ 6 Abs. 4).
Die beauftragten Verbände haben nach rechtzeitiger Vorlage eines ärztlichen/fachärztlichen Attests über die Wiederholungsuntersuchung, in der dem Führerscheininhaber ein ausreichendes Sehvermögen oder ein ausreichendes Hörvermögen nach den unter Anlage 2 Teil 2+3 SpFV angegebenen Werten bescheinigt wird, in dem Sportbootführerschein den Zeitpunkt der nächsten Wiederholungsuntersuchung unter Angabe von Jahr und Monat zu vermerken.

1.2.4 Allgemeine Tauglichkeit

Leidet ein Bewerber unter Krankheiten oder körperlichen Mängeln nach Anlage 2 Teil 1 SpFV (Anhang 4.2), die Bedenken gegen die Tauglichkeit begründen, die Tauglichkeit aber nicht ausschließen, ist ihm die Auflage zu erteilen, durch eine im Abstand von zwei Jahren durchzuführende ärztliche oder gegebenen falls fachärztliche Wiederholungsuntersuchung nachzuweisen, dass die Voraussetzungen für die Tauglichkeit noch vorliegen. Die Frist kann auf Vorschlag des Arztes verkürzt werden.
Leidet der Bewerber unter körperlichen Mängeln nach Anlage 2 Teil 1 SpFV (Anhang 4.2), bei denen die mit ihnen verbundenen Gefahren durch bestimmte Vorrichtungen oder bestimmtes Verhalten ausgeglichen werden können, ist ihm die Auflage zu erteilen, dass er ein Sportboot nur unter Benutzung der genau bezeichneten Vorrichtung oder unter Beachtung des genau vorgeschriebenen Verhaltens führen darf.

1.3 Wann besitzt ein Bewerber die erforderliche Zuverlässigkeit zum Führen eines Sportbootes?

Tatsachen, die Zweifel an der Zuverlässigkeit begründen können und bei der Beurteilung eines Führungszeugnisses zu berücksichtigen sind, sind insbesondere:

- rechtskräftige Verurteilung wegen Gefährdung des Schiffsverkehrs,
- wiederholte mit Geldbuße geahndete Zuwiderhandlungen gegen schifffahrtspolizeiliche Vorschriften,
- rechtskräftige Verurteilung wegen Verstoßes gegen andere Verkehrsstraftatbestände,
- im Einzelfall rechtskräftige Verurteilung wegen Verstoßes gegen andere Straftatbestände oder wiederholte mit Geldbuße geahndete erhebliche Zuwiderhandlungen gegen andere verkehrsrechtliche Vorschriften, soweit daraus ein Rückschluss auf das künftige Verhalten des Antragstellers im Schiffsverkehr zu ziehen ist,
- Kenntnis von der Teilnahme am Verkehr unter dem Einfluss von Alkohol oder anderer berauschender Mittel auch ohne abgeschlossene Straf- oder Bußgeldverfahren (§ 6 Abs. 5).

1.4 Wie und wo ist der Antrag auf Zulassung zur Prüfung und Erteilung der Fahrerlaubnis zu stellen?

Die Zulassung zur Prüfung erfolgt nur auf Antrag* bei einem der Prüfungsausschüsse** (PAs) des DMYV oder DSV (§§ 7 Abs. 1,

11). Der Antrag ist schriftlich und vollständig an den vom Bewerber ausgewählten PA zu richten. Ist der Bewerber minderjährig, ist der Antrag von den gesetzlichen Vertretern zu unterzeichnen.
Der vom Antragsteller unterschriebene Antrag muss folgende Angaben, Erklärungen und Unterlagen enthalten (§ 7 Abs. 2):

1. Vor- und Nachname, Geschlecht, Geburtstag, Geburtsort, Nationalität und Anschrift;
2. Art der Fahrerlaubnis, die erworben werden soll;
3. aktuelles Lichtbild in der Größe 35 mm x 45 mm, das den Bewerber ohne Kopfbedeckung zeigt;
4. ein ärztliches Zeugnis über die körperliche und physische (medizinische) Tauglichkeit unter Benutzung des Formulars nach Anlage 2, Anhang 4 SpFV. Die Vorlage des ärztlichen Zeugnisses kann durch Vorlage des amtlichen Sportbootführerscheins – See ersetzt werden, wenn dieser durch Prüfung erworben worden und zum Zeitpunkt der Antragstellung nicht älter als 1 Jahr ist.
5. die Fotokopie eines gültigen amtlichen Kraftfahrzeug-Führerscheins, wenn spätestens bei der Prüfung der Kraftfahrzeug-Führerschein vorgelegt wird, andernfalls eine beglaubigte Fotokopie (nicht älter als sechs Monate) oder auf Verlangen des Prüfungsausschusses ein Führungszeugnis nach den Vorschriften des Bundeszentralregistergesetzes (Belegart O). Bei persönlicher Abgabe des Antrags genügt die Vorlage eines gültigen amtlichen Kraftfahrzeug-Führerscheins. Sie ist auf der Kopie oder dem Antrag zu vermerken. Bei Bewerbern unter 18 Jahren soll von der Vorlage eines Führungszeugnisses abgesehen werden. Bei anderen Bewerbern, die keinen amtlichen KraftfahrzeugFührerschein vorlegen können, ist ein Führungszeugnis für Behörden (Muster O) nach §§ 31, 30 Absatz 5 BZRG zu verlangen;
6. eine Erklärung, ob dem Bewerber die Fahrerlaubnis für Sportboote bereits einmal entzogen worden ist;
7. bei Bewerbern, die das 18. Lebensjahr noch nicht vollendet haben, die Zustimmung des gesetzlichen Vertreters;
8. soweit erforderlich, eine ärztliche Bescheinigung einer Legasthenie oder Unterlagen, wie Atteste, ärztliche Bescheinigungen, Schulzeugnisse oder Gutachten, die zur Glaubhaftmachung nicht ausreichender Deutschkenntnisse geeignet sind.
9. soweit erteilt, eine Fotokopie des amtlichen Sportbootführerscheins für die Seeschifffahrtsstraßen, der am Prüfungstag vor der Prüfung im Original vorzulegen ist, wenn er von Prüfungsteilen befreit;
10. Ort und Datum der Prüfung;
11. freiwillig zur Erleichterung der Kommunikation eine E-Mail-Adresse und eine Telefonnummer.

Diese Unterlagen, mit Ausnahme des amtlichen Kraftfahrzeug-Führerscheins und des amtlichen Sportbootführerschein See (es sei denn, dieser soll die Vorlage eines ärztlichen Zeugnisses nach der Anlage 2 ersetzen), dürfen nicht älter als 12 Monate sein; ein Führungszeugnis darf jedoch nicht älter als 6 Monate sein. Dies gilt auch für den Fall, dass der Antragsteller bereits eine Prüfung nicht bestanden hat und eine erneute Zulassung beantragt. [2.1.1 RiVerb]

2. Wann und durch wen erfolgt die Zulassung zur Prüfung?

Die Vorsitzenden der PAs des DMYV und des DSV entscheiden über Anträge auf Zulassung zur Prüfung, wenn alle Unterlagen vorliegen und die Gebühren bezahlt sind (§ 7 Abs. 4).
Der Bewerber kann auch zur Prüfung zugelassen werden, wenn das verlangte Führungszeugnis noch nicht vorliegt, aber die Beantragung nachgewiesen ist. In diesem Fall erhält der Bewerber nach bestandener Prüfung die Fahrerlaubnis durch den PA erst, wenn das Führungszeugnis eingegangen ist und keinen Anlass zu Zweifeln an der Zuverlässigkeit erkennen lässt.
Der Vorsitzende des PAs hat bei jedem Antrag zu prüfen, ob die Zulassungsvoraussetzungen gegeben und Fristen eingehalten sind, die eine Zulassung verhindern. Bei Zweifeln hinsichtlich der körperlichen Tauglichkeit kann der Vorsitzende des PA zusätzlich die Vorlage eines aktuellen fach- oder amtsärztlichen Zeugnisses anfordern (§ 6 Abs. 3 S. 2). Sind Zweifel an der medizinischen Tauglichkeit des Bewerbers oder aufgrund seines bisherigen Verhaltens im Verkehr begründet, kann der Vorsitzende die Vorlage eines Zeugnisses eines medizinischpsychologischen Institutes oder eines sonstigen fach- oder amtsärztlichen Zeugnisses anfordern.
Der Bewerber wird zur Prüfung zugelassen, wenn die Voraussetzungen nach § 7 Abs. 1 und 2 SpFv erfüllt und die im Einzelfall anfallenden Gebühren bezahlt sind (§ 7 Abs. 3 SpFV).

* Das Antragsformular ist im Internet unter **www.sportbootfuehrerscheine.org** als PDF-Datei herunterzuladen.
** **www.sportbootfuehrerscheine.org/pruefungen/pruefungsausschuesse**

Eine förmliche Zulassung ist nicht erforderlich. Sie kann auch durch die Einladung zur Prüfung erfolgen (§ 7 Abs. 4 SpFv).

3. Wie kann man sich gegen die Nichtzulassung rechtlich wehren?

Ist die Zulassung zur Prüfung zu versagen, hat der Vorsitzende dem Bewerber einen schriftlichen Bescheid mit Gründen, Kostenentscheidung und Rechtsbehelfsbelehrung zu erteilen (§ 7 Abs. 6) (§§ 37-39, 41 Verwaltungsverfahrensgesetz – Anlage 5 RiVerb). Dieser Bescheid ist ein Verwaltungsakt, der im Widerspruchsverfahren und vor den Verwaltungsgerichten angefochten werden kann.

Legt der Betroffene Widerspruch gegen eine Entscheidung des PA ein, haben die beliehenen Verbände die Entscheidung zu überprüfen. Halten sie den Widerspruch für begründet, helfen sie ihm ab, das heißt sie ändern die Entscheidung des PA im gewünschten Sinne ab, indem der Ablehnungsbescheid aufgehoben und der Bewerber zur Prüfung zugelassen wird. Halten die Verbände den Widerspruch nicht für begründet, erlassen sie einen Widerspruchsbescheid mit Begründung, Kostenrechnung und Rechtsbehelfsbelehrung.

IV. Erwerb der erforderlichen Befähigung

1. Wer bildet aus?

Die Ausbildung der Bewerber ist gesetzlich nicht geregelt. Es bleibt dem Bewerber überlassen, wie er sich die erforderlichen Kenntnisse aneignet. Nach den bisherigen Erfahrungen erfolgt die Ausbildung neben der Selbstvorbereitung vor allem durch die Ausbildung in Ausbildungsstätten der beiden Wassersportverbände (DMYV, DSV) und in privaten, gewerblichen Einrichtungen (Schulen). Dafür steht dem Bewerber mit dem vorliegenden Werk ein übersichtlicher und klarer Ausbildungsleitfaden zur Verfügung, der ihm das für die Prüfung erforderliche Wissen vermittelt und auf den er sich verlassen kann. Dies ist deshalb von Bedeutung, da eine Berufung auf fehlende Grundlagen oder auf unrichtiges Ausbildungsmaterial in der Prüfung nicht möglich ist.

2. Wo gibt es Ausbildungsstätten?

Da die Durchführung von Ausbildungskursen amtlich nicht geregelt ist, kann ein Überblick über die einzelnen Ausbildungsstätten nicht gegeben werden. Es sei deshalb auf die Verzeichnisse der von den Verbänden (DMYV, DSV) anerkannten Ausbildungsstätten verwiesen, die in der Regel jährlich auf den neuesten Stand gebracht werden (vgl. z. B. das Handbuch des DMYV, das alle zwei Jahre erscheint und beim DMYV bezogen werden kann). Welche Kenntnisse sich der Bewerber über das für die Führerscheinprüfung erforderliche Wissen hinaus freiwillig aneignet, um sich oder sein wertvolles Fahrzeug zu schützen, bleibt ihm überlassen. Er sollte sich hierbei bewusst sein, dass es sich bei den vorgeschriebenen Kenntnissen nur um ein Mindestwissen handelt, das ihn in die Lage versetzen soll, sich im Verkehr richtig zu verhalten.

Der größte Teil der Bewerber bereitet sich jedoch nicht im Selbststudium vor, sondern lässt sich in den vielen Ausbildungseinrichtungen das erforderliche Wissen vermitteln. Was die Qualität der verschiedenen Ausbildungseinrichtungen betrifft, so muss der Bewerber selbst darauf achten, ob die Ausbilder geeignet und befähigt sind, das vorgeschriebene Wissen zu vermitteln. Ein Indiz für gute Ausbildungsqualität ist die Zahl der bestandenen Prüfungen.

3. Wie ist die Befähigung nachzuweisen?

Die Befähigung zum Führen eines Sportbootes ist durch eine Prüfung nachzuweisen, die aus einem theoretischen und einem praktischen Teil besteht.

Im theoretischen Prüfungsteil muss der Bewerber nachweisen, dass er über ausreichendes Wissen der maßgeblichen schifffahrtspolizeilichen Vorschriften verfügt und die erforderlichen nautischen, seemännischen und technischen Grundkenntnisse für das sichere Führen eines Sportbootes auf den Binnenschifffahrtsstraßen hat. Grundzüge des Umwelt- und Naturschutzes werden ergänzend geprüft.

Im praktischen Prüfungsteil muss der Bewerber nachweisen, dass er die zur sicheren Führung eines Sportbootes notwendigen Fahrmanöver und Fertigkeiten beherrscht und zur Anwendung des theoretischen Wissens fähig ist. Wird die Prüfung nicht an einem Tag abgeschlossen, muss der fehlende Prüfungsteil spätestens innerhalb eines Jahres nachgeholt werden (§ 8 Abs. 6).

V. Die Durchführung der Prüfung

1. Wer prüft?

Die Befähigung zum Führen eines Sportbootes ist jeweils durch eine antriebs- und gewässerbestimmte Prüfung nachzuweisen, die in der Regel aus einem theoretischen und einem praktischen Teil besteht (§ 8 Abs. 1). Die Teilprüfungen können zu verschiedenen Zeitpunkten absolviert werden, die ein Jahr gültig sind (§ 8 Abs.1 und 4).
Die Prüfung wird von den Prüfungsausschüssen abgenommen, die von den beliehenen Verbänden eingerichtet worden sind (§§ 9, 10).Die Prüfungsausschüsse des DMYV und des DSV sind im Internet* aufgeführt.

Der Leiter des Prüfungsausschusses bestimmt den Prüfungstermin und beruft die Prüfungskommission ein. Die Prüfungskommission besteht aus einem Vorsitzenden und mindestens einem weiteren Prüfer, die jeweils Inhaber des mit der Prüfung zu erwerbenden Sportbootführerscheins für den entsprechenden Geltungsbereich und die entsprechende Antriebsart sind. Bei Teilprüfungen zu verschiedenen Zeitpunkten sind für den theoretischen Teil mindestens zwei, für die Abnahme des praktischen Teils mindestens ein Prüfer erforderlich (§ 8 Abs. 2).

Eine Prüfungstätigkeit ist immer dann ausgeschlossen, wenn der Prüfer die Bewerber zuvor persönlich geschult hat, oder die Bewerber in einer Ausbildungsstätte ausgebildet worden sind, der der Prüfer angehört (§ 8 Abs. 3). Bei mehr als einem Prüfer beschließen die Prüfer über das Ergebnis mit Stimmenmehrheit. Bei Stimmengleichheit entscheidet der Vorsitzende der Prüfungskommission. Über den Prüfungsverlauf ist eine Niederschrift anzufertigen (§ 8 Abs. 4).

* **www.sportbootfuehrerscheine.org/pruefungen/pruefungsausschuesse**

2. Wo wird geprüft?

Der Ort und der Zeitpunkt der Prüfung werden von dem Vorsitzenden des PA rechtzeitig vorher festgelegt, bei dem der Bewerber den Antrag zur Prüfung gestellt hat. Prüfungsorte und -termine sind unter Beachtung des Grundsatzes der Wirtschaftlichkeit zu bestimmen (§ 7 BHO).

3. Wie wird geprüft?

Der Vorsitzende des Prüfungsauschusses hat dafür zu sorgen, dass die Prüfung an einem geeigneten Ort durchgeführt wird, der sowohl genügend große Räume für die theoretische Prüfung als auch einen Bootsanleger für die praktische Prüfung aufweisen muss. Es dürfen jeweils nur so viele Bewerber in einer Prüfung gleichzeitig geprüft werden, als durch organisatorische Maßnahmen sichergestellt werden kann, dass die Prüfung ordnungsgemäß abgenommen wird. Die Prüfungen sind nicht öffentlich (§ 8 Abs. 10).

Während der Prüfung dürfen außer den Bewerbern nur die Mitglieder und Bedienstete des Prüfungsausschusses, Vertreter der beliehenen Verbände, Vertreter der zuständigen Aufsichtsbehörden (§§ 8 Abs. 10), sowie bei der praktischen Prüfung zusätzlich der verantwortliche Schiffsführer anwesend sein. Die Identität des Bewerbs ist zu prüfen.

3.1 Vorbereitung zur Prüfung

Ort und Zeitpunkt der Prüfung hat der Vorsitzende des Prüfungsausschusses rechtzeitig vorher festzusetzen. Geichzeitig sind die Prüfungsteilnehmer einzuladen. In der Einladung sind die Bewerber auf die Kostenfolgen im Falle eines Fernbleibens hinzuweisen. Auf eine schriftliche Einladung können die Bewerber im Antrag verzichten. Mit Zustimmung der Bewerber kann die Einladung auch an den Lehrgangsleiter gerichtet werden.

Vor der Prüfung wird von der Prüfungskommission festgelegt, welcher Fragebogen beantwortet werden muss.

3.2 Welche Kenntnisse müssen in der theoretischen Prüfung nachgewiesen werden?

Die theoretische Prüfung soll zeigen, ob der Bewerber über ausreichende Kenntnisse der für das Führen eines Sportbootes der jeweiligen Antriebskraft maßgebenden schifffahrtspolizeilichen Vorschriften verfügt und ob er die zu seiner sicheren Führung erforderlichen nautischen und technischen Kenntnisse für den jeweiligen Geltungsbereich hat (Anlage 3 SpFV im Anhang 4.3).
Folgende Kentnisse sind gemäß 2.1 und 2.2 Anlage 3 SpFV im Einzelnen nachzuweisen:

3.2.1 Basiskenntnisse

3.2.1.1 Allgemeine Kentnisse (für beide Geltungsbereiche)
- Grundbegriffe
- allgemeine Ausweichregeln, Schallsignale und Lichterführung
- allgemeine Gebots-, Verbots- und Schifftahrtszeichen

- Naturschutz
- allgemeine Verhaltenspflichten
- Flüssiggasanlagen
- Wartung ausblasbarer Rettungsmittel
- Feuerlöscher, Brandbekämpfung
- Verhalten nach einem Zusammenstoß
- Technik von Motorbooten: Antriebsmotoren, Antriebswelle, Kraftstoffanlage, Ruderanlage, Fahrmanöver, Wirkung der Propellerdrehrichtung, Maschinenanlage, Betrieb von Außenbordmotoren, Schadstoffausstoß bei Bootsmotoren

3.2.2 Kenntnisse im Geltungsbereich Binnenschifffahrtsstraßen

3.2.2.1 Kenntnisse der maßgebenden Vorschriften

- Verkehrsregeln auf Binnenschifffahrtsstraßen, Rhein, Mosel und Donau
- Signale, Gebots- und Verbotszeichen, Ausweichregeln, Lichterführung nach der Binnenschifffahrtsstraßen-Ordnung
- Fahrerlaubnispflicht
- spezifische Kenntnisse der Fahrzeugführung auf dem Rhein
- Verhaltenspflichten
- Wetterkunde
- allgemeine Sorgfaltspflicht
- Fahrwasser, Fahrrinne und Verhalten bei Hochwasser
- Ankerverbot in Kanälen, Brückendurchfahrt
- Schleusendurchfahrt, Sichtzeichen der Fahrzeuge, Ausweichpflichten
- Schallsignale, Begegnen, überholen, Ausweichen

Angestrebte Befähigung	**Total**	**Basis**	**Spez. Binnen**	**Segeln**	**Bearbeitungszeit in Minuten**
Binnen mit Antriebsmaschine oder Binnen mit Antriebsmaschine hat SBF-Binnen/Segel nach dem 30.04.2012 erworben	30	7 Bestanden bei min. 5 Punkten	23 Bestanden bei min. 18 Punkten	–	45
Binnen mit Antriebsmaschine hat SBF-See	23	–	23 Bestanden bei min. 18 Punkten	–	35
Binnen mit Antriebsmaschine und Segeln	37	7 Bestanden bei min. 5 Punkten	23 Bestanden bei min. 18 Punkten	7 Bestanden bei min. 5 Punkten	60
Binnen Segeln	25	4	14 Bestanden bei insgesamt min. 20 Punkten	7	35
Segeln hat SBF-See	21	–	14 Bestanden bei insgesamt min. 17 Punkten	7	35
Segeln hat SBF-Binnen mit Antriebsmaschine	7	–	–	7 Bestanden bei min. 5 Punkten	15
Binnen mit Antriebsmaschine hat SBF-Binnen/Segel vor dem 01. Mai 2012 erworben.	7	7 Bestanden bei min. 5 Punkten	–	–	15

- Wasserski- und Wassermotorradfahren, Kennzeichnung des Sportbootes
- Nutzung von Funk- und Radaranlagen

3.2.2.2 Kenntnisse unter Segel

- Rumpfformen, Stabilität
- Behandlung von Tauwerk, Segel und ihre Behandlung
- Wind, optimaler Anstellwinkel, Abdrift und Krängung
- Trimmen der Segel und des Bootes, Segelmanöver
- gesperrte Wasserflächen

Gegenstand der theoretischen Prüfung ist der Fragenkatalog (II. A. S. 46 ff.), der aus 72 Basisfragen, 181 spezifischen Fragen Binnen und 47 spezifischen Fragen Segeln besteht. **Aus diesem Fragenkatalog werden jeweils 15 Fragebögen erstellt à 30 Fragen** (7 Basisfragen und 23 spezifische

Fragen Binnen), **à 25 Fragen** (4 Basisfragen ohne Fragen zur Antriebsmaschine, 14 spezifische Fragen Binnen und 7 Fragen Segeln) **und à 7 Fragen** (Fragen Segeln). Je nach beantragter Prüfung und vorhandener Befähigungsnachweise sind die Fragen entsprechend vorstehender Tabelle zu beantworten.

Zur Beantwortung der **im Antwort-Auswahl-Verfahren** gestellten Basis- und spezifischen Fragen **muss der Bewerber aus jeweils vier Antwortvorschlägen eine Antwort durch Ankreuzen auswählen. Von den vier Antwortvorschlägen ist jeweils nur ein Antwortvorschlag richtig.** Für jede richtig ausgewählte Antwort erhält der Bewerber einen Punkt. (Anlage 3)

3.3 Wie wird die theoretische Prüfung durchgeführt?

Die theoretische Prüfung ist grundsätzlich schriftlich durchzuführen. Jedem Bewerber ist ein oder zwei nach Maßgabe von Nummer 3.2.2 und vorstehender Tabelle ausgewählter Fragebogen vorzulegen, welcher in einem aus vorstehender Tabelle zu entnehmenden Zeitraum schriftlich beantwortet werden muss.

Unerlaubte Hilfsmittel, wie z. B. Nachschlagwerke, auch elektronischer Art. dürfen bei der Beantwortung der Fragen nicht benutzt werden. Bei einem Täuschungsversuch gilt die Prüfung als nicht bestanden. Das gilt auch für bereits erfolgreich durchgeführte Prüfungsteile. Der Vorsitzende hat vor Beginn der Prüfung die Bewerber über die Folgen eines Täuschungsversuchs zu belehren. Die Prüfung ist von einem Mitglied der Prüfungskommission zu beaufsichtigen (Anlage 3 SpFV – s. Anhang 4.3).

Die Prüfung gilt als bestanden, wenn der Bewerber gemäß vorstehender Tabelle mit der Beantwortung der fragen die erforderliche Punktzahl erreicht hat.

Eine mündliche Prüfung ist nur in Ausnahmefällen möglich. Zu diesen Ausnahmefällen zählen eine Legasthenie oder nicht ausreichende Deutschkenntnisse, was durch die Vorlage geeigneter Unerlagen wie Atteste, ärztliche Bescheinigungen, Schulzeugnisse oder Gutachten glaubhaft gemacht werden muss.

Die mündliche Prüfung muss bereits mit dem Antrag auf Zulassung zur Prüfung beantragt werden.

Die mündliche Prüfung wird von zwei Mitgliedern der Prüfungskommission durchgeführt. von denen einer die Fragen stellt. Der andere Prüfer führt Protokoll über die mündliche Prüfung. Die Bewertung erfolgt durch die beteiligten Prüfer gemeinsam.

In der mündlichen Prüfung werden dem Bewerber die Fragen eines nach Maßgabe der Nummer 3.2.2 ausgewählten Fragebogens zur Beantwortung vorgelesen.

Die Prüfung ist abzubrechen, wenn ein Bestehen der Prüfung nicht mehr möglich ist.

3.4 Welche Fähigkeiten müssen in der praktischen Prüfung nachgewiesen werden?

Im praktischen Teil der Prüfung muss der Bewerber nachweisen, dass er die zur sicheren Führung eines Sportbootes auf den Binnenschifffahrtsstraßen notwendigen Fahrmanöver und Fertigkeiten beherrscht und zur Anwendung des theoretischen Wissens fähig ist (Anlage 4 Satz 1 SpFV).

Aus Anlage 4 SpFV „Praktische Prüfung zum amtlichen Sportbootführerschein" mit dem Prüfungsprotokoll (siehe Anhang 4.4) ergibt sich im Einzelnen, welche Manöver/Fähigkeiten für die Prüfung mit Antriebsmaschine und/oder unter Segel beherrscht werden müssen. (Siehe Teil III).

Bei der Prüfung **„mit Antriebsmaschine"** bzw. **„unter Segel"** handelt es sich um folgende Manöver/Fähigkeiten:

I. Pflichtmanöver/Fähigkeiten:
   1. Rettungsmanöver unter Maschine/Segel (Mensch über Bord)
   2. Anlegen unter Maschine/Segel
   3. Ablegen unter Maschine/Segel
   4. Steuern nach Kompass

II. Sonstige Manöver/Fähigkeiten (Antriebsmaschine):
   1. Kursgerechtes Aufstoppen
   2. Wenden auf engem Raum
   3. Steuern nach Schifffahrtszeichen/Landmarken
   4. Anlegen einer/s Rettungsweste/Sicherheitsgurts
   5. Manöverschallsignal (eins von drei)

   Sonstige Manöver/Fähigkeiten (unter Segel):
   1. Segel setzen/bergen
   2. Wenden/Halsen
   3. Anluven, Abfallen
   4. Steuern nach Wind, Schifffahrtszeichen
   5. Anlegen einer Rettungsweste/eines Sicherheitsgurts

III. Knoten
   1. Achtknoten
   2. Kreuzknoten
   3. Palstek

4. Einfacher oder doppelter Schotstek
5. Stopperstek
6. Webleinstek
7. Webleinstek auf Slip
8. Rundtörn mit zwei halben Schlägen
9. Belegen einer Klampe mit Kopfschlag

3.5 Wie wird die praktische Prüfung durchgeführt?

Für die praktische Prüfung soll ein Gewässer gewählt werden, das entweder eine Binnenschifffahrtsstraße ist oder wenigstens in etwa vergleichbare Verhältnisse aufweist. Für die Abnahme der praktischen Prüfung hat der Bewerber regelmäßig ein geeignetes Sportboot mit Bootsführer zu stellen, das den Anforderungen der Anlage 5 SpFV entspricht (§ 8 Abs. 5):

Das Sportboot muss neben dem Bewerber und dem Bootsführer, der im Besitz der erforderlichen Fahrerlaubnis sein muss, mindestens einem Mitglied der Prüfungskommission Platz bieten. Bei Prüfungen zum Führen von Sportbooten unter Segel auf Binnenschifffahrtsstraßen muss sich der Prüfer nicht an Bord des Prüfungsbootes befinden; er kann seine Anweisungen, soweit möglich, auch vom Ufer, einem Steg oder einem anderen Boot aus geben. Der Bootsführer muss bei Prüfungen zum Führen von Sportbooten unter Segel als Fahrerlaubnisinhaber nur an Bord sein, soweit gewässerbedingt eine Fahrerlaubnispflicht besteht.

Die Prüfungskommission kann ein Sportboot ablehnen, wenn es

1. nicht verkehrssicher ist,
2. aufgrund seiner Bauart, Sicherheitsausrüstung, Größe oder Tragfähigkeit für die Prüfung ungeeignet ist oder
3. nicht mit den Gegenständen ausgerüstet ist, die für die in der praktischen Prüfung auszuführenden Manöver erforderlich sind (Anlage 5 SpFV):
   - ein Anker mit ausreichender Leine oder Kette,
   - ein Bootshaken,
   - ein Rettungsring,
   - ein Feuerlöscher und gegebenenfalls zwei Stechpaddel sowie
   - eine zugelassene Rettungsweste für jede an Bord befindliche Person.

Das Prüfungsboot muss bei Prüfungen zum Führen von Sportbooten mit Antriebsmaschine mit einer Antriebsmaschine ausgerüstet sein, deren größte nicht überschreitbare Nutzleistung mehr als 11,03 kW beträgt. Dies gilt auch für Prüfungen auf dem Rhein (Anlage 5 SpFV, siehe Anhang 4.5).
Während der Prüfungsfahrt haben anleitende oder unterstützende Maßnahmen, die dem Zweck der Prüfung zuwiderlaufen, zu unterbleiben. Ergibt die praktische Prüfung, dass der Bewerber die vorgeschriebenen Manöver und Tätigkeiten nicht beherrscht, so gilt die Prüfung als nicht bestanden. (Anlage 4 SpFV, siehe Anhang 4.4 Prüfungsprotokoll – siehe Teil III).

Rudergänger im Sinne des § 1.09 BinSchStrO, Rhein/MoselSchPV, bleibt der Schiffsführer, der ebenso wie der Prüfer die Tätigkeit des Bewerbers überwacht und sich in unmittelbarer Nähe des Ruders aufhält, sodass er jederzeit in der Lage ist, das Ruder selbst zu übernehmen und notwendige Anweisungen zu geben. Den Kurs des Bootes bestimmt der Prüfer, der dem Prüfling im Einzelnen die auszuführenden Manöver aufgibt.

3.6 Wann kann auf die praktische Prüfung verzichtet oder hiervon befreit werden?

Fähigkeiten, die beim Erwerb des Sportbootführerscheins für einen Geltungsbereich oder eine Antriebsart bereits erfolgreich geprüft wurden, werden beim Erwerb des Sportbootführerscheins für den anderen Geltungsbereich oder die andere Antriebsart grundsätzlich nicht erneut geprüft. Erfolgt die Prüfung nicht bei demselben Prüfungsausschuss, ist zum Nachweis der geprüften Fähigkeiten die Vorlage des Sportbootführerscheins erforderlich. Teilprüfungen bei einem anderen Prüfungsausschuss werden nicht anerkannt.

Inhaber eines nach der Resolution Nr. 40 ECE ordnungsgemäß ausgestellten internationalen Zertifikats sind beim Erwerb einer Fahrerlaubnis von der praktischen Prüfung für die jeweilige Antriebsart befreit (§ 8 Abs. 7 SpFV).

VI. Ausübung der Fachaufsicht über die beliehenen Sportbootverbände

Die den beiden Sportverbänden übertragenen Hoheitsaufgaben verpflichten den Staat als Auftraggeber, diese Tätigkeiten zu beaufsichtigen (§ 16 Abs. 1 SpFV). Die Fach- und Rechtsaufsicht hat sich dabei sowohl auf die Gesetzmäßigkeit als auch auf die Zweckmäßigkeit der Ausübung der Hoheitsbefugnisse zu erstrecken.

1. Welche Behörden sind zuständig?

Der DMYV und DSV unterliegen der Fach- und Rechtsaufsicht des BMVI, das sich bei ihrer Durchführung der Generaldirektion Wasserstraßen und Schifffahrt bedient (§ 16 Abs. 1 SpFV).

2. Welchen Umfang hat die Fachaufsicht?

Grundsätzlich haben die Organe der Fachaufsicht darauf zu achten, dass die Verordnung und die zu ihrer Durchführung erlassenen Richtlinien eingehalten werden. Die Aufsicht erstreckt sich insbesondere auf die einheitliche und gleichmäßige Durchführung des den Verbänden erteilten Auftrags. Dazu gehört auch die stichprobenartige Kontrolle von einzelnen Prüfungen. Dabei haben sie darauf zu achten, dass bei der Prüfung niemand, insbesondere wegen der Zugehörigkeit oder Nichtzugehörigkeit zu einem Verein, bevorzugt oder benachteiligt wird.

3. Wer führt die Aufsicht bei Prüfungen außerhalb des Geltungsbereichs der Sportboot-FüV?

Sofern die beliehenen Verbände Prüfungen außerhalb des Geltungsbereichs der SportbootFüV abnehmen, sind die Prüfungstermine so rechtzeitig bekannt zu geben, dass auch dort im Einzelfall die unangemeldete Teilnahme an der Prüfung durch die Aufsichtsbehörden möglich ist.
Die in Betracht kommenden Prüfungsorte, die nur das europäische Ausland und Mittelmeeranliegerstaaten erfassen dürfen, sind mit dem BMVI abzustimmen. Es muss aber sichergestellt sein, dass die Erteilung der Fahrerlaubnis und die Ausstellung des Sportbootführerscheins mit dem Geltungsbereich Binnenschifffahrtsstraßen ausschließlich im Geltungsbereich der Verordnung erfolgen (8 RiVerb).

VII. Verwaltungsmaßnahmen nach Abschluss der Prüfung

1. Wann und wie wird der Sportbootführerschein ausgestellt?

Nach bestandener Prüfung ist dem Bewerber die entsprechende Fahrerlaubnis zu erteilen und der entsprechende Sportbootführerschein nach dem Muster der Anlage 1 SpFV (siehe Anhang 4.1) auszuzustellen (§ 8 Abs. 8 SpFV).
Der Vorsitzende des Prüfungsausschusses oder der Prüfungskommission hat den Führerschein zu unterschreiben. Der Führerschein ist in der linken unteren Ecke des für das Lichtbild vorgesehenen Raumes auf dem Lichtbild und neben der Unterschrift des Vorsitzenden mit dem Stempel des Prüfungsausschusses zu versehen, aus dem sich ergibt. dass er im Auftrag einer der beiden beauftragten Verbände tätig geworden ist (4.1 RiVerb).
Besteht ein Bewerber die Prüfung nicht, so hat ihm der Vorsitzende der Prüfungskommission das Ergebnis mündlich mit dem Hinweis mitzuteilen, dass er einen schriftlichen Bescheid mit Gründen, Kostenentscheidung und Rechtsbehelfsbelehrung erhält (§ 8 Abs. 9 SpFV). Die Rechtsbehelfsbelehrung ist entsprechend dem Muster der Anlage 5 zu fertigen (§§ 37–39, 41 Verwaltunsverfahrensgesetz). Der Bewerber ist in dem o. g. Bescheid auf die Möglichkeit der Befreiung von Prüfungsteilen hinzuweisen, wenn die erneute Prüfung nicht später als sechs Monate nach der nicht bestanden Prüfung durchgeführt wird (3.2.34 RiVerb).

2. Wann ist der Sportbootführerschein unter Auflagen zu erteilen?

Bewerbern, die bedingt tauglich sind, kann die Fahrerlaubnis unter Auflagen erteilt werden, soweit dadurch die mit der mangelnden Tauglichkeit verbundenen Gefahren durch den Bewerber ausgeglichen werden können (§ 6 Abs. 4 SpFV).

Auflagen bei Einschränkung des Sehvermögens:
Wird von einem Bewerber die nach Anlage 2 Teil 2 SpFV vorgeschriebene Sehschärfe nur mit Sehhilfe erreicht. so ist ihm die Auflage zu erteilen, eine gegen Verlust besonders gesicherte Brille oder andere Sehhilfe bei der Führung des Sportbootes ständig zu tragen und eine Ersatzsehhilfe mitzuführen.
Zusätzlich ist der Führerschein des betreffenden Bewerbers mit einem Stempel folgenden Inhalts zu versehen: „Brille mit Sicherung oder andere Sehhilfe ist zu tragen; Ersatz ist mitzuführen." Als Sehhilfe sind auch Kontaktlinsen oder Haftschalen zugelassen. Wird bei einem Bewerber das in Anlage 2 Teil 3 SpFV vorgeschriebene Hörvermögen nur mit Hörhilfe erreicht. so ist ihm die Auflage zu erteilen, eine dem Stand der Technik entsprechende Hörhilfe bei Führung des Sportbootes ständig zu tragen. Zusätzlich ist der Führerschein des betreffenden Bewerbers mit einem Stempel folgenden Inhalts zu versehen: „Hörhilfe ist zu tragen." (4.2.2 RiVerb)

Neben der Eintragung im Führerschein werden die Auflagen vom PA dem Führerscheininhaber durch einen schriftlichen Bescheid mit Rechtsmittelbelehrung mitgeteilt. Die Erteilung der Auflagen ist ein selbstständiger Verwaltungsakt. der unabhängig von der Fahrerlaubnis angefochten werden kann. Für die nachträgliche Erteilung der Auflagen oder die Neuerteilung der Auflagen sind der DMYV und der DSV zuständig.

3. Wann ist die Fahrerlaubnis zu entziehen und das Ruhen der Fahrerlaubnis anzuordnen?

Vorbehaltlich der Anwendung des Seesicherheitsuntersuchungsgesetzes ist dem Inhaber einer Fahrerlaubnis zum Führen von Sportbooten die Fahrerlaubnis oder der Befähigungsnachweis von der nach § 16 Abs. 3 Satz 1 zuständigen Behörde zu entziehen, wenn er sich als untauglich oder unzuverlässig erweist (§ 13 Abs. 1). Wird aufgrund einer Wiederholungsuntersuchung, einer polizeilichen Kontrolle oder auf andere Weise festgestellt. dass Anlass zu der Annahme besteht, dass nach dem Erwerb der Fahrerlaubnis eine Beschränkung der körperlichen oder geistigen Tauglichkeit ein getreten ist oder dass eine angeordnete Wiederholungsuntersuchung nicht durchgeführt worden ist, ist der Führerscheininhaber von den beauftragten Verbänden aufzufordern, sich innerhalb einer angemessenen Frist zur Überprüfung seiner Tauglichkeit einer amts- oder fachärztlichen Untersuchung zu unterziehen und ein Zeugnis vorzulegen.

Erweist sich der Inhaber der Fahrerlaubnis zum Führen von Sportbooten als untauglich oder unzuverlässig, ist ihm die Fahrerlaubnis zu entziehen (vgl.§ 13 SpFV).

Die Fahrerlaubnis kann von der zuständigen Behörde entzogen werden, wenn der Inhaber wiederholt einer Auflage wegen nicht ausreichendem Seh-, Hör- oder Farbunterscheidungsvermögen (§ 6 Abs. 4) nicht

nachkommt. Die Wasserschutzpolizeien der Länder teilen der zuständigen Behörde die ihnen bekannten Tatsachen mit, die eine Entziehung rechtfertigen können (§ 13 Abs. 2).
Die zuständige Behörde kann unter bestimmten Voraussetzungen das **Ruhen der Fahrerlaubnis befristet oder unbefristet anordnen**, wenn bei dem Inhaber einer Fahrerlaubnis oder eines Befähigungszeugnisses die Voraussetzungen für eine Entziehung noch nicht vorliegen, aber Zweifel an seiner Zuverlässigkeit oder Tauglichkeit bestehen (§ 14 Abs. 1) In diesem Fall besteht Fahrverbot (§ 14 Abs. 4) Werden diese Zweifel vor Ablauf der Frist ausgeräumt. ist die Anordnung aufzuheben. Der Inhaber der Fahrerlaubnis gilt als widerleglich unzuverlässig, wenn er seiner Verpflichtung zur Vorlage zur amtlichen Verwahrung (§ 14 Abs. 5) nicht innerhalb einer Woche, nachdem die Anordnung über das Ruhen der Fahrerlaubnis vollziehbar geworden ist. nachgekommen ist (§ 13 Abs. 1).
Zweifel an der Zuverlässigkeit können insbesondere bestehen, wenn gegen den Inhaber einer Fahrerlaubnis oder eines Befähigungszeugnisses wegen einer Ordnungswidrigkeit. die er unter grober oder beharrlicher Verletzung der Pflichten eines Schiffsführers oder einer Person, die selbstständig Kurs und Geschwindigkeit bestimmt, begangen hat, eine Geldbuße festgesetzt worden ist. Davon ist in der Regel auszugehen, weil der Betroffene

1. mehrfach mit 0,25 mg/l oder mehr Alkohol in der Atemluft oder mit 0,5 Promille oder mehr Alkohol im Blut oder mit einer Alkoholmenge im Körper, die zu einer solchen Atem- oder Blutalkoholkonzentration führt, oder unter erheblicher Einwirkung berauschender Mittel ein Sportboot geführt hat, oder
2. mehrfach eine vorgeschriebene Höchstgeschwindigkeit überschritten hat (§ 14 Abs. 2 und 3).

Sind dringende Gründe für die Annahme vorhanden, dass eine Erlaubnis entzogen oder das Ruhen einer Fahrerlaubnis angeordnet wird, so kann der Sportbootführerschein oder ein anderes Befähigungszeugnis vorläufig sichergestellt werden (§ 15 Abs. 1).
Über die Entziehung der Fahrerlaubnis oder die Anordnung des Ruhens der Fahrerlaubnis entscheidet die Generaldirektion Wasserstraßen und Schifffahrt (§ 16 Abs. 3).

4. Wie kann man sich gegen das Nichtbestehen der Prüfung rechtlich wehren?

Erteilung und Nichterteilung der Fahrerlaubnis sind Verwaltungsakte. Sie können nach Durchführung eines Vorverfahrens (Widerspruchsverfahren) vor den Verwaltungsgerichten angefochten werden (§§ 40, 42 VwGO).

Legt ein Betroffener Widerspruch gegen die Nichterteilung einer Fahrerlaubnis ein, haben die beauftragten Verbände die Entscheidung zu überprüfen. Halten sie den Widerspruch für begründet. helfen sie dem Widerspruch ab mit der Folge, dass der Führerschein erteilt wird. Halten sie den Widerspruch nicht für begründet. erlässt der DMYV oder der DSV einen Widerspruchsbescheid mit Kostenrechnung und Rechtsbehelfsbelehrung (2.3 RiVerb). Für diese Maßnahmen sind die beauftragten Verbände deshalb selbst zuständig, da die nächsthöhere Behörde, nämlich das BMVI, oberste Bundesbehörde ist (§ 73, Abs. 1, Nr. 2 VwGO).
Das vorstehende Verfahren gilt auch dann, wenn die Ausstellung eines Sportbootführerscheins ohne Prüfung verweigert wird (vgl. Abschn. VIII).
Der DMYV und der DSV haben durch geeignete Maßnahmen sicherzustellen, dass das bei allen Widerspruchsentscheidungen auszuübende Ermessen oder die Ausfüllung bestehender Beurteilungsspielräume nach einer einheitlichen Verwaltungspraxis erfolgt. Bei Widersprüchen grundsätzlicher Bedeutung ist die Entscheidung im gegenseitigen Einvernehmen zu treffen (2.3 Abs. 2 RiVerb).

5. Welche Kosten werden für die einzelnen Amtshandlungen erhoben?

Die Gebühren und Auslagen des Tabellenabschnitts 1 werden von den nach der Sportbootführerscheinverordnung beliehenen Verbänden Deutscher Motoryachtverband e. V. und Deutscher Segler Verband e. V. nach Maßgabe der Anlage Nr. 44 in Verbindung mit Abschnitt 6 der BMVI-Wasserstraßen und Schifffahrt Besondere Gebührenverordnung vom 28. Oktober 2021 (BGBl. I S. 4744) – in Kraft getreten am 1. Oktober 2021 – festgesetzt und eingezogen.
Die nach der Anlage zu erhebenden Gebühren und Auslagen umfassen gemäß § 2 Abs. 2 der Verordnung jeweils auch die Kosten für die Festsetzung der Gebühren und Auslagen.
Gemäß Abschnitt 6 Nr. 2 der Anlage gilt Folgendes zusätzlich:

a) Für Prüfungen an der Mittelmeer- und Atlantikküste außerhalb Deutschlands werden zusätzlich Reisekosten als Auslage je Bewerber erhoben.
b) Sind aus Gründen des Gesundheitsschutzes behördliche Hygiene- und Schutzmaßnahmen zu beachten, können die diesbezüglichen Mehraufwendungen in der tatsächlich entstandenen Höhe, jedoch lediglich bis maximal 9 Euro für die theoretische und bis maximal 10 Euro für die praktische Prüfung als Auslagen erhoben werden.

Gebührenverzeichnis			
Nr.	Gegenstand	Rechtsgrundlage	Gebühr in €
1. Individuell zurechenbare öffentliche Leistungen im Zusammenhang mit der Ausstellung von Sportbootführerscheinen			
1.	Zulassung zur Prüfung	§ 7 SpFV	21,85
2.	Theoretische Prüfung zur Führung von Fahrzeugen auf Binnenschifffahrtsstraßen unter Segel	§ 8 Absatz 1 SpFV	32,10
3.	Ergänzende theoretische Prüfung zur Führung von Fahrzeugen auf Binnenschifffahrtsstraßen unter Segel	§ 8 Absatz 1 und 3 SpFV	21,40
4.	Theoretische Prüfung zur Führung von Fahrzeugen auf Binnenschifffahrtsstraßen mit Antriebsmaschine	§ 8 Absatz 1 SpFV	34,85
5.	Ergänzende theoretische Prüfung zur Führung von Fahrzeugen auf Binnenschifffahrtsstraßen mit Antriebsmaschine	§ 8 Absatz 1 und 3 SpFV	28,25
6.	Theoretische Prüfung zur Führung von Fahrzeugen auf Seeschifffahrtsstraßen	§ 8 Absatz 1 SpFV	44,45
7.	Praktische Prüfung zur Führung von Fahrzeugen auf Binnenschifffahrtsstraßen unter Segel oder Antriebsmaschine	§ 8 Absatz 1 SpFV	37,65
8.	Praktische Prüfung zur Führung von Fahrzeugen auf Seeschifffahrtsstraßen	§ 8 Absatz 1 SpFV	44,50
9.	Ergänzende praktische Prüfung zur Führung von Fahrzeugen auf Binnenschifffahrtsstraßen unter Segel – am gleichen Tag	§ 8 Absatz 1 und 3 SpFV	18,40
10.	Fahrerlaubnis	§ 8 Absatz 8 SpFV	25,40
11.	Fahrerlaubnis ohne Prüfung	§ 3 Absatz 5 bis 7, § 4 Absatz 5 bis 7 SpFV	37,40
12.	Nachträgliche Erteilung oder Streichung von Auflagen	§ 6 Absatz 4 SpFV	20,40
13.	Ersatzausfertigung	§11 SpFV	37,40

c) Sollte ein Befähigungsnachweis nicht zugestellt werden können und ein erneuter Zustellungsversuch notwendig werden, wird für die erneute Zustellung ein Zuschlag in Höhe von 14 Euro als Auslage erhoben.

d) Für eine Auslandszustellung der Befähigungsnachweise nach dem Tabellenabschnitt 1 durch die beliehenen Verbände wird ein Zuschlag in Höhe von 6 Euro als Auslage erhoben. Für Auslandszustellungen durch die Bundesdruckerei beläuft sich dieser Zuschlag auf 8,10 Euro. Für Auslandszustellungen nach dem Tabellenabschnitt 2 wird ein Zuschlag in Höhe von 1,60 Euro als Auslage erhoben.

Die Gebühr für die Zulassung zur Prüfung wird erneut erhoben, wenn der Bewerber den Prüfungsausschuss wechselt, oder zum Prüfungstermin nicht erscheint.

Gemäß § 2 Abs. 3 der Verordnung sind Auslagen, die nicht im Gebühren- und Auslagenverzeichnis aufgeführt sind, mit der Gebühr abgegolten. Zusätzlich zu den Kosten wird die gesetzlich vorgeschriebene Mehrwertsteuer erhoben.

6. Wie werden die Kosten erhoben?

Die Kosten werden mit Ausnahme der Kosten für die Entziehung der Fahrerlaubnis von den Verbänden (Prüfungsausschüssen) als Vorauszahlung erhoben und eingezogen. Die Kosten für die Entziehung der Fahrerlaubnis werden von der Generaldirektion Wasserstraßen und Schifffahrt festgesetzt und eingezogen (§ 18 Abs. 4).

Kostenschuldner ist

- wer die Amtshandlung veranlasst oder zu wessen Gunsten sie vorgenommen wird,

- wer die Kosten durch eine vor der zuständigen Behörde abgegebene oder ihr mitgeteilte Erklärung übernommen hat (§ 13 VWKG).

Die Gebührenschuld entsteht, soweit ein Antrag notwendig ist, mit dessen Eingang, im Übrigen mit der Beendigung der gebührenpflichtigen Amtshandlung. Die Verpflichtung zur Erstattung von Auslagen entsteht mit der Aufwendung des zu erstattenden Betrages (§ 11 VWKG).

VIII. Ahndung von Verstößen gegen die Sportbootführerscheinverordnung mit dem Geltungsbereich Binnenschifffahrtsstraßen

Verstöße oder Zuwiderhandlungen gegen Vorschriften können durch Strafen oder Geldbußen geahndet werden. Die Strafbarkeit einer Tat wird im Strafgesetzbuch und in Nebenstrafgesetzen bestimmt. Die Möglichkeit, eine Zuwiderhandlung mit einer Geldbuße zu ahnden, ist im Ordnungswidrigkeitengesetz geregelt. Strafe und Ordnungswidrigkeit unterscheiden sich durch ihren Unrechtsgehalt. Straftat ist das kriminelle Unrecht. Ordnungswidrigkeit das sogenannte Verwaltungsunrecht.

Die Bezeichnung „Ordnungswidrigkeit" bringt zum Ausdruck, dass es sich bei diesem Unrecht um Verstöße gegen Gebots- oder Verbotsvorschriften handelt. die im Wesentlichen ordnungssetzende oder -erhaltende Bedeutung haben. Im Gegensatz dazu wird als Straftat die Verletzung von Rechtsvorschriften gewertet, die den Schutz der Grundlagen der Gesellschaftsordnung und sonstiger für das sittliche Zusammenleben von Menschen wesentlicher Rechtsgüter bezwecken.

Die Ordnungswidrigkeit ist also nicht ein Weniger gegenüber der Straftat. sondern etwas anderes. Sie ist ihrem Charakter nach keine Sühne für ein Verschulden; sie soll ausgesprochen werden, wenn der Betroffene einsichtig ist und der erzieherische Zweck dadurch erreicht wird. Sie hat keine herabsetzende Wirkung – keine Eintragung in das Strafregister – und kann nicht in eine Ersatzfreiheitsstrafe umgewandelt werden. Demgemäß bestehen auch gegenüber der Straftat erhebliche Unterschiede in den Ver fahrensvorschriften. Es werden nur Verwaltungsbehörden tätig, die im Gegensatz zu den Justizbehörden, für die grundsätzlich Strafverfolgungszwang besteht (Legalitätsprinzip), nach pflichtgemäßem Ermessen zu entscheiden haben, ob sie eine Geldbuße festsetzen wollen oder nicht (Opportunitätsprinzip). Die Grenzen des pflichtgemäßen Ermessens sind gesetzlich nicht näher bestimmt (§ 47 OWiG).

Im Hinblick darauf, dass es sich bei der Sportbootführerscheinverordnung um polizeiliche Gebots- und Verbotsvorschriften handelt, hat der Gesetzgeber Zuwiderhandlungen dagegen als Ordnungswidrigkeiten eingestuft, die mit einem Bußgeld geahndet werden.

Ordnungswidrigkeiten (§ 19)						
lfd. Nr. des Bußgeldkatalogs	Tatbestand	Zuwiderhandlung gegen §§ der SportbootFüV	Betroffener	Ordnungswidrigkeit nach § 19 SportbootFüV	Verwarnungsgeld (in Euro)	Gelbuße (in Euro)
1	2	3	4	5	6	7
24.310000	Führen eines Sportbootes ohne die erforderliche Fahrerlaubnis	3 Abs. 1 Satz 1	Jedermann	Nr. 1	–	125
24.320000	Anordnen oder Zulassen, dass jemand ein Fahrzeug ohne die erforderliche Fahrerlaubnis führt	12 Abs. 1 S. 2	Eigentümer	Nr. 5	–	125
24.330000	Nichtmitführen eines Befähigungsnachweises	12 Abs. 1 Satz 1	Schiffsführer	Nr. 4	10	50
24.340000	Verstoß gegen eine vollziehbare Auflage	6 Abs. 4 S. 1 oder 3	Schiffsführer	Nr. 2	10	25 bis 150
24.350000	Nicht oder nicht rechtzeitig abliefern des Sportbootführerscheins	13 Abs. 4 S. 2	Schiffsführer	Nr. 6	–	100
24.360000	Führen eines Sportbootes, obwohl das Ruhen der Fahrerlaubnis angeordnet ist	14 Abs. 1	Schiffsführer	Nr. 7	–	100

IX. Welche Maßnahmen erfolgen nach Ausstellung eines Sportbootführerscheins

1. Änderungen der Eintragungen im Führerschein, die sich im Laufe der Zeit ergeben, können von dem DMYV oder dem DSV berichtigt werden. Die Tatsache der einzutragenden Änderung hat der Inhaber des Sportbootführerscheins – Binnen durch Vorlage der Urkunde nachzuweisen (Heiratsurkunde, Bescheinigung des Einwohnermeldeamtes usw.). Kosten werden nicht erhoben. Wenn der Führerscheininhaber die Ausstellung eines neuen Führerscheins beantragt, ist der bisherige Führerschein einzuziehen und hierfür eine Gebühr zu erheben (5.1 RiVerb).

2. Der DMYV und der DSV können auf Antrag **Ersatzausfertigungen** ausstellen, wenn der Antragsteller als Inhaber des Führerscheins anhand der Unterlagen identifiziert wird, aber nur, wenn der Führerschein unbrauchbar geworden ist oder wenn glaubhaft gemacht wird, dass er gestohlen oder verloren gegangen ist (§§ 11, 16 Abs. 1 Nr. 3). Der Sportbootführerschein ist unbrauchbar geworden, wenn er unleserlich geworden oder teilweise beschädigt ist oder sonst als Urkunde im Rechtsverkehr nur erschwert verwendet werden kann. Ist der Sportbootführerschein gestohlen worden, hat der Antragsteller nachzuweisen, dass er den Diebstahl bei der Polizei angezeigt hat. Ist der Sportbootführerschein verloren gegangen oder sonst abhanden gekommen, hat er diese Tatsache – z. B. durch Angabe von Zeugen – glaubhaft zu machen und durch eine schriftliche Versicherung zu bestätigen (5.2 RiVerb).

3. Gemeinsames Verzeichnis
Vom DMYV und vom DSV wird eine gemeinsame Zentralkartei über die ausgestellten Sportbootführerscheine, erteilten Auflagen, Ersatzausfertigungen, Entziehungen und Fristen für die Neuerteilung geführt (§ 17 Abs. 1). Auskünfte aus der Zentralkartei dürfen nur an das BMVI, an die Generaldirektion Wasserstraßen und Schifffahrt, an Gerichte, Seeämter, Staatsanwaltschaften und Polizeibehörden erteilt werden, soweit die Erteilung der Auskünfte für deren jeweilige Aufgabenerfüllung erforderlich ist (§ 17 Abs. 2).
Der DMYV und der DSV sind gegenüber den genannten Stellen nicht nur zur Auskunftserteilung berechtigt, sondern auch verpflichtet. Die Erteilung von Auskünften an nicht genannte Behörden ist ausgeschlossen, auch wenn sie dort amtlichen Zwecken dienen sollten (5.4 RiVerb).

X. Pflichten des Eigentümers und des Schiffsführers

Der jeweils erforderliche Befähigungsnachweis ist beim Führen von Sportbooten vom Schiffsführer mitzuführen und den zur Kontrolle befugten Personen auf Verlangen zur Prüfung auszuhändigen.

Der Eigentümer darf nicht anordnen oder zulassen, dass entgegen § 3 Abs. 1 oder § 4 Abs. 1 ein Fahrzeug ohne die hierfür vorgeschriebene Fahrerlaubnis geführt wird (§ 12 Abs.1).

Ein Sportboot führt nicht, wer es unter Aufsicht des Schiffsführers steuert. Die schifffahrtsrechtlichen Vorschriften über die Anforderungen an den Rudergänger bleiben unberührt (§ 12 Abs. 2).

Teil II
Der amtliche Fragen- und Antwortenkatalog für die Prüfung zum Erwerb des amtlichen Sportbootführerscheins mit dem Geltungsbereich Binnenschifffahrtsstraßen*

In den folgenden Erläuterungen zu den einzelnen Fragen und Antworten ist jeweils am Ende ein Merksatz gebildet werden, der gelernt werden muss, damit man in der Prüfung das x bei der jeweils richtigen Antwort im Prüfungsbogen macht; denn anders als im folgenden Fragenkatalog ist im Prüfungsfragebogen die richtige Antwort immer an verschiedener Stelle.

Zu Übungs- und Testzwecken werden die 15 Fragebogen für Übungszwecke für die Sportbootführerscheinprüfung mit dem Geltungsbereich Binnenschifffahrtsstraßen empfohlen.

Hinweise

Wenn in den Erläuterungen unter „Vorschriften" keine der 4 Verkehrsordnungen angegeben ist, sind die Vorschriften gleichlautend, andernfalls wird die spezielle Verkehrsordnung angegeben. Der Fragen- und Antwortenkatalog wurde dem elektronischen Wasserstraßen-Informationssystem (www.elwis.de) und der amtlichen Bekanntmachung im Verkehrsblatt entnommen.

***In diesem Katalog ist immer Antwort a. die richtige.**

II.A Basisfragen

I. Gesetzeskunde

1. Bestimmung des Schiffsführers

1

Was ist zu tun, wenn vor Antritt der Fahrt nicht feststeht, wer Schiffsführer ist?

Antwort:

a. Der verantwortliche Schiffsführer muss bestimmt werden.
b. Der verantwortliche Schiffsführer muss gewählt werden.
c. Ein Inhaber eines Sportbootführerscheins muss die Fahrzeugführung übernehmen.
d. Ein Inhaber eines Sportbootführerscheins muss die Verantwortung übernehmen.

Zu Frage 1:

Während in der Berufsschifffahrt durch Seemannsgesetz und durch die Schiffsbesetzungsverordnung festgelegt ist, wer Schiffsführer ist, steht dies auf einem Sportfahrzeug nicht immer eindeutig fest.

1. Denn der Eigentümer ist nicht automatisch der Schiffsführer.

2. Berechtigt zur Fahrzeugführung ist, wer die gemäß § 4 Abs. 1 SpFV erforderliche Fahrerlaubnis oder den für das Seegebiet vorgesehenen freiwilligen staatlichen Sportsee- bzw. Sporthochseeschifferschein besitzt.

Verfügt das Sportfahrzeug nicht über einen Motor mit mehr als 3,68 kW (5 PS) an der Propellerwelle, sind auch Verbandszertifikate für die Frage der Berechtigung maßgeblich.

Sind mehrere Personen zur verantwortlichen Führung eines Fahrzeugs berechtigt, so haben sie vor Antritt der Fahrt festzulegen, wer der verantwortliche Schiffsführer und wer sein Stellvertreter ist.

Der verantwortliche Schiffsführer muss während der Fahrt stets an Bord sein. Befindet sich der Eigentümer an Bord und hat er eine Fahrerlaubnis, wird er in der Regel der verantwortliche Schiffsführer sein.

Besitzt er keinen Führerschein oder will er sich vertreten lassen, muss er einem anderen Führerscheininhaber die Verantwortung übertragen. Sind mehrere Personen zur Führung eines Fahrzeugs berechtigt, haben sie vor Antritt der Fahrt festzulegen, wer der verantwortliche Schiffsführer ist. Wird während der Fahrt diese Feststellung geändert, sollte dies zur Beweissicherung mit Datum, Uhrzeit, Namen, Ort/km des Wechsels festgehalten werden.

Der Schiffsführer muss nicht selbstständig das Ruder führen. Er kann sich in der Ruderführung durch eine mindestens 16 Jahre alte und geeignete Person vertreten lassen. An der Verantwortung in der Fahrzeugführung ändert sich jedoch nichts, das heißt, der Schiffsführer muss gegebenenfalls die für die sichere Führung des Fahrzeugs erforderlichen Weisungen geben und sicherstellen, dass ihnen auch Folge geleistet wird.

Wichtige Hinweise:
Der Schiffsführer ist nicht mit dem Rudergänger zu verwechseln. Auch auf Sportbooten braucht der verantwortliche Schiffsführer nicht ständig selbst Ruder zu gehen, sondern kann sich eines Rudergängers bedienen, der selbst nicht im Besitz einer Fahrerlaubnis sein muss. Andererseits hat der Schiffsführer sicherzustellen, dass aufgrund seiner Verantwortung für die Einhaltung der Verkehrsvorschriften seinen Anordnungen Folge geleistet wird (vgl. Teil 1, 4.1).

Vorschriften See:
§ 4 SeeSchStrO, § 4 VO KVR

Vorschriften Binnen:
§§ 1.02, 1.03, 1.09 BinSchStrO

Merke:
Wenn vor Antritt der Fahrt nicht feststeht, wer Schiffsführer ist, muss dieser bestimmt werden.

2. Führung des Fahrzeugs

2

In welchen Fällen darf weder ein Sportboot geführt noch dessen Kurs oder Geschwindigkeit selbstständig bestimmt werden?

Antwort:

a. **Wenn man infolge körperlicher oder geistiger Mängel oder infolge des Genusses alkoholischer Getränke oder anderer berauschender Mittel in der sicheren Führung behindert ist oder wenn eine Blutalkoholkonzentration von 0,5 ‰ oder mehr im Körper vorhanden ist.**

b. **Wenn man infolge körperlicher oder geistiger Mängel oder infolge des Genusses alkoholischer Getränke oder anderer berauschender Mittel in der sicheren Führung behindert ist oder wenn eine Blutalkoholkonzentration von 0,8 ‰ oder mehr im Körper vorhanden ist.**

c. **Wenn man infolge körperlicher oder geistiger Mängel oder infolge des Genusses alkoholischer Getränke oder anderer berauschender Mittel in der sicheren Führung behindert ist oder wenn eine Blutalkoholkonzentration von 1,0 ‰ oder mehr im Körper vorhanden ist.**

d. **Wenn man infolge körperlicher oder geistiger Mängel oder infolge des Genusses alkoholischer Getränke oder anderer berauschender Mittel in der sicheren Führung behindert ist oder wenn eine Blutalkoholkonzentration von 0,3 ‰ oder mehr im Körper vorhanden ist.**

Zu Frage 2:

Folgen der Verkehrsgefährdung durch Alkohol:

Bei fast jedem zweiten untersuchten Sportbootunfall ist festgestellt worden, dass der Bootsführer infolge des Genusses alkoholischer Getränke in der sicheren Führung des Fahrzeuges behindert war. Das herabgesetzte Reaktionsvermögen war zumindest mitursächlich für den Unfall, z.B. für Fehlhandlungen nach dem Sturz einer Person ins Wasser. Ist ein Fahrzeugführer aufgrund des Genusses alkoholischer Getränke nicht mehr in der Lage, das Boot sicher zu führen, oder hat er eine Blutalkoholkonzentration von 0,5 Promille oder mehr im Körper, ist bzw. gilt er als **fahruntüchtig** mit der Folge, dass **Fahrverbot** besteht, das bei einem Verstoß als Ordnungswidrigkeit geahndet wird(§ 61 Abs. 1 Nr. 1 SeeSchStrO).

Aus diesem Grund muss ein anderes Besatzungsmitglied, das zur Fahrzeugführung berechtigt ist, zum Fahrzeugführer bestimmt werden.

Der durch die Rechtsprechung für den Straßenverkehr festgelegte Grenzwert für die absolute Fahruntüchtigkeit von 1,1 Promille ist in der Regel auch der Grenzwert für den Wasserstraßenverkehr. Wer eine Blutalkoholkonzentration von 1,1 oder mehr Promille oder eine Alkoholmenge im Körper hat, die zu einer solchen Blutalkoholkonzentration führt, gilt nicht nur als fahruntüchtig, sondern begeht als Fahrzeugführer darüber hinaus eine **Straftat**, auch wenn es nicht zu einem Unfall, einer Gefährdung oder zu einem sonst auffälligen Verhalten gekommen ist. Ist es bei einer Fahrzeugführung mit einer Blutalkoholkonzentration von 0,5 und mehr Promille zu einem **Seeunfall** gekommen, der von der WSD Nordwest untersucht wird, wird dem Fahrzeugführer in jedem Fall der Sportbootführerschein entzogen (vgl. im Einzelnen Teil IV Abschnitt V).

Darüber hinaus ist durch eine **vorübergehende Anordnung** zu § 1.02 Nr. 7 und § 1.03 Nr. 4 **für alle Binnenschifffahrtsstraßen** (Bundeswasserstraßen) festgelegt, dass der Schiffsführer und die Mitglieder

der diensttuenden Mindestbesatzung und sonstigen Personen an Bord, die vorübergehend selbstständig den Kurs und die Geschwindigkeit des Fahrzeugs bestimmen, nicht durch Übermüdung, Alkohol, Medikamente, Drogen oder aus einem anderen Grund beeinträchtigt sein dürfen. Bei einer Menge von 0,25 mg/l oder mehr Alkohol in der Atemluft oder bei einer **Blutalkoholkonzentration von 0,5 oder mehr Promille** oder einer Alkoholmenge im Körper, die zu einer solchen Atem- oder Blutalkoholkonzentration führt, ist es dem Schiffsführer verboten, das Fahrzeug zu führen. Den sonstigen, vorgenannten Personen ist es in solchen Fällen verboten, den Kurs und die Geschwindigkeit des Fahrzeugs zu bestimmen.

Merke:
Wenn man infolge körperlicher oder geistiger Mängel oder infolge des Genusses alkoholischer Getränke oder anderer berauschender Mittel in der sicheren Führung behindert ist oder wenn eine Blutalkoholkonzentration von 0,5 Promille oder mehr im Körper ist, darf man weder ein Sportboot führen noch dessen Kurs oder Geschwindigkeit selbständig bestimmen.

Vorschriften See:
§ 3 Abs. 3 und 4 SeeSchStrO,
§ 3 Abs. 3 und 4 VO KVR

Vorschriften Binnen:
§§ 315a, 316 StGB sowie die
§§ 1.02 Nr. 7, 1.03 Nr. 4 BinSchStrO

3. Definitionen

3

Wann ist ein Fahrzeug in Fahrt?

Antwort:

a. **Wenn es weder vor Anker liegt noch an Land festgemacht ist noch auf Grund sitzt.**
b. **Wenn es weder vor Anker liegt noch an Land festgemacht ist noch Fahrt über Grund macht.**
c. **Wenn es weder auf Grund sitzt noch vor Anker liegt noch manövrierbehindert oder manövrierunfähig ist.**
d. **Wenn es weder an Land festgemacht ist noch vor Anker liegt noch Fahrt durchs Wasser macht.**

Zu Frage 3:

Ein Boot, dessen Antriebskraft nicht genutzt wird, gilt fälschlicherweise oft als stillliegendes Fahrzeug. Nach den Verkehrsvorschriften wird ein Fahrzeug dann als stillliegend bezeichnet, wenn es unmittelbar oder mittelbar vor Anker liegt, am Ufer festgemacht oder festgefahren ist.

Daraus folgt, dass beispielsweise ein treibendes Fahrzeug als in Fahrt befindlich gilt und die Verkehrsvorschriften deshalb beachten muss, insbesondere die Ausweichregeln, und erforderlichenfalls Lichter zu setzen hat. Ob das Fahrzeug dabei Fahrt durchs Wasser oder Fahrt über Grund macht oder beides nicht oder manövrierbehindert ist, spielt keine Rolle.

Vorschriften See:
Regel 3 b, c, d KVR

Vorschriften Binnen:
§ 1.01 Nr. 20 BinSchStrO

Merke:
Ein Fahrzeug ist in Fahrt, wenn es weder vor Anker liegt noch an Land festgemacht ist noch auf Grund sitzt.

4

Wie lang ist die Dauer eines kurzen Tons (•)?

Antwort:

a. **Etwa 1 Sekunde.**
b. **Etwa 2 Sekunden.**
c. **Weniger als 1 Sekunde.**
d. **Weniger als 4 Sekunden**

Zu Frage 4:

Vorschriften See:
Regel 32 b und c KVR

Vorschriften Binnen:
§ 1.01 Nr. 29 BinSchStrO

Merke:
Ein kurzer Ton dauert etwa eine Sekunde

5

Wie lang ist die Dauer eines langen Tons (——)?

Antwort:

a. Etwa 4 – 6 Sekunden.
b. Etwa 2 – 6 Sekunden.
c. Etwa 1 – 2 Sekunden.
d. Etwa 6 – 8 Sekunden.

Zu Frage 5:

Vorschriften See:
Regel 32 b und c KVR

Vorschriften Binnen:
§ 1.01 Nr. 30 BinSchStrO

Merke:
Ein langer Ton dauert etwa 4 – 6 Sekunden

6

Wann gilt ein Fahrzeug unter Segel als Maschinenfahrzeug?

Antwort:

a. Wenn es gleichzeitig mit Maschinenkraft fährt.
b. Wenn es mit einer Antriebsmaschine ausgerüstet ist.
c. Wenn es durch das Segeln keine Fahrt durchs Wasser macht.
d. Wenn es durch das Segeln keine Fahrt über Grund macht.

7

Welches Signal führt ein Fahrzeug unter Segel, das als Maschinenfahrzeug gilt, zusätzlich am Tage?

Antwort:

a. Einen schwarzen Kegel, Spitze unten.
b. Einen schwarzen Kegel, Spitze oben.
c. Einen schwarzen Rhombus.
d. Zwei schwarze Bälle senkrecht übereinander.

Zu Fragen 6 und 7:

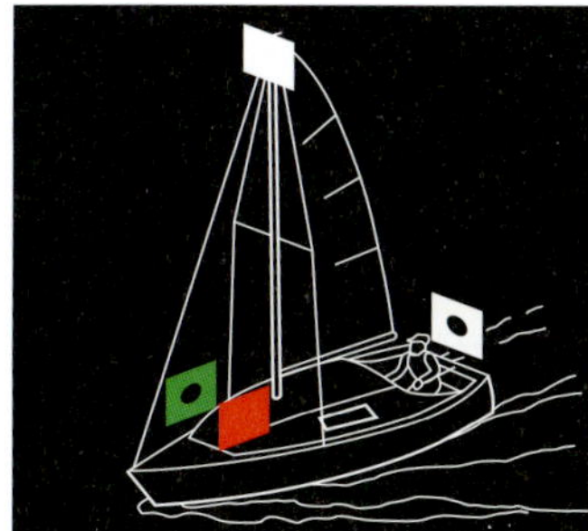

bei Nacht

am Tag
Segelboot unter Motor

Aufgrund der Benutzung des Maschinenantriebs ist das Segelfahrzeug hinsichtlich der Manövrierfähigkeit einem Maschinenfahrzeug gleichzusetzen, sodass es auch entsprechend ausweichen kann. Dies ist durch den Signalkörper „schwarzer Kegel, Spitze unten" kenntlich zu machen. Wird der Maschinenantrieb nicht benutzt, bleibt das Fahrzeug ein Segelfahrzeug.

Hinweis: siehe Frage 12

Vorschriften See:
Regel 3 c und 25 e KVR

Vorschriften Binnen:
§ 3.13 Nr. 6; § 1.01 Nr. 15 (Definition)

Merke:
Ein Fahrzeug unter Segel gilt als Maschinenfahrzeug, wenn es mit Maschinenkraft fährt, und führt dann am Tage zusätzlich einen schwarzen Kegel, Spitze unten.

8

Welche Seite wird als Luvseite bezeichnet?

Antwort:

a. Die dem Wind zugekehrte Seite.
b. Die dem Wind abgewandte Seite.
c. Die Seite in Fahrtrichtung rechts.
d. Die Seite in Fahrtrichtung links.

9

Welche Seite wird als Leeseite bezeichnet?

Antwort:

a. Die dem Wind abgewandte Seite.
b. Die dem Wind zugekehrte Seite.
c. Die Seite in Fahrtrichtung rechts.
d. Seite in Fahrtrichtung links.

Zu Fragen 8 und 9:

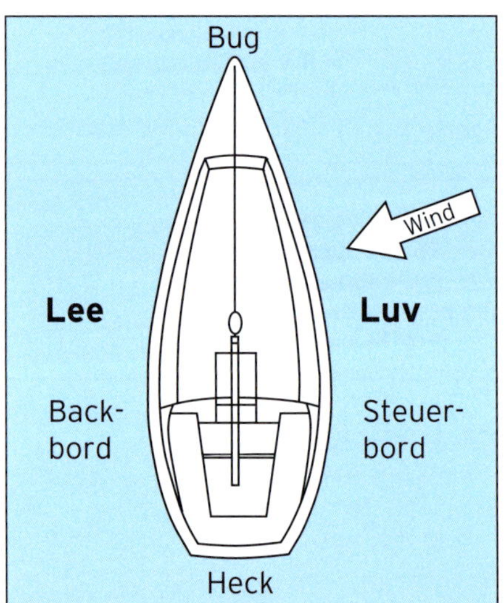

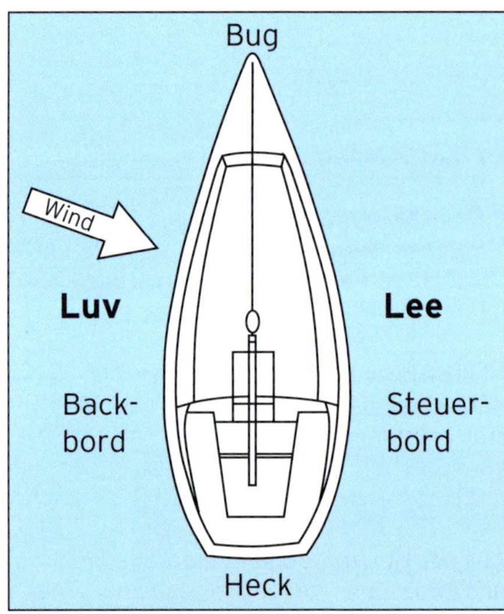

Die Frage, von welcher Seite der Wind kommt, und zwar in Blickrichtung auf den Bug, d. h. von der Steuerbord- oder der Backbordseite des Fahrzeugs, ist ausschließlich für Segelfahrzeuge im Hinblick auf die Ausweichregeln relevant.

Hinweis: Ausweichregeln für Segelfahrzeuge vgl. Regel 12 KVR und Erl. im Abschnitt 18.6, Ausweichregeln, vor Frage 185 sowie Erl. zu Fragen 185 – 189.

Vorschrift See: Regel 12 KVR
Vorschrift Binnen: § 6,02a Nr. 5 BinSchStrO

Merke:
Luv ist an Bord die dem Wind zugekehrte Seite, Lee die dem Wind abgewandte Seite.

3. Lichterführung

10 **Wann müssen die Lichter von Fahrzeugen geführt oder gezeigt werden?**	Antwort: **a. Von Sonnenuntergang bis Sonnenaufgang und bei verminderter Sicht.** **b. Von Sonnenaufgang bis Sonnenuntergang und bei verminderter Sicht.** **c. Von abends 18 Uhr bis morgens 06 Uhr und bei verminderter Sicht.** **d. Bei Dunkelheit, schlechtem Wetter und verminderter Sicht.**

11 **Wozu dient die Lichterführung?**	Antwort: **a. Sie zeigt Fahrtrichtung und Lage eines Fahrzeugs an.** **b. Sie zeigt Kurs und Geschwindigkeit eines Fahrzeugs an.** **c. Sie zeigt Fahrtrichtung und Position eines Fahrzeugs an.** **d. Sie zeigt Fahrtrichtung und Kurs eines Fahrzeugs an.**

Zu Fragen 10 und 11:

Bei Nacht und bei unsichtigem Wetter sind Fahrt und Kursrichtung eines Fahrzeuges nur an den Lichtern zu erkennen. Aus ihrer Identifizierung muss abgeleitet werden, ob ein Ausweichmanöver notwendig oder die Passage ohne Gefährdung möglich ist.

Ist die **Anbringung der Lichter** fehlerhaft, führt dies zu einer falschen Kursannahme, woraus gefährliche Situationen bis zum Zusammenstoß entstehen können. Deshalb müssen die Lichter vorschriftsmäßig angebracht und eingestellt sein. Die Verantwortung für die richtige Anbringung der Lichter obliegt dem Schiffsführer.

Aus der Horizontbogen-Sektoreneinteilung ergibt sich, dass Anfang und Ende eines Fahrzeuges und auch eines Fahrzeugverbandes, ausgenommen geschleppte Schubverbände, stets durch ein weißes Licht (Topp- und Hecklicht) erkennbar sind. Ob das Fahrzeug ein Entgegenkommer oder ein Vorausfahrer ist, erkennt man an der Farbe der Seitenlichter.

Die Lichter müssen stets ein gleichmäßiges, ununterbrochenes Licht ausstrahlen. Es ist verboten, andere als die in den Verkehrsbestimmungen vorgesehenen Lichter zu gebrauchen oder sie unter Umständen für Zwecke zu benutzen, für die sie nicht vorgeschrieben oder zugelassen sind. Sofern vorgeschriebene Lichter ausfallen, müssen unverzüglich Ersatzlichter gesetzt werden.

Deshalb sind entsprechende Ersatzlichter mitzuführen.

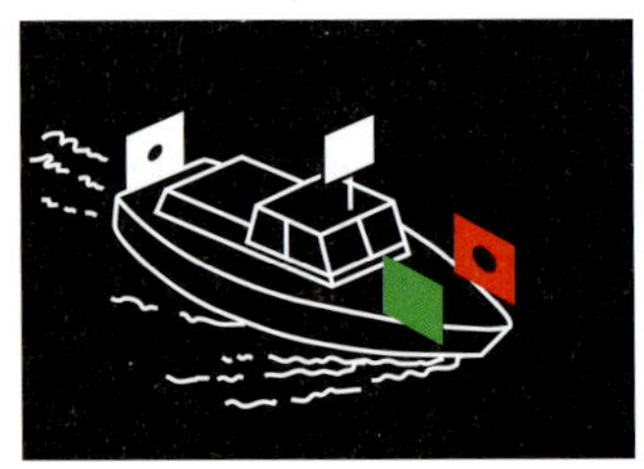

Seitenlichter, Topplicht, Hecklicht

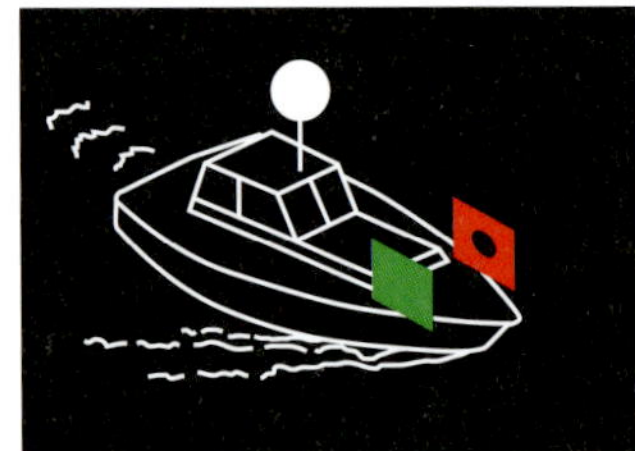

Seitenlichter, Topplicht

Merke:
Lichter zeigen Fahrtrichtung und Lage eines Fahrzeugs an und müssen von Sonnenuntergang bis Sonnenaufgang sowie bei verminderter Sicht auch zwischen Sonnenaufgang und Sonnenuntergang geführt oder gezeigt werden.

Sektoren der Lichter

Vorschriften See:
Regeln 20 b und c KVR

Vorschriften Binnen:
§§ 3.01, 3.13 BinSchStrO

12

Was für eine Laterne kann ein Segelfahrzeug von weniger als 20 m Länge anstelle der Seitenlichter und des Hecklichtes führen?

Antwort:

a. Eine Dreifarbenlaterne an oder nahe der Mastspitze.
b. Eine Zweifarbenlaterne an gut sichtbarer Stelle.
c. Eine Dreifarbenlaterne an gut sichtbarer Stelle.
d. Eine Zweifarbenlaterne an oder nahe der Mastspitze.

Zu Frage 12:

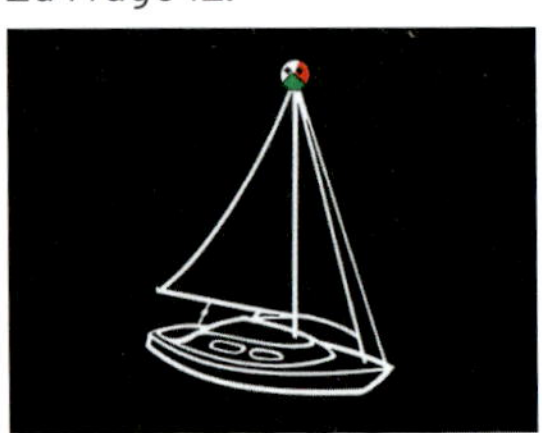

Vorschriften See:
Regeln 25 b KVR

Vorschriften Binnen:
§ 3.13 Nr. 4 b BinSchStrO

Merke:
Ein Segelfahrzeug von weniger als 20 Meter Länge darf anstelle der Seitenlichter und des Hecklichtes eine Dreifarbenlaterne an oder nahe der Mastspitze führen.

13

Welche Lichter muss ein Fahrzeug unter Segel, das gleichzeitig mit Maschinenkraft fährt, führen?

Antwort:

a. **Die für ein Maschinenfahrzeug vorgeschriebenen Lichter.**
b. **Die für ein Segelfahrzeug vorgeschriebenen Lichter.**
c. **Zwei rote Rundumlichter senkrecht übereinander.**
d. **Seitenlichter rot und grün und ein rotes Rundumlicht.**

Zu Frage 13:

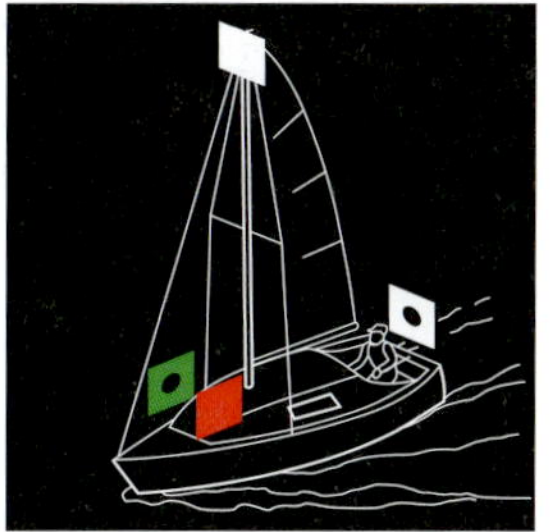

Hinweis:
Siehe auch Fragen 6 und 7

Vorschriften See:
Regel 25 KVR

Vorschriften Binnen:
§ 1.01 Nr. 15 BinSchStrO

Merke:
Ein Fahrzeug unter Segel, das gleichzeitig mit Maschinenkraft fährt, führt die für ein Maschinenfahrzeug vorgeschriebenen Lichter.

3. Ausweichregeln der Motorboote

5.1 Allgemeines

1. Prüfe bei allen Fahrzeugen durch Peilung, aus welcher Richtung – auf das eigene Fahrzeug bezogen – sich andere Fahrzeuge nähern.

Von den entsprechenden Kielrichtungen (vgl. Darstellung zu Frage 125) hängt es bei Maschinenfahrzeugen untereinander ab, wer ausweichpflichtig ist.

Merksätze:
Ausweichpflichtig sind

- bei Gegenkammern:
  beide
- bei Fahrzeugen von Steuerbord voraus oder querab:
  ich selbst
- bei Fahrzeugen von Backbord voraus oder querab:
  diese
- bei Überholen von achtern:
  diese

1. Rangordnung der Fahrzeuge auf den Seeschifffahrtstraßen im Hinblick auf die Ausweichpflicht nach KVR (vgl. Fragen 128 ff.)

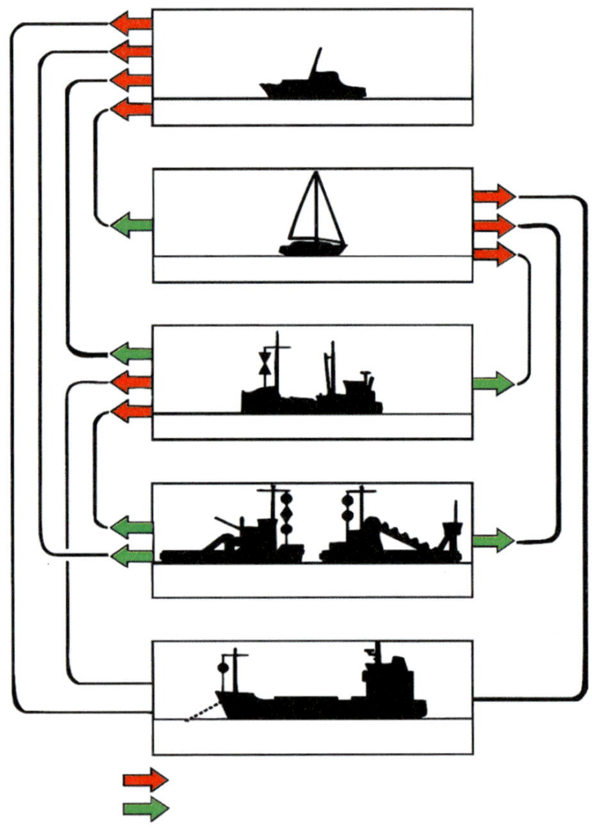

5.2 Ausweichsituationen

14 **Wie weichen zwei Motorboote aus, die sich auf entgegengesetzten Kursen nähern?**	Antwort: **a. Jedes Fahrzeug muss seinen Kurs nach Steuerbord ändern.** **b. Jedes Fahrzeug muss seinen Kurs nach Backbord ändern.** **c. Es muss das luvwärtige Fahrzeug dem leewärtigen Fahrzeug ausweichen.** **d. Es muss das leewärtige Fahrzeug dem luvwärtigen Fahrzeug ausweichen.**

Zu Frage 14:

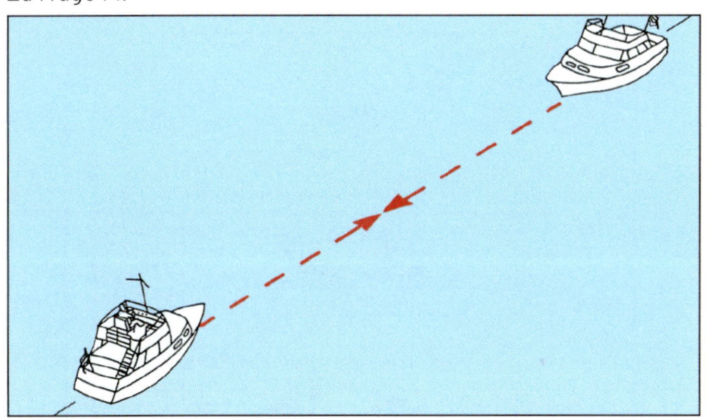

Mir nähert sich auf entgegengesetztem Kurs ein Maschinenfahrzeug rechts voraus.

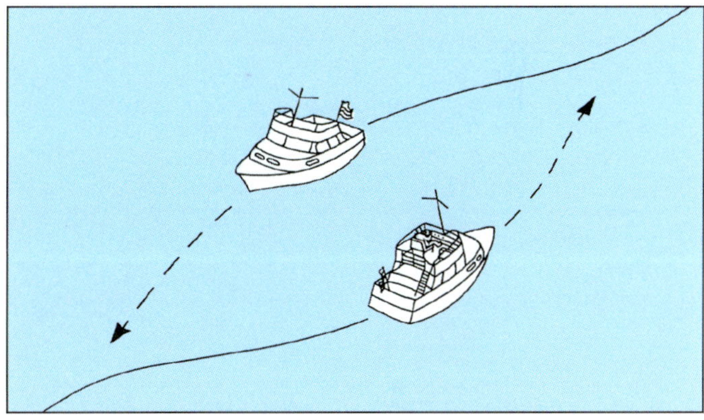

Beide Fahrzeuge müssen ausweichen, d. h. ihren Kurs nach Steuerbord so ändern, dass sie einander an der Backbordseite passieren.

Beachte:
Das Ausweichmanöver ist möglichst frühzeitig und entschlossen durchzuführen (siehe Frage 176); vgl. Regeln 8 und 16 KVR.

Hinweis:
Ausweichregeln der Segelfahrzeuge und Kleinfahrzeuge siehe Fragen 140 – 144 und Fragen 177 – 189.

Vorschriften See:
Regel 14 KVR

Vorschriften Binnen:
§ 6.02a Nr. 4a BinSchStrO

Merke:
Motorboote auf entgegengesetzten Kursen weichen jeder nach Steuerbord aus.

15

Zwei Motorboote nähern sich auf kreuzenden Kursen. Es besteht die Gefahr eines Zusammenstoßes. Wer ist ausweichpflichtig?

Antwort:

a. **Dasjenige Fahrzeug muss ausweichen, welches das Andere an seiner Steuerbordseite hat.**
b. **Dasjenige Fahrzeug muss ausweichen, welches das Andere an seiner Backbordseite hat.**
c. **Es muss das luvwärtige Fahrzeug dem leewärtigen Fahrzeug ausweichen.**
d. **Es muss das leewärtige Fahrzeug dem luvwärtigen Fahrzeug ausweichen.**

Zu Frage 15:

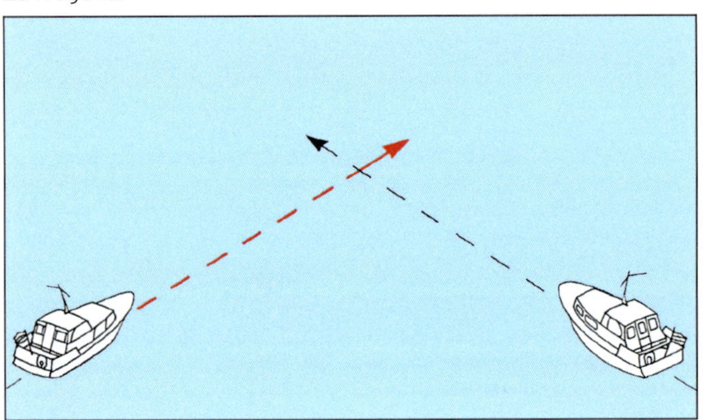

Mir nähert sich auf kreuzendem Kurs an Steuerbord voraus ein Maschinenfahrzeug.

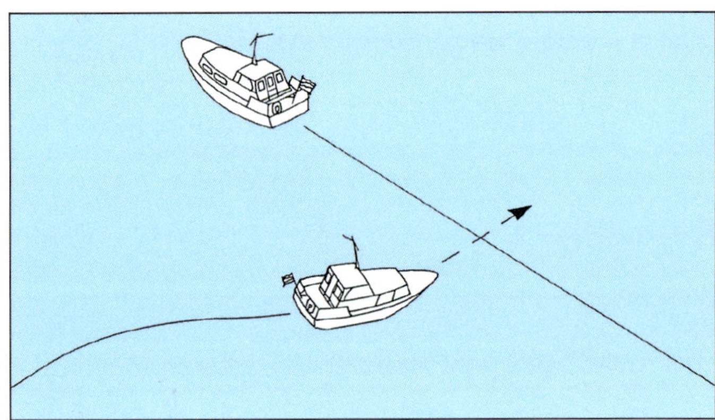

Ich habe das andere Fahrzeug an meiner Steuerbordseite und muss daher ausweichen, d. h. hinter seinem Heck passieren.

Beachte:
Das Ausweichmanöver ist möglichst frühzeitig und entschlossen durchzuführen; vgl. Regeln 8 und 16 KVR.

Hinweis:
Ausweichregeln der Segelfahrzeuge und Kleinfahrzeuge siehe Fragen 140 – 144 und Fragen 177 – 189.

Vorschriften See:
Regel 14 KVR

Vorschriften Binnen:
§ 6.02a Nr. 4a BinSchStrO

Merke:
Bei Motorbooten auf kreuzenden Kursen ist dasjenige ausweichpflichtig, welches das andere auf seiner Steuerbordseite hat.

6. Gefahrensignal

16

Welche Bedeutung hat folgendes Schallsignal (● ▬ ● ▬ ● ▬ ● ▬ ● ▬)

Antwort:

- **a. Bleib-weg-Signal, Gefahrenbereich sofort verlassen.**
- **b. Allgemeines Gefahr- und Warnsignal.**
- **c. Ankerlieger über 100 m Länge.**
- **d. Manövrierbehinderter Schleppverband über 200 m Länge.**

Zu Frage 16:

Maßnahmen beim „Bleib-weg-Signal" (● ▬ ● ▬ ● ▬ ● ▬ ● ▬ usw. 2 s):
Gefahr durch gefährliche Güter.
Sofort den Gefahrenbereich verlassen, Feuer und Zündfunken möglichst vermeiden (Explosionsgefahr).

Vorschriften See:
(§ 37 Abs. 5 SeeSchStrO)

Vorschriften Binnen:
§ 8.09 BinSchStrO

Merke:
Beim Schallsignal „kurz, lang" fünfmal hintereinander, dem Bleib-weg-Signal, ist der Gefahrenbereich sofort zu verlassen.

6. Gebotszeichen

17

Welche Bedeutung hat folgendes Tafelzeichen?

Antwort:

- **a. Überholverbot.**
- **b. Begegnungsverbot.**
- **c. Überholverbot für Fahrzeuge unter 20 m Länge.**
- **d. Begegnungsverbot für Fahrzeuge über 20 m Länge.**

Zu Frage 17:

Überholverbote

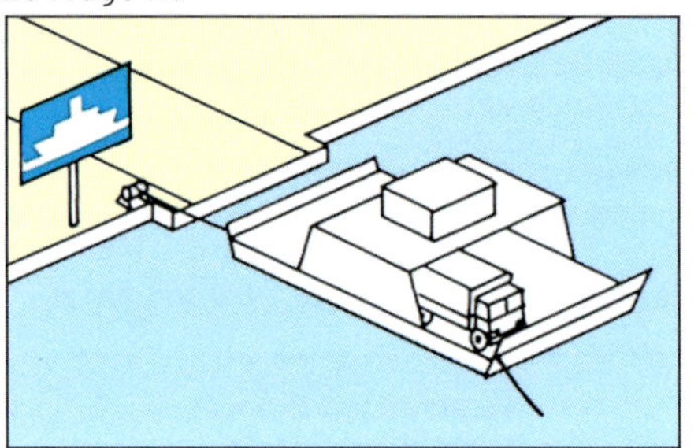

in der Nähe nicht freifahrender Fähren

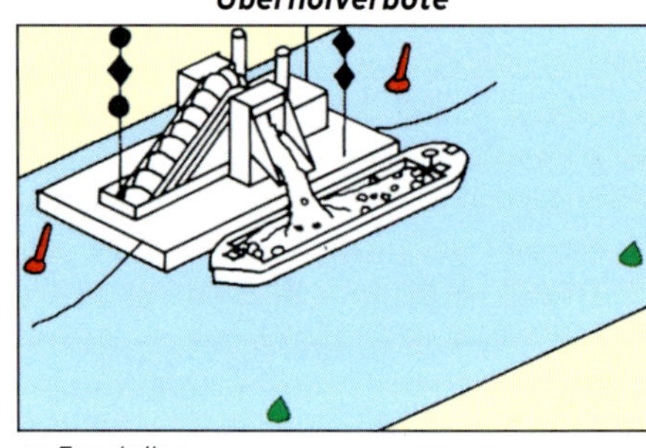

an Engstellen

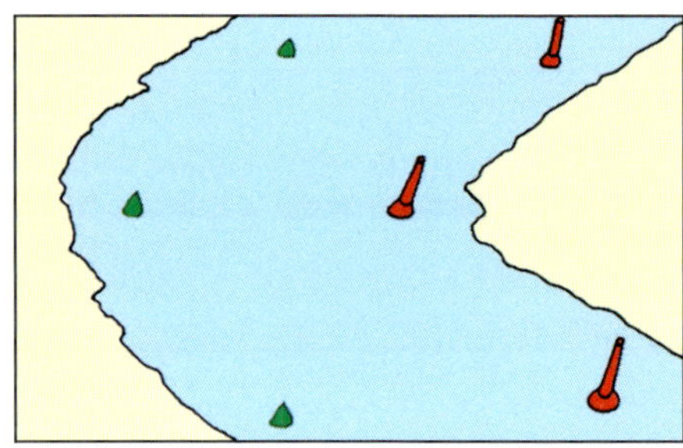

in unübersichtlichen Krümmungen

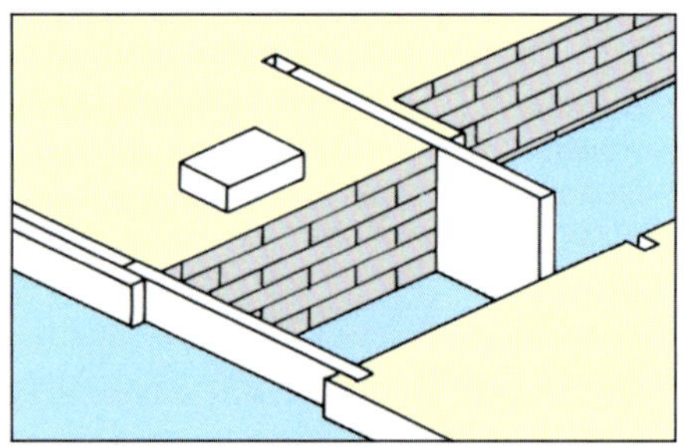

vor und innerhalb von Schleusen

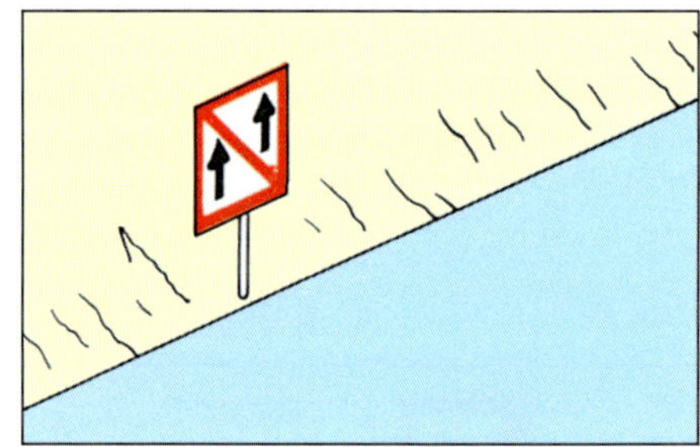

beim Schifffahrtszeichen „Überholverbot"

Grundsatz: Weiße Tafeln mit rotem Rand sind immer Gebots- oder Verbotszeichen.

Beachte:
Im Bereich der Wasserflächen und an den Stellen, an denen ein Überholverbot besteht, ist in der Regel auch das Ankern, Anlegen und Festmachen verboten.

Mit der Tafel gemäß Frage 17 wird auch auf Binnenschifffahrtstraßen für alle Fahrzeuge, ausgenommen Kleinfahrzeuge, ein allgemeines Überholverbot angezeigt. Gründe können sein:

- Fahrwasserverengung durch Bauarbeiten usw.
- Flusskrümmung, wodurch die Sicht voraus gering ist und dadurch der Gegenverkehr nicht rechtzeitig erkannt wird.

Dies sollen insbesondere langsamere Kleinfahrzeuge bei der Entscheidung zu überholen berücksichtigen, um nicht bei Gegenverkehr in eine schwierige Lage zu kommen.

Hinweise:
Überholverbote s. oben;
Durchführung des Überholmanövers vgl. Erl. zu Frage 174;

Vorschriften See:
§ 23 Abs. 3 SeeSchStrO, Nr. A.1 a) der Anlage 1.1d er SeeSchStrO

Vorschriften Binnen:
§ 6.11 BinSchStrO

Merke:
Die rechteckige weiße Tafel mit rotem Rand, rotem Schrägstrich und zwei senkrechten schwarzen Pfeilen – Spitzen nach oben – bedeutet Überholverbot.

18
Welche Bedeutung hat folgendes Tafelzeichen?

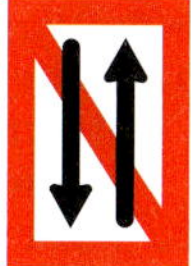

Antwort:
a. **Begegnungsverbot an einer Engstelle.**
b. **Begegnungsverbot für Fahrzeuge über 12 m Länge.**
c. **Überholverbot; mit Gegenverkehr muss gerechnet werden.**
d. **Überholverbot für alle Fahrzeuge.**

Zu Frage 18:
Zusätzlicher Hinweis:
Vorfahrtsregelung beachten.

Vorschrift See:
Nr. A.2 Anlage I SeeSchStrO

Vorschrift Binnen:
§ 6.08 Nr.1 BinSchStrO

Merke:
Die rechteckige weiße Tafel mit rotem Rand, rotem Schrägstrich und zwei senkrechten schwarzen Pfeilen – Spitzen entgegengesetzt – bedeutet Begegnungsverbot in einer Engstelle.

19
Welche Bedeutung hat folgendes Tafelzeichen?

Antwort:
a. **Sog und Wellenschlag vermeiden.**
b. **Gefährdeter Strandbereich, Überspülungsgefahr; Mindestpassierabstand 100 m.**
c. **Wasserstraße, die jederzeit sicher befahren werden kann; keine Gefahr durch Seegang.**
d. **Wasserstraße, die nicht jederzeit sicher befahren werden kann; Gefahr durch Seegang.**

Zu Frage 19:

Wichtiger Grundsatz:
Fahrzeuge haben ihre Geschwindigkeit rechtzeitig so weit zu vermindern, wie es erforderlich ist, um Schäden an stillliegenden oder in Fahrt befindlichen Fahrzeugen, Schwimmkörpern oder schutzbedürftigen Anlagen oder durch Schifffahrtszeichen gekennzeichneten Stellen des Ufers durch Sog oder Wellenschlag zu vermeiden. Dieser Grundsatz gilt insbesondere auch beim Vorbeifahren an

- Hafenmündungen, Schleusen und Sperrwerken,
- in der Nähe von Fahrzeugen, die auf den üblichen Liegestellen stillliegen,
- in der Nähe nicht frei fahrender Fähren,
- in der Nähe von Fahrzeugen, die am Ufer oder an Landebrücken festgemacht sind oder die laden oder löschen,
- schwimmenden Geräten und schwimmenden Anlagen,
- außergewöhnlichen Schwimmkörpern, die geschleppt werden, und
- dem Tafelzeichen in der Frage 19.

Hinweis:
Die allgemeine Sorgfaltspflicht bestimmt die Geschwindigkeit siehe Frage 76.

Vorschrift See:
Nrn. A.3 und 4 der Anlage I zur SeeSchStrO

Vorschrift Binnen:
§ 6.20 BinSchStrO

Merke:
Die quadratische weiße Tafel mit rotem Rand, rotem Schrägstrich und zwei waagerechten schwarzen Wellenlinien bedeutet, die Geschwindigkeit so einrichten, dass Sog und Wellenschlag vermieden wird.

20

Welche Bedeutung hat folgendes Tafelzeichen?

Antwort:

a. **Mindestabstand in Metern, der in der nachfolgenden Strecke vom Aufstellungsort der Tafel an eingehalten werden muss.**
b. **Maximalgeschwindigkeit in km/h, die auf der in Fahrtrichtung rechten Fahrwasserseite nicht überschritten werden darf.**
c. **Maximalabstand in Metern, der in der nachfolgenden Strecke vom Aufstellungsort der Tafel an eingehalten werden muss.**
d. **Verengung des Fahrwassers auf 40 m.**

Zu Frage 20:
Grundsatz: Weiße Tafeln mit rotem Rand sind immer Gebots- oder Verbotszeichen.
Hinweis:
Der Mindestabstand von dieser Tafel beträgt hier 40 m von der in Fahrtrichtung rechten Seite.

Mit der Tafel in Frage 20 wird die Einengnung des Fahrwassers angezeigt. Die Zahl gibt den Abstand in Metern an, in dem sich die Fahrzeuge vom Tafelzeichen entfernt halten sollen. Ursache für die Einengung können Verlandungen, abgerutschte Uferböschungen usw. sein.

Vorschrift See:
Nr. A.6 Anlage I SeeSchStrO

Vorschrift Binnen:
Anlage 7 C.5 BinSchStrO

Merke:
Die rechteckige weiße Tafel mit rotem Rand, deren eine Hälfte auf schwarzem Grund, der dreieckig in die andere Hälfte, auf der die Passierseite liegt, weist, eine weiße Zahl zeigt, die den zu haltenden Abstand in Metern angibt, bedeutet Mindestabstand, der in der nachfolgenden Strecke vom Aufstellungsort der Tafel an eingehalten werden muss.

21

Welche Bedeutung hat folgendes Tafelzeichen?

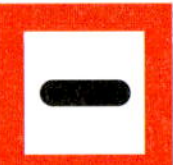

Antwort:

a. **Haltegebot vor beweglichen Brücken, Sperrwerken und Schleusen.**
b. **Dauernde Sperrung einer Teilstrecke der Wasserstraße.**
c. **Gebot zur Abgabe eines langen Signaltons.**
d. **Weiterfahrt für Sportfahrzeuge verboten.**

Zu Frage 21:

Vorschrift See:
Nr. A.7 Anlage I der SeeSchStrO

Vorschrift Binnen:
§ 6.26 Nr. 2 BinSchStrO

Hinweis: Warten, bis die Durchfahrt freigegeben wird.
Zur Regelung der Durchfahrt durch Schleusen
vgl. Erl. zu Fragen 28 und 30

Merke:
Die quadratische weiße Tafel mit rotem Rand und einem waagerechten schwarzen Strich bedeutet Haltegebot vor beweglichen Brücken, Sperrwerken und Schleusen.

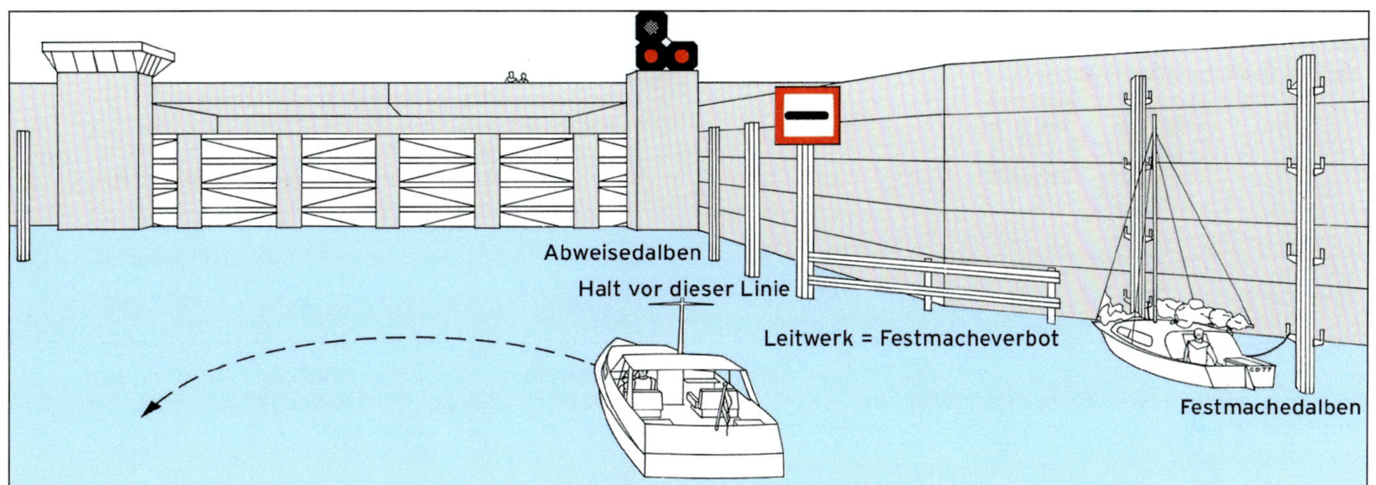

Ich muss vor dem Halteschild anhalten und darf nicht an Leitwerken und Abweisedalben festmachen.

22

Welche Bedeutung hat folgendes Tafelzeichen?

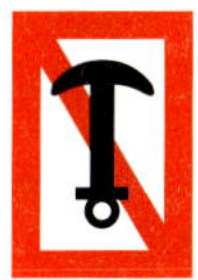

Antwort:

- **a. Ankern verboten für alle Fahrzeuge.**
- **b. Ankern verboten für Kleinfahrzeuge unter 12 m Länge.**
- **c. Ankern verboten für Kleinfahrzeuge ab 12 m Länge.**
- **d. Ankern und Festmachen verboten.**

Zu Frage 22:

Beachte:
Das Schifffahrtzeichen verbietet im Seebereich das Ankern in einem Abstand von weniger als 300 Meter beiderseits des Sichtzeichens, im Binnenbereich nur 50 Meter oberhalb und unterhalb des Sichtzeichens.

Hinweis:
Zu einem weiteren Ankerverbot siehe Frage 103.

Vorschrift See:
Nr. A.8 Anlage I SeeSchStrO

Vorschrift Binnen:
§ 7.03 BinSchStrO

Merke:
Die rechteckige weiße Tafel mit rotem Rand, rotem Schrägstrich und umgekehrtem schwarzen Anker an beiden Ufern bedeutet Ankern verboten für alle Fahrzeuge.

23

Welche Bedeutung haben folgende Tafelzeichen?

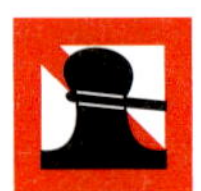
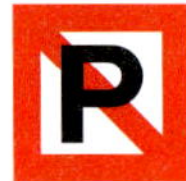

Antwort:

a. **Festmache- und Liegeverbot.**
b. **Festmache- und Liegeverbot für Sportboote.**
c. **Festmache- und Liegeverbot für Sportboote über 12 m Länge.**
d. **Festmache- und Liegeverbot für gewerbliche Schiffe.**

Zu Frage 23:

Hinweis See:
weitere Festmacheverbote vgl. Erl. Teil III 1.1 (Verkehrsregeln für das Anlegen und Festmachen)

Vorschrift See:
Nr. A.9 und Nr. A.10
Anlage I zur SeeSchStrO

Vorschrift Binnen:
§§ 7.02, 7.04 BinSchStrO

Hinweis Binnen:
Besteht Festmacheverbot (Poller), darf geankert, nicht aber am Ufer festgemacht werden.
Im Liegeverbotsbereich (P) ist das Stillliegen und somit das Ankern und Festmachen verboten.

Merke:
Die quadratische weiße Tafel mit rotem Rand, rotem Schrägstrich und schwarzem Poller, um den eine Trosse gelegt ist, bzw. einem schwarzen P bedeutet Festmacheverbot am Ufer bzw. Liegeverbot auf der Seite der Wasserstraße, auf der die Tafel steht.

24

Welche Bedeutung hat folgendes Tafelzeichen?

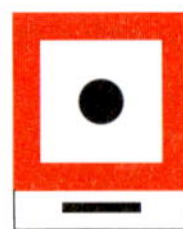

Antwort:

a. **Abgabe eines langen Tons.**
b. **Abgabe eines kurzen Tons.**
c. **Abgabe von zwei langen Tönen.**
d. **Abgabe eines kurzen und eines langen Tons.**

Zu Frage 24:

Hinweis: Das in der Zusatztafel angegebene Schallsignal – hier ein langer Ton – ist zu geben.

Vorschrift See:
Nr. A.12 Anlage I SeeSchStrO

Vorschrift Binnen:
Anlage 7 B.7,
Abschnitt 11.3 BinSchStrO

Merke:
Die quadratische weiße Tafel mit rotem Rand und einem schwarzen Punkt bedeutet Schallsignal geben. Die hier angefügte Zusatztafel bedeutet die Abgabe eines langen Tones.

25

Welche Bedeutung haben folgende Tafelzeichen?

Antwort:

a. **Wasserflächen, auf denen mit Wasserski oder Wassermotorrädern gefahren werden darf.**
b. **Genehmigungspflichtige Übungsstrecke für das Fahren mit Wasserski oder Wassermotorrädern.**
c. **Fahren mit Wasserski oder Wassermotorrädern erlaubt. Wasserskiläufer und Wassermotorräder haben Vorfahrt.**
d. **Genehmigungsfreie Übungsstrecke für das Fahren mit Wasserski oder Wassermotorrädern.**

Zu Frage 25:

Hinweis:
Zur Regelung des Wasserskilaufens und des Wassermotorradfahrens vgl. Erl. zu Fragen 221 – 225.

Vorschrift See:
Nr. B.5 und B.8 der Anlage 1 der SeeSchStrO

Vorschrift Binnen:
Anlage 7 E. 17 und E. 22 BinSchStrO

Merke:
Die rechteckige blaue Tafel mit dem weißen Symbol eines Wasserskiläufers bzw. eines Wassermotorradfahrers bedeutet Wasserflächen im Fahrwasser, auf denen Wasserski oder Wassermotorrad gefahren werden darf.

26

Welche Bedeutung hat folgendes Tafelzeichen?

Antwort:

a. **Ende einer Gebots- oder Verbotsstrecke.**
b. **Streckenabschnitt für eine nicht frei fahrende Fähre.**
c. **Queren des Fahrwassers ist gestattet.**
d. **Wechseln der Fahrwasserseite ist gestattet.**

Zu Frage 26:

Vorschrift See:
Nr. A.15 der Anlage I der SeeSchStrO

Vorschrift Binnen:
Anlage 7 E. 11 BinSchStrO

Merke:
Die rechteckige blaue Tafel mit weißem Diagonalstreifen von links oben nach rechts unten bedeutet Ende einer Gebots oder Verbotsstrecke.

6. Verkehrsregelung beim Durchfahren von Brücken, Sperrwerken und Schleusen

27

Welche Bedeutung hat folgendes Tafelzeichen?

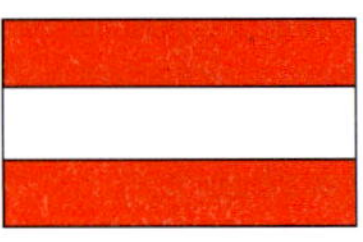

Antwort:

a. **Verbot der Durchfahrt und Sperrung der Schifffahrt.**
b. **Verbot der Durchfahrt und Sperrung für Kleinfahrzeuge.**
c. **Verbot der Durchfahrt, jedoch für Kleinfahrzeuge ohne laufende Antriebsmaschine befahrbar.**
d. **Verbot der Durchfahrt, jedoch für Kleinfahrzeuge ohne Antriebsmaschine befahrbar.**

Zu Frage 27:

Hinweis:
Die Schifffahrtszeichen dienen der Vollsperrung einer ganzen See- bzw. Binnenschifffahrtsstraße oder einer längeren Teilstrecke, z. B. bei Kollisionen oder Festkommen großer Schiffe, Hochwasser oder Stapelläufen, wenn vorübergehend der gesamte Verkehr aufgestoppt werden muss.
Das Schifffahrtszeichen dient auch der Sperrung von Teilen einer See- bzw. Binnenschifffahrtsstraße, wie z. B. einer Brückenöffnung.

Vorschrift See:
Nr. A.18a) und C.4 der Anlage 1 zur SeeSchStrO

Vorschrift Binnen:
Anlage 7 A.1 BinSchStrO

Merke:
Die rechteckige rote Tafel mit einem waagerechten weißen Streifen bedeutet Verbot der Durchfahrt und Sperrung der Schifffahrt.

28

Welche Bedeutung haben folgende Schifffahrtszeichen?

Antwort:

a. **Brücke, Sperrwerk oder Schleuse geschlossen.**
b. **Anlage dauerhaft gesperrt .**
c. **Stoppsignal für alle Fahrzeuge.**
d. **Außergewöhnliche Schifffahrtsbehinderung.**

Merke:
Zwei feste rote Lichter nebeneinander bedeuten Brücke, Sperrwerk oder Schleuse geschlossen.

29

Welche Bedeutung haben folgende Schifffahrtszeichen?

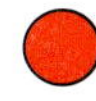

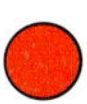

Antwort:

a. **Anlage dauerhaft gesperrt.**
b. **Brücke, Sperrwerk oder Schleuse geschlossen .**
c. **Stoppsignal für alle Fahrzeuge.**
d. **Außergewöhnliche Schifffahrtsbehinderung .**

Merke:
Zwei feste rote Lichter übereinander bedeuten Anlage dauerhaft gesperrt.

30

Was bedeuten diese Lichter vor einer Schleuse?

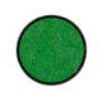 

Antwort:

a. **Einfahrt frei, Gegenverkehr gesperrt.**
b. **Einfahrt frei, Schleusentor öffnet.**
c. **Schleuse in Betrieb, auf Einfahrtsignal gemäß Reihenfolge warten.**
d. **Schleuse in Betrieb, auf Ausfahrtsignal gemäß Reihenfolge warten.**

Merke:
Zwei feste grüne Lichter nebeneinander bedeuten Einfahrt frei, Gegenverkehr gesperrt.

Zu Fragen 28, 29, 30:

Allgemeine Verkehrsregelung Durchfahren von Brücken, Sperrwerken und Schleusen:

- Vor und unter Brücken ist das Begegnen und Überholen nur gestattet, wenn das Fahrwasser mit Sicherheit hinreichenden Raum für die gleichzeitige Durchfahrt gewährt. Anderenfalls ist die Vorfahrt entsprechend § 25 Abs. 5 SeeSchStrO zu beachten:
  - in Tidengewässern und in tidefreien Gewässern mit Strömung hat Vorfahrt das mit dem Strom fahrende Fahrzeug, bei Stromstillstand das Fahrzeug, das vorher gegen den Strom gefahren ist,
  - in tidefreien Gewässern ohne Strömung das Fahrzeug, das grundsätzlich die Steuerbordseite des Fahrwassers zu benutzen hat.
- Ein wartepflichtiges Fahrzeug muss in ausreichender Entfernung vor der Brücke anhalten. Dabei darf es vorübergehend an Festmachedalben, jedoch nicht an Leitwerken und Abweisedalben festmachen (vgl. Erl. zu Frage 21).

Das wartepflichtige Fahrzeug muss außerhalb der Brücke so lange warten, bis das andere Fahrzeug vorbeigefahren ist.

- In geschlossenem oder teilweise geöffnetem Zustand dürfen Brücken nur von Fahrzeugen durchfahren werden, für die die Öffnungen der Brücke in geschlossenem Zustand mit Sicherheit ausreichen. Das Öffnen der Brücke darf nur verlangt werden, wenn die Durchfahrtshöhe auch nach dem Niederlegen von Masten, Aufbauten und Schornsteinen nicht ausreicht oder das Niederlegen mit unverhältnismäßig großen Schwierigkeiten verbunden ist.

Signalregelung Durchfahrt durch bewegliche Brücken

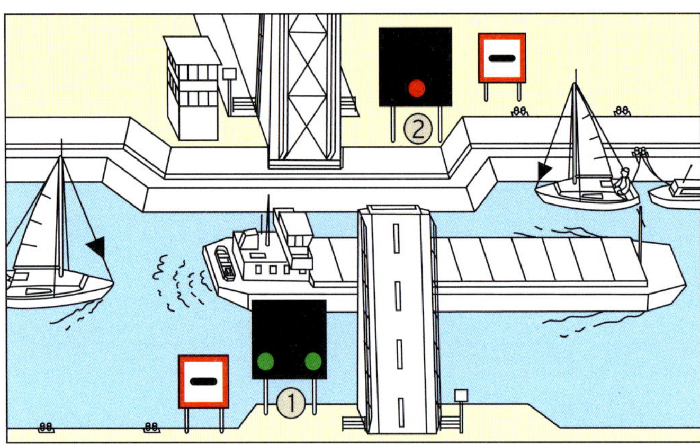

1 *Durchfahrt frei, Brücke geöffnet*

2 *Wird nur ein rotes Licht gezeigt: keine Durchfahrt; Brücke in Bewegung*

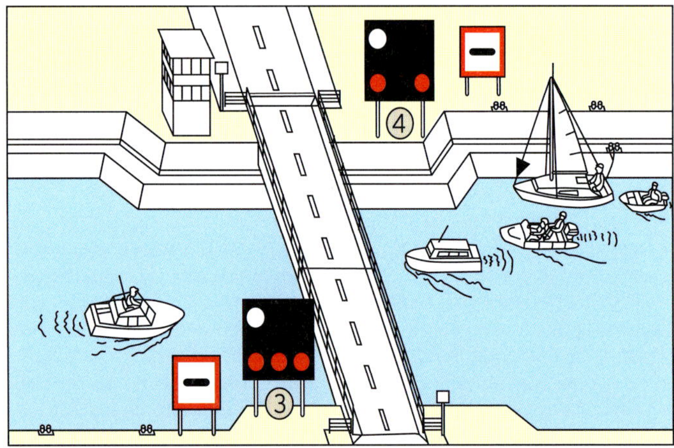

3 *Durchfahrt frei, jedoch unter Beachtung der Vorfahrtsregeln für Engstellen (Gegenverkehr)*

4 *Durchfahrt frei für Fahrzeuge, für die die Durchfahrtshöhe mit Sicherheit ausreicht*

Sind an einer Brückenöffnung die rot-weißen oder weiß-grünen Zeichen angebracht, gelten für die Durchfahrtsbreite die jeweiligen Schnittlinien (siehe Fragen 84 und 85). Ist die Durchfahrt ohne Öffnung (Drehung oder Hebung) möglich, kann die Brücke passiert werden. Vielfach kann man das Verkehrsgeschehen auf der gegenüberliegenden Seite jedoch nicht ausreichend einsehen, sodass man kurzfristig mit Gegenverkehr rechnen muss und besondere Vorsicht geboten ist. Dies trifft bei Brücken mit Signalanlagen zu, die ein weißes über den roten Lichtern (Verkehr in beiden Richtungen) zeigen. Die Durchfahrt kann zur Engstelle werden, was ganz besonderer Aufmerksamkeit bedarf.
Bei Annäherung an bewegliche Brücken und bei der Durchfahrt ist das Überholen verboten.

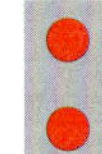
Keine Durchfahrt
(Brücke gesperrt)

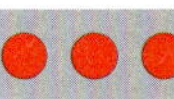
Keine Durchfahrt
(Brücke geschlossen, sie kann vorübergehend nicht geöffnet werden)

Keine Durchfahrt
(Brücke geschlossen oder Gegenverkehr)

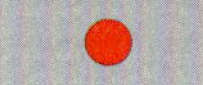
Keine Durchfahrt
(Brücke in Bewegung)

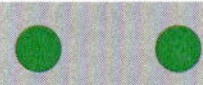
Durchfahrt frei
(Brücke geöffnet)

Wird in Verbindung mit roten Lichtern ein weißes Licht gezeigt, kann die Brückendurchfahrt passiert werden, wenn die Durchfahrtshöhe dies zulässt.

Beachte:
Wenn Durchfahrt verboten, vor dem Schifffahrtszeichen anhalten; nicht an Leitwerken und Abweisedalben festmachen.

Hinweise:
Verhalten vor geschlossenen Brücken, Sperrtoren oder Schleusen vgl. Erl. zu Frage 21.

Vorschrift See:
Nr. A.19 a) der Anlage 1.1 zur SeeSchStrO.

Vorschrift Binnen:
§ 6.26, Anlage 7 A.1 und E.1 BinSchStrO

Durchfahrt durch feste Brücken mit mehreren Öffnungen

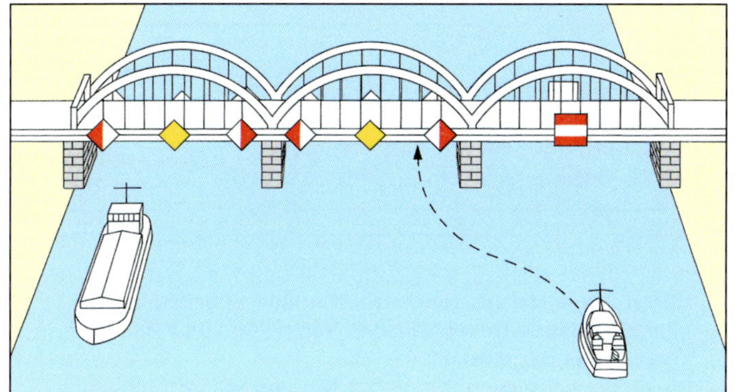

Die linken beiden Brückenöffnungen sind in beiden Richtungen befahrbar, die rechte Brückenöffnung ist gesperrt.

Beachte:
Die auf der Spitze stehende rot-weiß gestreiften Tafeln kennzeichnen den Unterwassersockel der Stützpfeiler. Daher genügend Abstand halten! Die auf der Spitze stehende gelbe Tafel kennzeichnet die empfohlene Durchfahrt mit Gegenverkehr.

Hinweise:
Durchfahrt durch feste Brücken siehe Fragen 110 bis 115.

Vorschrift See:
Nr. A.14 der Anlage 1.1
zur SeeSchStrO

Vorschrift Binnen:
§§ 6.24, 6.25,
Anlage 7 D.1 BinSchStrO

9. Naturschutz

31

Welches Merkblatt enthält Hinweise für das Verhalten zum Schutz seltener Tiere und Pflanzen sowie zur Reinhaltung der Gewässer?

Antwort:

a. **Die 10 goldenen Regeln für Wassersportler.**
b. **Die 15 goldenen Regeln für Wassersportler.**
c. **Die 10 Grundregeln für Wassersportler.**
d. **Die 15 Verhaltensregeln für Wassersportler.**

32

Wie kann mitgeholfen werden, die Lebensmöglichkeiten der Pflanzen- und Tierwelt in Gewässern und Feuchtgebieten zu bewahren und zu fördern?

Antwort:

a. **Durch umweltbewusstes Verhalten und Beachtung der „Zehn goldenen Regeln für das Verhalten von Wassersportlern in der Natur“.**
b. **Durch umweltbewusstes Verhalten und Beachtung der „Zehn Grundregeln für den Wassersport“.**
c. **Durch umsichtiges Verhalten und Beachtung der Verkehrsvorschriften.**
d. **Durch vorausschauendes Fahren und Ausweichen entsprechend der Verkehrsvorschriften.**

Zu Fragen 31 und 32:

Merke:
Das Merkblatt „Die zehn goldenen Regeln für das Verhalten von Wassersportlern in der Natur“ soll mithelfen, durch umweltbewusstes Verhalten die Lebensmöglichkeiten der Pflanzen- und Tierwelt in Gewässern und Feuchtgebieten zu bewahren und zu fördern.

Die zehn goldenen Regeln für das Verhalten von Wassersportlern in der Natur
herausgegeben von den Wassersportverbänden DMYV und DSV:

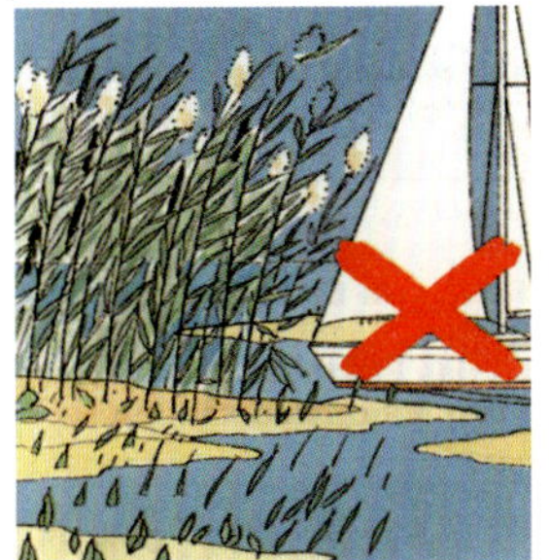

1
Meiden Sie das Einfahren in Röhrichtbestände, Schilfgürtel und in alle sonstigen dicht und unübersichtlich bewachsenen Uferpartien. Meiden Sie darüber hinaus Kies-, Sand- und Schlammbänke (Rast- und Aufenthaltsplatz von Vögeln) sowie Ufergehölze. Meiden Sie auch seichte Gewässer (Laichgebiete), insbesondere solche mit Wasserpflanzen.

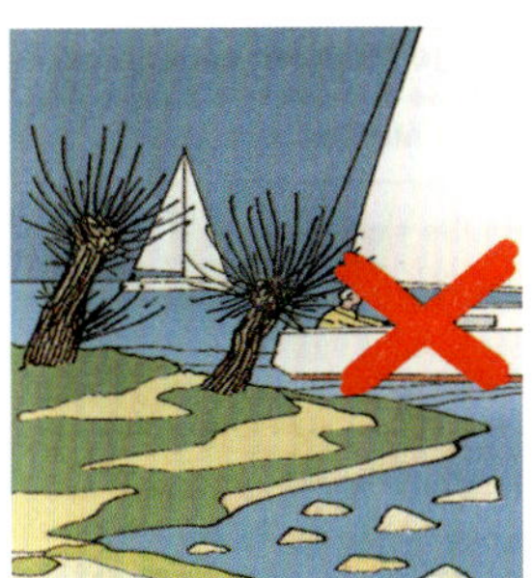

2
Halten Sie einen ausreichenden Mindestabstand zu Röhrichtbeständen, Schilfgürteln und anderen unübersichtlich bewachsenen Uferpartien sowie Ufergehölzen – auf breiten Flüssen beispielsweise 30 bis 50 Meter.

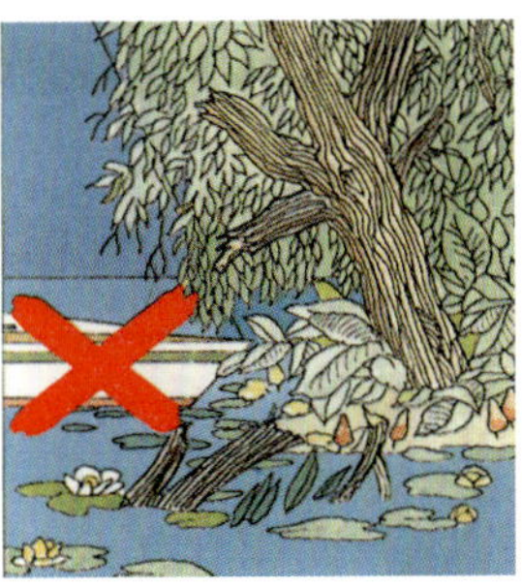

3
Befolgen Sie in Naturschutzgebieten unbedingt die geltenden Vorschriften. Häufig ist Wassersport in Naturschutzgebieten ganzjährig, zumindest zeitweise völlig untersagt oder nur unter bestimmten Bedingungen möglich.

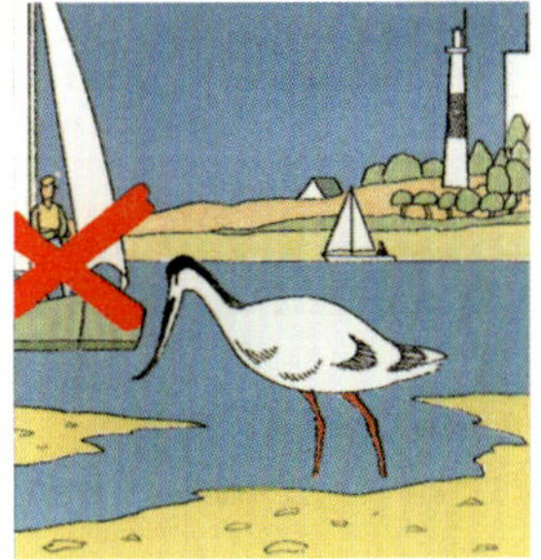

4
Nehmen Sie in „Feuchtgebieten von internationaler Bedeutung" bei der Ausübung von Wassersport besondere Rücksicht. Diese Gebiete dienen als Lebensstätte seltener Tier- und Pflanzenarten und sind daher besonders schutzwürdig.

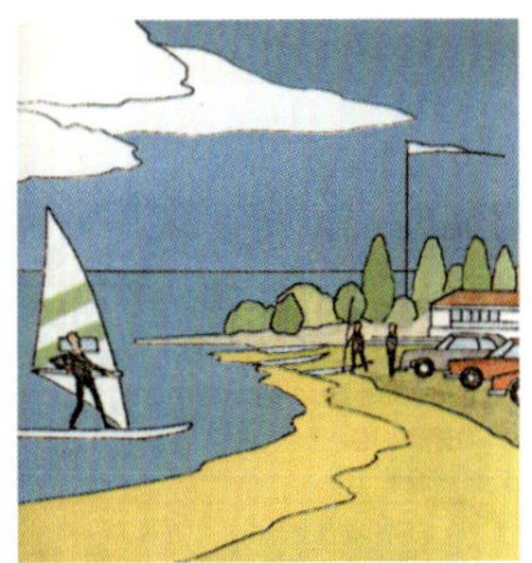

5
Benutzen Sie beim landen die dafür vorgesehenen Plätze oder solche Stellen, an denen sichtbar kein Schaden angerichtet werden kann.

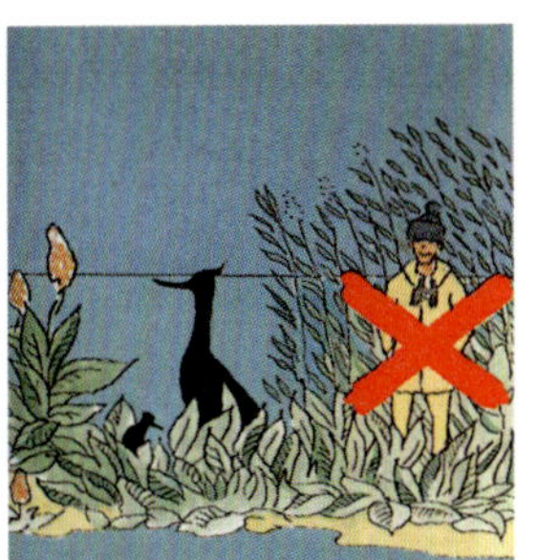

6
Nähern Sie sich auch von Land her nicht Schilfgürteln und der sonstigen dichten Ufervegetation, um nicht in den Lebensraum von Vögeln, Fischen, Kleintieren und Pflanzen einzudringen und diese zu gefährden.

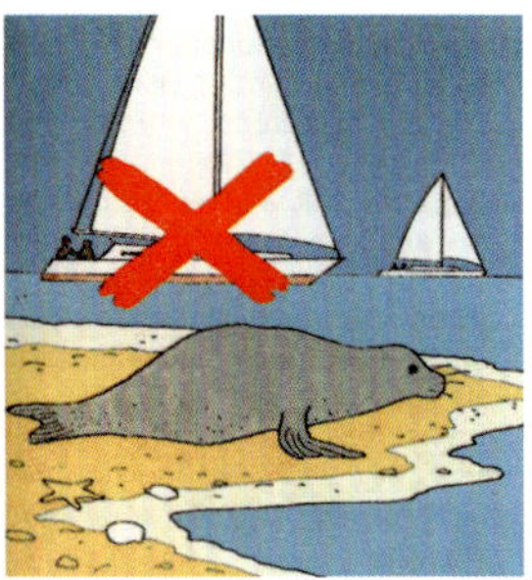

7
Laufen Sie im Bereich der Watten keine Seehundbänke an, um Tiere nicht zu stören oder zu vertreiben. Halten Sie mindestens 300 bis 500 Meter Abstand zu Seehundliegeplätzen und Vogelansammlungen und bleiben Sie hier auf jeden Fall in der Nähe des markierten Fahrwassers. Fahren Sie hier mit langsamer Fahrstufe.

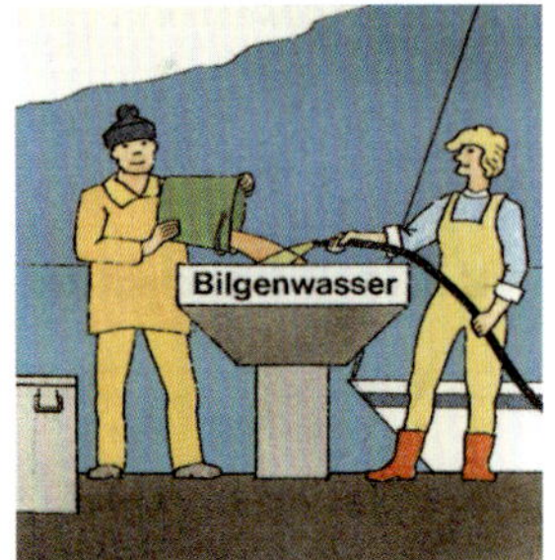

9
Helfen Sie, das Wasser sauber zu halten. Abfälle gehören nicht ins Wasser, insbesondere nicht der Inhalt von Chemietoiletten. Diese Abfälle müssen, genauso wie Altöle, in bestehenden Sammelstellen der Häfen abgegeben werden. Benutzen Sie dort ausschließlich die sanitären Anlagen an Land. Lassen Sie beim Stillliegen den Motor ihres Bootes nicht unnötig laufen, um die Umwelt nicht zusätzlich durch Lärm und Abgase zu belasten.

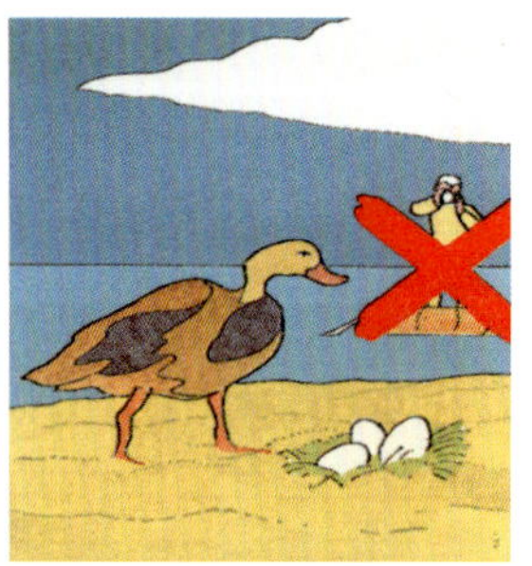

8
Beobachten und fotografieren Sie Tiere möglichst nur aus der Ferne.

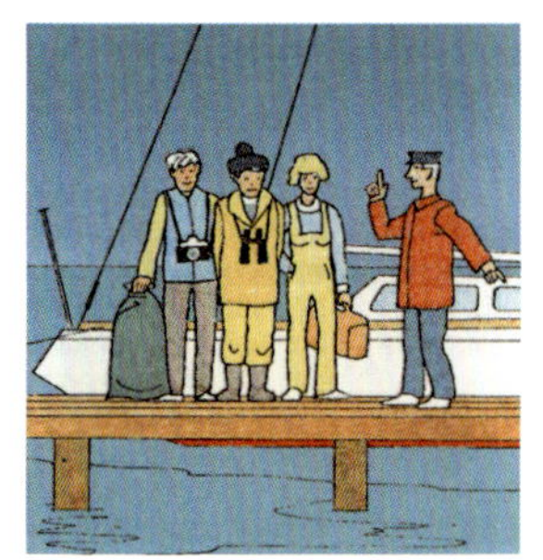

10
Machen Sie sich diese Regeln zu eigen, und informieren Sie sich vor Ihren Fahrten über die für Ihr Fahrtgebiet bestehenden Bestimmungen. Sorgen Sie dafür, dass diese Kenntnisse und Ihr eigenes vorbildliches Verhalten gegenüber der Umwelt auch an die Jugend und vor allem an nichtorganisierte Wassersportler weitergegeben werden.

33

Warum sollte man sich von Schilf- und Röhrichtzonen sowie von dicht bewachsenen Uferzonen möglichst weit fernhalten?

Antwort:

a. **Weil diese Zonen vielfach Rast- und Brutplätze besonders schutzwürdiger Vögel oder Fischlaichplätze sind.**
b. **Weil in diesen Zonen die Gefahr von Grundberührungen besteht.**
c. **Weil durch die Pflanzen der Propeller blockiert werden könnte.**
d. **Weil in diesen Zonen badende Personen schwer zu erkennen sind.**

Zu Frage 33:

Merke:
Man sollte sich von Schilf- und Röhrichtzonen sowie von dicht bewachsenen Uferzonen möglichst weit fernhalten, weil diese Zonen vielfach Rast- und Brutplätze besonders schutzwürdiger Vögel oder Fischlaichplätze sind.

10. Verhalten in engen Gewässern

Wichtiger Grundsatz:
In engen Gewässern ist die besondere Geschwindigkeitsregel, dass das Fahrzeug jederzeit der Verkehrslage und der Beschaffenheit der Seeschifffahrtsstraße genügt und nötigenfalls rechtzeitig aufgestoppt werden kann, besonders zu beachten, da wenig Raum für Ausweichmanöver vorhanden ist.

Beachte:
Zu hohe Fahrt verursacht eine starke Brandungswelle am Ufer, die zu Schäden an festgemachten Fahrzeugen und Anlegern führen kann. Bei geringer Wassertiefe besteht zusätzlich die Gefahr, dass sich das Heck absenkt und die Steuerfähigkeit verloren geht.

Hinweise:
Allgemeine Geschwindigkeitsregel vgl. Erl. zu Frage 19 Fahrgeschwindigkeit bei schutzbedürftigen Anlagen und Stellen am Ufer (Schifffahrtszeichen) vgl. Frage 19.

Vorschrift See:
§ 26 Abs. 1 und Abs. 4 SeeSchStrO

Vorschrift Binnen:
§ 6.07 BinSchStrO

34

Warum soll ein kleines Fahrzeug nicht dicht an ein großes in Fahrt befindliches Fahrzeug heranfahren?

Antwort:

a. **Es kann durch dessen Bug- oder Heckwelle kentern oder durch den Sog mit dem Fahrzeug kollidieren.**
b. **Dichtes Heranfahren ist ein Verstoß gegen die Grundregeln für das Verhalten im Verkehr.**
c. **Da es dem großen in Fahrt befindlichen Fahrzeug sonst nicht ausweichen kann.**
d. **Es kann durch dessen Bug- oder Heckwelle Seeschlag erleiden.**

Zu Frage 34:

Beachte:
Das zu dichte Heranfahren an andere in Fahrt befindliche Fahrzeuge ist als Verstoß gegen die Vorsichtsmaßregeln nach Seemannsbrauch und damit gegen die Grundregel für das Verhalten im Verkehr anzusehen (§ 3 Abs. 1 SeeSchStrO). Im Binnenbereich ist dies als Verstoß gegen die allgemeine Sorgfaltspflicht (§ 1.04 BinSchStrO) anzusehen. Außerdem liegt in diesem Verhalten ein Verstoß gegen die Pflicht, Vorfahrts- oder Ausweichmanöver rechtzeitig und entschlossen durchzuführen und dadurch das Manöver des letzten Augenblicks zu verhindern (vgl. Fragen 76 (allgemeine Sorgfaltspflicht) und 176 (Ausweichmanöver).

Merke:
Ein kleines Fahrzeug soll nicht dicht an ein großes Fahrzeug in Fahrt heranfahren, weil es durch dessen Bug- oder Heckwelle kentern oder durch den Sog mit dem Fahrzeug kollidieren kann.

35

Warum soll man möglichst gegen Strom und Wind anlegen?

Antwort:

a. **Weil sich das Fahrzeug dabei sicherer manövrieren lässt.**
b. **Weil dadurch Sog und Wellenschlag vermieden wird.**
c. **Weil dadurch Einflüsse von Wellen und Wassertiefe ausgeglichen werden.**
d. **Weil dies die Steuerwirkung der Schraube erhöht.**

Zu Frage 35:

Beachte:
Die Steuerfähigkeit einer Yacht hängt von der Stärke der Strömung am Ruder ab. Beim Anlegen, mit langsamer Fahrt voraus, wird durch die Strömung die Wirkung des Ruders erhöht. Je nach Stärke von Strom und Wind macht das Boot unter Umständen keine Fahrt mehr über Grund und kommt zum Stillstand, was das Anlegen erleichtert, da das Boot noch gut manövrierbar ist.
Bei seitlicher Einwirkung von Strom und Wind wird das Boot zur Seite versetzt, was beim Manövrieren zu berücksichtigen und auszugleichen ist. Wind und Strömung von vorn erleichtern also das Anlegemanöver.
Hinweis:
Siehe das Anlegemanöver im Teil 111A, bschnitt 11.2.2.

Merke:
Möglichst gegen Strom und Wind anlegen, weil sich das Fahrzeug dabei sicherer manövrieren lässt.

36

Wie verhält man sich beim Begegnen mit anderen Fahrzeugen in einem engen Fahrwasser?

Antwort:

a. **Geschwindigkeit herabsetzen und ausreichenden Passierabstand halten.**
b. **Geschwindigkeit erhöhen, um das Begegnungsmanöver zügig durchzuführen.**
c. **Das gegen den Strom fahrende Fahrzeug ist ausweichpflichtig.**
d. **Das mit dem Strom fahrende Fahrzeug hat aufzustoppen.**

Zu Frage 36:

Beim Begegnen im Fahrwasser gelten zusätzliche Verhaltensregeln:

- rechtzeitig die Geschwindigkeit vermindern und nach Steuerbord ausweichen,
- nach dem Begegnen wieder zur Fahrwassermitte zurücksteuern,
- bei Rudermanövern klaren Kurs zeigen und einen größtmöglichen Passierabstand einhalten.

Beim **Begegnen in Fahrwasserengen im Bereich der Binnenschifffahrtsstraßen,** die durch eine natürliche Verengung der Wasserstraße, durch stillliegende Fahrzeuge oder aus ähnlichen Gründen verursacht sein können, gilt für die Durchfahrt Folgendes:

- Alle Fahrzeuge müssen die Fahrwasserenge in möglichst kurzer Zeit durchfahren.
- Für die Durchfahrt besteht Überholverbot, das auch Kleinfahrzeuge beachten sollten.
- Kann die Fahrwasserenge nicht in der gesamten Länge eingesehen werden, muss jedes Fahrzeug vor der Einfahrt einen langen Ton geben, den es erforderlichenfalls während der Durchfahrt wiederholt.
- Bergfahrer und Talfahrer müssen vor der Enge anhalten, bis der Gegenverkehr sie durchfahren hat.
- Ist das Begegnen in einer Fahrwasserenge unvermeidlich, müssen Maßnahmen getroffen werden, die das Begegnen an einer Stelle mit der geringsten Gefahr ermöglicht.
- Bei unübersichtlichen Fahrwasserengen kann die Durchfahrt auch mit Zeichen und Lichtern geregelt werden.

Also:

- rechtzeitig Geschwindigkeit vermindern,
- nicht zu früh ausweichen und
- unmittelbar nach dem Begegnen wieder in der Fahrwassermitte weiterfahren.

Und auch das ist zu beachten:
Bei der Festlegung des Passierabstandes muss eine zu große Annäherung an das Ufer oder das Überfahren von Untiefen vermieden werden. Ein geringer Passierabstand zwischen den Fahrzeugen ist nicht so gefährlich wie eine zu große Annäherung an das Ufer.

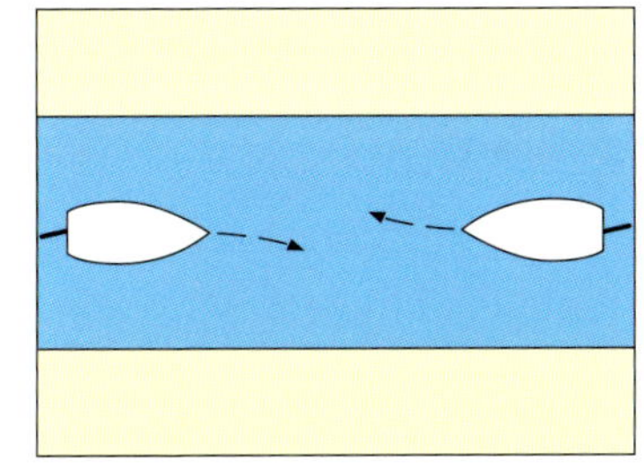

Begegnen im engen Fahrwasser:
Rechtzeitig Geschwindigkeit reduzieren, nicht zu früh nach Steuerbord ausweichen. Durch Stb-Ruderlage einen ausreichenden Passierabstand gewährleisten.

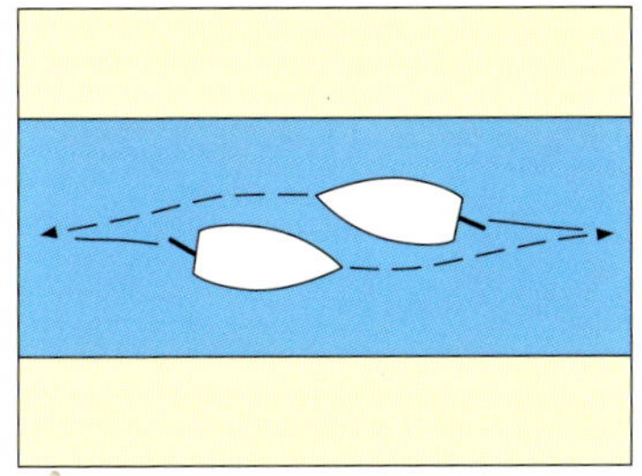

Frühzeitig beim Begegnen Bb-Ruderlage geben, um nach dem Begegnen schnell wieder die Fahrwassermitte erreichen zu können.

Hinweise:
Ausweichregeln beim Begegnen vgl. § 6.07 BinSchStrO, Regel 14 KVR;
Fahrgeschwindigkeit in engen Gewässern vgl. Erl. zu Frage 19;
Begegnungsverbot vgl. Erl. zu Frage 18;

Vorschriften See:
§ 24 Abs. 1 SeeSchStrO, Regel 14 KVR

Vorschriften Binnen:
§ 6.02, 6.03, 6.07 BinSchStrO

Merke:
Beim Begegnen mit anderen Fahrzeugen in engen Gewässern Geschwindigkeit herabsetzen und ausreichenden Passierabstand halten.

61

Wie ist ein enges Gewässer zu befahren, wenn man sich am Ufer festgemachten Fahrzeugen nähert?

Antwort:

a. **Verringerung der Geschwindigkeit, um schädlichen Sog und Wellenschlag zu vermeiden.**
b. **Beibehaltung der Geschwindigkeit, um durch Gleitfahrt schädlichen Sog und Wellenschlag auszuschließen.**
c. **Verringerung der Geschwindigkeit und nötigenfalls vom Rechtsfahrgebot abweichen.**
d. **Auf Höhe der festgemachten Fahrzeuge aufstoppen und überprüfen, dass kein Dritter behindert oder geschädigt wird.**

Vorschriften See:
§ 26 Abs. 1 SeeSchStrO

Vorschriften Binnen:
§ 6.20 BinSchStrO

Merke:
In einem engen Gewässer ist, wenn man sich am Ufer fest gemachten Fahrzeugen nähert, die Geschwindigkeit zu verringern, um schädlichen Sog und Wellenschlag zu vermeiden.

37

Welche Gefahren können entstehen, wenn ein kleines von einem größeren Fahrzeug überholt wird?

Antwort:

a. **Das kleinere Fahrzeug kann durch Stau, Sog oder Schwell aus dem Kurs laufen und kollidieren oder querschlagen, in flachen Gewässern auf Grund laufen.**
b. **Das größere Fahrzeug kann durch Stau, Sog oder Schwell aus dem Kurs laufen und kollidieren oder querschlagen, in flachen Gewässern auf Grund laufen.**
c. **Das kleinere Fahrzeug kann durch Stau, Sog oder Schwell aus dem Kurs laufen und kollidieren oder kentern, in flachen Gewässern extrem versetzt werden.**
d. **Das größere Fahrzeug kann durch Wellenbildung aus dem Kurs laufen und kollidieren oder querschlagen, in flachen Gewässern auf Grund laufen.**

Zu Frage 37:

Wichtige Grundsätze für das Überholen auf Seeschifffahrtsstraßen

- Das Überholen ist nur gestattet, wenn das Fahrwasser unter Berücksichtigung der Verkehrslage hinreichenden Raum für die Vorbeifahrt gewährt, insbesondere während des ganzen Überholmanövers jede Gefährdung des Gegenverkehrs ausgeschlossen ist und kein ausdrückliches Überholverbot besteht.
- Grundsätzlich muss links überholt werden. Sofern die Umstände des Falles es erfordern, darf rechts überholt werden.
- Das überholende Fahrzeug muss die Fahrt soweit herabsetzen oder einen solchen seitlichen Abstand vom vorausfahrenden Fahrzeug einhalten, dass kein gefährlicher Sog entstehen kann.
- Das voraus fahrende Fahrzeug muss das Überholen soweit wie möglich erleichtern.

Beachte:
Zur Vermeidung von Gefahren, die durch das Überholen eines größeren Fahrzeugs entstehen, sollten Sie durch den Ruf „Achtung Schwell!" alle Besatzungsmitglieder warnen, um ein Überbordfallen zu verhindern. Außerdem sollten Sie, wenn das große Fahrzeug in sehr dichtem Abstand passiert und daher große Soggefahr besteht, seitlich vom Schiff wegsteuern und anschließend im Winkel von 90 Grad durch die Heckwelle steuern.

Auf den Binnenschifffahrtsstraßen ist der Überholer grundsätzlich ausweichpflichtig; er muss sich vorher vergewissern, dass das Manöver ohne Gefahr ausgeführt werden kann, insbesondere ausreichender Raum zur Verfügung steht. Außerdem muss der Überholer einen genügenden Abstand einhalten.
Der Vorausfahrende muss das Überholen, so weit möglich, erleichtern und unter Umständen die Geschwindigkeit vermindern; diese Verpflichtung besteht nicht, wenn Kleinfahrzeuge überholen. Mit einer freundlichen Bitte über Funk kann die Rücksichtnahme auch gegenüber Kleinfahrzeugen erreicht werden.
Es darf an Backbord oder an Steuerbord überholt werden. Ist das Überholen nur möglich, wenn der Vorausfahrende seinen Kurs ändert, sind die entsprechenden Schallsignale zu geben.
Ist ein gefahrloses Überholen unmöglich, z. B. Fahrwasserenge durch Arbeiten oder Stilllieger, die der Überholer infolge einer Fahrwasserkrümmung noch nicht einsehen kann, oder entgegenkommender Schubverband mit größerer Breite, muss der Vorausfahrende „fünf kurze Töne" geben. Die Pflicht zur Abgabe von Schallzeichen besteht nicht gegenüber Kleinfahrzeugen.

Bei der Entscheidung, einen Vorausfahrenden zu überholen, muss sowohl die eigene Geschwindigkeit als auch die Länge und Breite des Vorausfahrenden berücksichtigt werden.
Ist die eigene Geschwindigkeit nur unwesentlich höher als die des Vorausfahrenden oder kann insbesondere bei der Bergfahrt die gesamte Überholstrecke nicht eingesehen und können damit Begegnungen während des Überholens nicht ausgeschlossen werden, sollte von einem Überholmanöver abgesehen werden.
Wird das Überholmanöver abgebrochen, erhöht die damit einhergehende Fahrtminderung die Soggefahr nicht unwesentlich. Eine weitere Gefährdung entsteht durch das Begegnen mit anderen Fahrzeugen während des Überholens.

Hinweise:
Durchführung des Überholmanövers vgl. Erl. zu Frage 174.
Überholverbote siehe Erl. zu Frage 17.
Überholverbotszeichen siehe Frage 17.

Vorschriften See:
§ 23 Abs. 1 und Abs. 2 SeeSchStrO
Regel 13 KVR

Vorschriften Binnen:
§§ 6.02, 6.03, 6.09, 6.10, 6.11 BinSchStrO

Merke:
Wenn ein kleines von einem größeren Fahrzeug überholt wird, kann das kleinere Fahrzeug durch Stau, Sog oder Schwell aus dem Kurs laufen und kollidieren oder querschlagen, in flachen Gewässern auf Grund laufen.

11. Umweltschutz für das Boot

38

Wo finden Sie Informationen über umweltfreundliche Farben, Lacke und Antifouling-Beschichtungen für Ihr Boot?

Antwort:

a. **Beim Umweltbundesamt.**
b. **Beim Bundesministerium für Digitales und Verkehr.**
c. **In der Sportbootführerscheinverordnung.**
d. **In der Sportbootvermietungsverordnung.**

Zu Frage 38:

Merke:
Alle Informationen über umweltfreundliche Farben, Lacke und Antifouling-Beschichtungen für Ihr Boot erhalten Sie vom Umweltbundesamt.

12. Ankern

39

Woran kann man erkennen, ob der Anker hält?

Antwort:

a. **Wenn beim Handauflegen auf die Ankerkette oder -leine kein Rucken zu verspüren ist und sich die Ankerpeilung nicht ändert.**
b. **Wenn Ankerkette oder -leine nicht vibrieren und sich der anliegende Magnetkompasskurs nicht verändert.**
c. **Wenn beim Handauflegen auf die Ankerkette oder -leine kein Rucken zu verspüren ist und das Fahrzeug nicht schwojt.**
d. **Wenn beim Handauflegen auf die Ankerkette oder -leine kein Rucken zu verspüren ist und sich die Ankerpeilung ändert.**

Zu Frage 39:
Hinweise:
Ankerverbote vgl. Erl. zu Fragen 22 und 103.

Merke:
Ob der Anker hält, kann man daran erkennen, dass beim Handauflegen auf die Ankerkette oder -leine kein Rucken zu verspüren ist und sich die Ankerpeilung nicht ändert.

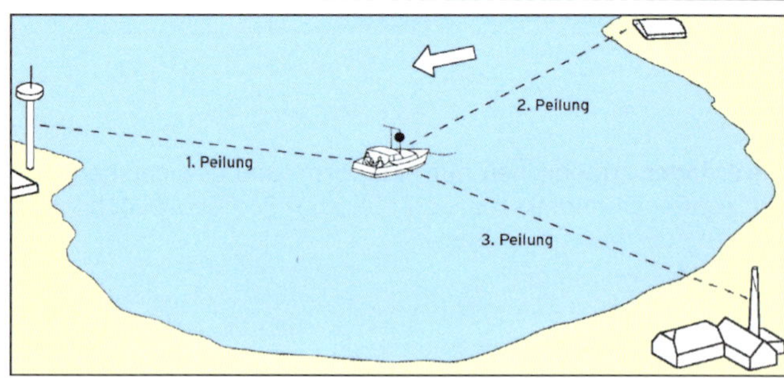

Kontrolle des Schiffsortes durch Kreuzpeilung.

II. Motorboote

12. Motorboote, Allgemeines
12.1 Rumpfformen

Rumpfformen, auch Spantformen genannt, sind die Querschnittsformen eines Bootes beim Hauptspant. Die Abbildungen 1 bis 5 zeigen den Unterschied zwischen dem Knickspant, dem Multiknickspant und dem Rundspant. Die Wahl der Form hängt von der Verwendung und vom Baustoff des Bootes ab.

Auch die Frage der „Spurtreue" oder des „Beharrungsvermögens" auf einem festgelegten Kurs bzw. die „Kursstabilität" und höhere Geschwindigkeit spielen eine Rolle bei der Wahl der Bootsform. Beim Bootsbau aus GFK kann man auf Spanten verzichten, da die Stabilität in diesem Baustoff sehr gut ist.

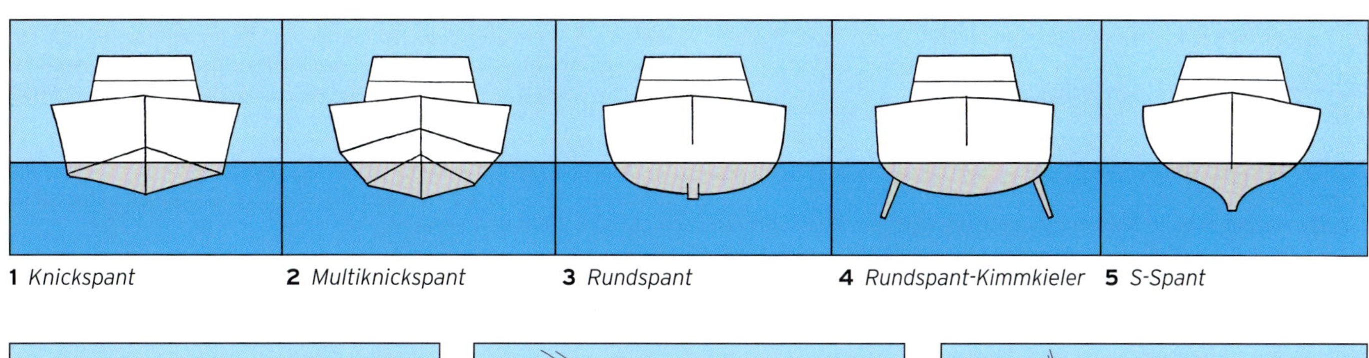

1 *Knickspant* **2** *Multiknickspant* **3** *Rundspant* **4** *Rundspant-Kimmkieler* **5** *S-Spant*

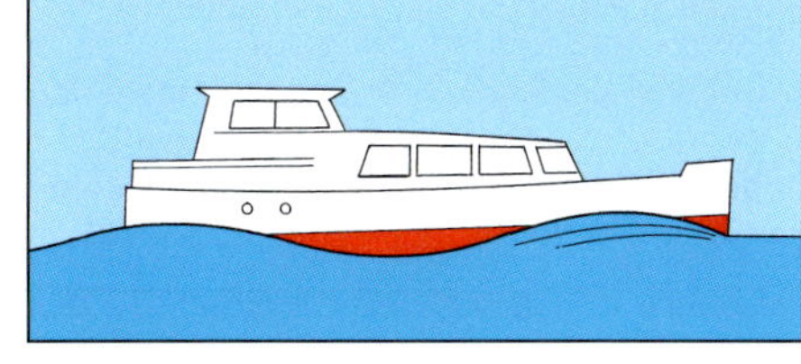

Verdränger

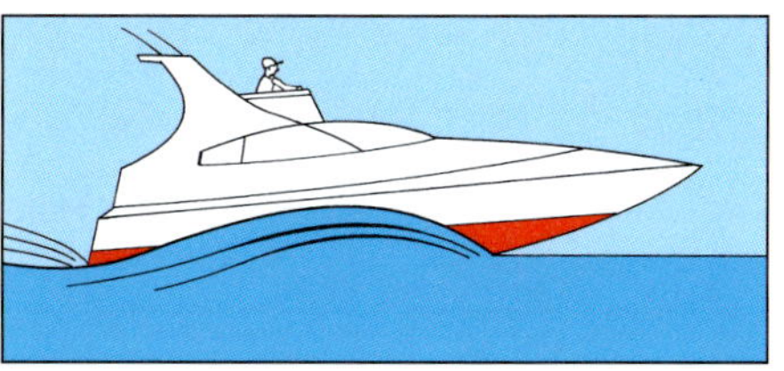

Gleiter

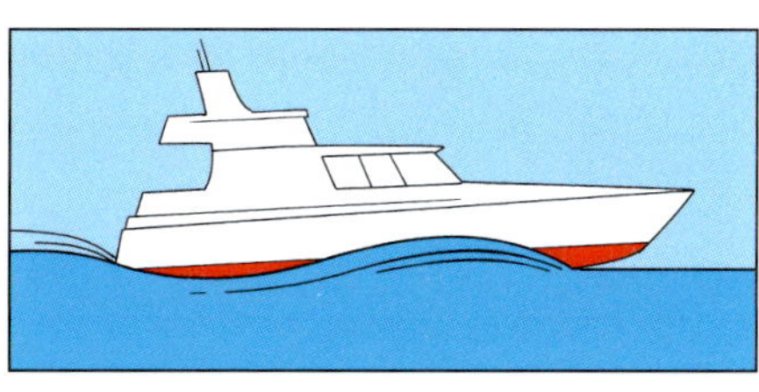

Halbgleiter

Verdränger ermöglichen nur eine form- und gewichtsbedingte geringere Geschwindigkeit bei erheblichem Sog und Wellenschlag, erzeugen aber kein Spritzwasser.

Gleiter ermöglichen eine hohe Geschwindigkeit bei geringem Sog und Wellenschlag, erzeugen aber Spritzwasser im Nahbereich.

Halbgleiter verbinden die Eigenschaften von Gleiter und Verdänger.

Beachte:
Gleiter haben kurze und Verdränger längere Stoppstrecken!

12.2. Antriebsmotoren

Wer mit „Verbrennungskraftmaschinen" umgeht, sollte wissen, dass die grundsätzlichen Unterscheidungsmerkmale in der Wirkungsweise bzw. der Gemischbildung von Kraftstoff und Luft liegen.

Benzinmotor (Ottomotor) = äußere Gemischbildung,
das heißt Kraftstoff und Luft werden außerhalb des Verbrennungsraumes im Vergaser oder durch Einspritzung in das Ansaugrohr vermischt.
Erst dann wird dieses Gemisch angesaugt und verdichtet und durch eine „Zündkerze" die Verbrennung eingeleitet.

Dieselmotor = innere Gemischbildung,
das heißt, der Motor saugt nur reine Luft an und verdichtet die angesaugte Luft; in die durch das Verdichten erwärmte Luft wird Kraftstoff eingespritzt. Das so entstandene Gemisch entzündet sich dann selbst.
Die Glühkerze hat beim Dieselmotor bei einer bestimmten Bauart nur die Aufgabe, die Luft im Verbrennungsraum zusätzlich zu erwärmen, damit sich das durch die Einspritzung gebildete Gemisch selbst entzündet, während die „Zündkerze" beim Ottomotor zum richtigen Zeitpunkt (Zündzeitpunkt) das angesaugte und verdichtete Gemisch zünden und damit zur Verbrennung bringen soll.

Beachte:
Benzinmotor = Fremdzündung
Dieselmotor = Selbstzündung

Bei **Viertaktmotoren** (Abb. nächste Seite) wird der Kurbeltrieb des Motors direkt geschmiert (Öl in der Ölwanne).

Bei **Zweitaktmotoren** (Abb. nächste Seite) erfolgt bei älteren Modellen die Schmierung durch Zugabe von Öl in den Kraftstoff – Mischungsverhältnis nach der Betriebsanleitung beachten! Bei neueren Modellen erfolgt die Ölzugabe durch eine Dosiereinrichtung (separate Ölbehälter) oder direkt an den Kurbeltrieb.
Sofern die Luft-Kraftstoff-Gemischeinstellung oder die Gemischschmierung nicht den technischen Vorgaben entspricht, kann die Leistung des Motors beeinträchtigt werden, womit der Schadstoffausstoß größer werden kann.

Der **Außenbordmotor** (Abb. Seiten 180 und 196) befindet sich außerhalb des Bootes und wird am Heck montiert. Es sind überwiegend Zweitaktmotoren. Motor und Antrieb bilden eine Einheit. Zum Manövrieren wird der gesamte Motor geschwenkt (siehe Teil III 1.2.2).

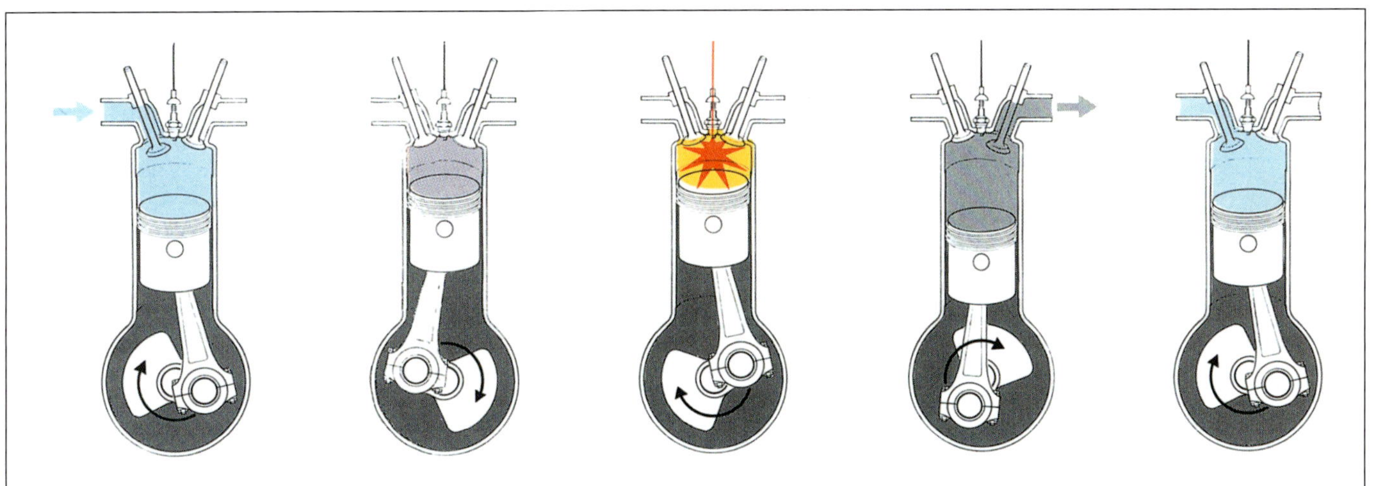

Wirkungsweise Viertaktmotor

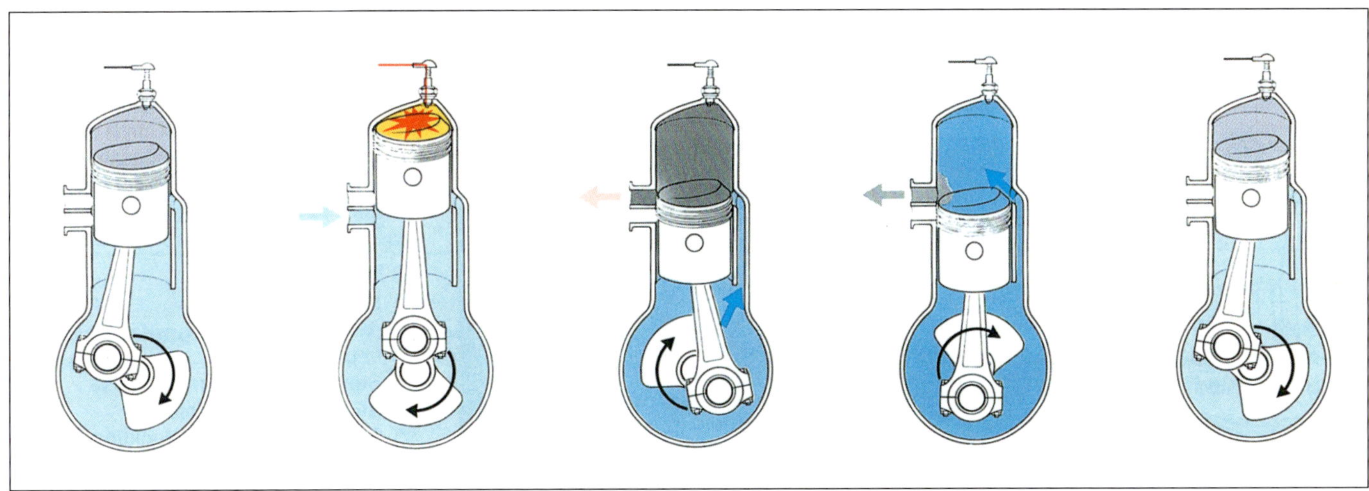

Wirkungsweise Zweitaktmotor

12.3 Antriebsarten

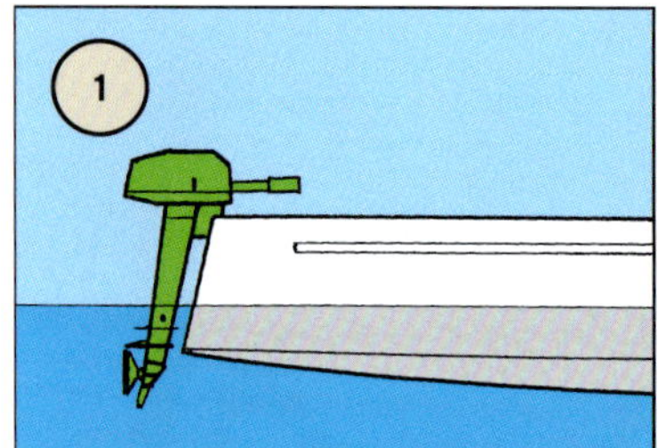

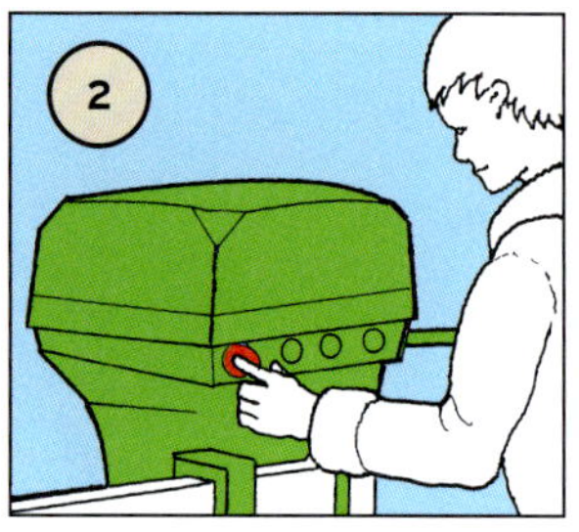

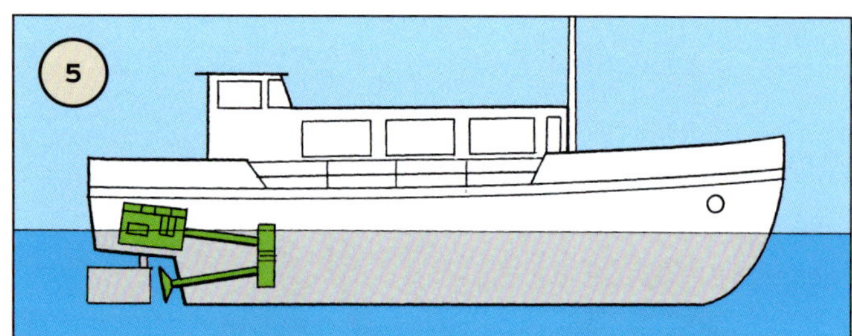

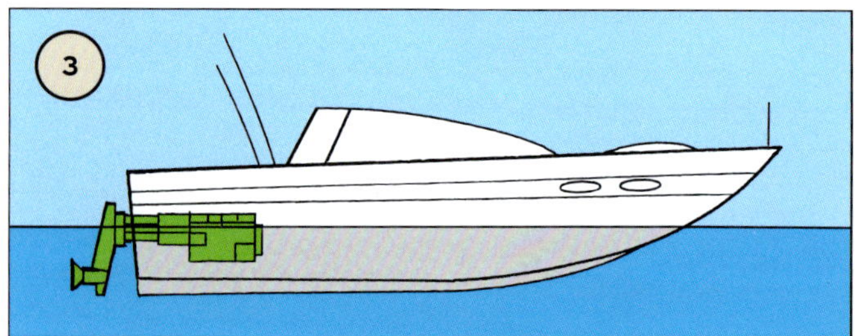

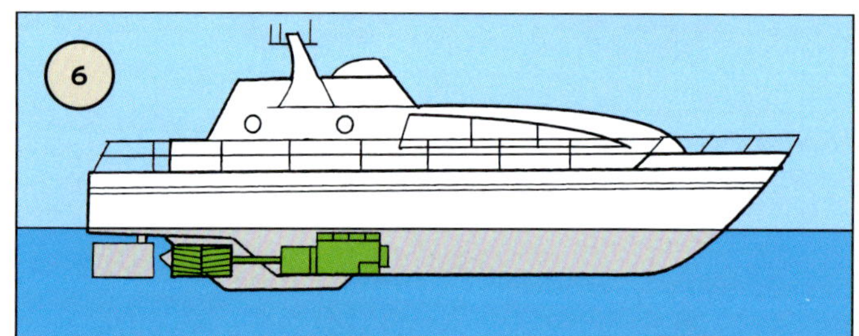

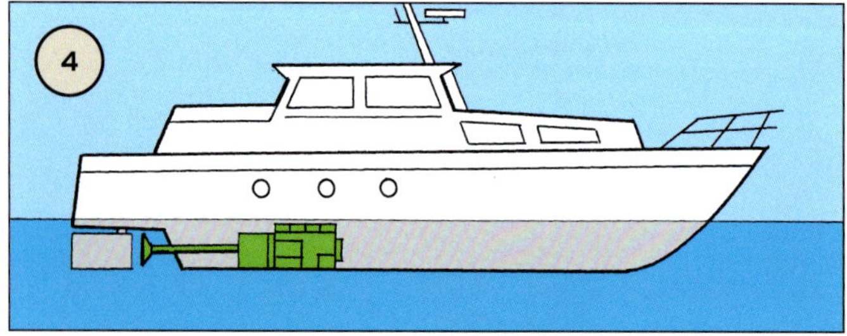

1 *Außenbordmotor*
2 *Zusätzlich zum abgebildeten Ausschalter gibt es eine Quickstopp-Einrichtung (siehe Frage 42)*
3 *Innenbordmotor mit Z-Antrieb*
4 *Innenbordmotor mit starrer Welle*
5 *Innenbordmotor mit V-Antrieb*
6 *Innenbordmotor mit Jet-/Strahlantrieb*

12.4 Getriebearten

Wirkungsweise eines Wendegetriebes

1 *Drehrichtung Antriebswelle*
2 *Leerlaufkupplung eingekuppelt*
3 *Rückwärts ausgekuppelt*
4 *Vorwärts eingekuppelt*
5 *Drehrichtung Propellerwelle*

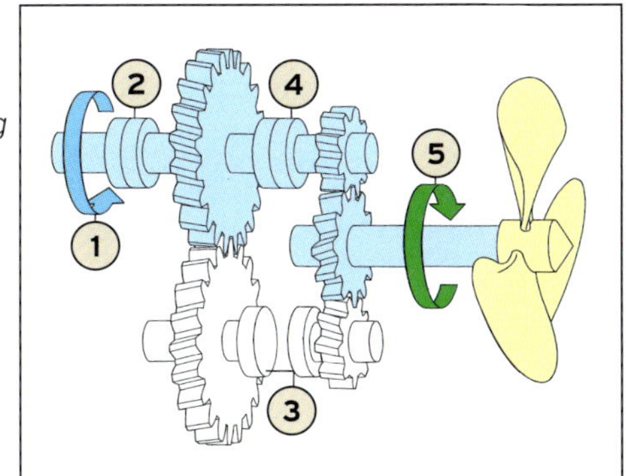

Vorwärtsfahrt

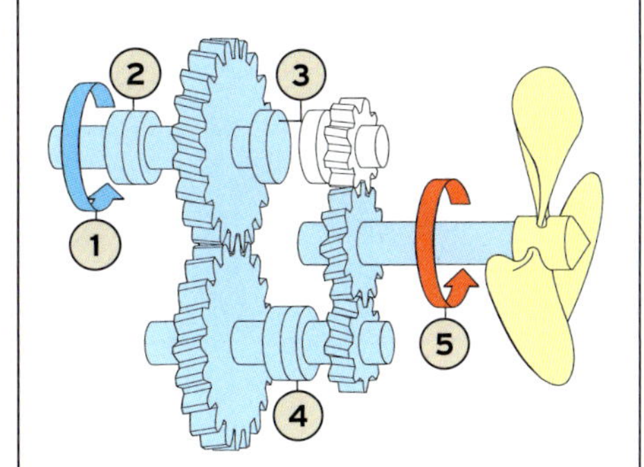

Rückwärtsfahrt

1 *Drehrichtung Antriebswelle*
2 *Leerlaufkupplung eingekuppelt*
3 *Vorwärts ausgekuppelt*
4 *Rückwärts eingekuppelt*
5 *Drehrichtung Propellerwelle*

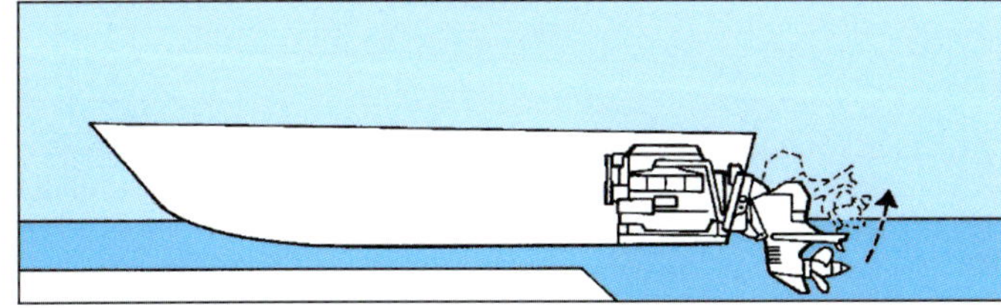

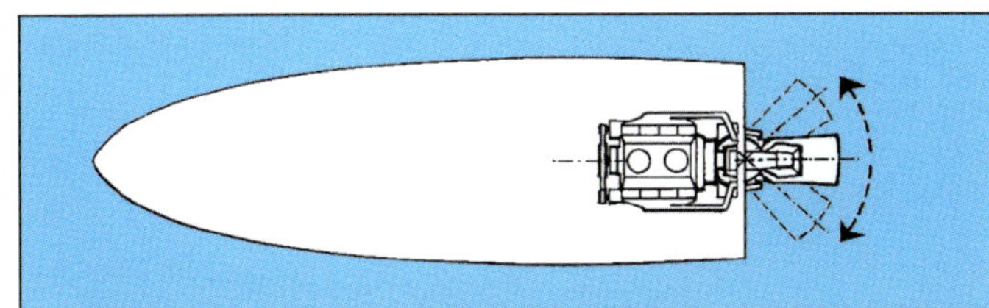

Der **Z-Antrieb** *findet in der Regel in Gleitbooten Verwendung. Hier wird beim Manövrieren der gesamte Antrieb geschwenkt, wodurch die Richtung des Schraubenstrahls verändert wird.*

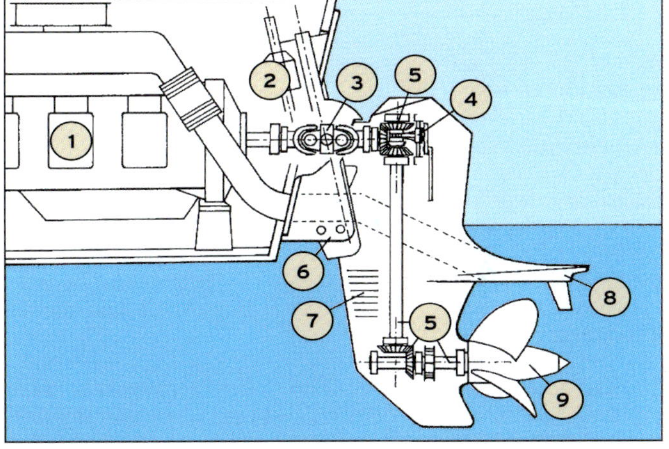

Wirkungsweise eines Z-Antriebs

1 *Motor*
2 elektromagnetische Hebevorrichtung für den Antrieb
3 *Kardanwellen und Kreuzgelenk*
4 *Kupplung*
5 *Antriebszahnräder und -wellen*
6 *Rückwärtssperre und Ausklinkmechanismus (bei Hindernissen)*
7 *Kühlwassereinlass*
8 *Auspuff und Kühlwasserauslass*
9 *Propeller*

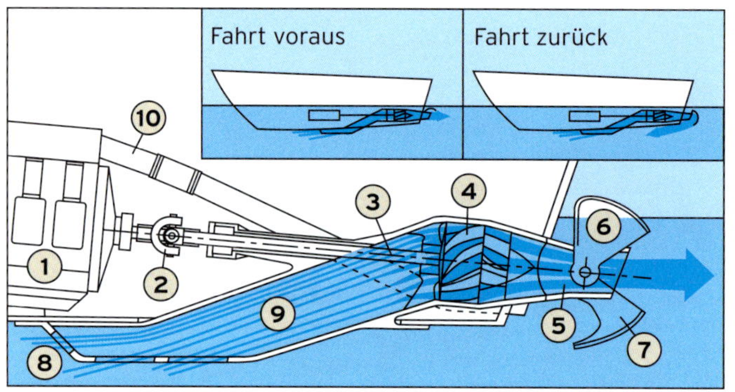

1 *Motor*
2 *Kreuzgelenk*
3 *Antriebswelle*
4 *Impeller*
5 *steuerbare Wasserstrahldüse*
6 *Strahlumlenkvorrichtung*
7 *Führung für Strahlumlenkung*
8 *Wasseransaugöffnung*
9 *Wasseransaugschacht*
10 *Auspuff*

Innenbordmotoren mit Wendegetriebe und starrer Welle (Abb. Seite 84) finden vorwiegend bei Verdrängern und Halbgleitern Verwendung. Die Steuerwirkung wird durch den seitlich auf das eingeschlagene Ruder wirkenden Schraubenstrom erzielt.

Beim **Jet-Antrieb** (Abb. links) befinden sich unterhalb des Bootskörpers keine Bauelemente, sodass auch bei geringer Wassertiefe (Flachwasserbereich) gefahren werden kann. Durch eine Einlassöffnung wird Wasser angesaugt und durch einen Wasserstrahl stark beschleunigt wieder ausgestoßen, wodurch der Vortrieb bewirkt wird. Diese Antriebsart ist mit einer Wasserstrahlpumpe vergleichbar.

Hinweis:
Antriebsarten siehe Fragen 50 – 53, 59.

12.5 Antriebswelle/Propeller

Antriebswelle/Propeller
Bei einer konventionellen Schraubenwelle dringt Wasser in die Maschinenraumbilge ein. Was kann die Ursache sein und wie kann Abhilfe geschaffen werden?

Die Stopfbuchse ist undicht. In diesem Fall ist die Stopfbuchse nachzuziehen, die Packung, evtl. Dichtung ist zu erneuern und ggf. die Lippdichtung einsetzen.

Die Stopfbuchse sichert den Durchbruch der Propellerwelle durch die Bordwand unterhalb der Wasserlinie gegen Eindringen von Wasser. Die Stopfbuchse wird mit Packungen aus verschiedenen Stoffen (Fette, Öl usw.) belegt, die sich an die beweglichen Teile anpassen. Bei zunehmendem Gebrauch lässt der Druck nach, was eine Wiederherstellung des ursprünglichen Druckes erfordert (Fettpresse).

Die Bezeichnung „Stopfbuchse" geht auf Zeiten zurück, wo tatsächlich Material (z. B. Werg) in die Buchse gestopft wurde. Das Auffüllen des Druckes geschah damals durch „nachstopfen" des verwendeten Materials.

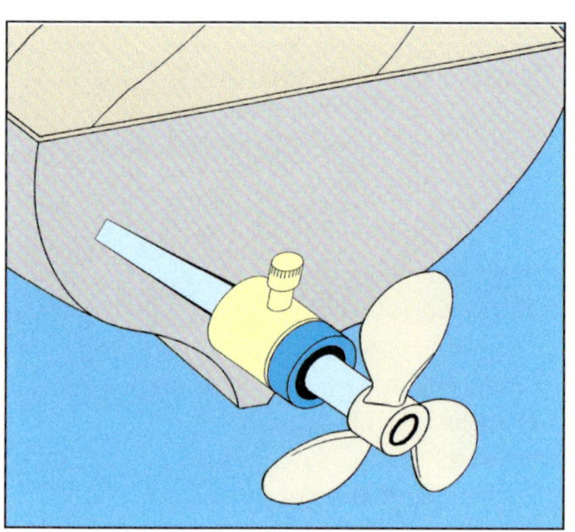

Stopfbuchse mit Fettpresse (Schraube)

12.6 Kraftstoffanlage

Beim **Einfüllen des Kraftstoffs** in den Tank wird Luft verdrängt. Kann die Luft nicht entweichen, drängt sie in den Einfüllstutzen und kann beim Entweichen Kraftstoff mitreißen, was zwangsläufig zu einer schädlichen Gewässerverunreinigung führt. Den Ausgleich bringt das Entlüftungsrohr, in dem sich ein Flammschutzsieb befinden muss. Kraftstoff verdampft und die Dämpfe/Gase verlassen den Tank durch die Entlüftung.

Mit dem **Flammschutzsieb** soll eine Entzündung nach „innen", das heißt in das Entlüftungsrohr verhindert werden. Das Entlüftungsrohr muss auch während der Fahrt - Kraftstoffentnahme aus dem Tank – das Eindringen von Luft sicherstellen, um ein Vakuum im Tank zu verhindern.

Bei transportablen Tanks wird die Vakuumbildung durch das Öffnen der Entlüftungsschraube am Tankdeckel verhindert.

Ein **Absperrventil**, mit dem die Treibstoffzufuhr zum Motor unterbunden wird, soll sich nicht nur am oder in der Nähe des Motors im Maschinenraum befinden, sondern auch außerhalb, an einer für den Schiffsführer leicht erreichbaren und leicht zugänglichen Stelle. Im Bedarfsfall/Gefahrenfall kann es sofort geschlossen werden, beispielsweise bei Motorbrand oder auch undichten Leitungen im Maschinenraum.

Bei **Wartungsarbeiten** soll das unbeabsichtigte Austreten von Kraftstoff ebenfalls verhindert werden.

Beim Tanken ins Boot gelangtes Benzin bildet mit Luft ein explosives Gemisch. Deshalb sollte der Tankraum gegenüber allen anderen Räumen dicht sein.

Auch **Funkgeräte** dürfen während des Betankens nicht betrieben werden.

Nach dem Tanken müssen vor dem Starten des Motors alle Räume ausreichend belüftet werden, um eine Explosion durch Zündfunken zu vermeiden, was eine nicht unerhebliche Unfallursache auf Sportbooten darstellt. Beim Betanken kann es zwischen Tankeinfüllstutzen, Zapfpistole oder Kanister zu einer Funkenstrecke durch die statische Aufladung des Bootskörpers kommen. Deshalb ist es unerlässlich, dass zwischen allen metallischen Teilen der Tankanlage ein Potenzialausgleich besteht.

Damit nicht Öl oder Treibstoff in die **Bilge** gelangt, sollte sich unter jedem Innenbordmotor eine Ölauffangwanne befinden. Ist es doch einmal passiert, besteht Explosionsgefahr. Dann muss die Bilge gereinigt werden:

Beachte:
Benzin in Behältnissen sammeln und einschließlich der Tücher und Schwämme zu zugelassenen Entsorgungsstellen bringen; keinesfalls, auch nicht die geringste Menge, ins Wasser ablassen.

Um die genannten Gefahren auszuschließen, dürfen die Tanks der Außenbordmotoren nicht im Boot (Kraftstoffdämpfe), sondern nur an Land nachgefüllt werden.

Vorschriften:
§ 1.15 BinSchStrO; § 324 StGB

12.7 Ruderanlage

Motorboote mit Innenbordmotor haben fast ausschließlich Radsteuerung, womit die Kraftübertragung zur Erzeugung einer Ruderwirkung wesentlich erleichtert wird.

Pinnensteuerung

1 Ruderblatt
2 Ruderbeschlag
3 Ruderkopf
4 Ruderpinne

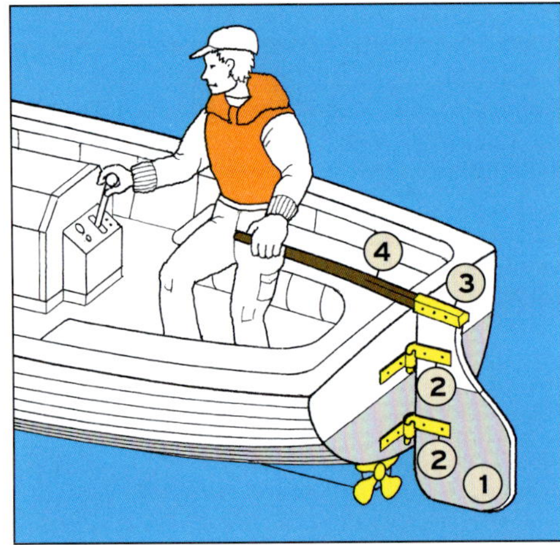

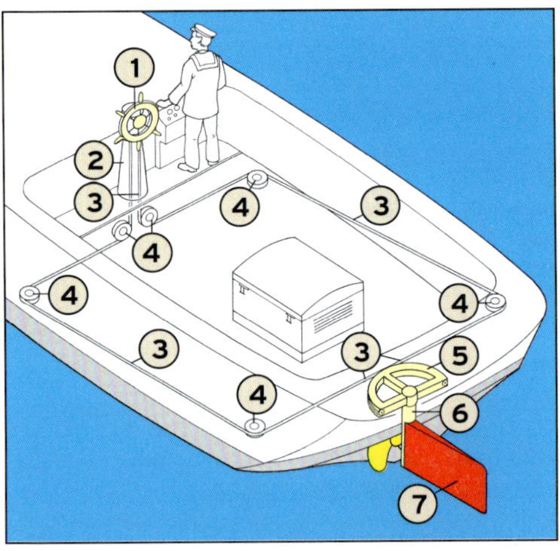

Radsteuerung

1 Ruderrad
2 Rudersäule
3 Ketten- oder Seilzüge
4 Umlenkung
5 Ruderquadrant
6 Ruderschaft
7 Ruderblatt

12.8 Motor-Startkontrolle

Bei **Benzinmotoren** muss der Motorraum vor jedem Starten ausreichend belüftet werden, damit Gase entweichen können. Spezielle Motorraumlüfter müssen funkengeschützt sein. Der Exhauster sollte so mit dem Zündschloss geschaltet werden, dass der Starter zum Anlassen des Motors blockiert ist, bis der Exhauster ein Gasgemisch in der Bilge abgesaugt hat (Zeitverzögerung nach der Betriebsanleitung abhängig von der Größe des Absauggebläses = Exhauster).

Zu einer Fahrtvorbereitung, auch für Stunden, gehören ausreichend Kraftstoff, genügend Öl und ein funktionierendes Kühlsystem. Anschließend sind der Kraftstoffhahn und das Seeventil, wenn vorhanden, zu öffnen. Schraube auskuppeln, weil sie sonst sofort mitdreht und das Boot sich selbstständig macht, was Schäden verursachen und Personen gefährden kann. Eine spezielle Schaltung verhindert das Starten in eingekuppeltem Zustand.

Nach dem Anlassen des Motors sind sofort der Öldruck am Anzeigegerät und der Kühlwasserdurchfluss am Kühlwasseraustritt zu kontrollieren, ebenso die Ladekontrolle – Aufladung der Batterie – und nach kurzer Zeit die Temperatur des Kühlwassers. Diese Kontrollen sollten während der Fahrt regelmäßig wiederholt werden, um bei Abweichungen rechtzeitig reagieren zu können: Fahrteinstellung, Fehlersuche, Fehlerbeseitigung.

Treibgut im Wasser kann das Seeventil bzw. den Kühlwasseransaugstutzen verstopfen und den Kühlwasserdurchfluss verringern oder unterbinden. Die Kühlwassertemperatur steigt stark an. Das erfordert umgehendes Handeln (Reinigung/Beseitigung). Auch wenn die Schraube blockiert, muss sofort nach der Ursache gesucht und gegebenenfalls ein Tampen oder Plastik entfernt werden.

Beachte:

- Aus Sicherheitsgründen werden Kraftstoff- und Kühlwasserventile nach dem Betrieb häufig geschlossen. Das Öffnen dieser Ventile ist deshalb vor jedem Start unerlässlich (Kontrolle).
- Bei leichten, stark motorisierten Fahrzeugen kann das Anlassen des Motors bei eingelegtem Gang eine große Gefahrenquelle für Boot und Besatzung sein.

Eine spezielle Schaltung, die das Anlassen in eingekuppeltem Zustand verhindert, ist im Fachhandel erhältlich.

13. Fahrmanöver

40

Welches ist der günstigste Anlaufwinkel beim Anlegen?

Antwort:

a. **Ein möglichst spitzer Winkel.**
b. **Ein Winkel von 90° bis 100°.**
c. **Ein möglichst stumpfer Winkel.**
d. **Ein Winkel von 60° bis 70°.**

Zu Frage 40:
Hinweis: Siehe Teil III, Praktische Prüfung, Abschnitt „Die einzelnen Fahrmanöver".

Merke:
Der günstigste Anlaufwinkel ist beim Anlegen ein möglichst spitzer Winkel.

14. Wirkung der Propellerdrehrichtung

41

Wie verhält sich im Allgemeinen das Schiff im Rückwärtsgang bei einem rechtsdrehenden Propeller?

Antwort:

a. **Das Heck dreht nach Backbord.**
b. **Das Heck dreht nach Steuerbord.**
c. **Der Kurs des Schiffes ändert sich nicht.**
d. **Der Bug dreht nach Backbord.**

Zu Fragen 41, 44 bis 48:
Die meisten Sportboote haben heute linksdrehende Propeller. Einen Propeller, der in Vorausfahrt von hinten gesehen linksherum dreht, nennt man linksdrehend.
In Fahrt achteraus wird der Drehsinn des Propellers umgekehrt: Der linksdrehende Propeller dreht nun rechtsherum.
Außer dem Vortrieb bewirkt der Propeller auch einen Dreheffekt zur Seite hin, in die er jeweils dreht. Diese Kraft nennt man **Radeffekt**. Dieser Radeffekt entsteht als Reaktion auf den Drall bei der Beschleunigung des Wassers nach achtern.
Die Auswirkung des Radeffektes ist besonders stark bei Achterausfahrt, also auch beim Aufstoppen der Vorausfahrt durch Einlegen des Rückwärtsgangs.

Man nutzt diesen Effekt aus, indem man versucht, mit dem Boot mit der Seite anzulegen, wohin der Radeffekt in Achterausfahrt wirkt. Bei einem Boot mit linksdrehendem Propeller, der beim Aufstoppen einen Radeffekt nach rechts ausübt, wird man also mit der Steuerbordseite anlegen.
Nähert man sich in einem spitzen Winkel und mit langsamer Fahrt der Anlegestelle, so wird nach Einlegen des Rückwärtsgangs das Boot gestoppt, und gleichzeitig wird das Heck nach Steuerbord auswandern.

Beachte:
Da der Radeffekt ein Manöver erleichtern oder erschweren, ja sogar vereiteln kann, muss bei der Planung des Manövers der Radeffekt immer berücksichtigt werden.

Fragen 42 und 43 siehe nach Frage 51

Vorausfahrt

Wirkungsweise der rechtsdrehenden Schraube (Propeller)

Rückwärtsfahrt

Bei rechtsdrehender Schraube (im Uhrzeigersinn) dreht das Heck gewöhnlich nach Steuerbord, wenn das Fahrzeug bei Mittschiffsruderlage Fahrt voraus aufnimmt.

Heck dreht nach Steuerbord

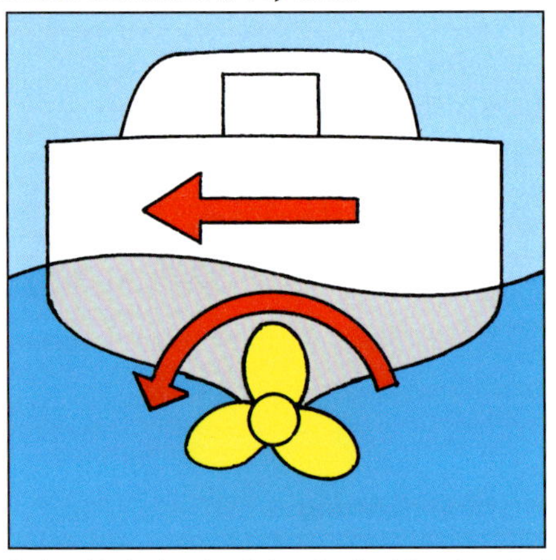

Bei rechtsdrehender Schraube (im Uhrzeigersinn) dreht die Schraube in Rückwärtsfahrt nach links und dreht das Heck nach Backbord, wenn das Fahrzeug bei Mittschiffsruderlage Rückwärtsfahrt aufnimmt.

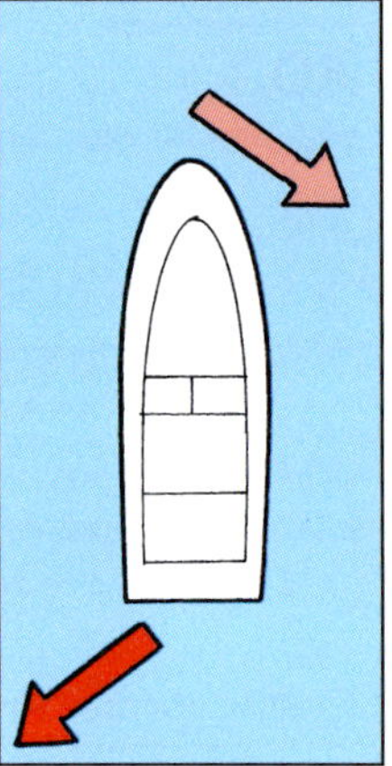

Heck dreht nach Backbord

Wirkungsweise der linksdrehenden Schraube (Propeller)

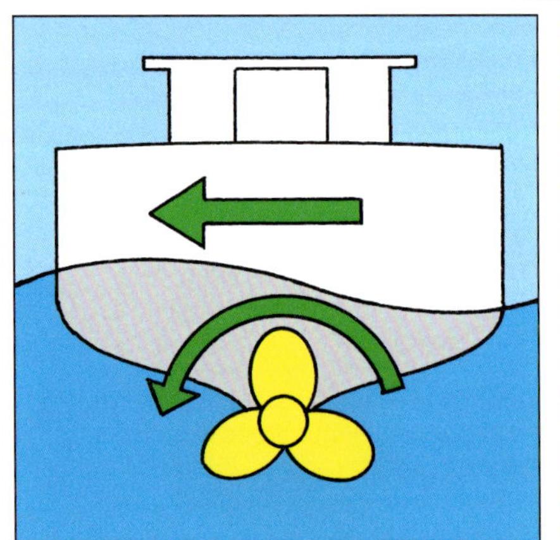

Bei linksdrehender Schraube (entgegen dem Uhrzeigersinn) dreht das Heck gewöhnlich nach Backbord, wenn das Fahrzeug bei Mittschiffsruderlage Fahrt voraus aufnimmt.

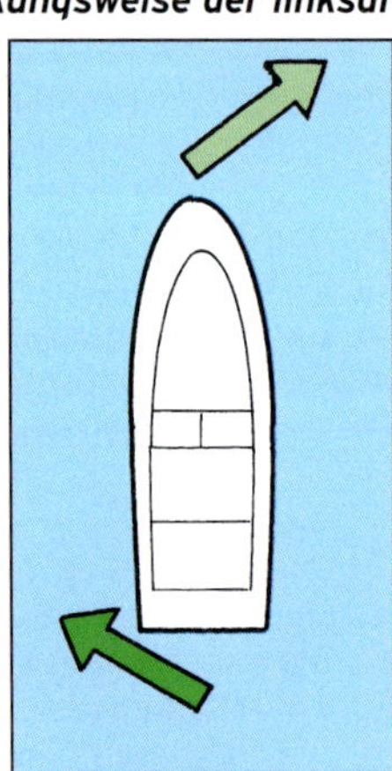

Heck dreht nach Backbord

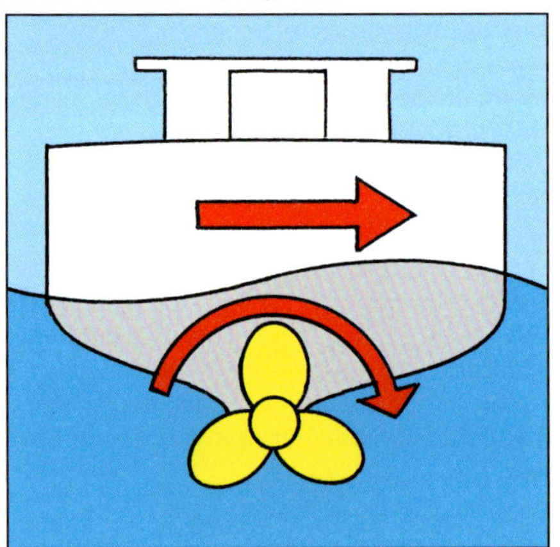

Bei linksdrehender Schraube (entgegen dem Uhrzeigersinn) dreht die Schraube in Rückwärtsfahrt nach rechts und dreht das Heck nach Steuerbord, wenn das Fahrzeug bei Mittschiffsruderlage Rückwärtsfahrt aufnimmt.

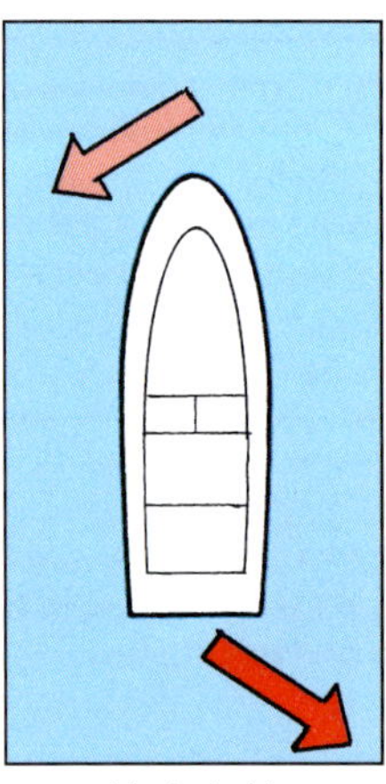

Heck dreht nach Steuerbord

Fragen 42 und 43 siehe nach Frage 51

44

Was ist unter einem rechtsdrehenden Propeller zu verstehen?

Antwort:

a. **Von achtern gesehen in Vorausfahrt Drehung des Propellers im Uhrzeigersinn.**
b. **Von vorne gesehen in Vorausfahrt Drehung des Propellers im Uhrzeigersinn.**
c. **Von achtern gesehen in Vorausfahrt Drehung des Propellers gegen den Uhrzeigersinn.**
d. **Von vorne gesehen in Rückwärtsfahrt Drehung des Propellers gegen den Uhrzeigersinn.**

45

Was ist unter einem linksdrehenden Propeller zu verstehen?

Antwort:

a. **Von achtern gesehen in Vorausfahrt Drehung des Propellers gegen den Uhrzeigersinn.**
b. **Von vorne gesehen in Vorausfahrt Drehung des Propellers gegen den Uhrzeigersinn.**
c. **Von achtern gesehen in Vorausfahrt Drehung des Propellers im Uhrzeigersinn.**
d. **Von vorne gesehen in Rückwärtsfahrt Drehung des Propellers im Uhrzeigersinn.**

46

Was ist unter der indirekten Ruderwirkung (Radeffekt) des Propellers zu verstehen?

Antwort:

a. **Das seitliche Versetzen des Hecks.**
b. **Das Versetzen nach vorne.**
c. **Das Versetzen nach hinten.**
d. **Das seitliche Versetzen des Bugs.**

47

Weshalb ist die Kenntnis der Propellerdrehrichtung von Bedeutung?

Antwort:

a. **Sie hilft beim Manövrieren.**
b. **Sie hilft beim Kurshalten.**
c. **Sie hilft beim Überholen.**
d. **Sie hilft beim Begegnen.**

48

Welche Anlegeseite ist mit rechtsdrehendem Propeller empfehlenswert und warum?

Antwort:

a. **Die Backbordseite – der Radeffekt zieht das Fahrzeug an die Pier.**
b. **Die Steuerbordseite – der Radeffekt zieht das Fahrzeug an die Pier.**
c. **Die Steuerbord- oder Backbordseite je nach Ruderlage.**
d. **Es gibt keine empfehlenswerte Anlegeseite.**

Hinweise:
Auswirkungen der Propellerdrehrichtung auf die Steuerwirkung
siehe Erl. zu Fragen 41 und 44–47
Durchführung des Anlegemanövers
siehe Erl. zu Frage 40

Merke:

- Ein rechtsdrehender Propeller dreht in Vorausfahrt von achtern gesehen im Uhrzeigersinn (nach Steuerbord)
- Ein linksdrehender Propeller dreht in Vorausfahrt von achtern gesehen gegen den Uhrzeigersinn (nach Backbord).
- Unter der indirekten Ruderwirkung (Radeffekt) des Propellers ist das seitliche Versetzen des Hecks zu verstehen.
- Die Kenntnis der Propellerdrehrichtung hilft beim Manövrieren.

Frage 49 siehe nach Frage 51

50

Wodurch wird bei einem Fahrzeug mit Außenbordmotor und ohne Ruderanlage die Ruderwirkung erzielt?

Antwort:

a. **Durch Schraubenstrom und Richtung des Propellers.**
b. **Durch Schraubenstrom und Anstellwinkel des Propellers.**
c. **Durch den Schraubenwiderstand und Anstellwinkel des Propellers.**
d. **Durch den Schraubenwiderstand und Richtung des Propellers.**

Zur Frage 50:
Hinweis:
Siehe die Darstellungen im Teil III./II. 1.2 Steuerwirkung des Außenbordmotors bei Rückwärtsfahrt.

Merke:
Die Ruderwirkung wird bei einem Fahrzeug mit Außenbordmotor ohne Ruderanlage durch Schraubenstrom und Richtung des Propellers erzielt.

51

Weshalb setzt bei einem Fahrzeug mit Einbaumaschine und starrer Welle bei Aufnahme der Rückwärtsfahrt die Ruderwirkung erst relativ spät ein?

Antwort:

a. **Weil sie erst mit Anströmung des Ruderblattes einsetzt.**
b. **Weil sich durch den Radeffekt ein Unterdruck am Propeller entwickelt.**
c. **Durch den Abstand von Propeller und Ruderblatt.**
d. **Weil sich durch den Radeffekt ein Unterdruck am Ruder entwickelt.**

Zur Frage 51:

Hinweis:
Siehe die Darstellungen im Teil III./II. 1.2 Steuerwirkung des Ruders bei Rückwärtsfahrt.

Merke:
Die Ruderwirkung setzt bei einem Fahrzeug mit Einbaumaschine und starrer Weile bei Aufnahme der Rückwärtsfahrt erst relativ spät ein, weil sie erst mit Anströmung des Ruderblattes einzusetzen beginnt.

15. Maschinenanlage, Gefahren

42

Was bewirkt der Quickstopp?

Antwort:

a. **Unterbrechung von Zündkontakt bzw. Kraftstoffzufuhr.**
b. **Automatisches Anlassen des Motors.**
c. **Kurze Unterbrechung des Motorlaufs.**
d. **Automatische Schubumkehr.**

Zur Frage 42:

Wie beim Innenbordmotor wird beim Außenbordmotor durch Drücken des Quickstopp-Knopfes der Zündkontakt bzw. die Dieseleinspritzung unterbrochen und damit der Motor ausgeschaltet. Statt des Knopfes gibt es auch eine am Handgelenk zu befestigende Reißleine, die beim Reißen einen Notstopp-Schalter am Motor auslöst. Beim Wassermotorrad wird durch Herausziehen des Zündschlüssels, der mit dem Handgelenk des Fahrers verbunden sein sollte, die Zündung unterbrochen und so der Motor gestoppt, was besonders beim Kentern wichtig ist.

Merke:
Quickstopp unterbricht den Zündkontakt bzw. die Kraftstoffzufuhr.

43

Was ist zu unternehmen, wenn Treibstoff oder Öl in die Bilge gelangt?

Antwort:

a. **Mit Lappen aufnehmen und umweltgerecht entsorgen.**
b. **Räume lüften und abwarten.**
c. **Gleichmäßig verteilen.**
d. **Mit entsprechendem Mittel neutralisieren.**

Zur Frage 43:

Wenn nicht verhindert werden kann, dass Treibstoff oder Öl in die Bilge gelangt ist, müssen unbedingt

- das Öl bzw. der Treibstoff mit einem saugfähigen Lappen entfernt und der Lappen entsorgt oder das verunreinigte Bilgenwasser bei der Sammelstelle des Hafens abgegeben werden (siehe Regel 9 der „10 Goldenen Regeln" auf den Seiten 167/168) und
- alle Innenräume gelüftet werden, um die Explosionsgefahr durch Benzindämpfe zu vermeiden.

Beim Tanken und beim Ölwechsel ist vor allem darauf zu achten, dass

- der Einfüllstutzen fest mit dem Benzin- bzw. Öltank verbunden ist und
- ein großer Einfülltrichter verwendet wird, damit beim Einfüllen kein Benzin bzw. Öl verschüttet wird.

Hinweis: Betanken von Außenbordmotoren siehe Erl. zu Fragen 57 und 58.

Merke:
Treibstoff und Öl in der Bilge ist mit Lappen aufzunehmen und umweltgerecht zu entsorgen.

49

Was muss beim Tanken beachtet werden?

Antwort:

a. Motor abstellen, keine elektrischen Schalter betätigen, Vorbereitung gegen das Überlaufen von Kraftstoff treffen, kein offenes Feuer.

b. Motor in Leerlaufstellung, keine elektrischen Schalter betätigen, Vorbereitung gegen das Überlaufen von Kraftstoff treffen, kein offenes Feuer.

c. Fenster schließen, keine elektrischen Schalter betätigen, Vorbereitung gegen das Überlaufen von Kraftstoff treffen, kein offenes Feuer.

d. Motor abstellen, Feuerlöscher bereithalten, Vorbereitung gegen das Überlaufen von Kraftstoff treffen, kein offenes Feuer.

Zur Frage 49:

Beachte zusätzlich:

- Bei der Treibstoffübernahme Schläuche und deren Verbindungen auf Dichtigkeit prüfen, Trichter in den Einfüllstutzen einsetzen sowie darauf achten, dass der Tank nicht überläuft, sonst Überlaufmengen sofort beseitigen.
- Koch- und Heizeinrichtungen sofort abstellen.
- Die Erdung der Zapfanlage kann dadurch geschehen, dass die auf den Einfüllstutzen gelegte Zapfpistole mit der bloßen Hand berührt wird.
- Transportable Tanks außerhalb des Bootes füllen, keinesfalls im Bootsinneren füllen.
- Prüfen, ob die Bilgen ölfrei sind; ölhaltiges Bilgewasser nicht außenbords pumpen.

Hinweis:

Feuerbekämpfung vgl. Fragen 68 und 69.

Merke:

Beim Tanken muss man

1. Motor abstellen,
2. keine elektrischen Schalter betätigen,
3. Vorbereitungen gegen das Überlaufen von Kraftstoff treffen und
4. kein offenes Feuer haben.

16. Motor-Betriebskontrolle

52

Während der Fahrt sollte die Maschinenanlage ständig überwacht werden. Worauf muss besonders geachtet werden?

Antwort:

a. Motortemperatur, Öldruck, Ladekontrolle.
b. Kühlwasseraustritt, Drehzahlmesser, Keilriemenspannung.
c. Schraubendrehzahl, Getriebeöltemperatur, Öldruck.
d. Druck der Einspritzpumpe, Impellerpumpe, Ölpumpe.

Zur Frage 52:

Cockpit eines Motorbootes

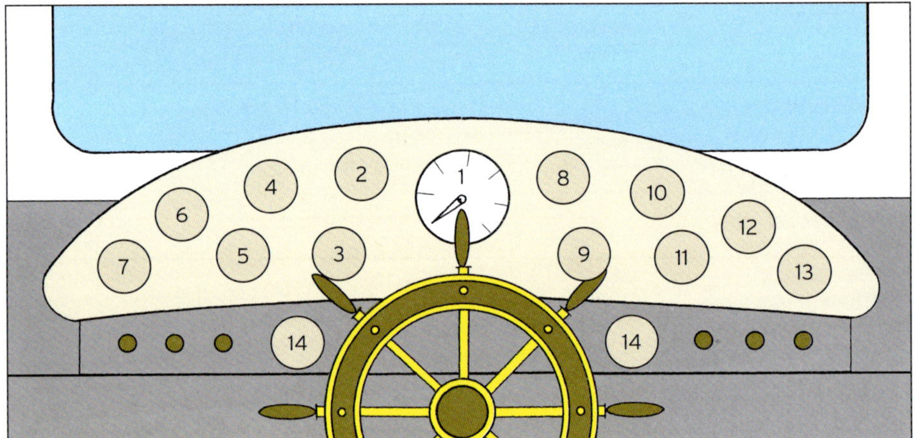

1 Drehzahlmesser
2 Anzeige Öldruck
3 Anzeige Öltemperatur
4 Anzeige Getriebetemperatur
5 Anzeige Kühlwasserdurchfluss
6 Anzeige Kühlwassertemperatur
7 Betriebsstundenzähler
8 Signalhorn
9 Quickstopp
10 Voltmeter
11 Amperemeter
12 Anzeige Ladekontrolle
13 Zündung
14 elektrische Schalter z. B. für Navigationslichter; Lenzpumpe, Ankergeschirr; Kommunikation und weitere Stromverbraucher

Merke:
Während der Fahrt sollte die Maschinenanlage ständig im Hinblick auf Motortemperatur, Öldruck und Ladekontrolle überwacht werden.

17. Motor-Fehleridentifizierung

53

Die Temperatur der Antriebsmaschine überschreitet die zulässigen Grenzwerte. Was könnte die mögliche Ursache sein?

Antwort:
- a. Defektes Thermostat, defekte Impellerpumpe, geschlossenes Seeventil, zu niedriger Kühlwasserstand.
- b. Zu viel Motoröl, defekte Impellerpumpe, geschlossenes Seeventil, zu niedriger Kühlwasserstand.
- c. Defektes Thermostat, defekte Impellerpumpe, geschlossenes Seeventil, zu hohe Batteriespannung.
- d. Defektes Thermostat, defekte Kupplung, geschlossenes Seeventil, zu niedriger Kühlwasserstand.

54

Die Ladekontrolllampe erlischt nach dem Starten nicht. Was könnte die mögliche Ursache sein?

Antwort:
- a. Lichtmaschine bzw. Regler der Lichtmaschine defekt.
- b. Zu hohe Motordrehzahl.
- c. Keilriemen gerissen und hoher Stromverbrauch.
- d. Anlasser ist nach dem Starten ausgefallen.

55

Die Ölkontrollleuchte leuchtet nach dem Starten weiter. Was könnte die mögliche Ursache sein?

Antwort:
- a. Druckschalter bzw. Öldruckpumpe defekt.
- b. Zu viel Motoröl im Motor.
- c. FI-Schalter defekt.
- d. Zu hohe Motordrehzahl.

56

Der Motor ist gestartet worden. Was kann die Ursache sein, wenn nach dem Einkuppeln der Antriebswelle der Motor stehenbleibt?

Antwort:
- a. Blockierter Propeller.
- b. Blockierte Kraftstoffzufuhr.
- c. Verschmutzter Ölfilter.
- d. Verschmutzter Luftfilter.

Zu Fragen 53 bis 56:

Entscheidungshilfen bei Motorversagen		
Störung	**Ursache**	**Abhilfe**
Temperatur des Motors überschreitet den zulässigen Grenzwert Sofortmaßnahme: Motor stoppen	Thermostat defekt	nach Fahrtende austauschen
	Seeventil geschlossen	Seeventil öffnen und Fahrt fortsetzen
	Seewasserfilter verstopft	Seewasserfilter reinigen und Fahrt fortsetzen
	Impellerpumpe defekt	Impellerpumpe auswechseln
	Stand des Kühlwasser zu niedrig oder durch Undichtigkeit kein Kühlwasser vorhanden	Kühlwasser nachfüllen und bei Fahrtfortsetzung sorgfältig die Kühlwasseranzeige beobachten, notfalls die Fahrt abbrechen
	Keilriemen der Wasserpumpe zu lose oder gerissen	neuen Keilriemen einsetzen und die Fahrt fortsetzen
Kontrolllampe der Stromversorgung der Antriebsmaschine erlischt nach dem Starten nicht Sofortmaßnahme: Motor stoppen	Lichtmaschine defekt	Lichtmaschine ersetzen
	Regler der Lichtmaschine defekt	Regler ersetzen
	Keilriemen der Lichtmaschine zu lose oder gerissen	neuen Keilriemen einsetzen und die Fahrt fortsetzen
	Erregerkabel gebrochen	Erregerkabel reparieren
Ölkontrollleuchte der Antriebsmaschine leuchtet nach dem Start weiter Sofortmaßnahme: Motor stoppen	zu wenig Motoröl	Motoröl nachgießen und bei Fahrtfortsetzung auf das Erlöschen der Kontrollleuchte achten
	Druckschalter defekt	Druckschalter ersetzen
	Öldruckpumpe defekt	Öldruckpumpe ersetzen
Beim Einkuppeln der Antriebswelle wird der Motor abgewürgt	Propeller blockiert	unter das Boot tauchen und den Tampen bzw. Plastik oder Netze vom Propeller entfernen und Fahrt fortsetzen

Merke als Fehlerursachen:

- Bei Überschreiten der zulässigen Temperatur-Grenzwerte: DefektesThermostat. defekte Impellerpumpe, geschlossenes Seeventil, zu niedriger Kühlwasserstand.
- Bei Nicht-Erlöschen der Ladekontrollampe: Lichtmaschine bzw. der Regler der Lichtmaschine defekt.
- Bei Weiterleuchten der Ölkontrollleuchte nach dem Starten: Druckschalter bzw. Öldruckpumpe defekt.
- Nach dem Starten des Motors bleibt er nach dem Einkuppeln der Antriebswelle stehen: Blockierter Propeller.

18. Betrieb von Außenbordmotoren

57

Ein Außenborder mit gefülltem Tank bleibt während der Fahrt stehen. Was könnten die Ursachen sein?

Antwort:

a. Belüftungsschraube geschlossen; verstopfte Kraftstoffleitung.
b. Ansaugdüsen zu groß bzw. zu klein.
c. Tankdeckel ist offen.
d. Schraube an der Welle lose.

Zu Frage 57:
Zu den wichtigsten Maßnahmen vor dem Starten eines Motors gehört beim Außenbordmotor das **Öffnen der Belüftungsschraube** im Tankdeckel.
Bei geschlossener Belüftungsschraube und laufendem Motor entsteht durch das Ansaugen von Treibstoff ein Vakuum im Tank, wodurch die ausreichende Treibstoffversorgung des Motors nicht mehr gewährleistet ist.
Bei Tankstellen ist allgemein von sauberem Kraftstoff auszugehen. Beim Umfüllen vom Kanister in den Tank und wenn Öl beigemischt wird, können aber bei Unachtsamkeit Schmutzpartikel und unter Umständen Wasser in den Kraftstoff oder in die Kraftstoffmischung gelangen. Das beeinträchtigt unter Umständen den Durchlauf des Treibstoffes vom Tank zum Motor und damit die ausreichende Treibstoffversorgung. Deshalb ist bei Unfällen äußerste Sorgfalt geboten.
Das Starten eines Motors mit eingekuppelter Schraube ist bei allen Booten mit Gefahren verbunden, insbesondere beim Außenbordmotor: Beim Handstart freistehend kann die Person über Bord fallen.
Abfälle, Treibstoff, Öl oder Ölwassergemisch in das Wasser zu geben bzw. einzuleiten, ist generell verboten. Verstöße werden geahndet. Die Einbringungsart, ob durch menschliches Fehlverhalten oder durch technische Einrichtungen, ist dabei unerheblich. Da sich nach jedem Betrieb eine Resttreibstoffmenge auch in den Leitungen des Außenbordmotors befindet, muss die Treibstoffzufuhr unterbunden und die Leitungen müssen bis zum Stillstand des Motors leer gefahren werden, damit beim Hochklappen kein Treibstoff in das Wasser gelangen kann.

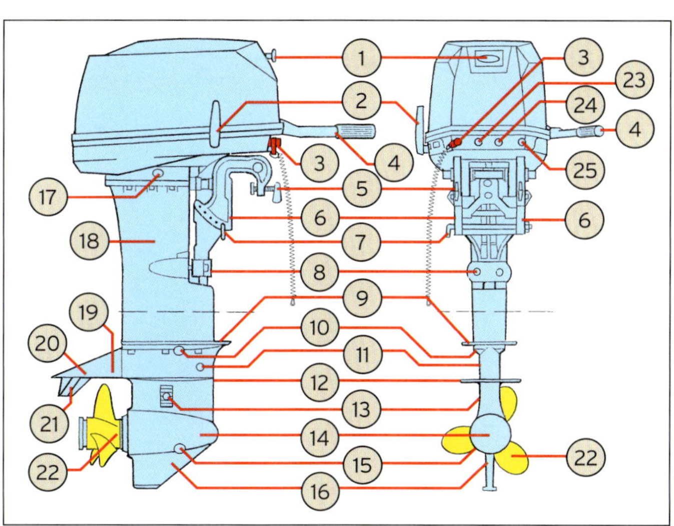

Außenbordmotor

- **1** *Handstarter-Zuggriff*
- **2** *Schalthebel vorwärts/ Leerlauf/rückwärts*
- **3** *Quickstopp mit Sicherheitsleine*
- **4** *Pinne mit Gasgriff*
- **5** *Klemmschrauben für Heckspiegel-Befestigung*
- **6** *Kippbügel mit Kippsperre*
- **7** *Trimmbolzen*
- **8** *Ruderschaft*
- **9** *Kavitationsplatte*
- **10** *oberer Ölstopfen*
- **11** *Ölkontrollschraube*
- **12** *Antikavitationsplatte*
- **13** *Wassereinlass mit Sieb*
- **14** *Propellergetriebe*
- **15** *Ölablassschraube*
- **16** *Sporn*
- **17** *Kühlwasser-Kontrollöffnung*
- **18** *Antriebswellengehäuse*
- **19** *Kühlwasseraustritt*
- **20** *Auspuff*
- **21** *Trimmflosse*
- **22** *Propeller*
- **23** *Choke*
- **24** *Hauptschalter*
- **25** *Kraftstoff-Schlauchanschluss*

Quelle: Betriebsanleitung Tohatsu Außenbordmotor M 40

Hinweise:
Nachfüllen des Tanks siehe Frage 49.

Vorschriften See:
Art. 1 b MARPOL-Gesetz

Vorschriften Binnen:
§ 1.15 BinSchStrO

Merke:
Bleibt ein Außenbordmotor mit gefülltem Tank während der Fahrt stehen, ist die Belüftungsschraube geschlossen bzw. die Kraftstoffleitung verstopft.

19. Sicheres und umweltgerechtes Verhalten auf dem Wasser

58

Welche Veröffentlichungen enthalten wichtige Regeln und Tipps für Wassersportler, Empfehlungen zur Ausrüstung von Sportbooten sowie Hinweise zu umweltgerechtem Verhalten auf dem Wasser?

Antwort:

a. **Nautische Publikationen wie „Sicherheit auf dem Wasser" und „Sicher auf See".**
b. **Verordnung über die Sicherung der Seefahrt und nautische Publikationen wie „Sicher auf See".**
c. **Nautische Publikation wie „Sicherheit auf dem Wasser" und Internationales Signalbuch.**
d. **Internationales Signalbuch und Verordnung über die Sicherung der Seefahrt.**

Zu Frage 58:

* 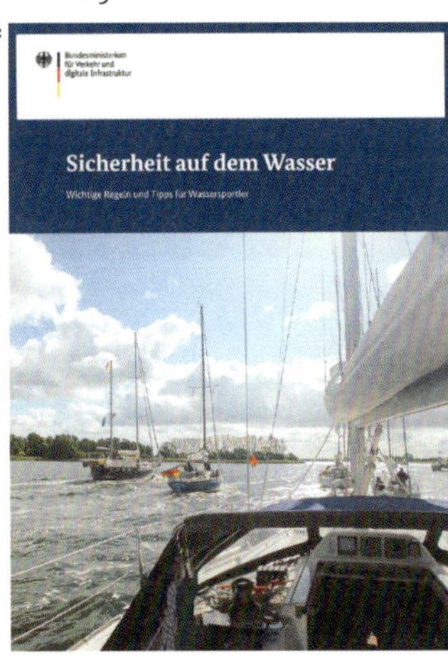

Broschüre „Sicher auf See" nicht erhältlich.

Merke:
Die beiden nautischen Publikationen „Sicherheit auf dem Wasser" und „Sicher auf See" enthalten wichtige Regeln, Tipps und Empfehlungen für Wassersportler für sicheres und umweltgerechtes Verhalten auf dem Wasser.

* herausgegeben vom Bundesministerium für Verkehr und digitale Infrastruktur

20. Voraussetzungen für fahrerlaubnisfreie Sportboote mit Elektromotor

59

Unter welchen Voraussetzungen darf ein Sportboot mit Elektromotor ohne Fahrerlaubnis geführt werden?

Antwort:

a. **Die Antriebsleistung beträgt höchstens 7,5 Kilowatt Betriebsart S1 (Dauerbetrieb).**
b. **Es darf immer ohne Fahrerlaubnis geführt werden, unabhängig von der Antriebsleistung.**
c. **Bis zu einer Antriebsleistung von 11,03 Kilowatt Betriebsart S1 (Dauerbetrieb).**
d. **Es darf nie ohne Fahrerlaubnis geführt werden, unabhängig von der Antriebsleistung.**

Zu Frage 59:
Hinweis:
Siehe Abschnitt 12.2 Antriebsmotoren S. 82.

Merke:
Fahrerlaubnisfreie Sportboote mit Elektromotor dürfen 7,5 Kilowatt Betriebsart S1 (Dauerbetrieb) nicht überschreiten.

III. Sicherheit

21. Vorkehrungen beim längeren Verlassen des Fahrzeugs

60

Welche Vorkehrungen sind für das längere Verlassen des Fahrzeugs zu treffen?

Antwort:

a. **Alle Seeventile schließen und den Hauptschalter des Bordnetzes ausschalten.**
b. **Kraftstoff- und Wassertank auffüllen und das Bordnetz aufladen.**
c. **Tagestank schließen und Kraftstofffilter entwässern.**
d. **Fahrzeug seefest hinterlassen und den Hafenmeister verständigen.**

Zu Frage 60:
Beim längeren Verlassen eines festgemachten Fahrzeugs müssen unbedingt alle Seeventile vollständig geschlossen werden, damit ein Sinken des Schiffes aufgrund einer Leckage der durch die Bordwand ins Wasser führenden Systeme während der Abwesenheit der Schiffsbesatzung ausgeschlossen wird. Zu diesem Zweck sollte eine Bootsskizze die Lage aller Seeventile enthalten, die allen Besatzungsmitgliedern bekannt sein sollte.

Unter Seeventilen sind alle Öffnungen in der Außenhaut des Fahrzeugs unter Wasser zu verstehen, wie der Zu- und Ablauf der Toilette, der Abfluss vom Spülbecken der Pantry sowie der Kühlwassereinlass für den Motor usw.

Darüber hinaus sollten auch die Austrittsöffnungen der Lenzpumpen geschlossen werden, da nicht auszuschließen ist, dass durch Schwell oder Seegang Wasser in den Bootskörper eindringt. Außerdem sollte nicht nur der Hauptschalter des Bordnetzes ausgeschaltet werden, um eine Entladung der Batterien zu vermeiden, sondern auch das Absperrventil der Flüssiggasanlage geschlossen werden, um den Austritt von Gas und dessen mögliche Entzündung zu vermeiden. Die Lage der Seeventile und die Zugangsmöglichkeiten zu ihnen sollten allen Mitseglern bekannt sein; die Anfertigung einer Skizze nach dem Muster auf dieser Seite ist angebracht.

Frage 61 siehe vor Frage 37
(Frage 61 ist wegen des Sachzusammenhangs nach Frage 36 eingefügt worden.)

Lage der Seeventile

1 *Bilgenentwässerungsverschraubung, von außen zugänglich, soll bei Winterlagerung an Land geöffnet werden.*

2 Kühlwassereintritt, zugänglich durch den Motorraum.

3 Kühlwassereintritt, zugänglich durch den Motorraum.

4 Auslauf für Toilette, zugänglich im Batterieraum.

5 Spülwassereintritt für Toilette, zugänglich durch den Batterieraum.

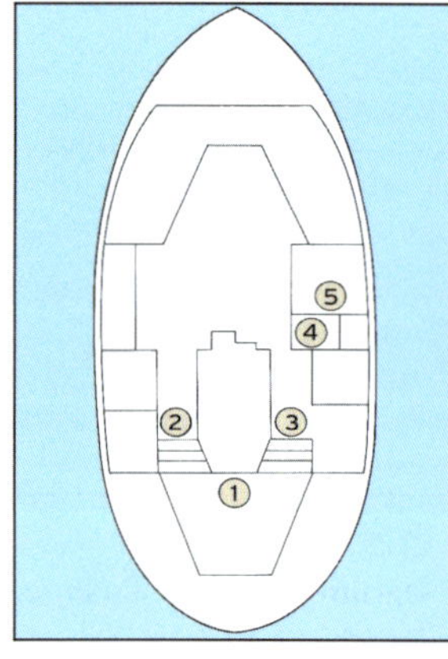

Merke:
Bei längerem Verlassen des Fahrzeugs alle Seeventile schließen und den Hauptschalter des Bordnetzes ausschalten.

22. Flüssiggasanlagen

62

Wo sollen die Gasbehälter einer Flüssiggasanlage gelagert werden?

Antwort:

a. Möglichst an Deck, geschützt vor Sonneneinstrahlung, sonst in einem besonders abgeschlossenen Raum für Gasbehälter, der in Bodenhöhe eine Öffnung nach außenbords hat.

b. Möglichst unten im Schiff, geschützt vor Sonneneinstrahlung, sonst in einem besonders abgeschlossenen Raum für Gasbehälter, der in Bodenhöhe eine Öffnung nach außenbords hat.

c. Möglichst auf dem Vorschiff, geschützt vor Sonneneinstrahlung, sonst in einem besonders abgeschlossenen Raum für Gasbehälter, der in Bodenhöhe eine Öffnung nach außenbords hat.

d. Möglichst an Deck, geschützt vor Sonneneinstrahlung, sonst in einem besonders abgeschlossenen Raum für Gasbehälter, der oben belüftet ist.

Zu Frage 62:

Merke:
Gasbehälter von Flüssiggasanlagen sollen möglichst an Deck, sonst in einem besonders abgeschlossenen Raum für Gasbehälter gelagert werden, der in Bodennähe eine Öffnung nach außenbords hat.

63

Warum sind die Flüssiggase Propan und Butan an Bord besonders gefährlich?

Antwort:

a. Beide Gase sind schwerer als Luft und bilden mit Luft ein explosives Gemisch.

b. Beide Gase sind leichter als Luft und bilden mit Luft ein explosives Gemisch.

c. Beide Gase sind schwerer als Wasser und bilden mit Wasser ein explosives Gemisch.

d. Beide Gase sind schwerer als Luft und bilden mit Wasser ein explosives Gemisch.

Zu Frage 63:

Merke:
Propan und Butan sind an Bord besonders gefährlich, weil sie mit Luft ein explosives Gemisch bilden.

64

Was ist zu tun, wenn Flüssiggas in das Innere des Bootes gelangt?

Antwort:

a. **Gaszuführung absperren und für Lüftung sorgen. Außerdem keine elektrischen Schalter betätigen und keinen Funk und keine Mobiltelefone benutzen.**
b. **Gasleitung entleeren und für Lüftung sorgen. Außerdem keine elektrischen Schalter betätigen und keine Telefone benutzen.**
c. **Gaszuführung absperren und für Lüftung sorgen. Außerdem keine elektrischen Schalter betätigen und per Telefon Hilfe holen.**
d. **Gasleitung entleeren und die Gasfreiheit mit dem Feuerzeug prüfen sowie über Funk oder Mobiltelefon Hilfe anfordern.**

Zu Frage 64:

Merke:
Wenn Flüssiggas in das Innere des Bootes gelangt:
- Gaszuführung absperren und für Lüftung sorgen,
- keine elektrischen Schalter betätigen,
- kein Funk und keine Mobiltelefone benutzen.

65

Was ist vor Inbetriebnahme einer Flüssiggasanlage zu prüfen?

Antwort:

a. **Die Anlage muss abgenommen sein, Leitungen und Anschlüsse müssen dicht sein. Haupthahn und andere Absperrventile sind zu öffnen.**
b. **Die Anlage muss abgenommen sein, die Inbetriebnahme darf nur durch eine besonders geprüfte Person erfolgen.**
c. **Die Anlage muss abgenommen sein und jährlich überprüft werden. Die Inbetriebnahme darf nur durch eine besonders geprüfte Person erfolgen.**
d. **Die Abnahme der Anlage darf nicht länger als drei Jahre zurückliegen. Haupthahn und andere Absperrventile sind zu öffnen.**

Zu Frage 65:

Merke:
Vor Inbetriebnahme einer Flüssiggasanlage müssen:
- die Anlage abgenommen sein,
- Leitungen und Anschlüsse dicht sein,
- Haupthahn und andere Absperrventile geöffnet sein.

66

Was ist zu beachten, wenn eine Flüssiggasanlage außer Betrieb gesetzt wird?

Antwort:

a. **Haupthahn und Absperrventile sind zu schließen.**
b. **Die Anlage ist gasfrei zu machen.**
c. **Gasflasche fachgerecht entsorgen.**
d. **Der Flüssiggasbehälter ist vollständig zu entleeren.**

Zu Frage 62 – 66:
Frei gewordene Gase sinken im Boot unter Umständen bis zur tiefsten Stelle ab. Ein Funke, verursacht durch das Starten des Motors oder Betätigung eines elektrischen Schalters, kann eine Explosion mit nicht absehbaren Folgen auslösen. **Aufgrund dieser Gefährlichkeit müssen die Normen für Flüssiggasanlagen zwingend eingehalten werden (Kasten).**

Empfehlungen für Flüssiggasanlagen

- Flüssiggasanlagen müssen von einem ermächtigten Sachkundigen nach den Vorschriften der DVFG (Deutscher Verband Flüssiggas e.V.) gewartet und bedient werden.
- Bei Störungen die Überprüfung durch einen Sachkundigen veranlassen.
- Mindestens alle zwei Jahre die Gesamtanlage durch einen Sachkundigen prüfen und Verschleißteile ersetzen lassen.
- Bei vermeintlichen Störungen und Undichtigkeiten sofort sämtliche Absperrventile schließen und Anlage außer Betrieb setzen.
- Selbst keine Reparaturen durchführen.
- Undichte Stellen niemals mit offener Flamme suchen, sondern schaumbildende Mittel verwenden.
- Bei Bränden sofort sämtliche Ventile schließen. Löschstrahl auf Austrittsstelle der Flamme richten, sodass diese abreißt.
- Beim Behälter-(Flaschen-)Wechsel im Umkreis von den Behältern nicht rauchen und nicht mit Feuer oder offenem Licht hantieren.
- Vor Inbetriebnahme der Kocheinrichtungen gut durchlüften.
- Während der Benutzung des Kochers Lüfter offen halten.
- Empfehlenswert ist eine elektrische Absperrung, die in Verbindung mit einer Gaswarnanlage installiert wird und die bei Undichtigkeiten die Gaszufuhr sofort unterbindet.
- Für neu in den Verkehr kommende Boote, die mit einer Flüssiggasanlage ausgerüstet sind, muss ein Prüfungszeugnis für die Anlage übergeben werden.

Die Verwendung von Flüssiggasanlagen auf Sportbooten ist nur dann gefährlich, wenn die Anlage schlecht installiert ist, mangelhaft gewartet wird und beim Umgang gewisse Regeln missachtet werden. Die Kreuzer-Abteilung des Deutschen Segler-Verbandes hat unter Mitwirkung des Germanischen Lloyd das Merkblatt „Flüssiggasanlagen auf Sportbooten" erstellt, das auf allen Sportbooten mit einer Flüssiggasanlage vorhanden sein und beachtet werden sollte.

Regeln für den sicheren Umgang mit Gas

- Die Gasflasche soll außerhalb der Kajüte, vorzugsweise im Heckbereich, in einem dichten Kasten untergebracht werden, der an der tiefsten Stelle einen Abfluss nach außenbords haben muss, der oberhalb der Wasserfläche mündet. Beim Flaschenwechsel darf in der Nähe kein offenes Feuer vorhanden sein und auch nicht geraucht werden.
- Kocheinrichtungen dürfen nur bei geöffneten Lüftern betrieben werden. Die Benutzung von Kocheinrichtungen zum Heizen eines Raumes ist nicht zulässig.
- Grundsätzlich sind nach jedem Betrieb die Absperrventile zu schließen, bei Anlagen mit nur einem Verbraucher auch das Flaschenventil.
- Regelmäßig Leitungen auf Leckagen überprüfen. Verdächtige Stellen sind mit schaumbildenden Mitteln zu prüfen. Riecht es nach Gas, ist das Flaschenventil zu schließen und eine Prüfung zu veranlassen.
- Beim Einwintern und der Außerdienststellung des Fahrzeugs sind die Gasbehälter von Bord zu nehmen.

- Schläuche, Druckregelgeräte, Absperreinrichtungen und andere Verschleißteile sollte man alle vier Jahre auf ihre Funktion prüfen und gegebenenfalls auswechseln.
- Bei Bränden an der Anlage sofort sämtliche Ventile schließen, Löschstrahl auf Austrittsstelle der Flammen richten, bis diese erlöschen.
- Nach Ablauf von jeweils zwei Jahren sollte man die Gesamtanlage von einem Fachmann prüfen lassen. Anlageteile, die Verschleiß oder Alterung unterliegen, z. B. Schläuche, Druckregelgeräte und Absperreinrichtungen usw., sollte man alle vier Jahre auf Funktion prüfen und gegebenenfalls auswechseln.

Beachte:
Reparaturen an der Gasanlage dürfen nur von Sachkundigen ausgeführt werden.
Vor Inbetriebnahme des Propankochers gut durchlüften! Bei Vorhandensein eines Gasdetektors diesen auf seine Funktionsfähigkeit prüfen.

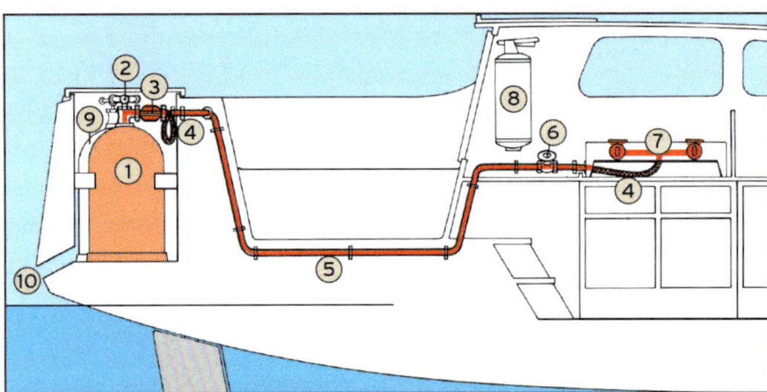

Beispiel einer zweckmäßig installierten Flüssiggasanlage

1 *Gasflasche*
2 *Umschaltventil*
3 *Sicherheitsdruckregler*
4 *gasfester Schlauch*
5 *fest installierte Leitung zum Verbraucher*
6 *Absperrventil am Verbraucher*
7 *Verbraucher*
8 *Feuerlöscher*
9 *Ersatzgasflasche*
10 *Gasablauf nach außenbords*

Merke:
Wenn eine Flüssiggasanlage außer Betrieb gesetzt wird, sind Haupthahn und Absperrventile zu schließen.

Hinweis:
Brandbekämpfung siehe Fragen 68 und 69.

Vorschrift Binnen:
§ 1.08 BinSchStrO

Vorschriften See:
Art. 3 Schiffssicherheitsgesetz

23. Wartung aufblasbarer Rettungsmittel

67

Wie oft muss man aufblasbare Rettungsmittel warten lassen?

Antwort:

a. **Entsprechend der Herstellerangabe, mindestens alle 2 Jahre.**
b. **Jährlich und nach jedem Einsatz oder Übungsgebrauch.**
c. **Entsprechend der Herstellerangabe, mindestens alle 3 Jahre.**
d. **Jährlich, jeweils vor Beginn der Wassersportsaison.**

Zu Frage 67:

Beachte:

Aufblasbare Rettungsflöße – vielfach auch Rettungsinsel genannt – dürfen nach jedem Aufblasen nur von Wartungsstationen wieder zusammengelegt werden. Wird dies durch ungeschulte Personen gemacht, wird sich das Floß mit großer Wahrscheinlichkeit nicht aufblasen lassen. Durch das unvermeidlich lange Knicken des Floßkörpers an gleichen Stellen werden die Klebeverbindungen stark beansprucht. Das Lösen der Klebenähte nach einiger Zeit kann die Folge sein. Bei der Wartung des Floßes kann dies festgestellt und die schadhafte Naht neu verklebt werden. Aber auch andere wichtige Bestandteile und Ausrüstungsgegenstände des Floßes bedürfen der regelmäßigen Kontrolle und ggf. der Auswechselung, so z. B. die CO_2-Flasche, die pyrotechnischen Notsignalmittel, der Notproviant und das Trinkwasser. Zu beachten ist auch, dass das Material des Floßkörpers durch Alterung an Festigkeit verliert. Es wird vielfach – auch international – die Ansicht vertreten, dass ein aufblasbares Rettungsfloß nach zwölf Jahren ausgemustert und durch ein neues Floß ersetzt werden sollte.

Kann sich ein Yachteigner dazu nicht entschließen, sollte er wenigstens dafür sorgen, dass ein altes Floß regelmäßig alle zwölf Monate gewartet wird. In der Berufsschifffahrt ist das schon lange Vorschrift.

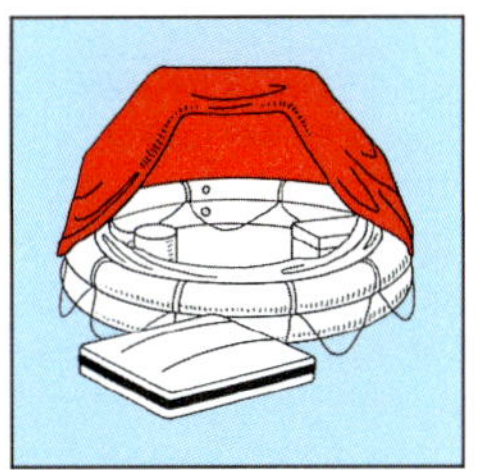

Rettungsinsel (Rettungsfloß)

Merke:
Aufblasbare Rettungsmittel sind mindestens alle 2 Jahre zu warten.

Wichtige Hinweise für die Inbetriebnahme von Rettungsflößen:
Die Rettungsflöße sollten mindestens zwei getrennte Luftkammern haben und so an Deck gefahren werden, dass sie notfalls sofort über Bord geworfen werden können. Erst im Wasser durch Zug an der Reißfangleine den Aufblasmechanismus betätigen, denn beim Aufblasen an Deck könnte das Floß beschädigt werden. **Das Ende der Reißfangleine muss stets fest mit dem Boot verbunden sein.** Sollte bei einem raschen Bootsuntergang der Aufblasmechanismus nicht mehr von Hand aktiviert worden sein, bläst sich das Floß im Wasser – aber auch nur, wenn die Reißfangleine mit dem untergegangenen Boot verbunden ist – selbsttätig auf. An einer Sollbruchstelle bricht dann die Reißfangleine und verhindert, dass das Floß vom sinkenden Boot mit in die Tiefe gezogen wird. Überprüfungstermin beachten!

24. Feuerlöscher

68

Welcher Feuerlöscher ist für Sportboote zweckmäßig und wie oft muss man einen Feuerlöscher überprüfen lassen?

Antwort:

a. ABC-Pulver- und Schaumlöscher, mindestens alle 2 Jahre.
b. Feuerlöscher mit Löschschaum, mindestens einmal pro Jahr.
c. CO 2-Feuerlöscher, mindestens alle zwei Jahre.
d. ABC-Pulverlöscher, mindestens einmal pro Jahr.

Zu Frage 68:
Jeder Brand an Bord bringt die Bootsbesatzung in akute Gefahr. Wenn es nicht gelingt, einen Brand schon bei der Entstehung zu löschen, ist das Fahrzeug ohne fremde Hilfe meistens nicht mehr zu retten. Deshalb sollte der Bootsbesitzer anstreben, das Brandrisiko durch richtiges Verhalten und durch die Ausrüstung mit Brandbekämpfungseinrichtungen zu verringern.
Zur Mindestausrüstung von Sportbooten, die mit Motoren, Koch- und/oder Heizeinrichtungen ausgerüstet sind, gehören ein oder mehrere tragbare Feuerlöscher (Handfeuerlöscher).
Die Größe und Anzahl der Feuerlöscher und damit die Löschmenge müssen nach Bootsgröße, nach Bootsmotor (Außen- oder Inbordmotor) und seiner Leistung (kW/PS) sowie der Ausrüstung mit Koch- und Heizeinrichtungen bemessen sein. Der **mit ABC-Pulver gefüllte Feuerlöscher** ist für das Löschen brennender fester, flüssiger und unter Druck austretender gasförmiger Stoffe sowie unter elektrischer Spannung stehender Teile (bis 1000 V) geeignet, sodass er als **Standardfeuerlöscher** anzusehen ist.
Neben Handfeuerlöschern und eventuell fest eingebauten Feuerlöschanlagen sollten folgende Feuerlöscheinrichtungen vorhanden sein:

- eine Pütz, griffbereit aufbewahrt, zum Löschen von Bränden fester brennbarer Stoffe mit Wasser (nicht für Flüssigkeits- und Gasbrände),
- eine Decke aus Wolle, keinesfalls aus Kunstfasern, zum Ersticken von Bränden, insbesondere bei eventuell brennenden Personen,
- ein Feuerlöschdurchlass für Motorenräume; dieser Feuerlöschdurchlass besteht aus einer von einer Schutzkappe abgedeckten, nichtbrennbaren flexiblen Membrane, die bei einem Brand im Motorenraum mit dem Mündungsstück eines tragbaren Feuerlöschers durchstoßen wird und somit die Eingabe des Feuerlöschmittels in den Raum ohne Luft- bzw. Sauerstoffzutritt ermöglicht.

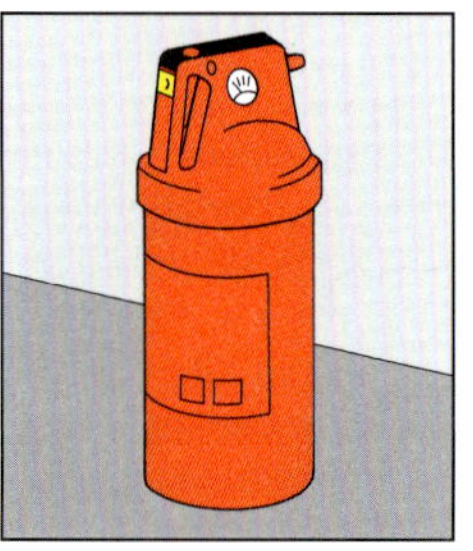
Feuerlöscher

Merke:
Für Sportboote sind ABC-Pulver- und Schaumlöscher zweckmäßig; sie müssen mindestens alle 2 Jahre überprüft werden.

Beachte:
Die dritthäufigste Unfallursache auf Sportbooten sind Brände. Daher sollten folgende wichtige Hinweise beachtet werden:

- Es ist zweckmäßig, sich anhand der Bedienungsanleitung des Feuerlöschers immer wieder mit seiner Handhabung vertraut zu machen, damit er im Notfall sofort eingesetzt werden kann.
- Der Feuerlöscher sollte möglichst in Reichweite der Kombüse oder Kochstelle angebracht werden. Die zweijährige Überprüfung ist auch notwendig, wenn er nicht eingesetzt wurde!
- Benutzte Feuerlöscher sollten unverzüglich nachgefüllt werden; das gilt auch für teilweise entleerte Feuerlöscher.
- Vergessen Sie nicht: Brandverhütung ist leichter als Brandbekämpfung!

25. Brandbekämpfung

69

Welche Maßnahmen muss man ergreifen, um einen Brand mit dem Feuerlöscher wirksam zu bekämpfen?

Antwort:

a. **Luftzufuhr verhindern, Feuerlöscher erst am Brandherd einsetzen und das Feuer möglichst von unten bekämpfen.**

b. **Rauchabzug sicherstellen und Feuerlöscher rechtzeitig einsetzen, dabei den Löschstrahl möglichst in die lodernden Flammen halten.**

c. **Luftzufuhr verhindern und den Feuerlöscher mit sparsamen Löschstrahlstößen einsetzen, dabei das Feuer möglichst von oben bekämpfen.**

d. **Handhabungshinweise durchlesen und den Feuerlöscher sofort einsetzen, dabei das Feuer möglichst von unten bekämpfen.**

Zu Frage 69:

Beachte:
Ein Brand an Bord bringt die Bootsbesatzung in akute Gefahr. Wenn es nicht gelingt, den Brand schon bei der Entstehung zu löschen, ist das Fahrzeug ohne fremde Hilfe meistens nicht mehr zu retten. Deshalb sollte der Bootsbesitzer anstreben, das Brandrisiko durch richtiges Verhalten und durch die Ausrüstung mit Brandbekämpfungseinrichtungen zu verringern. Dies ist eine Vorsichtsmaßnahme, die die allgemeine Sorgfaltspflicht erfordert (§ 3 Abs.1 SeeSchStrO). Je früher ein Brand entdeckt wird, um so größer sind die Chancen, des Feuers Herr zu werden. Ein Brand kann durch Geruch, außergewöhnlich hohe Temperaturen, Rauch und Verfärbung von Farbe festgestellt werden. Kajüten- und Motorenbrände sind besonders gefährlich, weil sich das Feuer dort leicht ausbreiten kann und an den Brandherd zum Teil schwer heranzukommen ist.

Wichtige zusätzliche Hinweise zur Brandbekämpfung:
Im Brandfall
- Ruhe bewahren,
- Fahrzeug stoppen oder vor den Wind legen, um den Fahrtwind oder den natürlichen Wind nach Möglichkeit auszuschalten. Gegen starken Rauch notfalls durch ein feuchtes Tuch vor Mund und Nase schützen.
- bei laufendem Vergasermotor Brennstoffzufuhr absperren und durch Vollgasgeben, soweit möglich, Vergaser entleeren; soweit vorhanden und zugänglich Vergaser abdecken, um Luft- bzw. Sauerstoffzutritt einzuschränken,
- bei geschlossenem Motorenraum alle Lüftungsöffnungen und sonstigen Öffnungen schließen und dann
- Löschmittel aus tragbarem Feuerlöscher, soweit vorhanden, durch Feuerlöschdurchlass eingeben oder
- eine Verschlusseinrichtung des Raumes wegen Luft- bzw. Sauerstoffzufuhr und möglicher Stichflamme langsam und vorsichtig öffnen, dabei seitlich stellen und dann Löschmittel eingeben oder
- ggf. fest eingebaute Feuerlöschanlage auslösen,
- bei Koch- und Heizeinrichtungen Brennstoffzufuhr unterbrechen, Lüftungsöffnungen verschließen,
- bei Einsatz eines tragbaren Feuerlöschers diesen erst am Brandherd betätigen und Brand von vorn und/oder unten bekämpfen; bei gelöschtem Brand eventuell noch vorhandenes Löschmittel für eventuelle Rückzündung aufbewahren (die ununterbrochene Funktionsdauer – Spritzzeit – eines tragbaren Feuerlöschers liegt je nach Löschergröße bei 6 bis 15 Sekunden!).

- Sollten die Löschmittel verbraucht und der Brand im Bootsinneren noch nicht gelöscht sein, im Rahmen des Möglichen alle Öffnungen verschließen, um den Brand zu ersticken, und Decks einschließlich Aufbauten mit Wasser kühlen.

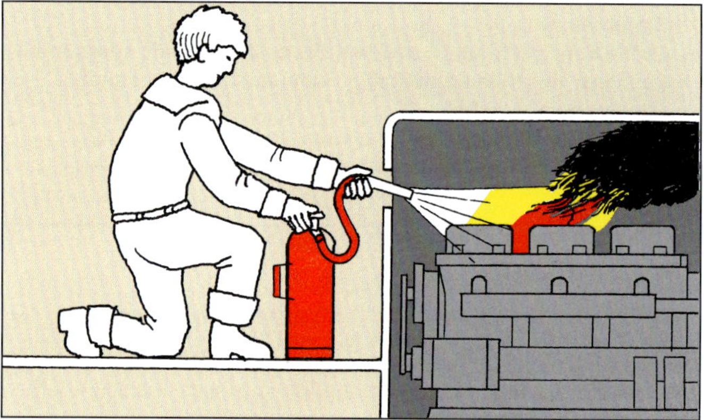

Wie man den Löschstrahl bei Brand im abgeschlossenen Motorraum ansetzt, wenn ein Durchlass vorhanden ist.

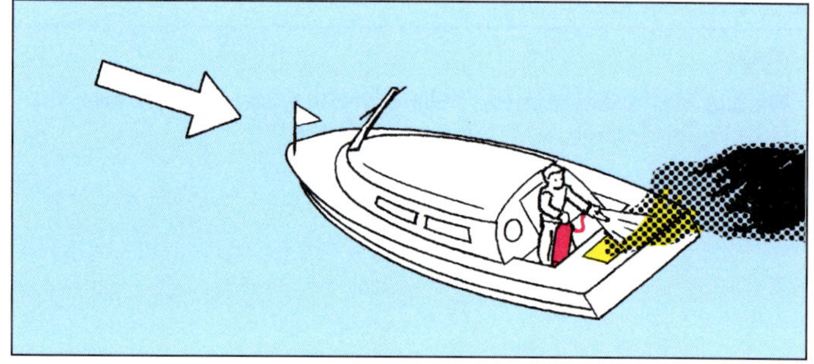

Bei Brandbekämpfung am Achterschiff das Boot unbedingt in den Wind legen.

Merke:
Zur wirksamen Brandbekämpfung
- Luftzufuhr verhindern.
- Feuerlöscher erst am Brandherd einsetzen,
- Feuer möglichst von unten bekämpfen.

26. Verhalten nach einem Zusammenstoß

70

Wie hat man sich nach einem Zusammenstoß zu verhalten?

Antwort:

a. **Hilfe leisten und so lange am Unfallort bleiben, bis ein weiterer Beistand nicht mehr erforderlich ist; alle erforderlichen Daten austauschen.**
b. **Hilfe leisten und so lange am Unfallort bleiben, bis ein weiterer Beistand nicht mehr erforderlich ist; die Wasserschutzpolizei benachrichtigen.**
c. **Hilfe leisten und so lange am Unfallort bleiben, bis ein weiterer Beistand nicht mehr erforderlich ist; Notsignal geben.**
d. **Hilfe leisten und so lange am Unfallort bleiben, bis ein weiterer Beistand nicht mehr erforderlich ist; Verschlusszustand herstellen.**

Zu Frage 70:

Hilfeleistung in Seenotfällen
Im Seebereich:

Gemäß § 2 der Verordnung über die Sicherung der Seefahrt obliegt dem Skipper die Verpflichtung zur Hilfeleistung in Seenotfällen wie dem Kapitän eines Handelsschiffes:

Abs. 1

Der Schiffsführer oder sonst für die Sicherheit Verantwortliche eines auf See befindlichen und zur Hilfeleistung fähigen Schiffes, dem gemeldet wird, dass sich Menschen in Seenot befinden, hat ihnen mit größter Geschwindigkeit zu Hilfe zu eilen und ihnen oder dem betreffenden Such- und Rettungsdienst nach Möglichkeit hiervon Kenntnis zu geben.

Den Anordnungen der Stellen, die sich gegenüber dem Schiffsführer oder sonst für die Sicherheit Verantwortlichen als die mit der Koordinierung der Suche und Rettung in Seenotfällen nach Kapitel II der Anlage zum Internationalen übereinkommen über den Such- und Rettungsdienst auf See vom 6. November 1979 (BGBl. 1982 II S. 485) beauftragten Organisationen zu erkennen geben, ist Folge zu leisten.

Abs. 2

Ist das Schiff, das die Seenotalarmierung erhält, zur Hilfeleistung außer Stande oder hält sein Schiffsführer oder sonst für die Sicherheit Verantwortliche diese auf Grund besonderer Umstände für unzumutbar oder unnötig, so muss er unverzüglich den Grund für die Unterlassung der Hilfeleistung in das Schiffstagebuch eintragen und den betreffenden Such- und Rettungsdienst unterrichten.

Abs. 3

Der Schiffsführer oder sonst für die Sicherheit Verantwortliche eines in Seenot befindlichen Schiffes oder der zuständige Rettungsdienst ist, nachdem er sich möglichst mit den Schiffsführern oder sonst für die Sicherheit Verantwortlichen der Schiffe beraten hat, die auf die Seenotalarmierung geantwortet haben, berechtigt, eines oder mehrere Schiffe anzufordern, die der Schiffsführer oder sonst für die Sicherheit Verantwortliche des in Seenot befindlichen Schiffes oder der Such- und Rettungsdienste für eine Hilfeleistung am geeignetsten hält. Der Schiffsführer oder sonst für die Sicherheit Verantwortliche des angeforderten Schiffes ist oder die Schiffsführer oder die sonst für die Sicherheit Verantwortlichen sind verpflichtet, der Anforderung nachzukommen, indem sie weiterhin mit größter Geschwindigkeit den in Seenot befindlichen Personen zu Hilfe eilen.

Abs. 4
Schiffsführer oder sonst für die Sicherheit Verantwortliche sind vorbehaltlich des Absatzes 5 von der Verpflichtung des Absatzes 1 entbunden, sobald sie erfahren, dass ihre Schiffe nicht angefordert worden sind oder dass ein oder mehrere andere Schiffe angefordert worden sind und dieser Anforderung nachkommen. Die Nichtanforderung eines Schiffes muss nach Möglichkeit den anderen angeforderten Schiffen sowie dem Such- und Rettungsdienst mitgeteilt werden.

Abs. 5
Der Schiffsführer oder sonst für die Sicherheit Verantwortliche eines Schiffes ist erst von der Verpflichtung nach Absatz 1 sowie, wenn sein Schiff angefordert worden ist, von der Verpflichtung nach Absatz 3 entbunden, wenn ihm von den in Seenot befindlichen Personen, vom Such- und Rettungsdienst oder vom Schiffsführer eines anderen Schiffes, das diese Personen erreicht hat, mitgeteilt wird, dass eine Hilfeleistung nicht mehr erforderlich ist.

Wichtige Angaben zur Klärung der Schuldfrage z. B. nach einem Zusammenstoß
Die folgenden Angaben über den genauen Verlauf z. B. einer Kollision und alle im Zusammenhang hiermit getroffenen Maßnahmen sollten nebst einer Unfallskizze im Logbuch eingetragen werden:

- Datum und Uhrzeit des Zusammenstoßes?
- Wetter- und Seegangsverhältnisse?
- Sichtweite (Angabe, ob die Sicht vermindert war)?
- Unfallort (möglichst genaue Position). In der Nähe eines Schifffahrtszeichens möglichst dieses nebst Entfernung und Peilung angeben. Auf Revieren oder engen Fahrwassern sollte festgehalten werden, an welcher Fahrwasserseite die Kollision erfolgt ist.
- Lag Ihr Fahrzeug oder der Kollisionsgegner vor Anker und hatte er bzw. hatten Sie einen Ankerball gesetzt?
- Wann haben Sie den Kollisionsgegner gesehen und welchen Kurs und welche Geschwindigkeit hat er Ihrer Meinung nach schätzungsweise gehabt?

Neben der

- **Hilfeleistungspflicht**
- **Wartepflicht**
- **Informationspflicht**

ist jeder Schiffsführer verpflichtet:

- das Fahrzeug, wenn die Gefahr des Sinkens besteht, so weit wie möglich aus dem Fahrwasser zu bringen,
- die Stelle eines evtl. gesunkenen Fahrzeugs behelfsmäßig zu bezeichnen und die Schifffahrtspolizeibehörde zu benachrichtigen (§ 37 Abs.1 und 3 SeeSchStrO).

Beachte:
Diese Verpflichtungen stehen teils unter Straf-, teils unter Bußgeldandrohung!

Im Binnenbereich:

Neben der moralischen Verpflichtung zur Hilfeleistung bei Unglücks- oder Notfällen besteht auch eine gesetzliche Verpflichtung, deren Missachtung strafrechtlich sanktioniert ist (§ 323c StGB). Daraus folgt, dass unterlassene Hilfeleistung keinesfalls ein Kavaliersdelikt ist. Diese Pflicht besteht bei Unglücksfällen, gemeiner Gefahr oder Notfällen, und zwar für alle Verkehrsteilnehmer, nicht nur für eventuelle Unfallbeteiligte, ohne Rücksicht darauf, ob auf dem eigenen oder einem fremden Fahrzeug oder aus anderen Gründen Hilfe notwendig ist.

Vor allem bei Kollisionen, gleichgültig ob als Beteiligter oder Unbeteiligter, ist die Hilfeleistung für verunglückte oder verletzte Personen oberstes Gebot. Die Sachbergung steht an zweiter Stelle. Es muss versucht werden, das Fahrzeug aus dem Fahrwasser zu bringen, um weitere Gefahrensituationen auszuschließen. Ob das Fahrzeug am Ufer gesichert oder außerhalb des Fahrwassers vor Anker gelegt wird, ist nach den örtlichen Umständen zu entscheiden. Wichtig ist, dass alle Tatumstände schriftlich festgehalten werden. Eine generelle Pflicht, die Wasserschutzpolizei zu informieren, besteht nicht; der unmittelbaren Einigung der Beteiligten wird auch auf dem Wasser Vorrang eingeräumt.

Eine **Unterrichtungspflicht** besteht jedoch dann, wenn
- Menschen ums Leben gekommen sind, vermisst werden oder verletzt wurden, Gegenstände ins Fahrwasser gelangt sind, die die Schifffahrt gefährden können,
- Schifffahrtszeichen losgerissen, zerstört, beschädigt oder versetzt wurden,
- ein Fahrzeug festgefahren oder gesunken ist, Ufer und Anlagen (Buhnen, Schleusen, Brücken) beschädigt wurden.

Soweit sich daraus Hindernisse für die übrige Schifffahrt ergeben, sind diese Stellen zu kennzeichnen, und/oder es ist sicherzustellen, dass die übrige Schifffahrt gewarnt wird.

Wie im Straßenverkehr ist ein **Schiffsführer als Unfallbeteiligter verpflichtet**, die Feststellung seiner Person, seines Fahrzeuges und die Art seiner Beteiligung zu ermöglichen.

Vorschriften See:
§ 2 VO über die Sicherung der Seefahrt;

Vorschriften Binnen:
§§ 1.16, 1.17 BinSchStO

See + Binnen: § 323 c StGB

Merke:
Ich muss
- Hilfe leisten und
- so lange am Unfallort bleiben, bis weiterer Beistand nicht mehr erforderlich ist,
- alle erforderlichen Daten austauschen.

27. Ausschlaggebende Faktoren für das Wettergeschehen

71

Welche Faktoren sind hauptsächlich für das Wettergeschehen, also für Wind und Niederschläge, ausschlaggebend?

Antwort:

a. Luftdruckänderung, Luftfeuchtigkeit und Temperatur.
b. Luftdruckänderung, Sonneneinstrahlung und Höhenlage.
c. Luftdruckänderung, Luftfeuchtigkeit und Jahreszeit.
d. Luftdruckänderung, Tageszeit und Temperatur.

Zu Frage 71:
Schnell und stetig fallender Luftdruck kündigt meist schlechtes Wetter an, verbunden mit Starkwind oder Sturm. Langsam und stetig steigender Luftdruck deutet auf eine Schönwetterperiode hin. Starker Druckanstieg ist nicht immer mit einer Windabnahme verbunden. Im Bereich eines umfangreichen Hochs werden, z. B. durch Druckanstieg, die Ausströmvorgänge und damit der Wind intensiviert.

Merke:
Für Wind und Niederschläge sind
- Luftdruckänderung,
- Luftfeuchtigkeit und
- Temperatur ausschlaggebend

28. Voraussetzungen für die Abgabe von Notsignalen

72

In welcher Situation dürfen Notsignale gegeben werden?

Antwort:

a. Wenn Gefahr für Leib oder Leben von Personen besteht und daher Hilfe benötigt wird.
b. Wenn Gefahr für Leib oder Leben von Personen besteht oder das Schiff nicht mehr sicher manövriert werden kann.
c. Wenn Gefahr für Leib oder Leben von Personen oder erhebliche Sachwerte besteht und daher Hilfe benötigt wird.
d. Wenn Gefahr für Leib oder Leben von Personen, erhebliche Sachwerte oder die maritime Umwelt besteht

Zu Frage 72:
Notsignale (vgl. Abb. zu Fragen 210 bis 212) dürfen nur in einer Notsituation, das heißt bei einem Notstand gegeben werden. Ein Notstand liegt vor, wenn eine gegenwärtige Gefahr für Leib und Leben von Personen besteht. In diesen Fällen ist entsprechend den gegebenen Möglichkeiten **jeder zur Hilfeleistung und zur Abwendung der Gefahr verpflichtet**, auch wenn dabei gegen andere Bestimmungen verstoßen wird („Not kennt kein Gebot"). Mit den Notsignalen soll auf den Notstand hingewiesen werden.

Notsituationen können sein:
- Wassereinbruch, Gefahr des Sinkens
- über Bord gefallene Person
- in Not geratener Schwimmer
- verletzter Wasserskiläufer in Verbindung mit manövrierunfähigem Zugfahrzeug
- Verletzte an Bord eines manövrierunfähigen Fahrzeugs
- erschöpfter und abtreibender Surfer

Vorschriften Binnen:	See + Binnen:	Vorschriften See:
§§ 1.05, 1.16	§§ 35, 323c StGB	Regel 37 und Anlage IV KVR

Merke:
Notsignale dürfen nur gegeben werden, wenn Gefahr für Leib und Leben von Personen besteht und daher Hilfe benötigt wird.

II.B Spezifische Fragen und Antworten zum Sportbootführerschein mit dem Geltungsbereich Binnenschifffahrtsstraßen

1. Geltungsbereich des Sportbootführerscheins Binnenschifffahrtsstraßen

73

Für welche Sportboote ist der Sportbootführerschein mit dem Geltungsbereich Binnenschifffahrtsstraßen vorgeschrieben?

Antwort:

a. Für Sportboote von mehr als 11,03 kW (15 PS) Nutzleistung bei Verwendung eines Verbrennungsmotors bzw. 7,5 kW bei Verwendung eines Elektromotors Betriebsart S1 (Dauerbetrieb) und weniger als 20 m Länge.

b. Für Sportboote von weniger als 11,03 kW (15 PS) Nutzleistung bei Verwendung eines Verbrennungsmotors bzw. 7,5 kW bei Verwendung eines Elektromotors Betriebsart S1 (Dauerbetrieb) und mehr als 20 m Länge.

c. Für Sportboote von mehr als 11,03 kW (15 PS) Nutzleistung bei Verwendung eines Verbrennungsmotors bzw. 7,5 kW bei Verwendung eines Elektromotors Betriebsart S1 (Dauerbetrieb) und mehr als 20 m Länge.

d. Für Sportboote von weniger als 11,03 kW (15 PS) Nutzleistung bei Verwendung eines Verbrennungsmotors bzw. 7,5 kW bei Verwendung eines Elektromotors Betriebsart S1 (Dauerbetrieb) und weniger als 20 m Länge.

Zu Frage 73:

Hinweise:

Der Sportbootführerschein mit dem Geltungsbereich Binnenschifffahrtsstraßen ist grundsätzlich als Nachweis von zwei verschiedenen Fahrerlaubnissen vorgeschrieben:

- für Sportboote mit Antriebsmaschine und
- für Sportboote unter Segel.

Die Fahrerlaubnis **für Sportboote unter Segel** ist jedoch **nur auf bestimmten Binnenschifffahrtsstraßen, und zwar im Großraum Berlin** für Fahrzeuge unter Segel **mit mehr als 6 m² Segelfläche**, erforderlich(§ 2 Nr. 3, Anlage 8 SpFV siehe Anhang 4.8).

Auf allen **sonstigen Binnenschifffahrtsstraßen** ist dagegen eine Fahrerlaubnis **nur für Sportboote von weniger als 20 m Länge** erforderlich, die mit einer Antriebsmaschine ausgerüstet sind

a) **bei einem Verbrennungsmotor**, dessen größte nicht überschreitbare Nutzleistung mehr als 11,03 kW (15 PS) Nutzleistung beträgt bzw.

b) **bei einem Elektromotor** von mehr als 7,5 kW Betriebsart S1 (Dauerbetrieb)

Sonstige Hinweise: Geltung im Land Berlin siehe Teil I S. 23.

Vorschriften: §§ 1 Nr. 1, 2, 3 Abs. 1, 5 Abs. 1 SpFV
Artikel 12.01, 12.02, 12.09 BodenseeSchO

Merke:
Der Sportbootführerschein mit dem Geltungsbereich Binnenschifffahrtsstraßen ist nur für Sportboote **von weniger als 20 m Länge** vorgeschrieben, a) die mit einem Verbrenner-Motor als Antriebsmaschine ausgerüstet sind, dessen größte nicht überschreitbare Nutzleistung mehr als 11,03 kW (15 PS) beträgt bzw. b) die mit einem Elektromotor von mehr als 7,5 kW Betriebsart S1 (Dauerbetrieb) ausgerüstet sind.

74

Auf welchen Gewässern gilt der Sportbootführerschein mit dem Geltungsbereich Binnenschifffahrtsstraßen?

Antwort:

a. **Auf den Bundeswasserstraßen im Binnenbereich**
b. **Auf allen Landesgewässern.**
c. **Auf den Bundeswasserstraßen und allen Landesgewässern.**
d. **Auf allen Seewasserstraßen.**

Zu Frage 74:

Hinweis:
Binnenschifffahrtsstraßen sind alle großen Flüsse und Kanäle, wie sie in der Übersicht auf S. 20, 21 aufgeführt sind und auf denen die Binnenschifffahrtsstraßen-Ordnung gilt.

Merke:
Der Sportbootführerschein gilt auf den Bundeswasserstraßen im Binnenbereich.

2. Gründe für den Entzug des Führerscheins

75

Aus welchen Gründen muss der Sportbootführerschein mit dem Geltungsbereich Binnenschifffahrtsstraßen entzogen werden?

Antwort:

a. **Bei fehlender Tauglichkeit oder fehlender Zuverlässigkeit.**
b. **Bei zweifelhafter Tauglichkeit wegen Alkoholmissbrauch.**
c. **Bei zweifelhafter Zuverlässigkeit aus Altersgründen**
d. **Bei fehlender Zuverlässigkeit nach einer begangenen Ordnungswidrigkeit.**

Zu Frage 75:

Hinweise:

Entziehungsgründe für den Sportbootführerschein mit dem Geltungsbereich Binnenschifffahrtsstraßen können sein:

- fehlende Tauglichkeit
- Beeinträchtigung der körperlichen und geistigen Tauglichkeit
- fehlende Zuverlässigkeit
- erhebliche Verstöße gegen verkehrsstrafrechtliche Vorschriften mit rechtskräftiger Verurteilung
- wiederholte Nichteinhaltung einer erteilten Auflage

Merke:
Bei fehlender Tauglichkeit oder fehlender Zuverlässigkeit wird der Sportbootführerschein mit dem Geltungsbereich Binnenschifffahrtsstraßen entzogen.

3. Allgemeine Sorgfaltspflicht

76

Was beinhaltet die allgemeine Sorgfaltspflicht?

Antwort:

a. **Vermeidung der Gefährdung von Menschenleben, von Beschädigungen an Fahrzeugen, Anlagen oder Ufern, Behinderung der Schifffahrt und Beeinträchtigung der Umwelt.**
b. **Gefährdung von Menschenleben, Beschädigungen an Fahrzeugen, Anlagen oder Ufern und Beeinträchtigung der Umwelt.**
c. **Es ist alles zu tun, was zur Vermeidung der Gefährdung von Menschenleben, Behinderung der Schifffahrt und Beeinträchtigung der Umwelt nötig ist.**
d. **Es ist alles zu tun, was zur Vermeidung von Beschädigungen an Fahrzeugen, Anlagen oder Ufern, Behinderung der Schifffahrt und Beeinträchtigung der Umwelt nötig ist.**

Zu Frage 76:

Hinweise:

Die Grundregel für das Verhalten im Verkehr ist für den Binnenschiffsverkehr in § 1.04 als „Allgemeine Sorgfaltspflicht" bezeichnet (vgl. Wortlaut Seite 13). Sie ist die wichtigste Verhaltensvorschrift, denn aus ihr lassen sich nicht nur alle Einzelregelungen der Verkehrsbestimmungen als Konkretisierungen herleiten, sondern auch die Verpflichtung, sonstige Vorsichtsmaßregeln zu beachten, die nicht ausdrücklich vorgeschrieben sind und die die „Übung der Schifffahrt" oder besondere Umstände erfordern. Verkehrsvorschriften können niemals alle Verkehrssituationen erfassen. Die Grundregel als eine pauschale Erfassung aller möglichen Verhaltenspflichten im Verkehr ist daher unabdingbar.

Zur Beachtung der Grundregel sind alle Verkehrsteilnehmer verpflichtet. Verkehrsteilnehmer ist nicht nur der verantwortliche Schiffsführer, sondern auch der sonst für die Sicherheit Verantwortliche im Sinne des § 1.04; ferner alle Übrigen, die mit eigenen Rechten und Pflichten am Verkehr teilnehmen wie Wasserskiläufer, Surfer, Fischer.

Die Grundregel dient nicht nur der Gewährleistung der Sicherheit des Verkehrs, sondern auch der Leichtigkeit (Flüssigkeit) des Verkehrs. Die Sicherheit ist dann nicht mehr gewährleistet, wenn ein anderer geschädigt oder gefährdet wird, z. B. durch eine Kollision oder einen Beinahe-Unfall.

Die Leichtigkeit des Verkehrs ist dann nicht mehr gewährleistet, wenn ein anderer vermeidbar behindert oder belästigt wird, z. B. durch zu hohe Geschwindigkeit oder Zwang zum Aufstoppen. Diese Grundregel gilt gleichermaßen für Gefährdungen und Beeinträchtigungen der Umwelt. Da die Grundregel nach den Einführungsverordnungen selbstständig unter Bußgeldandrohung steht, kann eine Ordnungswidrigkeit auch dann vorliegen, wenn gegen keine besonderen Vorschriften verstoßen wurde.

Vorschriften:

§ 1.04

Merke:

Die allgemeine Sorgfaltspflicht verpflichtet zur Vermeidung von

- Gefährdungen von Menschenleben,
- Beschädigungen an Fahrzeugen, Anlagen oder Ufern,
- Behinderungen der Schifffahrt und
- Beeinträchtigungen der Umwelt.

77

Unter welchen Umständen darf von den geltenden Bestimmungen über das Verhalten im Verkehr auf den Binnenschifffahrtsstraßen abgewichen werden?

Antwort:

a. **Bei unmittelbar drohender Gefahr für sich oder andere.**
b. **Bei unmittelbar bevorstehender Begegnung.**
c. **Bei unmittelbar bevorstehendem Überholvorgang.**
d. **Bei mittelbar drohender Gefahr für sich oder andere.**

Zu Frage 77:
Die Vorschrift § 1.05 verpflichtet jeden Verkehrsteilnehmer, bei unmittelbar drohender Gefahr notfalls auch solche Maßnahmen zu ergreifen, die einen Verstoß gegen einzelne Verkehrsvorschriften darstellen, um die drohende Gefahr abzuwenden oder die Schadensauswirkung möglichst zu vermindern, z. B. Ausweichen entgegen den Ausweichregeln (Manöver des letzten Augenblicks).

Vorschriften:
§ 1.05

Merke:
Bei unmittelbar drohender Gefahr für sich und andere darf von der BinSchStrO abgewichen werden.

4. Anforderungen an die Eignung des Fahrzeugführers und des Rudergängers

78

Welche Anforderungen neben der körperlichen und geistigen Tauglichkeit und fachlichen Eignung muss der Führer eines Sportbootes auf Binnenschifffahrtsstraßen erfüllen, wenn die größte Nutzleistung der Antriebsmaschine 11,03 kW bei Verbrennungsmotoren bzw. 7,5 kW bei Elektromotoren Betriebsart S1 (Dauerbetrieb) oder weniger beträgt?

Antwort:

a. **Mindestalter 16 Jahre.**
b. **Nachweis der Zuverlässigkeit.**
c. **Mindestalter 14 Jahre.**
d. **Besitz eines Sportbootführerscheins mit dem Geltungsbereich Binnenschifffahrtsstraßen für Sportboote mit Antriebsmaschine oder eines gleichgestellten Befähigungszeugnisses.**

79

Welche Anforderungen neben der körperlichen und geistigen Tauglichkeit und fachlichen Eignung muss der Führer eines Sportbootes auf dem Rhein erfüllen, wenn die Nutzleistung der Antriebsmaschine mehr als 11,03 kW bei Verbrennungsmotoren bzw. 7,5 kW bei Elektromotoren Betriebsart S1 (Dauerbetrieb) beträgt?

Antwort:

a. **Besitz eines Sportbootführerscheins mit dem Geltungsbereich Binnenschifffahrtsstraßen für Sportboote mit Antriebsmaschine oder eines gleichgestellten Befähigungszeugnisses.**
b. **Nachweis der Zuverlässigkeit.**
c. **Mindestens 14 Jahre.**
d. **Mindestalter 16 Jahre.**

Zu Fragen 78 und 79:
Hinweis:
Voraussetzungen für die Zulassung zur Prüfung siehe Teil 1, Abschnitt 111N, rn.1.1 bis 1.4.
Vorschrift:
§§ 3, 5 und 6 Abs. 1, 2 SpFV

Merke:
Der Fahrzeugführer muss mindestens 16 Jahre alt sein **und auf dem Rhein** den Sportbootführerschein mit dem Geltungsbereich Binnenschifffahrtsstraßen für Sportboote mit Antriebsmaschine oder ein gleichgestelltes Befähigungszeugnis besitzen.

80

Welche Anforderungen werden an die Person gestellt, mit der der Schiffsführer das Ruder eines Sportbootes mit Antriebsmaschine auf Binnenschifffahrtsstraßen besetzen will?

Antwort:

a. Sie muss mindestens 16 Jahre alt und körperlich, geistig und fachlich geeignet sein.
b. Sie muss mindestens 18 Jahre alt und körperlich, geistig und fachlich geeignet sein.
c. Sie muss mindestens 16 Jahre alt und Inhaber des Sportbootführerscheins mit dem Geltungsbereich Binnenschifffahrtsstraßen für Sportboote mit Antriebsmaschine sein.
d. Sie muss mindestens 14 Jahre alt und körperlich, geistig und fachlich geeignet sein.

82

Wozu muss der Rudergänger eines Sportbootes zur sicheren Steuerung in der Lage sein?

Antwort:

a. Alle Informationen und Weisungen zu empfangen und zu geben, alle Schallzeichen wahrzunehmen und nach allen Seiten genügend freie Sicht zu haben.
b. Alle Informationen und Weisungen zu empfangen und zu geben.
c. Alle Schallzeichen wahrnehmen zu können und nach allen Seiten genügend freie Sicht zu haben.
d. Alle Informationen und Weisungen zu empfangen und zu geben und nach allen Seiten genügend freie Sicht zu haben.

Zu Fragen 80 und 82:

Hinweise:
Mit der **Überlassung des Ruders** an eine dritte Person wird die Verantwortlichkeit des Schiffsführers auf diese Person nicht delegiert. Das bedeutet, dass der Schiffsführer sicherstellen muss, dass der Rudergänger nach seinen Anweisungen und unter seiner Aufsicht das Ruder bedient. Aber auch die Bedienung des Ruders erfordert, dass der Rudergänger körperlich und geistig tauglich ist und insbesondere über das erforderliche Hör-, Seh- und Farbunterscheidungsvermögen verfügt (siehe Teil I S. 26 ff.).

Handelt es sich um ein Sportboot mit Antriebsmaschine, ist es aufgrund der Schifffahrtspolizeiverordnungen erforderlich, dass der Rudergänger mindestens 16 Jahre alt ist. Wichtig ist, dass der Rudergänger selbst nicht die erforderliche Erlaubnis zu besitzen braucht, wenn dies auch im Interesse einer sicheren Schiffsführung wünschenswert ist. Er muss in der Lage sein, alle Informationen und Weisungen zu empfangen und zu geben. Insbesondere muss er die Schallzeichen wahrnehmen können und nach allen Seiten genügend freie Sicht haben.

Vorschriften:
§ 1.09 Nr. 3 BinSchStrO, §§ 3, 5, 6 SpFV

Merke:
Der Rudergänger auf einem Sportboot mit Antriebsmaschine muss auf Binnenschifffahrtsstraßen mindestens
- 16 Jahre alt und
- körperlich, geistig und
- fachlich geeignet sein, das bedeutet:
- alle Informationen und Weisungen zu empfangen und zu geben, alle Schallsignale wahrzunehmen und nach allen Seiten genügend freie Sicht zu haben.

5. Verkehrsvorschriften und -informationen

81

Wo erhält man Auskünfte über Verkehrsbeschränkungen und aktuelle Informationen über Binnenschifffahrtsstraßen?

Antwort:

a. **Bei der Wasserstraßen- und Schifffahrtsverwaltung, im Internet unter www.elwis.de und bei der Wasserschutzpolizei.**
b. **Bei einem Wasserwirtschaftsamt und bei der Wasserschutzpolizei.**
c. **In der Binnenschifffahrtsstraßen-Ordnung Teil 11.**
d. **In der Binnenschiffsuntersuchungsordnung.**

Zu Frage 81:

Hinweise:

Informationen

Vor Antritt jeder Fahrt gehören zu den wichtigsten Voraussetzungen für einen ordentlichen und möglichst störungsfreien Ablauf jeder Schiffsreise die Einholung von Informationen und Beschaffung von Unterlagen, vor allem Kartenmaterial, über das zu befahrende Gebiet und deren genaues Studium. Es reicht jedoch nicht aus, sich jeweils vor Beginn der Bootssaison zu informieren. Man muss stets auf dem Laufenden bleiben, da sich die unterschiedlichen örtlichen Verhältnisse sehr schnell ändern können.

Informationsmaterial, Streckenerläuterungen usw. können vom DMYV (Tel. 02 03/80 95 80) und vom DSV (Tel. 0 40/6 32 00 90) sowie vom ADAC bezogen werden. Die amtlichen Stellen (WSP und WSV) geben ebenfalls Info-Broschüren heraus. Vor allem aber aus dem Internet können wichtige und umfassende Informationen der Wasserstraßen- und Schifffahrsverwaltung des Bundes bezogen werden (www.elwis.de)

Schleusenbetriebszeiten

Die Berücksichtigung der Schleusenbetriebszeiten auf den zu befahrenden Strecken gehört ebenfalls zur Planung jeder Fahrt, da die Zeiten zwischen den einzelnen Binnenschifffahrtsstraßen abweichend sind. An Samstagen wird häufig nur begrenzt und an Sonn- und Feiertagen überhaupt nicht geschleust. Schleusengebühren fallen in der Regel nicht an; sie werden für Sportboote pauschal vom DMYV und DSV entrichtet.

Verkehrsvorschriften

Die Einholung von Informationen über eventuelle von den Vorschriften abweichende Anordnungen oder örtliche Sonderregelungen ist unerlässlich.

Dringend zu empfehlen ist auch die Planung der täglichen Fahrtstrecken, um zu gewährleisten, dass noch bei Tag ein sicherer Hafen erreicht wird.

Dabei müssen auch die auf vielen Wasserstraßen bestehenden Geschwindigkeitsbeschränkungen berücksichtigt werden.

Kartenmaterial

Das Kartenmaterial ist auf dem neuesten Stand zu halten. Autokarten oder gar Atlanten reichen nicht aus - es müssen die jeweils neuesten Spezialkarten verwendet werden.

Merke:
Auskünfte über Verkehrsbeschränkungen und aktuelle Informationen erhält man bei der Wasserstraßen- und Schifffahrtsverwaltung, im internet unter www.elwis.de und bei der Wasserschutzpolizei.

Frage 82 siehe nach Frage 80

83

Bis zu welcher Schiffslänge berechtigt der Sportbootführerschein mit dem Geltungsbereich Binnenschifffahrtsstraßen zum Führen eines Sportbootes auf Binnenschifffahrtsstraßen?

Antwort:

a. **Bis zu einer Länge von weniger als 20 m (ohne Ruder und Bugspriet).**
b. **Bis zu einer Länge von weniger als 25 m (mit Ruder und Bugspriet).**
c. **Bis zu einer Länge von weniger als 25 m (ohne Ruder und Bugspriet).**
d. **Bis zu einer Länge von weniger als 15 m (mit Ruder und Bugspriet).**

Zu Frage 83:

Vorschrift: 1 Nr. 2 SpFV

Merke:
Der Sportbootführerschein mit dem Geltungsbereich Binnenschifffahrtsstraßen berechtigt zum Führen eines Sportbootes bis zu einer Schiffslänge von weniger als 20 m (ohne Ruder und Bugspriet) auf den Binnenschifffahrtsstraßen mit Ausnahme auf dem Rhein.

84

Wo findet man die allgemeinen Verkehrsregeln für die Binnenschifffahrtsstraßen und den Rhein?

Antwort:

a. **Binnenschifffahrtsstraßen-Ordnung, Rheinschifffahrtspolizeiverordnung.**
b. **Binnenschiffsuntersuchungs-Ordnung, Rheinschifffahrtspolizeiverordnung.**
c. **Moselschifffahrtspolizeiverordnung, Donauschifffahrtspolizeiverordnung.**
d. **Wassermotorräderverordnung, Wasserskiverordnung.**

85

Wo findet man die allgemeinen Verkehrsregeln für die Mosel und die Donau?

Antwort:

a. **Moselschifffahrtspolizeiverordnung, Donauschifffahrtspolizeiverordnung.**
b. **Donauschifffahrtspolizeiverordnung, Binnenschifffahrtsstraßen-Ordnung.**
c. **Moselschifffahrtspolizeiverordnung, Binnenschiffsuntersuchungs-Ordnung.**
d. **Wassermotorräderverordnung, Wasserskiverordnung.**

86

Wo findet man Regeln für den Verkehr von Wassermotorrädern und für das Wasserskilauten?

Antwort:

a. **Wassermotorräderverordnung, Wasserskiverordnung.**
b. **Moselschifffahrtspolizeiverordnung, Donauschifffahrtspolizeiverordnung.**
c. **Binnenschifffahrtsstraßen-Ordnung, Rheinschifffahrtspolizeiverordnung.**
d. **Moselschifffahrtspolizeiverordnung, Binnenschiffsuntersuchungs-Ordnung.**

Zu Fragen 84–86:

Hinweise:
Binnenschifffahrtsstraßen und Seeschifffahrtsstraßen sind Bundeswasserstraßen. Für den Erlass der Verkehrsvorschriften (Rechtsverordnungen) ist das Bundesministerium für Verkehr und digitale Infrastruktur zuständig (§ 3 BinSchAufG). Für Binnenschifffahrtsstraßen, die auch fremdes Hoheitsgebiet berühren, wurden jeweils internationale Kommissionen gebildet, die sicherstellen, dass in allen Anliegerstaaten einheitliche Vorschriften gelten: die Rheinzentralkommission, die Moselkommission und die Donaukommission. In diesen Kommissionen ist jeder Anliegerstaat vertreten. Hieraus ergibt sich die Notwendigkeit des Erlasses von vier Rechtsverordnungen:

- Binnenschifffahrtsstraßen-Ordnung
- Rheinschifffahrtspolizeiverordnung
- Moselschifffahrtspolizeiverordnung
- Donauschifffahrtspolizeiverordnung

Die BinSchStrO gilt mit Ausnahme des Rheins, der Mosel und der Donau auf allen übrigen deutschen Binnenschifffahrtsstraßen. Örtliche Sonderregelungen sind in den Kapiteln 10 bis 27 BinSchStrO enthalten.
Wird auf die Sonderbestimmungen der Kapitel 10 bis 27 hingewiesen, dann durch Angabe der jeweiligen § ... 01.
Darüber hinaus gibt es für spezielle Wassersportarten folgende Verordnungen:

- Wassermotorräderverordnung
- Wasserskiverordnung

Damit der Fahrzeugführer sich stets über das zu befahrende Flussrevier informieren kann, muss die dort geltende Verkehrsvorschrift an Bord sein.

Hinweise:
Darstellung der Binnenschifffahrtsstraßen mit farblicher Hervorhebung der jeweils geltenden Verkehrsordnungen siehe Teil 1, Abschnitt 1.3 S. 21.
Grenzen siehe Frage 230.

Beachte: Erläuterungen in Teil 1, Abschnitt 1.3 S. 19.

Vorschrift: § 1.11 BinSchStrO

Merke:
Die allgemeinen Verkehrsregeln findet man

- für die Binnenschifffahrtsstraßen und den Rhein in der Binnenschifffahrtsstraßen-Ordnung und der Rheinschifffahrtspolizeiverordnung;
- für die Mosel und die Donau in der Moselschifffahrtspolizeiverordnung und der Donauschifffahrtspolizeiverordnung;
- für den Verkehr von Wassermotorrädern und das Wasserskilaufen in der Wassermotorräderverordnung und der Wasserskiverordnung.

6. Fahrwasser, Fahrrinne und Hochwasser

6.1 Definition des Fahrwassers und der Fahrrinne

87

Welche Maßnahmen sind zu treffen, wenn das Fahrzeug innerhalb des Fahrwassers bzw. der Fahrrinne Grundberührung hat?

Antwort:

a. **Die Wasserstraßen- und Schifffahrtsverwaltung oder die Wasserschutzpolizei ist mit genauer Angabe der Hindernisstelle zu benachrichtigen.**
b. **Die Wasserschutzpolizei oder die Wasserstraßen- und Schifffahrtsverwaltung ist mit genauer Angabe der Schiffsdaten zu informieren.**
c. **Das Fahrzeug verbleibt vor Ort, bis die Wasserschutzpolizei eintrifft.**
d. **Ein Baggerunternehmen ist zu verständigen, damit das Hindernis beseitigt wird.**

Zu Frage 87:

Hinweise:

Der Schiffsführer eines festgefahrenen Fahrzeugs muss sobald wie möglich für die Benachrichtigung der nächsten Dienststelle der WSV oder WSP und dafür sorgen, dass sich nähernde Fahrzeuge an geeigneter Stelle gewarnt werden. Trifft der Schiffsführer im Fahrwasser ein störendes Hindernis an, muss er dies ebenfalls unverzüglich der nächsten Dienststelle melden.

Vorschrift:

§ 1.17 Nr. 1 BinSchStrO

Merke:

Bei Grundberührung im Fahrwasser oder in der Fahrrinne ist die Wasserstraßen- und Schifffahrtsverwaltung oder die Wasserschutzpolizei mit genauer Angabe der Hindernisstelle zu benachrichtigen.

88

Was versteht man unter „Fahrwasser“?

Antwort:

a. **Den Teil der Wasserstraße, der den örtlichen Umständen nach vom durchgehenden Schiffsverkehr benutzt wird.**
b. **Es ist der Teil der Wasserstraße, der durch die Ufer begrenzt ist.**
c. **Den Teil der Wasserstraße, in dem für den durchgehenden Schiffsverkehr bestimmte Breiten und Tiefen vorgehalten bzw. angestrebt werden.**
d. **Es ist der Teil der Wasserstraße, deren Tiefe bei 2,50 m und mehr beginnt.**

89

Was versteht man unter „Fahrrinne“?

Antwort:

a. **Es ist der Teil der Wasserstraße, in dem für den durchgehenden Schiffsverkehr bestimmte Breiten und Tiefen vorgehalten bzw. angestrebt werden.**
b. **Den Teil der Wasserstraße, der den örtlichen Umständen nach vom durchgehenden Schiffsverkehr benutzt wird.**
c. **Es ist der Teil der Wasserstraße, deren Breite mindestens 150 m und deren Tiefe mindestens 3,00 m beträgt.**
d. **Es ist der Teil der Wasserstraße, deren Breite mindestens 88 m und deren Tiefe mindestens 2,50 m beträgt.**

Zu Fragen 88 und 89:

Hinweise:
Da zum durchgehenden Schiffsverkehr alle Arten von Fahrzeugen zu rechnen sind, reicht das **Fahrwasser** im Allgemeinen von Ufer zu Ufer. Dort, wo der durchgehende Schiffsverkehr durch seitliche Buhnen, Sandbänke und andere Schifffahrtshindernisse sowie durch Anlegebrücken räumlich eingeschränkt wird, liegt die Fahrwassergrenze stromwärts dieser Hindernisse.
Die **Fahrrinne** liegt noch weiter stromwärts im Fahrwasser und umfasst den Teil der Wasserstraße, in dem für die gewerbliche Schifffahrt eine bestimmte Breite und Wassertiefe durch Bagger vorgehalten wird. Damit diese die Wasserstraße sicher befahren kann, werden die Fahrrinne und darin befindliche Hindernisse durch Schifffahrtszeichen bezeichnet.
Die Wasser- und Schifffahrtsverwaltung des Bundes betreibt und unterhält die Schifffahrtszeichen auf den Bundeswasserstraßen/Binnenschifffahrtsstraßen. Die Schifffahrtszeichen geben dem Fahrzeugführer die erforderlichen Informationen über den Verlauf der Fahrrinne und über Schifffahrtshindernisse. Die Bedeutung der Schifffahrtszeichen ist in Anlage 8 zu den Verkehrsvorschriften erläutert. Die Schifffahrtszeichen werden nicht durchgehend gesetzt (ausgelegt). Es kann vorkommen, dass Tonnen versenkt oder abgetrieben werden, Feuer durch äußere Einwirkungen zum Erlöschen kommen. Bei Hochwasser oder Eisgang kann die Betonnung vorübergehend eingezogen werden. Dies gilt es zu berücksichtigen.
Schwimmende Schifffahrtszeichen werden in der Regel etwas außerhalb (ca. 5 m) der durch sie bezeichneten Begrenzungen verankert. Sie können durch Wasserstandsschwankungen, Strömungs- oder Windeinwirkungen seitlich versetzt werden, weshalb ein ausreichender Sicherheitsabstand gehalten werden muss.

Hinweis:
Zu den Seitenbezeichnungen siehe Erläuterungen zu den Fragen 97 und 98.

Vorschrift:
§ 1.01 Nrn. 32 und 33, Anlage 8 BinSchStrO

Merke:
- Fahrwasser ist der Teil der Wasserstraße, der vom durchgehenden Schiffsverkehr benutzt wird,
- Fahrrinne ist der Teil der Wasserstraße, in dem für den durchgehenden Schiffsverkehr bestimmte Breiten und Tiefen vorgehalten bzw. angestrebt werden.

6.2 Verhalten bei Hochwasser

90

Wie wird die Schifffahrt vom Erreichen bestimmter Wasserstände und Hochwassermarken informiert?

Antwort:

a. **Durch Nautischen Informationsfunk, Information im Rundfunk, im Fernsehen und im Internet.**
b. **Durch Aushang bei Hafenämtern und Schleusen.**
c. **Durch Aushang bei Wasserschutzpolizei-Stationen.**
d. **Durch Bekanntgaben der Hochwasserschutzzentrale.**

91

Wo kann der Sportbootfahrer vor Ort das Erreichen bestimmter Wasserstände und Hochwassermarken feststellen?

Antwort:

a. **An den Pegeln und ausgewiesenen Hochwassermarken.**
b. **An den Aushängen bei Hafenämtern und Schleusen.**
c. **An den Aushängen bei Wasserschutzpolizei-Stationen.**
d. **An den Pegeln und den Einsenkungsmarken der Fahrzeuge.**

92

Welche Auswirkungen kann das Erreichen der Hochwassermarke I für die Sportschifffahrt haben?

Antwort:

a. **Geschwindigkeitsbeschränkung und Fahrverbot für Fahrzeuge ohne Sprechfunk.**
b. **Einstellung der Schifffahrt.**
c. **Verbot der Schifffahrt bei Nacht und unsichtigem Wetter.**
d. **Überholverbot und Fahrverbot für Fahrzeuge ohne Sprechfunk.**

93

Welche Auswirkungen hat das Erreichen der Hochwassermarke II für die Sportschifffahrt?

Antwort:

a. **Einstellung der Schifffahrt.**
b. **Geschwindigkeitsbeschränkung und Fahrverbot für Fahrzeuge ohne Sprechfunk.**
c. **Überholverbot und Fahrverbot für Fahrzeuge ohne Sprechfunk.**
d. **Verbot der Schifffahrt bei Nacht und unsichtigem Wetter.**

Zu Fragen 90, 91, 92 und 93:

Hinweise:

Bei starkem, anhaltendem Ansteigen des Wassers und damit der Pegelstände sollten Sportboote rechtzeitig einen sicheren Liegeplatz aufsuchen. Die stärkere Strömung und das Treibgut in fließenden Gewässern bergen bereits erhebliche Gefahren. Treibgut, das vielfach aus Teilen von Bäumen besteht, ist in seinen Ausmaßen nicht erkennbar und kann zu Schäden am Boot, unter Umständen sogar zu dessen Verlust führen. Je nach Motorstärke ist gegen die Strömung eine Fahrt über Grund nicht mehr möglich.
Umgekehrt kann die Höchstgeschwindigkeit je nach Strömungsgeschwindigkeit schon mit geringer Maschinenkraft überschritten werden. Auf dem Rhein besteht deshalb Fahrverbot für Fahrzeuge, die nicht mit einem UKW-Sprechfunkgerät ausgerüstet sind.

Da bei stark ansteigenden Wasserständen **über UKW-Sprechfunk im Verkehrskreis Nautische Information** bereits frühzeitig Warnmeldungen ausgestrahlt werden, müssen die Geräte stets auf Empfang geschaltet sein. In der BinSchStrO gibt es Hochwasserregelungen nur in den Sondervorschriften der Kapitel 10 bis 27. Auf kanalisierten Flüssen wird bei Erreichen des höchsten schiffbaren Wasserstandes der Schleusenbetrieb eingestellt und damit auch der Schiffsverkehr.

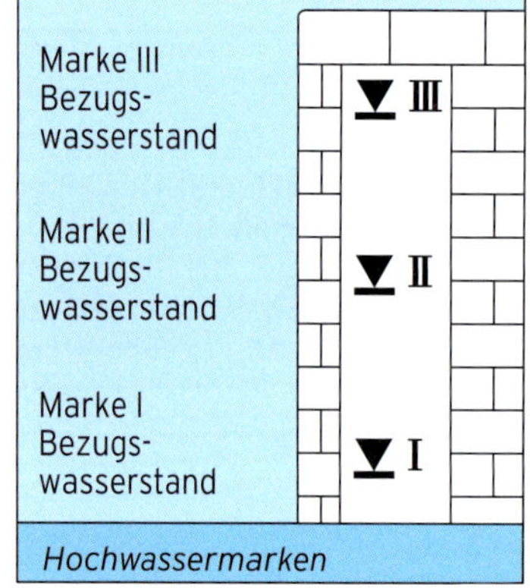

Hochwassermarken

Auf den einzelnen Bundeswasserstraßen sind die **Hochwassermarken** unterschiedlich festgelegt, z. B. auf dem Rhein die Hochwassermarken I und II und auf der Mosel die Hochwassermarken 1, II und III.
Die Hochwassermarken sind zum Teil an Ufern und Kaimauern angebracht (aufgemalt) und die Wasserstände dieser Hochwassermarken in den Vorschriften angegeben. Für die gewerbliche Schifffahrt gibt es bereits bei Erreichen der Hochwassermarke 1 Einschränkungen, z. B. Höchstgeschwindigkeit in der Talfahrt von 20 km/h. Diese Einschränkungen gelten auch für die Sportschifffahrt. Bei Überschreiten der Hochwassermarke I auf dem Rhein ist das Fahren nur mit Sprechfunk erlaubt.

Verhalten bei Hochwasser:

- Geschwindigkeitsbegrenzungen beachten
- auf eventuelle Begrenzung der Fahrwasserbreite achten, daher so weit wie möglich in der Fahrwassermitte halten
- Sprechfunk auf Empfang schalten
- eventuelles Fahrverbot beachten, insbesondere bei Überschreiten der Hochwassermarke I ohne Sprechfunk (Rhein, Oder)

Bei Erreichen der Hochwassermarke II auf dem Rhein und III auf der Mosel muss die Schifffahrt eingestellt werden. Auf der Donau ist für jeden Pegel der höchste schiffbare Wasserstand festgelegt, bei dessen Erreichen jegliche Schifffahrt einzustellen ist.

Empfehlung:
Die einzelnen Vorschriften sollten rechtzeitig nachgelesen und bei Hochwasser sollte der Sprechfunk auf Empfang geschaltet werden. Nur dadurch wird vermieden, dass die Fahrt auf der Strecke oder vor einer Schleuse wegen eines eventuellen Fahrverbots unterbrochen werden muss.

Vorschriften:
§ 10.01 Rhein-, Mosel- und DonauSchPV
§ ... Nrn. 11 in den Kapiteln 10 bis 27 BinSchStrO

Merke:
Das Erreichen bestimmer Wasserstände und Hochwassermarken erfährt man

- durch nautischen Informationsfunk, Rundfunk, Fernsehen, Internet;
- durch das Ablesen der Hochwassermarken an den Pegeln und ausgewiesenen Hochwassermarken;

Auswirkungen des Erreichens der Hochwassermarke I für die Sportschifffahrt sind

- Geschwindigkeitsbeschränkung und Fahrverbot für Fahrzeuge ohne Sprechfunk
- und der Hochwassermarke II sind Einstellung der Schifffahrt.

6.3 Definition der Uferseiten und der Bergfahrt

94

In welche Richtung werden bei Flüssen die Uferseiten als rechtes bzw. linkes Ufer bezeichnet?

Antwort:

a. **Von der Quelle bis zur Mündung.**
b. **Von der Mündung bis zur Quelle.**
c. **Bei der Bergfahrt liegt die rechte Uferseite rechts.**
d. **Bei der Talfahrt liegt die rechte Uferseite links.**

95

Was bedeutet „zu Berg" oder „Bergfahrt" auf Flüssen?

Antwort:

a. **Die Fahrt in Richtung Quelle.**
b. **Die Fahrt über Grund.**
c. **Die Fahrt mit der Strömung.**
d. **Die Fahrt in Richtung Mündung.**

96

Was bedeutet „zu Berg" oder „Bergfahrt" auf Kanälen?

Antwort:

a. **Die Fahrt, die in Teil II der Binnenschifffahrtsstraßen-Ordnung als Fahrt „zu Berg" oder „Bergfahrt" festgelegt ist.**
b. **Die Fahrt, die in Teil I der Binnenschifffahrtsstraßen-Ordnung als Fahrt „zu Berg" oder „Bergfahrt" festgelegt ist.**
c. **Die Fahrt in Richtung Quelle.**
d. **Die Fahrt gegen die Strömung.**

Zu Fragen 94, 95 und 96:

Hinweise:

Nach der BinSchStrO wird als „rechte Seite/linke Seite", das heißt als rechtes/linkes Ufer, die „rechte Seite" bzw. die „linke Seite" des Fahrwassers/der Fahrrinne bezogen auf die Talfahrt bezeichnet, in Richtung auf die Mündung also.
Umgekehrt bedeutet daher „zu Berg" oder „Bergfahrt" auf Flüssen die Fahrt in Richtung Quelle. Auf Kanälen wird die Richtung „Bergfahrt" für die einzelnen Binnenschifffahrtsstraßen speziell festgelegt.

Vorschriften:

§ 1.01 Nrn. 34 und 35 BinSchStrO

Merke:

Bei Flüssen werden die Uferseiten von der Quelle bis zur Mündung als rechtes bzw. linkes Ufer bezeichnet. Umgekehrt bedeutet die „Bergfahrt" oder „zu Berg" die Fahrt in Richtung der Quelle.
Bei Kanälen ist die Bergfahrt in Teil II der BinSchStrO festgelegt.

6.4 Seitenbezeichnungen der Fahrrinne in Bezug auf Bergfahrer

97

Welche Zeichen begrenzen die Fahrrinne zum rechten Ufer?

Antwort:

a. **Rote Stumpftonnen oder Schwimmstangen.**
b. **Grüne Spitztonnen oder Schwimmstangen.**
c. **Rote Spierentonnen oder Schwimmstangen.**
d. **Grüne Spierentonnen oder Schwimmstangen.**

98

Welche Zeichen begrenzen die Fahrrinne zum linken Ufer?

Antwort:

a. **Grüne Spitztonnen oder Schwimmstangen.**
b. **Rote Stumpftonnen oder Schwimmstangen.**
c. **Rote Spierentonnen oder Schwimmstangen.**
d. **Grüne Spierentonnen oder Schwimmstangen.**

99

Welche Fahrrinnenseite hat ein Bergfahrer an seiner Steuerbordseite und wie ist diese gekennzeichnet?

Antwort:

a. **Die linke Fahrrinnenseite, gekennzeichnet durch grüne Spitztonnen oder Schwimmstangen.**
b. **Die rechte Fahrrinnenseite, gekennzeichnet durch rote Stumpftonnen oder Schwimmstangen.**
c. **Die linke Fahrrinnenseite, gekennzeichnet durch rote Stumpftonnen oder Schwimmstangen.**
d. **Die rechte Fahrrinnenseite, gekennzeichnet durch grüne Spitztonnen oder Schwimmstangen.**

218

Welche Fahrrinnenseite hat ein Talfahrer an seiner Backbordseite?

Antwort:

a. **Die linke Fahrrinnenseite, gekennzeichnet durch grüne Spitztonnen oder Schwimmstangen.**
b. **Die rechte Fahrrinnenseite, gekennzeichnet durch rote Stumpftonnen oder Schwimmstangen.**
c. **Die linke Fahrrinnenseite, gekennzeichnet durch rote Stumpftonnen oder Schwimmstangen.**
d. **Die rechte Fahrrinnenseite, gekennzeichnet durch grüne Spitztonnen oder Schwimmstangen.**

Zu Fragen 97, 98, 99 und 218:
Die Grundfarben der Schifffahrtszeichen für die Seitenbezeichnung sind Grün und Rot.
Die Seitenbezeichnung von See kommend: Grün an Steuerbord, Rot an Backbord, wird auf den Binnenschifffahrtsstraßen von der Mündung bis zur Quelle fortgesetzt, sodass sich für den Bergfahrer – Fahrt gegen die Strömung – keine Änderung ergibt. Bei Kanälen ist in den betreffenden Vorschriften die Richtung Bergfahrt festgelegt; z. B. § ... 05 der Kapitel 12, 15 und 19 BinSchStrO. In Häfen gilt die Fahrt von der Hafeneinfahrt in den Hafen als Bergfahrt.

Schwimmende Schifffahrtszeichen (siehe nächste Seite)
Die Fahrrinne ist der Teil einer Wasserstraße, in dem für den durchgehenden Schiffsverkehr bestimmte Breiten und Tiefen vorgehalten werden bzw. deren Erhaltung angestrebt wird. Die Fahrrinne kann wie folgt bezeichnet sein:

Linke Fahrrinnenseite
grüne Spitztonne (auch Leuchttonne) oder Schwimmstange, eventuell als Toppzeichen ein grüner Kegel – Spitze oben –

Rechte Fahrrinnenseite
rote Stumpftonne (auch Leuchttonne) oder Schwimmstange, eventuell als Toppzeichen ein roter Zylinder (siehe S. 130).

Feste Schifffahrtszeichen
Zur Bezeichnung der Lage der Fahrrinne zum Ufer sowie des Übergangs der Fahrrinne von einem zum anderen Ufer können auch feste Schifffahrtszeichen am Ufer aufgestellt sein:

Linke Fahrrinnenseite
Stange mit einer auf der Spitze stehenden quadratischen Tafel, obere Hälfte grün, untere Hälfte weiß

Rechte Fahrrinnenseite
Stange mit einer roten quadratischen Tafel mit weißem waagerechten Streifen am oberen und unteren Rand (siehe S. 128).

Beachte:

- Da die Fahrrinnenseite eines strömenden Gewässers in Richtung **von der Quelle zur Mündung bezeichnet wird** (siehe Frage 94), hat ein Bergfahrer an seiner Steuerbordseite die linke Fahrrinnenseite und ein Talfahrer die rechte Fahrrinnenseite.
- Demgegenüber ist die Fahrrinne **von See aus beginnend in Richtung Quelle** so **durch Schifffahrtszeichen begrenzt**, dass auf der linken Fahrrinnenseite grüne Tonnen oder Schwimmstangen (linkes Ufer) und auf der rechten Fahrrinnenseite rote Tonnen oder Schwimmstangen (rechtes Ufer) ausgelegt sind.

Zu wissen, welches die rechte und welches die linke Fahrrinnen-/Uferseite in Fließrichtung ist, und das auch zu verinnerlichen, ist für die Praxis eine zwingende Voraussetzung.

Hinweis:
Siehe Darstellung der Bezeichnung der Wasserstraße durch Schifffahrtszeichen auf den Seiten 132 und 133 sowie die Fragen 239–241.

Vorschrift: Anlage 8 Abschnitt 11.1.2B inSchStrO

Merke:
Am rechten Ufer (von der Quelle aus gesehen) wird die Fahrrinne durch rote Stumpftonnen oder Schwimmstangen begrenzt, am linken Ufer wird die Fahrrinne durch grüne Spitztonnen oder Schwimmstangen begrenzt.
Denn die Betonnung bezieht sich auf ein von See kommendes Schiff (Bergfahrer), auf dessen Steuerbordseite (grüne Seitenlaterne) die grünen Steuerbordtonnen und auf dessen Backbordseite (rote Seitenlaterne) die roten Fahrwassertonnen liegen.
Daher hat der Bergfahrer an seiner Steuerbordseite und der Talfahrer an seiner Backbordseite, die die linke Fahrrinnenseite ist, grüne Spitztonnen oder Schwimmstangen.

rechte Fahrrinnenseite

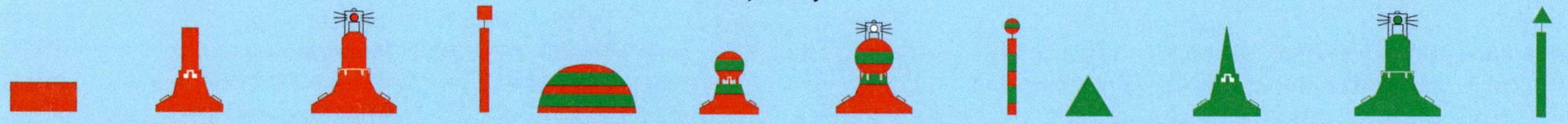

Form und Farbe: rote Stumpf- oder Leuchttonne oder Schwimmstange
Toppzeichen (wenn vorhanden): roter Zylinder (meist als Radarreflektor)
Feuer (wenn vorhanden): rotes Taktfeuer

Fahrrinne Spaltung

Form und Farbe: rot-grün waagerecht gestreifte Kugel- und Leuchttonne oder Schwimmstange
Toppzeichen (wenn vorhanden): rot-grün waagegerecht gestreifter Ball (meist als Radarreflektor)
Feuer (wenn vorhanden): weißes Funkel- oder Gleichtaktfeuer: Fkl. oder Glt.

linke Fahrrinnenseite

Form und Farbe: grüne Spitz- oder Leuchttonne oder Schwimmstange
Toppzeichen (wenn vorhanden): grüner Kegel – Spitze oben – (meist als Radarreflektor)
Feuer (wenn vorhanden): grünes Taktfeuer

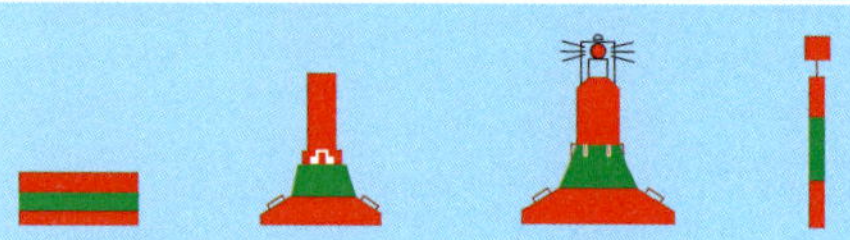

Form und Farbe: wie oben, aber mit einem waagerechten grünen Streifen
Toppzeichen (wenn vorhanden): wie oben
Feuer (wenn vorhanden): rotes Blitzfeuer: Blz. (2+1)

Abzweigung, Einmündung, Hafeneinfahrt

Links:
Linke Seite der durchgehenden und rechte Seite der abzweigenden oder einmündenden Fahrrinne

Rechts:
Rechte Seite der durchgehenden und linke Seite der abzweigenden oder einmündenden Fahrrinne

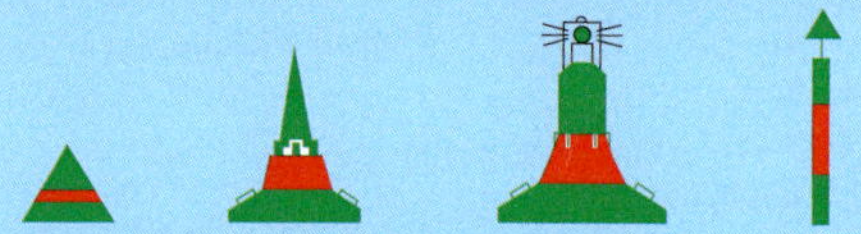

Form und Farbe: wie oben, aber mit einem waagerechten roten Streifen
Toppzeichen (wenn vorhanden): wie oben
Feuer (wenn vorhanden): grünes Blitzfeuer: Blz. (2+1)

rechte Fahrrinnenseite

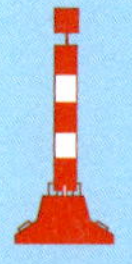

Form und Farbe: rot-weiß waagerecht gestreifte Spieren- oder Leuchttonne oder Schwimmstange oder feste schwarze Stange
Toppzeichen: roter Zylinder (bei schwimmenden Zeichen), roter Kegel – Spitze unten – (bei festen Zeichen), meist als Radarreflektor
Feuer (wenn vorhanden): rotes Taktfeuer

Bezeichnung der Wasserstraße sowie von Hindernissen in oder an der Wasserstraße
Spaltung

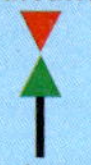

Form und Farbe: feste schwarze Stange
Toppzeichen: stundenglasförmiger Doppelkegel, oberer Kegel rot, unterer Kegel grün (meist als Radarreflektor)
Feuer (wenn vorhanden): weißes Funkel- oder Gleichtaktfeuer: Fkl. oder Glt.

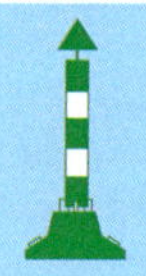

linke Fahrrinnenseite

Form und Farbe: grün-weiß waagerecht gestreifte Spieren- oder Leuchttonne oder Schwimmstange oder feste schwarze Stange
Toppzeichen: grüner Kegel – Spitze oben – (meist als Radarreflektor)
Feuer (wenn vorhanden): grünes Taktfeuer

Die Übersicht auf den Seiten 132 und 133 zeigt das Zusammenspiel dieser Zeichen.

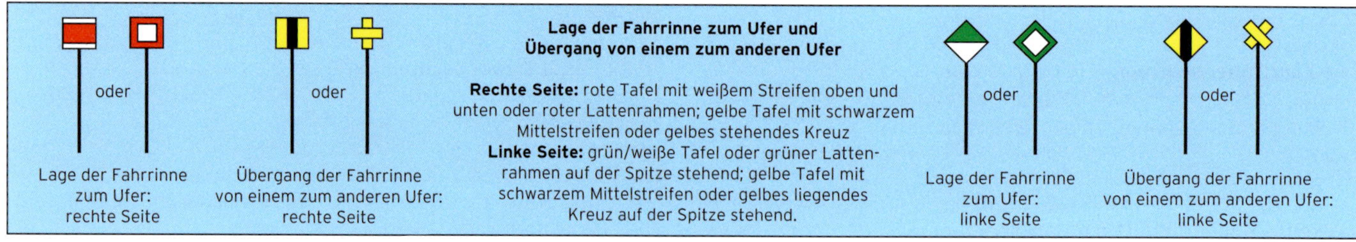

Bezeichnung der Fahrrinne und der Wasserstraße durch Schifffahrtszeichen

6.5 Bezeichnung von Fahrrinnenspaltungen und Hindernissen

100

Was bedeutet eine rot-grün gestreifte Tonne oder Schwimmstange und was ist zu beachten?

Antwort:

a. **Fahrrinnenspaltung. Vorbeifahrt an beiden Seiten möglich.**
b. **Fahrrinnenspaltung. In Fahrtrichtung links halten.**
c. **Fahrrinnenspaltung. Vorbeifahrt nur an Steuerbord möglich.**
d. **Fahrrinnenspaltung. In Fahrtrichtung rechts halten.**

101

Mit welchen Zeichen werden Hindernisse wie zum Beispiel Buhnen und Kribben an der rechten Seite der Wasserstraße bezeichnet?

Antwort:

a. **Stangen mit Toppzeichen: roter Kegel, Spitze nach unten, oder rot-weiß gestreifte Schwimmstange mit rotem Zylinder.**
b. **Stangen mit Toppzeichen: grüner Kegel, Spitze nach oben, oder grün-weiß gestreifte Schwimmstange mit grünem Kegel.**
c. **Stangen mit Toppzeichen: roter Kegel, Spitze nach oben, oder rot-weiß gestreifte Schwimmstange mit rotem Zylinder.**
d. **Stangen mit Toppzeichen: grüner Kegel, Spitze nach unten, oder grün-weiß gestreifte Schwimmstange mit grünem Kegel.**

102

Was kennzeichnet eine grün-weiß gestreifte Schwimmstange mit grünem Kegel, Spitze nach oben, oder eine grüne Tonne mit grün-weiß gestreiftem Aufsatz mit grünem Kegel, Spitze nach oben?

Antwort:

a. **Hindernis an der linken Seite der Wasserstraße.**
b. **Fahrrinnenrand an der linken Seite der Wasserstraße.**
c. **Hindernis an der rechten Seite der Wasserstraße.**
d. **Fahrrinnenrand an der rechten Seite der Wasserstraße.**

Zu Fragen 100, 101 und 102:

Hinweise:

Eine **Fahrrinnenspaltung** – Teilung der Fahrrinne für Berg- und Talfahrer oder in zwei gleichberechtigte Fahrrinnen oder in eine weiterführende und eine abzweigende Fahrrinne – kann wegen Untiefen, Einmündung von Nebenwasserstraßen oder Ähnlichem notwendig sein.

Die Spaltung kann wie folgt bezeichnet sein: rot-grün waagerecht gestreifte Kugeltonne (auch Leuchttonne) oder Schwimmstange, eventuell als Toppzeichen ein rot-grün waagerecht gestreifter Ball, eventuell weißes Funkel- oder Gleichtaktfeuer (siehe Zeichen 3 in der Darstellung des Betonnungssystems auf den folgenden Seiten).

Hindernisse an der rechten Seite der Wasserstraße werden so bezeichnet: Zeichen 4 und 6 in der Darstellung des Betonnungssystems auf den folgenden Seiten.

Hindernisse an der linken Seite: Zeichen 5 und 7 in der Darstellung des Betonnungssystems auf den folgenden Seiten.

Man muss von diesen Zeichen aus Sicherheitsgründen einen entsprechenden Abstand halten.

Vorschrift: Anlage 8, Abschnitt II.3, III.A BinSchStrO

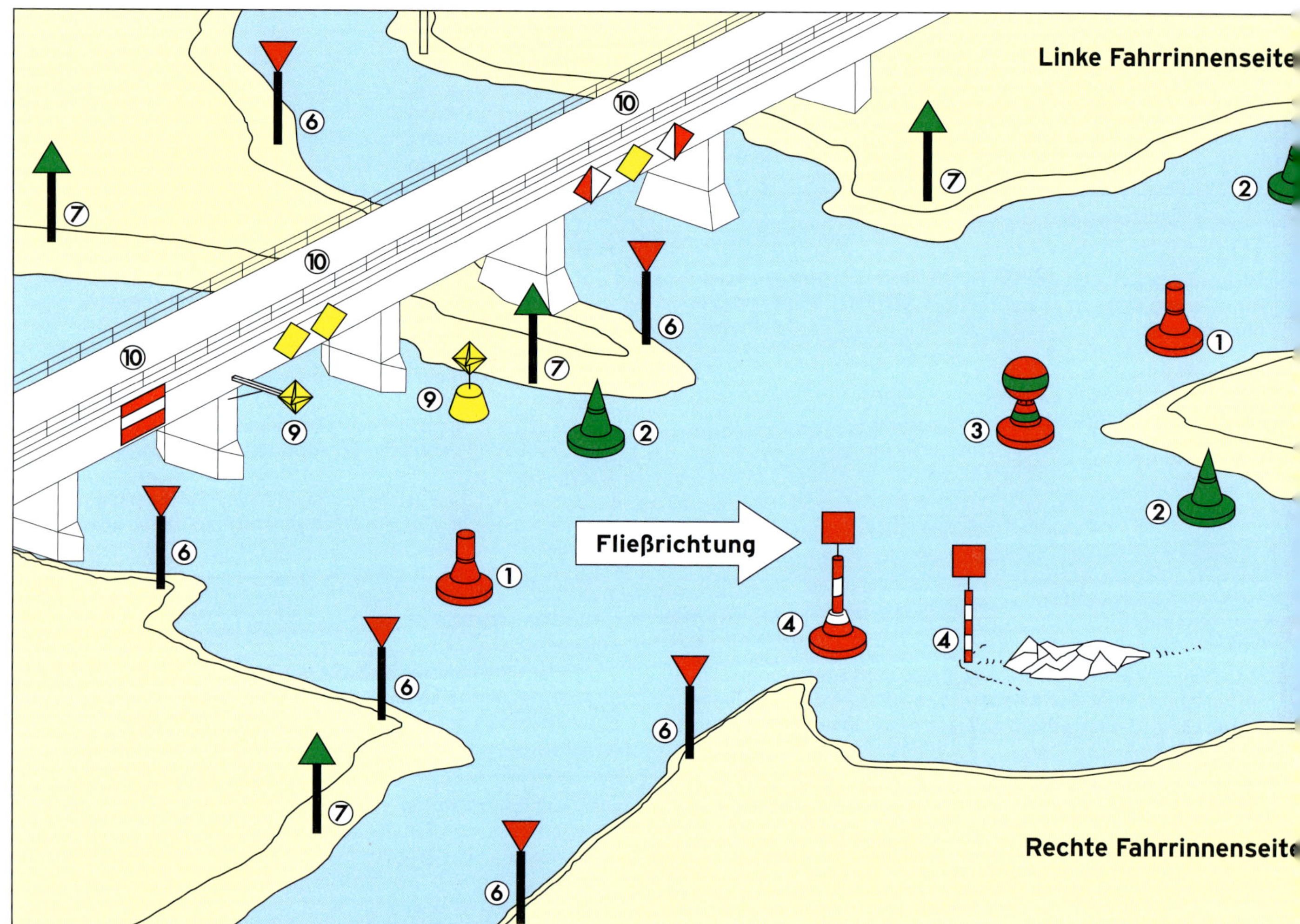

Bezeichnung der Wasserstraße durch Schifffahrtszeichen

① *Bezeichnung der Fahrrinne – rechte Seite (schwimmend)*

② *Bezeichnung der Fahrrinne – linke Seite (schwimmend)*

③ *Fahrrinnenspaltung (schwimmend)*

④ *Bezeichnung von Hindernissen – rechte Seite (schwimmend)*

⑤ *Bezeichnung von Hindernissen – linke Seite (schwimmend)*

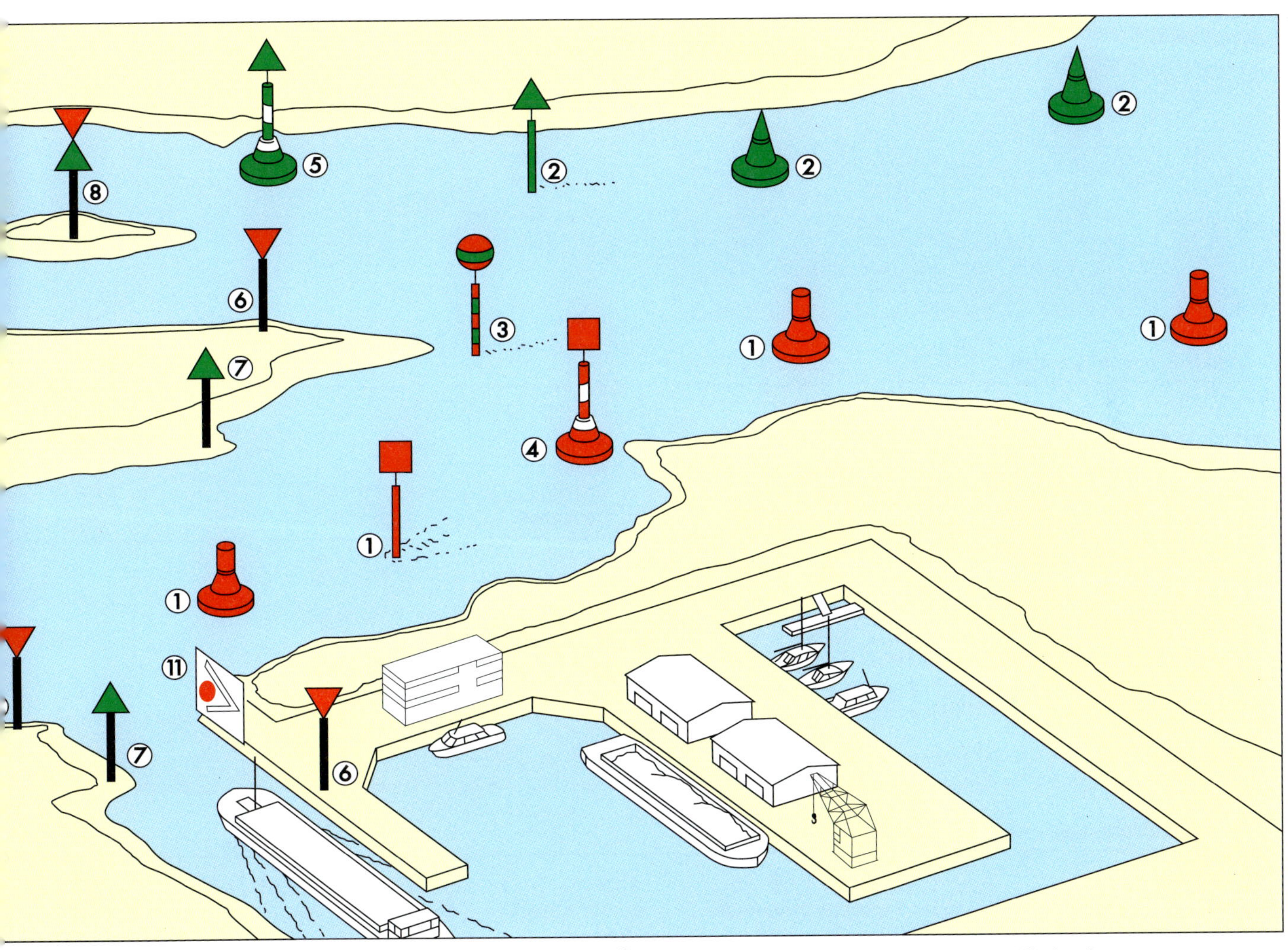

⑥ *Bezeichnung der Wasserstraße sowie von Hindernissen in und an der Wasserstraße – rechte Seite (feste Zeichen)*

⑦ *Bezeichnung der Wasserstraße sowie von Hindernissen in und an der Wasserstraße – linke Seite (feste Zeichen)*

⑧ *Bezeichnung der Wasserstraße sowie von Hindernissen in und an der Wasserstraße – Spaltung (feste Zeichen)*

⑨ *Stange/Tonne mit Radarreflektor zur Bezeichnung von Brückenpfeilern*

⑩ *Mögliche Bezeichnungen von Durchfahrtsöffnungen*

⑪ *Verbot der Einfahrt in den Hafen (wenn das rote Licht brennt)*

Merke:
- Rot-grün gestreifte Tonne oder Schimmstange bedeutet Fahrrinnenspaltung: Vorbeifahrt an beiden Seiten möglich;
- grün-weiß gestreifte Schwimmstange mit grünem Kegel, Spitze nach oben, oder eine grüne Tonne mit grün-weiß gestreiftem Aufsatz mit grünem Kegel, Spitze oben, kennzeichnet ein Hindernis an der linken Seite der Wasserstraße; dementsprechend kennzeichnen
- feste Stangen mit dem Toppzeichen „roter Kegel, Spitze nach unten", oder rot-weiß gestreifte Schwimmstangen mit rotem Zylinder Hindernisse (Buhnen, Kribben) an der rechten Seite der Wasserstraße.

7. Ankerverbot in Kanälen

103

Was ist in Kanälen verboten?

Antwort:
- a. **Ankern.**
- b. **Wenden.**
- c. **Überholen.**
- d. **Begegnen.**

Zu Frage 103:

Hinweise:

Unter den Begriff „Kanäle" fallen Schifffahrtskanäle und Schleusenkanäle mit Schleusen. Hierbei handelt es sich um Wasserstraßen bzw. Teile von ihnen mit künstlicher Flusssohle (Beton usw.). Das Ankern ist dort deshalb verboten, weil der Anker den Grund beschädigen kann. Die sich dadurch ergebenden undichten Stellen würden zum Sinken des Wasserstandes führen.

Da auf den genannten Strecken ein allgemeines Ankerverbot besteht, sind in der Regel keine Ankerverbotszeichen aufgestellt.

Hinweis:

Ankerverbotszeichen siehe Frage 22.

Vorschriften:

§§ 6.28 Nr. 5, 7.03 BinSchStrO

Merke:
In Kanälen ist das Ankern verboten.

8. Lichterführung beim Ankern und Stillliegen

104

Was bedeuten auf einem stillliegenden Fahrzeug zwei weiße Lichter übereinander?

Antwort:
- a. **Ein Ankerlieger, dessen Anker die Schifffahrt gefährden kann.**
- b. **Ein stillliegender Schubverband.**
- c. **Ein Ankerlieger, der zwei Anker ausgelegt hat.**
- d. **Ein Fahrzeug über 135 m.**

105

Welches Licht setzt ein stillliegendes Fahrzeug?

Antwort:

a. **Ein von allen Seiten sichtbares weißes Rundumlicht auf der Fahrwasserseite.**
b. **Ein weißes Topplicht und ein weißes Hecklicht.**
c. **Die Seitenlichter und ein sichtbares weißes Rundumlicht.**
d. **Ein von allen Seiten sichtbares weißes Blinklicht auf der Fahrwasserseite.**

106

Wie sind Anker am Tage bezeichnet, die die Schifffahrt behindern können?

Antwort:

a. **Mit einem gelben Döpper.**
b. **Mit einem weißen Döpper.**
c. **Mit einem grünen Döpper.**
d. **Mit einem roten Döpper.**

Zu Fragen 104, 105 und 106:

Hinweise:

Stillliegende Fahrzeuge, auch Kleinfahrzeuge, müssen bei Nacht auf der Fahrwasserseite das weiße Licht führen (Abb. 1, nächste Seite). Dieses Licht kann entfallen, wenn

- Fahrzeugzusammenstellungen nicht vor dem Ende der Nacht aufgelöst werden; in diesem Falle muss nur das äußerste Fahrzeug das Licht führen;
- das Fahrzeug zwischen nicht überfluteten Buhnen oder hinter einem aus dem Wasser ragenden Parallelwerk oder Leitdamm stillliegt;
- das Fahrzeug am Ufer stillliegt und von der Uferbeleuchtung hinreichend beleuchtet ist.

Sind Anker so ausgeworfen, dass sie die Schifffahrt gefährden können, muss bei Nacht auf Fahrzeugen ein zweites Rundumlicht unter dem ersten geführt werden sowie bei Tag und Nacht jeder Anker mit einem gelben Döpper mit Radarreflektor bezeichnet sein (Abb. 2 und 3).

Schwimmkörper und schwimmende Anlagen müssen beim Stillliegen bei Nacht weiße Rundumlichter in genügender Anzahl führen, um die Umrisse zur Fahrwasserseite hin deutlich zu machen. Wenn die Anker so ausgelegt sind, dass sie die Schifffahrt gefährden können, muss über den diesen Ankern nächstgelegenen Lichtern ein zweites Rundumlicht geführt werden und bei Tag und Nacht der betreffende Anker mit einem gelben Döpper mit Radarreflektor bezeichnet sein (Abb. 3 nächste Seite).

Bei Ankern schwimmender Geräte bei Nacht muss auf dem Döpper oder der Tonne mit Radarreflektor ferner ein weißes Rundumlicht angebracht sein (Abb. 4 nächste Seite).

Fahrzeuge, die die Bezeichnung für gefährliche Güter führen, müssen diese Zeichen beim Stillliegen bei Tag und Nacht beibehalten.

Hinweise:

Lichterführung von Maschinenfahrzeugen
siehe Frage 120.

Lichterführung von Kleinfahrzeugen mit Maschinenantrieb
siehe Erläuterungen zu Frage 138.

Vorschriften:

§§ 3.20, 3.26 BinSchStrO

Merke:

Auf einem stillliegenden Fahrzeug ist bei Nacht ein von allen Seiten sichtbares weißes Rundumlicht auf der Fahrwasserseite zu setzen; zwei weiße Lichter übereinander setzt ein Ankerlieger, dessen Anker die Schifffahrt gefährden kann; am Tage ist ein solcher Anker mit einem gelben Döpper zu bezeichnen.

Abb. 1

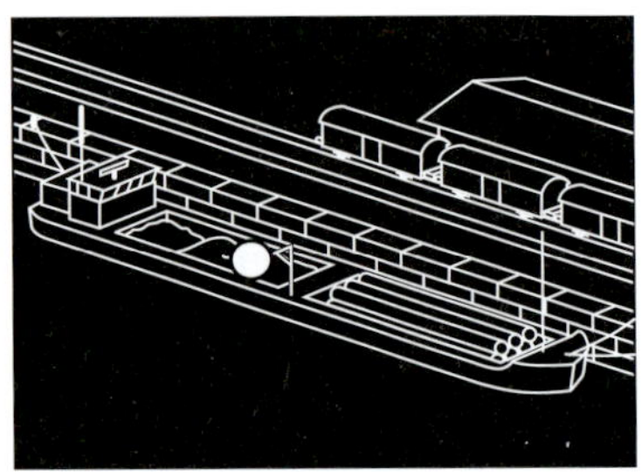

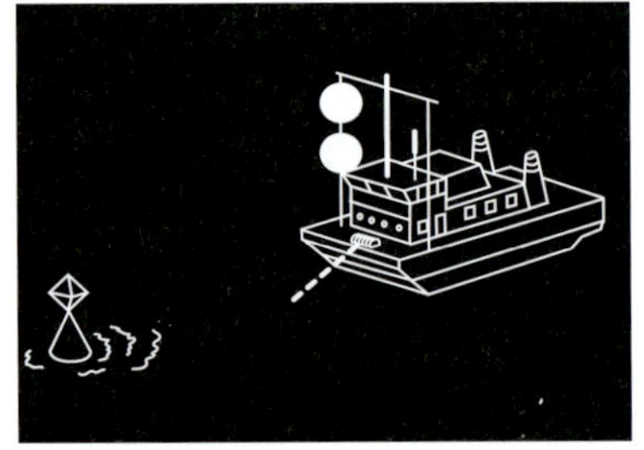

Abb. 2

Abb. 3

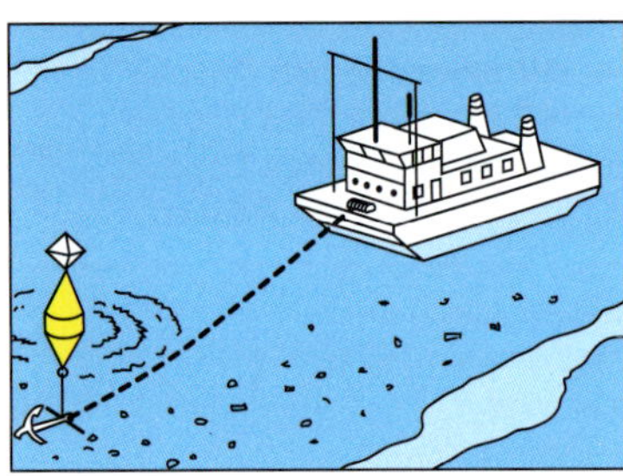

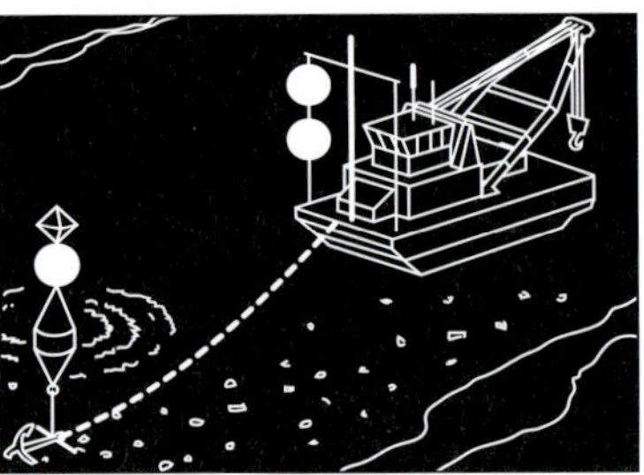

Abb. 4

9. Bezeichnung von Liegestellen, Liegeverbot

107

Was bedeutet dieses Tafelzeichen?

Antwort:

a. **Liegestelle für Fahrzeuge mit explosiven Stoffen, für Kleinfahrzeuge verboten.**
b. **Liegestelle für Fahrzeuge mit brennbaren Stoffen, für Kleinfahrzeuge verboten.**
c. **Liegestelle für Fahrzeuge mit gesundheitsgefährdeten Stoffen, für Kleinfahrzeuge verboten.**
d. **Liegestelle für alle Fahrzeuge, für Kleinfahrzeuge verboten.**

108

Was bedeuteten dieses Tafelzeichen?

Antwort:

a. Liegestelle für Fahrzeuge ohne gefährliche Güter, auch für Kleinfahrzeuge.
b. Liegestelle für Fahrzeuge ohne gefährliche Güter, nicht für Kleinfahrzeuge.
c. Liegestelle für Fahrzeuge mit gefährlichen Gütern, auch für Kleinfahrzeuge.
d. Liegestelle für Fahrzeuge mit gefährlichen Gütern, nicht für Kleinfahrzeuge.

Zu Fragen 107 und 108:

Hinweise:
Wenn keine bezeichneten Liegestellen vorhanden sind, kein allgemeines Liegeverbot besteht und auch keine Liegeverbotstafeln aufgestellt sind, kann der Verkehrsteilnehmer seinen Liegeplatz frei wählen. Der Liegeplatz ist unter Berücksichtigung des Tiefgangs und der örtlichen Verhältnisse so nah wie möglich am Ufer zu wählen. Durch das Stilllegen darf die Schifffahrt nicht behindert werden. Die für bestimmte Strecken festgelegten Liegebreiten müssen beachtet werden, z. B. Teil II BinSchStrO § ... 10.
Gegenüber stillliegenden Fahrzeugen, die die Bezeichnung für gefährliche Güter führen, müssen folgende Abstände eingehalten werden:

- 10 m gegenüber einem blauen Licht/Kegel
- 50 m gegenüber zwei blauen Lichtern/Kegeln
- 100 m gegenüber drei blauen Lichtern/ Kegeln

Die Anker-, Festmache- und Liegestellen können wir folgt bezeichnet sein:

Ankern erlaubt

Festmachen erlaubt

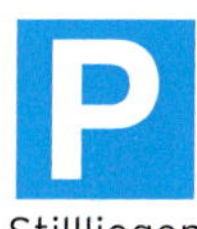

Stillliegen erlaubt

Vorschriften:
§§ 7.02, E.5.7, E.5.8, § 12, 7.06 E.5.7, E.5.8, E.5.12 BinSchStrO

Merke:
Das quadratische Tafelzeichen mit einem weißen auf der Spitze stehenden Quadrat auf blauem Grund, darin drei blaue Kegel, Spitzen unten, bedeutet Liegestelle für Fahrzeuge mit explosiven Stoffen, für Kleinfahrzeuge verboten. Ohne drei kleine blaue Kegel, Spitzen unten, bezeichnet das quadratische blaue Tafelzeichen eine Liegestelle für Fahrzeuge ohne gefährliche Güter, auch für Kleinfahrzeuge.

109

Wo besteht ohne besondere Bezeichnung der Stellen bzw. Strecken ein allgemeines Liegeverbot?

Antwort:

a. Auf Schifffahrtskanälen und Schleusenkanälen.
b. Auf Schifffahrtskanälen und vor Schleusenkanälen.
c. Vor Brücken und Hochspannungsleitungen.
d. Vor Brücken und nach Hochspannungsleitungen.

Zu Frage 109:

Allgemeine Liegeverbote:

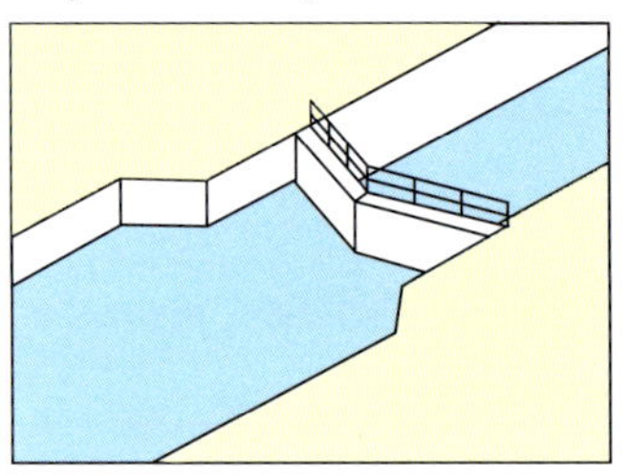

auf Schifffahrts- und Schleusenkanälen

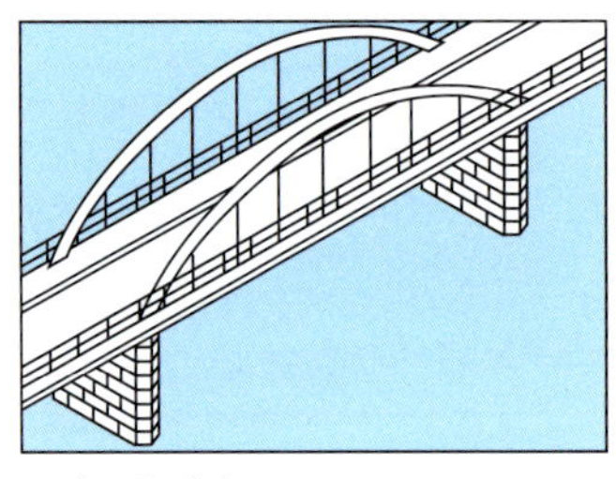

unter Brücken

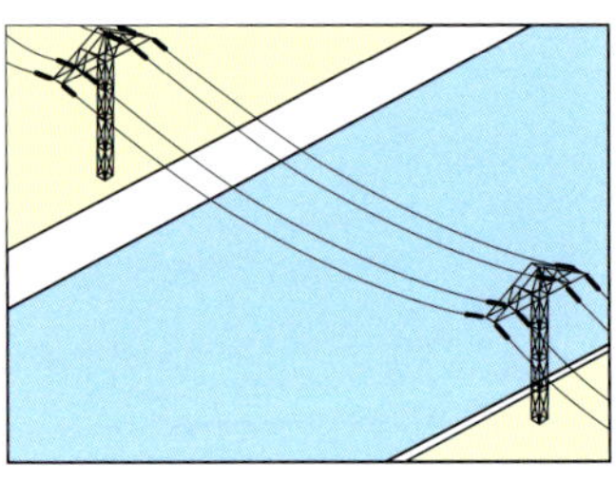

unter Hochspannungsleitungen

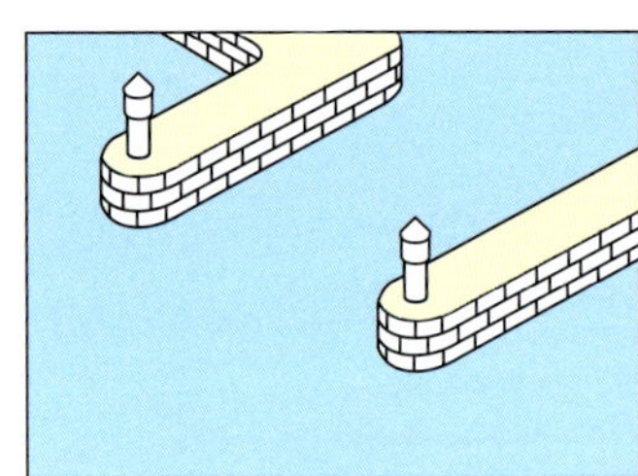

in Hafeneinfahrten

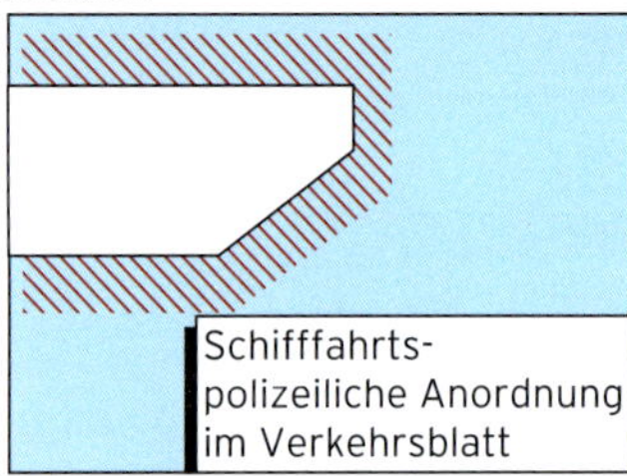

an bekannt gemachten Stellen

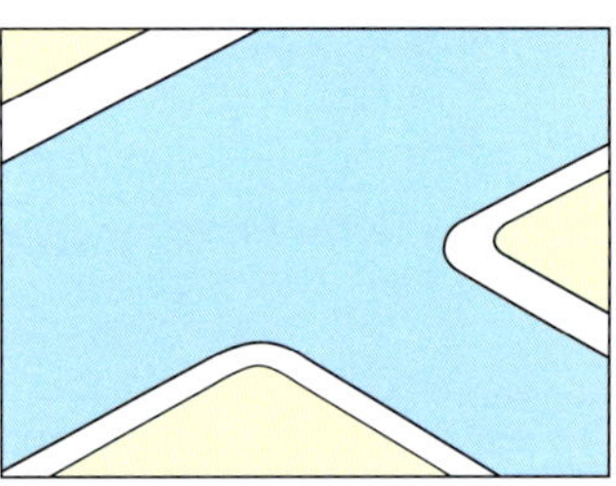

an Abzweigungen oder Einmündungen

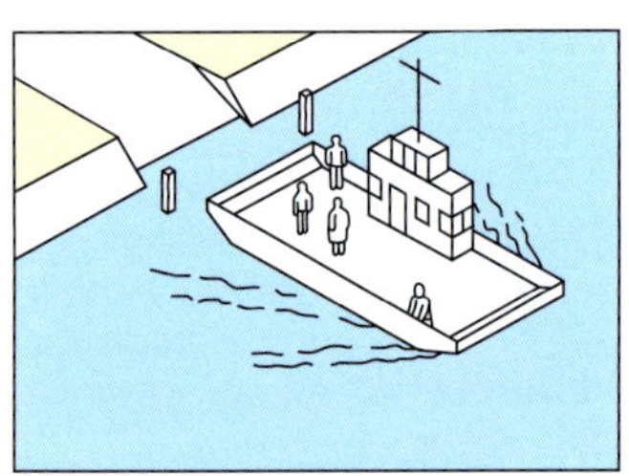

in der Fährlinie von Fähren

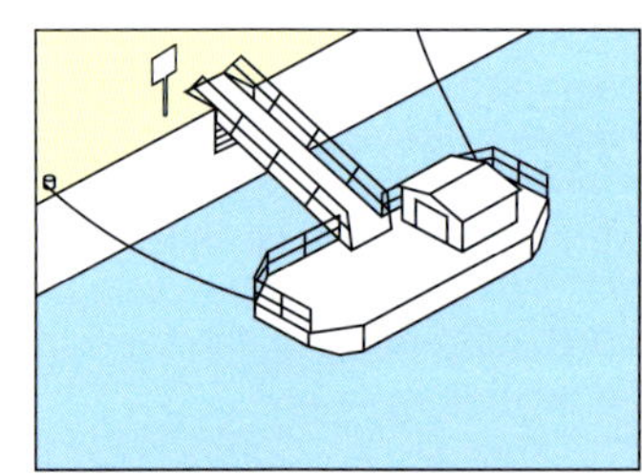

in der Kurslinie bem An- und Ablegen an Anlagestellen

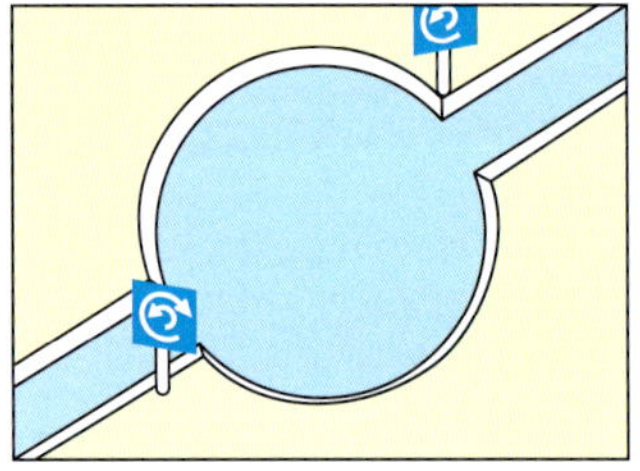

in Wendestellen

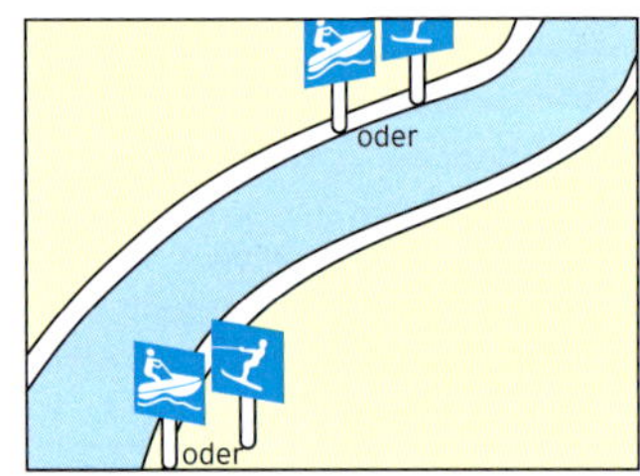

in Wasserski- oder Wassermotorradstrecken

Hinweise:

Liegeverbotsbereiche können durch die Verkehrsvorschriften oder durch schifffahrtspolizeiliche Anordnungen festgelegt sein, die in der Regel für die gesamte Breite der Wasserstraße gelten. Liegeverbotszeichen gelten nur auf der Seite der Wasserstraße, auf der das Zeichen steht.

Vorschriften:

§§ 7.01, 7.02 BinSchStrO

Merke:

Ein allgemeines Liegeverbot (ohne besondere Bezeichnung) besteht auf Schifffahrtskanälen und Schleusenkanälen.

10. Brückendurchfahrt

10.1 Feste Brücken

110

Welche Bedeutung hat das nachstehende Tafelzeichen?

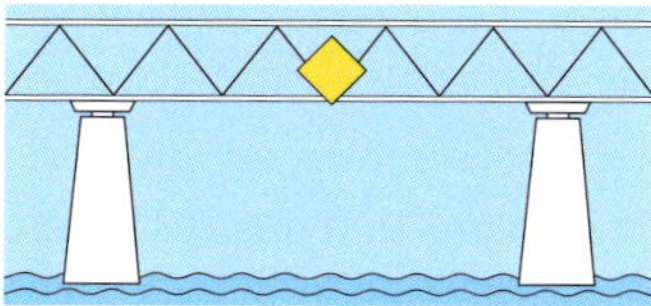

Antwort:

a. **Empfohlene Durchfahrtsöffnung, Durchfahrt in beide Richtungen erlaubt.**
b. **Empfohlene Durchfahrt, Durchfahrt in Gegenrichtung verboten.**
c. **Die Durchfahrt ist nur durch diese Brückenöffnung und nur in eine Richtung gestattet.**
d. **Die Durchfahrt ist nur durch diese Brückenöffnung und in beide Richtungen gestattet.**

111

Welche Bedeutung haben die nachstehenden Tafelzeichen?

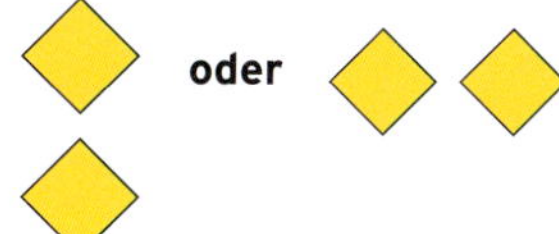

Antwort:

a. **Empfohlene Durchfahrt, Durchfahrt in Gegenrichtung verboten.**
b. **Empfohlene Durchfahrtsöffnung, Durchfahrt in beide Richtungen erlaubt.**
c. **Die Durchfahrt ist nur durch diese Brückenöffnung und in beide Richtungen gestattet.**
d. **Die Durchfahrt ist nur durch diese Brückenöffnung und nur in eine Richtung gestattet.**

112

Was bedeuten diese Tafelzeichen an Brücken?

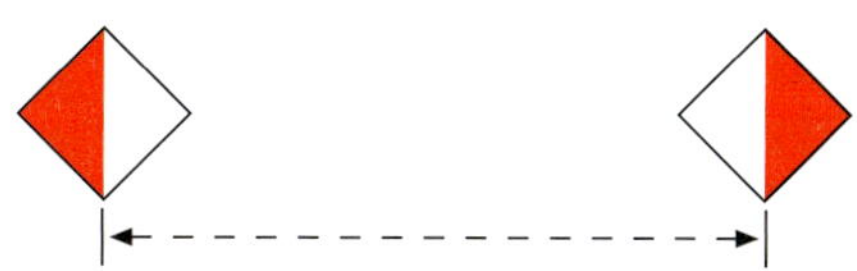

Antwort:

a. **Durchfahrt nur zwischen den beiden Tafeln erlaubt.**
b. **Durchfahrt nur außerhalb der beiden Tafeln erlaubt.**
c. **Empfohlene Durchfahrt nur zwischen den beiden Tafeln.**
d. **Empfohlene Durchfahrt mit Gegenverkehr.**

113

Was bedeuten diese Tafelzeichen an Brücken?

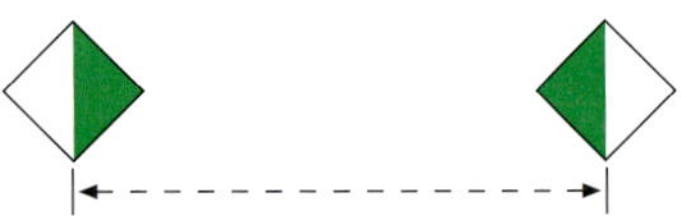

Antwort:

a. **Empfohlene Durchfahrt nur zwischen den beiden Tafeln.**
b. **Durchfahrt nur zwischen den beiden Tafeln erlaubt.**
c. **Durchfahrt nur außerhalb der beiden Tafeln erlaubt.**
d. **Empfohlene Durchfahrt mit Gegenverkehr.**

114

Was bedeutet dieses Tafelzeichen an Brücken?

Antwort:

a. **Empfohlene Durchfahrt mit Gegenverkehr.**
b. **Empfohlene Durchfahrt ohne Gegenverkehr.**
c. **Empfohlene Durchfahrt nur in eine Richtung.**
d. **Durchfahrt nur neben der Tafel erlaubt.**

115

Was bedeutet dieses Tafelzeichen an Brücken?

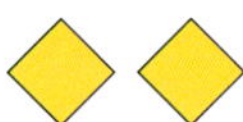

Antwort:

a. **Empfohlene Durchfahrt ohne Gegenverkehr.**
b. **Empfohlene Durchfahrt mit Gegenverkehr.**
c. **Empfohlene Durchfahrt in beide Richtungen.**
d. **Durchfahrt nur außerhalb der beiden Tafeln erlaubt.**

116

Was bedeutet dieses Tafelzeichen im Bereich eines Wehres?

Antwort:

a. **Verbot der Durchfahrt und Sperrung der Schifffahrt.**
b. **Gesperrte Wasserfläche, jedoch für Kleinfahrzeuge mit Antriebsmaschine befahrbar.**
c. **Gesperrte Wasserfläche, jedoch für Kleinfahrzeuge ohne Antriebsmaschine befahrbar.**
d. **Schutzbedürftige Anlage.**

Zu Fragen 110 bis 116:

Feste Brücken

Hinweise:

Die Durchfahrtsbreite unter festen Brücken wird von den Brückenpfeilern bestimmt. Vielfach ist die Durchfahrt nur in einer Breite möglich. Die Durchfahrtsbreite kann zusätzlich durch Bauwerke oder Aufschüttungen auf dem Pfeilersockel verringert sein. Die Wölbung eines Brückenbogens kann ebenfalls zur Verringerung der Durchfahrtsbreite führen, weil die veröffentlichte Durchfahrtshöhe nur in einem Teilbereich vorhanden ist. Die Einschränkungen bzw. Begrenzungen sind aus Zeichen an den Brückendurchfahrten ersichtlich, die bei Nacht beleuchtet sind (siehe S. 69).

Mit quadratischen, auf der Spitze stehenden **gelben** Tafeln werden die empfohlenen Durchfahrten wie folgt bezeichnet:

Tafeln 1: „Empfohlene Durchfahrt in beiden Richtungen", Gegenverkehr ist möglich.

Tafel 2: „Verkehr ist nur in Fahrtrichtung erlaubt", die Gegenrichtung wird durch eine rot-weiß-rote Tafel gesperrt.

Die **rot-weiß-rote Tafel** findet auch Verwendung für die Durchfahrtssperre von einzelnen Brückenöffnungen oder Wehren; ersatzweise können ein rotes Licht oder zwei rote Lichter gesetzt sein.

Die Einschränkung der Durchfahrtsbreite in einer Öffnung wird durch **rot-weiße quadratische Tafeln** angezeigt. Hier ist die Durchfahrt nur zwischen den weißen Schnittlinien erlaubt.

Tafeln 1

Die Brückenöffnung darf nur zwischen diesen Tafeln durchfahren werden.

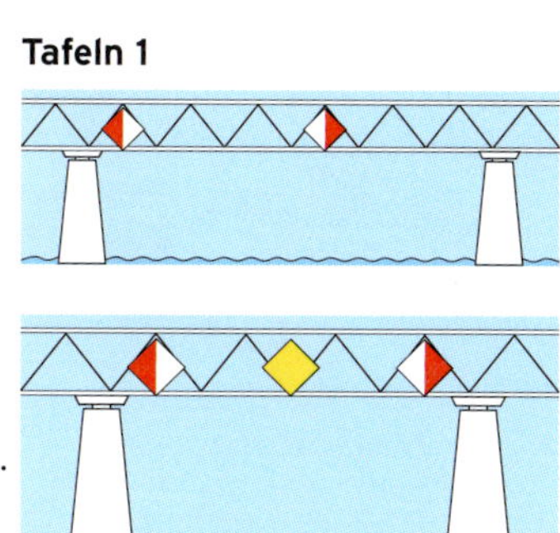

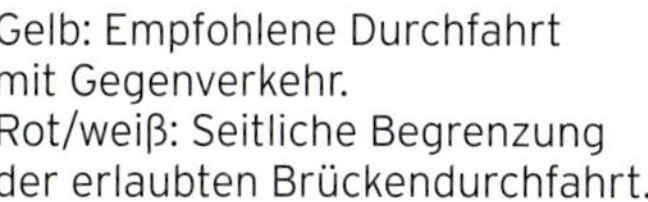

Gelb: Empfohlene Durchfahrt mit Gegenverkehr.
Rot/weiß: Seitliche Begrenzung der erlaubten Brückendurchfahrt.

Tafel 2

1. Durchfahrt ohne Gegenverkehr. Durchfahrt erlaubt bei Zeichen 1.
2. Verbot der Durchfahrt.

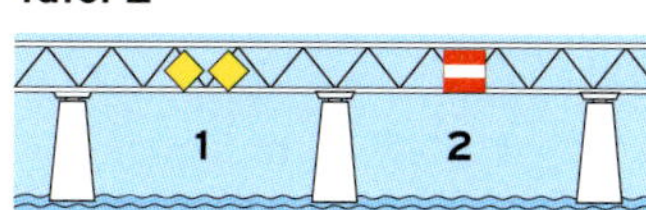

Sind anstelle der rot-weißen weiß-grüne quadratische Tafeln angebracht, wird empfohlen, nur zwischen den grünen Schnittlinien durchzufahren.

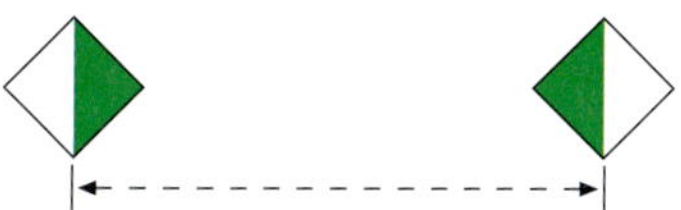

Sind an Brückenöffnungen keine Zeichen angebracht, kann der Verkehrsteilnehmer die Durchfahrt unter Berücksichtigung der Fahrwasserverhältnisse wählen.

Das Stillliegen unter Brücken ist grundsätzlich verboten. Beim Passieren von Brückenöffnungen sollte, unabhängig eventueller Zeichen, nicht zu nahe an Brückenteile herangefahren werden, weil die stärkere Strömung ein seitliches Versetzen bewirken und die Ruderwirkung beeinträchtigen kann. Aus diesen Gründen sollte in Brückenbereichen auch nicht überholt werden.

Merke:

- Eine auf der Spitze stehende gelbe Tafel bezeichnet die empfohlene Durchfahrtsöffnung, Durchfahrt in beide Richtungen erlaubt, also Gegenverkehr;
- zwei auf der Spitze stehende gelbe Tafeln über- oder nebeneinander bezeichnen die empfohlene Durchfahrtöffnung, aber die Durchfahrt in der Gegenrichtung ist verboten, also kein Gegenverkehr;
- die rot-weiß-rote Tafel an Brückenöffnungen und Wehren bedeutet Verbot der Durchfahrt und Sperrung der Schifffahrt;
- zwei rot-weiße auf der Spitze stehende Tafeln erlauben die Durchfahrt nur zwischen den beiden Tafeln; sind die Tafeln weiß-grün, bedeutet das empfohlene Durchfahrt nur zwischen den beiden Tafeln.

10.2 Bewegliche Brücken

Hinweise:

Sind an einer Brückenöffnung die rot-weißen oder weiß-grünen Zeichen angebracht, gelten für die Durchfahrtsbreite die jeweiligen Schnittlinien (siehe Fragen 112 und 113). Ist die Durchfahrt ohne Öffnung (Drehung oder Hebung) möglich, kann die Brücke passiert werden. Vielfach kann man das Verkehrsgeschehen auf der gegenüberliegenden Seite jedoch nicht ausreichend einsehen, sodass man kurzfristig mit Gegenverkehr rechnen muss und besondere Vorsicht geboten ist. Dies trifft bei Brücken mit Signalanlagen zu, die ein weißes über den roten Lichtern (Verkehr in beiden Richtungen) zeigen. Die Durchfahrt kann zur Engstelle werden, was ganz besonderer Aufmerksamkeit bedarf.

Bei Annäherung an bewegliche Brücken und bei der Durchfahrt ist das Überholen verboten.

Wird in Verbindung mit roten Lichtern ein weißes Licht gezeigt, kann die Brückendurchfahrt passiert werden, wenn die Durchfahrtshöhe dies zulässt.

Ferner können rote Lichter durch rot-weiß-rot waagerecht gestreifte Tafeln (Frage 116) und grüne Lichter durch grün-weiß-grün senkrecht gestreifte Tafeln ersetzt werden.

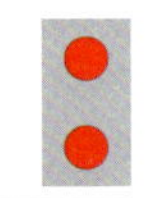
Keine Durchfahrt (Brücke gesperrt)

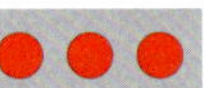
Keine Durchfahrt (Brücke geschlossen, sie kann vorübergehend nicht geöffnet werden)

Keine Durchfahrt
(Brücke geschlossen oder Gegenverkehr)

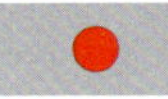
Keine Durchfahrt (Brücke in Bewegung)

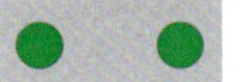
Durchfahrt frei (Brücke geöffnet)

Zusätzliche Regelung der BinSchStrO:

Nach der BinSchStrO müssen Fahrzeuge, wenn sie das Öffnen der Brücke verlangen, erfoderlichenfalls 2 lange Töne geben. Bis zur Freigabe der Durchfahrt müssen sie sich mindestens 50 m von der Brücke entfernt halten. Ist das Anhaltegebotszeichen (siehe Frage 21) angebracht, müssen sie vor diesem Zeichen anhalten. Die Durchfahrt kann bei Tag und bei Nacht auch durch Lichter geregelt sein.

Vorschriften:

§§ 6.24, 6.25, 6.26, 7.02 BinSchStrO ohne MoselSchPV

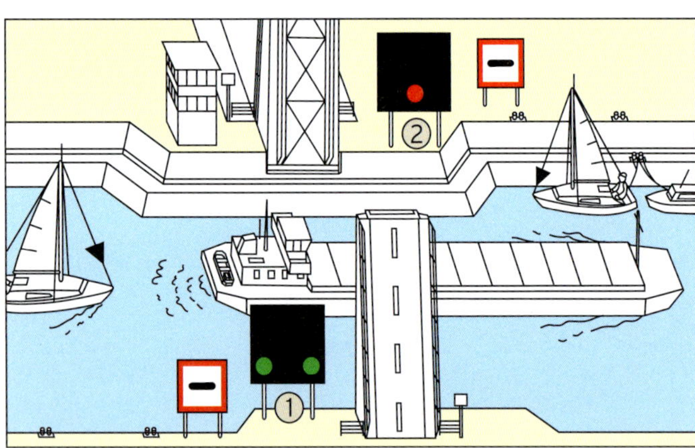

1 *Durchfahrt frei, Brücke geöffnet*

2 *Wird nur ein rotes Licht gezeigt: keine Durchfahrt; Brücke in Bewegung*

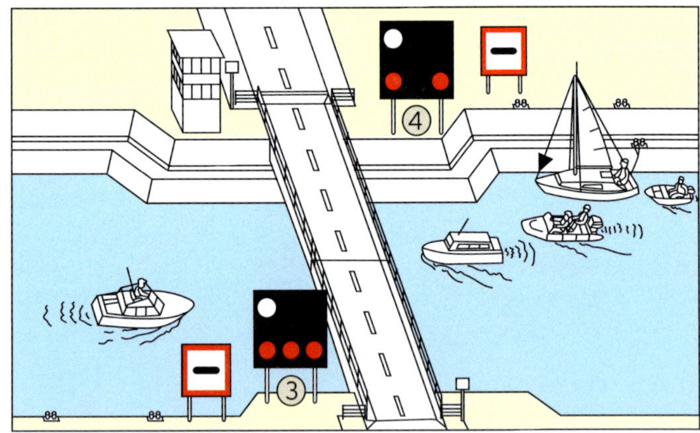

3 *Durchfahrt frei, jedoch unter Beachtung der Vorfahrtsregeln für Engstellen (Gegenverkehr)*

4 *Durchfahrt frei für Fahrzeuge, für die die Durchfahrtshöhe mit Sicherheit ausreicht*

11. Schleusendurchfahrt

11.1 Allgemeines

Der Schleusenbereich umfasst die Schleusenkammern und die Wasserflächen oberhalb und unterhalb der Schleusen, die dem Festmachen, Einordnen und Warten von Fahrzeugen dienen und als Schleusenvorhafen bezeichnet werden. Der jeweilige Beginn des Schleusenbereichs kann durch weiße Tafeln mit schwarzer Umrandung und der schwarzen Aufschrift „Schleusenbereich" gekennzeichnet sein. Bei der Annäherung an den Schleusenbereich und im Schleusenbereich darf nur mit mäßiger Geschwindigkeit gefahren werden. Vor der Anhaltegebotstafel (siehe Frage 96) muss angehalten oder festgemacht werden.

Kleinfahrzeuge müssen die Bootsschleusen benutzen. Dabei ist zu beachten, dass auf beiden Seiten des Bootes ein angemessener Freiraum/Sicherheitsabstand für die Fender vorhanden ist, damit sie beim Schleusen nicht festklemmen. Sofern Bootsschleusen nicht benutzt werden können oder nicht vorhanden sind, werden Kleinfahrzeuge in der jeweiligen Großschifffahrtsschleuse zusammen mit anderen Fahrzeugen oder in Gruppen geschleust. Einzelschleusungen sind nach bestimmten Wartezeiten möglich.

Dass man schleusen will, teilt man dem Schleusenpersonal über Funk oder in anderer Weise mit.

Beachte:
Im Schleusenbereich
- ist das Überholen verboten;
- darf an wartenden Fahrzeugen nur bei Vorschleusung vorbeigefahren werden, um sich in vorhandene Lücken zu legen;
- darf der Maschinenantrieb nur benutzt werden, wenn es unbedingt erforderlich ist;
- müssen Anker vollständig hochgenommen sein;
- darf auch bei mehreren Schleusen nur die zugewiesene Schleusenkammer angesteuert werden;
- muss zu Fahrzeugen mit einem, zwei oder drei blauen Kegeln ein seitlicher Abstand von mindestens 10 m eingehalten werden;
- dürfen nur Fahrzeuge stillliegen, die schleusen wollen.

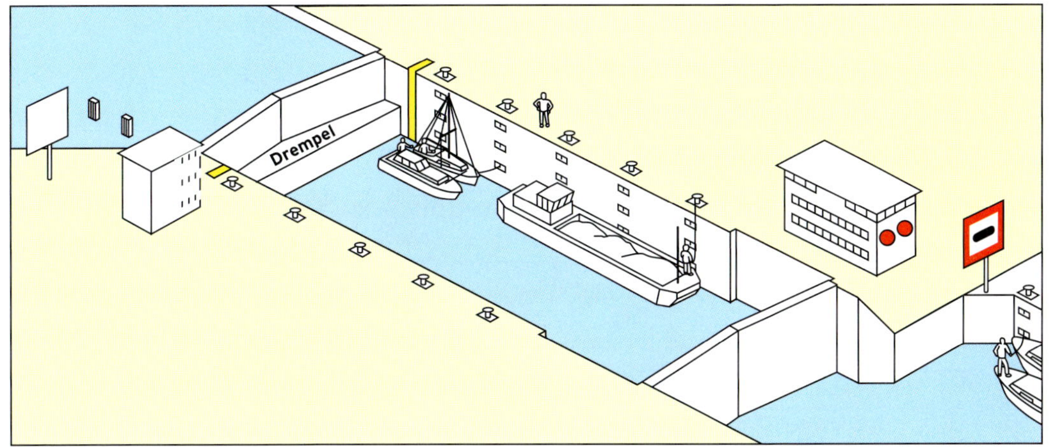

Blick in eine Schleuse

Beim Schleusen ist hinsichtlich der **Verhaltensregeln** zu unterscheiden zwischen

- Maßnahmen vor dem Einlaufen in eine Schleuse,
- Verhalten in der Schleusenkammer und
- Maßnahmen beim Ausschleusen.

Vorbereitungen vor dem Einlaufen in eine Schleuse
Bei der Annäherung an den Schleusenbereich muss die Fahrt verlangsamt werden. Wer nicht gleich in die Schleuse einfahren kann oder will, hat vor dem Anhaltegebotszeichen anzuhalten. Zum vorübergehenden Festmachen dienen die Schleusenvorhafen-Poller, zu denen eine Leinenverbindung hergestellt werden kann.
Für das Festmachen an den Pollern, aber auch in der Schleusenkammer selbst, sind Leinen, Fender und Bootshaken bereitzuhalten. Außerdem ist darauf zu achten, ob vom Schleusenpersonal über Lautsprecher eine besondere Reihenfolge festgelegt wird.
Wenn das nicht der Fall ist, fahren Sportboote **hinter** den Fahrzeugen der gewerblichen Schifffahrt in die Schleuse ein. Das Einlaufen ist erst dann gestattet, wenn dies durch zwei grüne Lichter nebeneinander oder ein grünes Licht angezeigt wird.
Verhalten in der Schleusenkammer
Beim Einfahren in die Schleusenkammer hinter den Fahrzeugen der gewerblichen Schifffahrt ist im Hinblick auf deren Schraubenwasser vor allem ein ausreichender Sicherheitsabstand zu halten.
Beim Abschleusen muss die gelbe Farbmarkierung an der Schleusenmauer, die den Drempel am Obertor bezeichnet, in voller Länge passiert werden, um das Aufsetzen auf den Drempel zu vermeiden (siehe Abbildung auf der vorherigen Seite). In der Schleusenkammer müssen die bereitgehaltenen Fender angebracht sein und die Leinen zum Festhalten an den Pollern oder Poliertreppen eingehängt werden. Auf keinen Fall darf man die Leinen fest belegen, damit sie beim Abschleusen jederzeit gefiert bzw. beim Aufschleusen durchgeholt werden können, da im Notfall das Boot sofort loszuwerfen ist.
Maßnahmen beim Ausschleusen
Die Leinen dürfen erst zum Fahrtaufnehmen losgeworfen werden. Auf das Schraubenwasser der auslaufenden gewerblichen Schifffahrt ist besonders zu achten und ein ausreichender Sicherheitsabstand zu halten.

Achten Sie auf die Anweisungen des Schleusenpersonals!

Vorschrift:
§ 6.28 BinSchStrO

11.2 Einfahrtsregelung

117
Welche Bedeutung haben vor einer Schleuse ein rotes oder ein rotes und ein grünes Licht?

Antwort:
a. **Einfahrt verboten, Öffnen der Schleuse wird vorbereitet.**
b. **Einfahrt verboten, Schließen der Schleuse wird vorbereitet.**
c. **Ausfahrt verboten, Öffnen der Schleuse wird vorbereitet.**
d. **Ausfahrt verboten, Schließen der Schleuse wird vorbereitet.**

Zu Frage 117:
Hinweise:
Für das Einfahren und Ausfahren sind die Lichter zu beachten. Fahrt zum Ausfahren darf erst nach dem Löschen des roten und dem Zeigen des grünen Lichtes aufgenommen werden. Anstelle des roten Lichtes oder der roten Lichter kann auch die rot-weiß-rote Tafel und anstelle des grünen Lichtes oder der grünen Lichter auch die grün-weiß-grüne Tafel gesetzt werden. Werden weder Lichter noch Tafeln gezeigt, sind Ein- und Ausfahren nur auf Weisung des Schleusenpersonals zulässig. Sind mehrere Schleusen vorhanden, wird nach der BinSchStrO die Zuweisung auch durch Richtungsweiser gegeben, und zwar mit folgender Bedeutung:

Lichter	Bedeutung
○ ⊗	rechte Schleuse benutzen
⊗ ○	linke Schleuse benutzen
○ ○	bis zur Einweisung warten
⊗ ⊗	beide Schleusen benutzbar

Vorschriften:
§§ 6.28, 6.28a, 7.02 BinSchStrO

Merke:
Vor einer Schleuse bedeuten ein rotes oder ein rotes und ein grünes Licht: Einfahrt verboten. Öffnen der Schleuse wird vorbereitet.

11.3 Reihenfolge, Verhalten beim Schleusen

118

In welcher Reihenfolge fahren Fahrzeuge, die nicht Kleinfahrzeuge sind, und Kleinfahrzeuge, die gemeinsam geschleust werden sollen, in die Schleuse ein?

Antwort:

a. **Kleinfahrzeuge fahren erst nach den Fahrzeugen, die nicht Kleinfahrzeuge sind und nach Aufforderung durch die Schleusenaufsicht in die Schleuse ein.**
b. **Kleinfahrzeuge fahren vor den Fahrzeugen, die nicht Kleinfahrzeuge sind und vor Aufforderung durch die Schleusenaufsicht in die Schleuse ein.**
c. **Kleinfahrzeuge fahren vor den Fahrzeugen, die nicht Kleinfahrzeuge sind und ohne Aufforderung durch die Schleusenaufsicht in die Schleuse ein.**
d. **Kleinfahrzeuge fahren nach den Fahrzeugen, die nicht Kleinfahrzeuge sind und ohne Aufforderung durch die Schleusenaufsicht in die Schleuse ein.**

Zur Frage 118:

Merke:
Kleinfahrzeuge fahren erst nach den Fahrzeugen, die nicht Kleinfahrzeuge sind, und nach Aufforderung durch die Schleusenaufsicht in die Schleuse ein.

119

Mehrere Kleinfahrzeuge sollen gemeinsam vom Oberwasser in das Unterwasser geschleust werden. Worauf ist bei deren Einfahrt in die Schleuse und während des Schleusens besonders zu achten?

Antwort:

a. **Das letzte Kleinfahrzeug muss so weit einfahren, dass es beim Leeren der Schleuse nicht auf den Drempel aufsetzen kann. Die Festmacherleinen sind so zu bedienen, dass Stöße gegen Schleusenwände, Schleusentore, andere Fahrzeuge vermieden werden und ein sicheres Fieren der Leinen möglich ist.**

b. **Das erste Kleinfahrzeug muss so weit einfahren, dass es beim Leeren der Schleuse nicht auf den Drempel aufsetzen kann. Die Festmacherleinen sind so zu bedienen, dass Stöße gegen Schleusenwände, Schleusentore, andere Fahrzeuge vermieden werden und ein sicheres Fieren der Leinen möglich ist.**

c. **Das erste Kleinfahrzeug muss so weit einfahren, dass es beim Füllen der Schleuse nicht auf den Drempel aufsetzen kann. Die Festmacherleinen sind so zu bedienen, dass Stöße gegen Schleusenwände, Schleusentore, andere Fahrzeuge vermieden werden und ein sicheres Fieren der Leinen möglich ist.**

d. **Das letzte Kleinfahrzeug muss so weit einfahren, dass es beim Füllen der Schleuse nicht auf den Drempel aufsetzen kann. Die Festmacherleinen sind so zu bedienen, dass Stöße gegen Schleusenwände, Schleusentore, andere Fahrzeuge vermieden werden und ein sicheres Fieren der Leinen möglich ist**

Zur Frage 119:

Merke:

- Beim Schleusen vom Oberwasser in das Unterwasser muss das letzte Kleinfahrzeug so weit einfahren, dass es beim Leeren der Schleuse nicht auf den Drempel aufsetzen kann.
- Die Festmacherleinen sind so zu bedienen, dass Stöße gegen Schleusenwände, Schleusentore und andere Fahrzeuge vermieden werden und ein sicheres Fieren der Leinen möglich ist.

12. Sichtzeichen der Fahrzeuge

12.1. Sichtzeichen der Maschinenfahrzeuge, Fähren, Schub- und Schleppverbände

120
Was bedeuten diese Lichter?

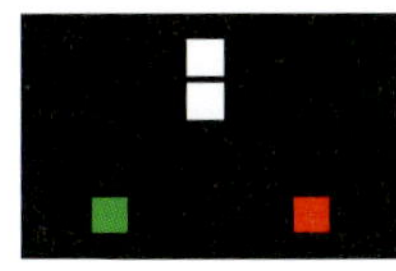

Antwort:
a. Fahrzeug mit Maschinenantrieb länger als 110 m.
b. Schubverband kürzer als 110 m.
c. Schubverband länger als 110 m.
d. Fahrzeug ohne Maschinenantrieb länger als 110 m.

Zu Frage 120:

Hinweise:
Einzeln fahrende Fahrzeuge mit Maschinenantrieb bis 110 m Länge müssen bei Nacht ein weißes Topplicht, Seitenlichter (Rot an Bb, Grün an Stb) und ein weißes Hecklicht führen. Je nach Fahrtrichtung (z. B. Querlage) sind nur das Topplicht und ein Seitenlicht zu sehen.

Bei einer Länge von mehr als 110 m ist zusätzlich ein zweites Topplicht auf dem Hinterschiff und in größerer Höhe als das vordere Licht zu führen (Abb. unten rechts).

Schubverbände in Fahrt, deren Länge 110 m nicht überschreitet, gelten als einzeln fahrende Fahrzeuge mit Maschinenantrieb.

Vorschriften:
§§ 3.01, 3.08
Anlage 3, 1.2 BinSchStrO

Merke:
Zwei weiße Topplichter, das zweite auf dem Hinterschiff und in größerer Höhe als das vordere, sowie Seitenlichter grün und rot, ist von vorn gesehen ein Machinenfahrzeug länger als 110 Meter Länge.

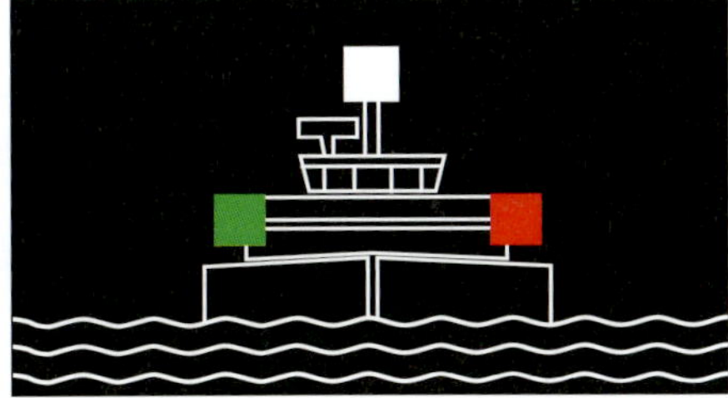

Einzeln fahrendes Fahrzeug mit Maschinenantrieb in Fahrt von vorn

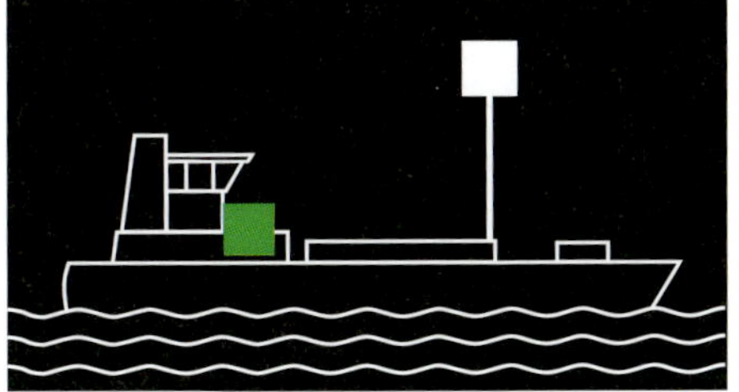

Einzeln fahrendes Fahrzeug mit Maschinenantrieb in Fahrt von Steuerbordseite

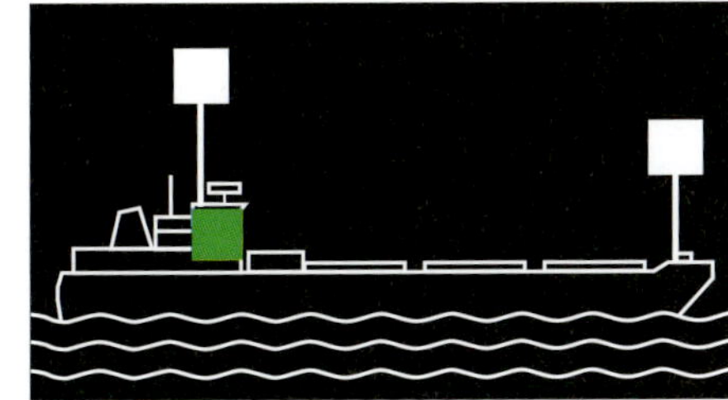

Fahrzeug mit Maschinenantrieb über 110 m Länge

121

Was bedeutet dieses Sichtzeichen?

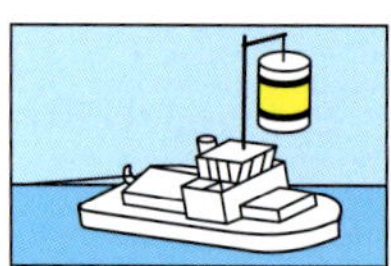

Antwort:

a. **Schleppfahrzeug an der Spitze eines Schleppverbandes.**
b. **Fahrzeug, das vor Anker liegt.**
c. **Fahrzeuge mit Vorrang an einer Schleuse.**
d. **Fahrzeug eines Schleppverbandes.**

122

Was bedeutet dieses Sichtzeichen?

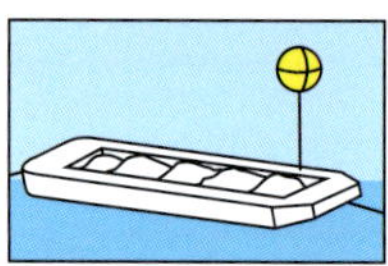

Antwort:

a. **Fahrzeug eines Schleppverbandes.**
b. **Fahrzeug, das vor Anker liegt.**
c. **Fahrzeuge mit Vorrang an einer Schleuse.**
d. **Schleppfahrzeug an der Spitze eines Schleppverbandes**

Zu Fragen 121 und 122:

Beachte:
Bei Schleppverbänden der gewerblichen Schifffahrt ist zu beachten, dass sie zwischen den einzelnen Fahrzeugen, die mit Schleppdrähten miteinander verbunden sind, verschiedene Abstände aufweisen können. Auf dem Rhein darf dieser Abstand bis zu 200 m betragen.

Deshalb ist es besonders wichtig, Anfang und Ende eines Schleppverbandes im Auge zu behalten, damit der Zwischenraum bei einem Seitenwechsel nicht durchfahren wird. Ein solches grob fahrlässiges Verhalten kann zur Kollision, zumindest aber zu beachtlichen Schäden führen.

Faustregel:
- Am Tage beginnt ein Schleppverband am gelben Zylinder und endet am gelben Ball (Abb. nächste Seite rechts).
- Bei Nacht beginnt der Schleppverband an den 2 Topplichtern übereinander und endet am weißen Hecklicht (Abb. Mitte).

Beim Überholen eines Schleppverbandes gilt die umgekehrte Reihenfolge. Zu beachten ist auch, dass die Fahrzeuge im Schleppverband nicht in gerader Linie hintereinander fahren, da jedes Fahrzeug des Verbandes einen Fluss- oder Fahrrinnenbogen (Krümmung) ausfahren muss.

In einem **Schleppverband in Fahrt bei Nacht** (Abb. nächste Seite) führt das erste Fahrzeug (Schlepper) zwei weiße Topplichter senkrecht übereinander, die Seitenlichter und ein gelbes Hecklicht. Die geschleppten Fahrzeuge führen als Toplicht ein weißes Rundumlicht und das letzte Fahrzeug zusätzlich ein weißes Hecklicht (Abb. Mitte). Bei Tag führt das erste Fahrzeug einen gelben Zylinder und alle folgenden Fahrzeuge einen gelben Ball (Abb. rechts).
Fahren mehrere Fahrzeuge (Schlepper) an der Spitze des Verbandes, haben sie ein drittes weißes Topplicht zu führen. Damit wird angezeigt, dass zwischen diesen Fahrzeugen eine Durchfahrt nicht möglich ist. Am Tage haben alle Schlepper dieser Formation den Zylinder zu führen.
Schleppt ein Kleinfahrzeug andere Kleinfahrzeuge, so muss es bei Nacht die für Kleinfahrzeuge vorgeschriebenen Lichter und die geschleppten Kleinfahrzeuge müssen, auch wenn längsseits geschleppt wird, ein weißes Rundumlicht führen. Eine besondere Tagbezeichnung ist nicht vorgeschrieben.
Vorschriften:
§§ 1.01 Nrn. 3 und 4, 3.09 BinSchStrO

Merke:
Einen gelben Zylinder führt der Schlepper an der Spitze eines Schleppverbandes, einen gelben Ball führt das geschleppte Fahrzeug.

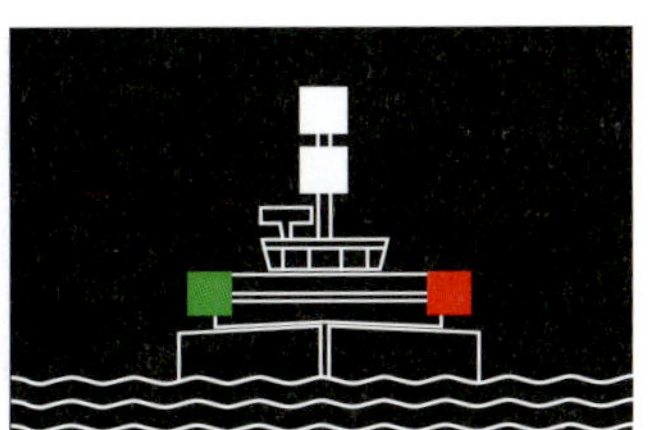

Einzeln fahrendes Fahrzeug über 110 m Länge oder erstes Fahrzeug eines Scheppverbandes von vorn

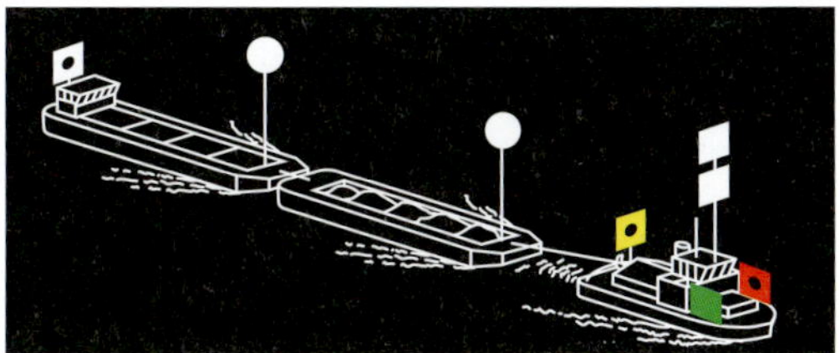

Schleppverband bei Nacht

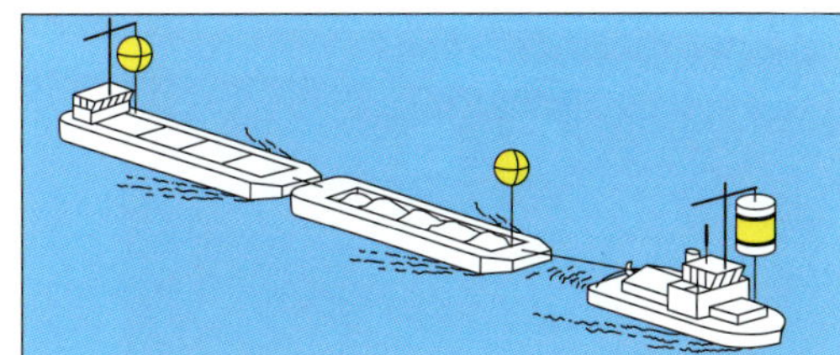

Schleppverband am Tag

123

Was bedeuten diese Lichter?

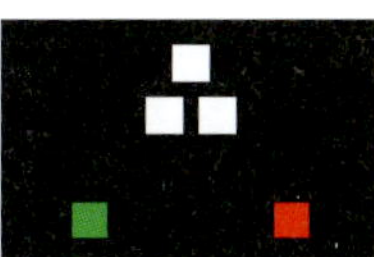

Antwort:

- **a. Schubverband in Fahrt von vorne.**
- **b. Schubverband in Fahrt von achtern.**
- **c. Schubverband vor Anker liegend.**
- **d. Schubverband unter 110 m Länge.**

Zu Frage 123:

Beachte:

Ein Schubverband ist eine starre Verbindung von mehreren Fahrzeugen. Bedingt durch den in der Länge versetzten Drehpunkt eines Wasserfahrzeuges ist bei Kursänderungen der Manövrierraum des Verbandes am Heck größer als am Bug. Bei einem Überholvorgang mit möglichem Gegenverkehr muss dies in den Überholzeitraum mit einbezogen werden. Das gilt auch für die Breite beim Begegnen. Vor allem ist angesichts der eingeschränkten Manövrierfähigkeit und des toten Winkels vor dem Verband ein ausreichender Sicherheitsabstand zu halten.

Bei Tag sind Schubverbände als eine große Einheit erkennbar. Deshalb wurde auf eine besondere Tagbezeichnung verzichtet. Schubverbände bis 110 m Länge gelten als einzeln fahrende Fahrzeuge mit Maschinenantrieb, sodass sie bei Nacht die Lichter eines Einzelfahrers führen.

Lichterführung der Schubverbände

Schubverbände in Fahrt mit **einer** Fahrzeug-Schubleichterbreite müssen bei Nacht führen:

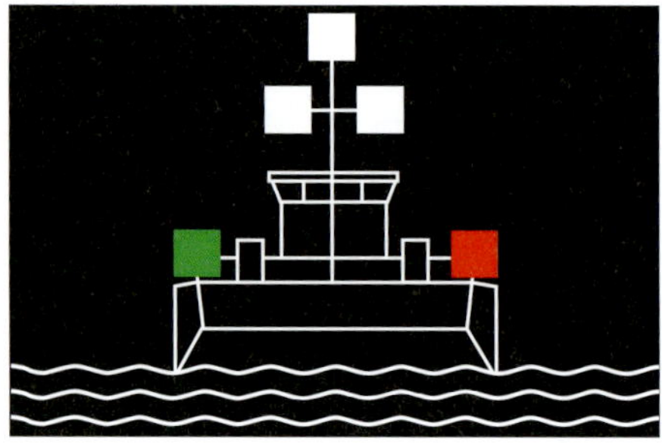

Schubverband von vorn (Abb. 1)

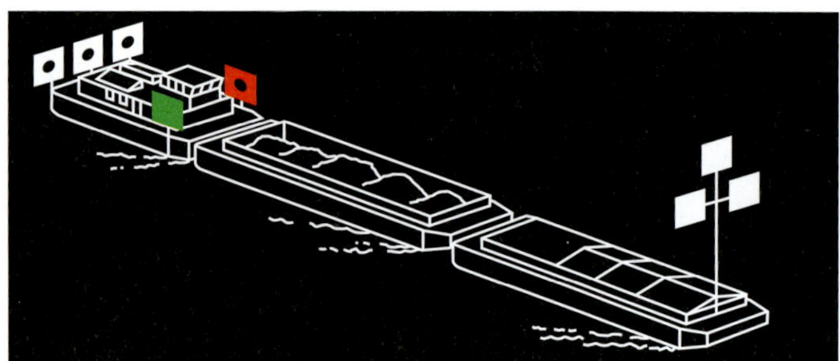

*Schubverband mit **einer** Fahrzeug-Schubleichterbreite (Abb. 2)*

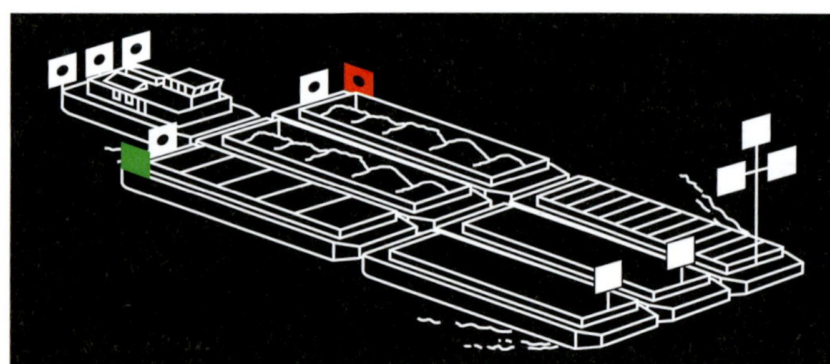

Schubverband mit mehreren neben- und voreinander geschobenen Leichtern (Abb. 3)

a) als Topplichter
   I. drei Topplichter auf dem Vorschiff des Fahrzeugs (Abb. 1 – 3) oder, bei mehreren Fahrzeugen, auf dem Vorschiff des linken der Fahrzeuge an der Spitze des Verbandes (Abb. 3). Diese Topplichter müssen in der Form eines gleichseitigen Dreiecks mit waagerechter Grundlinie in einer Ebene senkrecht zur Längsebene des Verbandes angeordnet sein.
   Die beiden unteren Topplichter müssen in einem Abstand von etwa 1,25 m voneinander und ungefähr 1,10 m unter dem obersten Topplicht gesetzt werden. Sie müssen darüber hinaus auf Flüssen mindestens 2 m über der Ebene der Einsenkungsmarken und mindestens 1 m über den Seitenlichtern, auf Schifffahrtskanälen und in Schleusenkanälen so hoch wie möglich, jedoch mindestens in Höhe der Seitenlichter gesetzt werden;
   II. ein Topplicht auf dem Vorschiff jedes anderen Fahrzeugs, dessen ganze Breite von vorn sichtbar ist. Dieses Topplicht ist nach Möglichkeit 3 m tiefer als das oberste Topplicht nach Ziffer I hiervor zu setzen.

Die Masten dieser Topplichter müssen in der Längsebene des Fahrzeugs stehen, auf dem sie geführt werden;

b) die Seitenlichter auf dem breitesten Teil des Verbandes, höchstens 1 m von dessen Außenseiten entfernt, möglichst nahe beim schiebenden Fahrzeug und mindestens 2 m über dem Wasserspiegel (Abb. 2 und 3);

c) als Hecklichter
   I. drei Hecklichter auf dem Hinterschiff des schiebenden Fahrzeugs in einer waagerechten Linie senkrecht zur Längsebene mit einem seitlichen Abstand von etwa 1,25 m und in ausreichender Höhe, sodass sie nicht durch eines der anderen Fahrzeuge des Verbandes verdeckt werden können (Abb. 2 und 3);
   II. ein Hecklicht auf dem Hinterschiff eines jeden anderen Fahrzeugs, dessen ganze Breite von hinten sichtbar ist. Befinden sich in dem Verband außer dem schiebenden Fahrzeug mehr als zwei von hinten sichtbare Fahrzeuge, ist dieses Hecklicht nur von den beiden äußeren Fahrzeugen zu führen (Abb. 3).

Neben Schlepp- und Schubverbänden gibt es auch noch gekuppelte Fahrzeuge. Hierbei handelt es sich um mindestens zwei längsseits (nebeneinander) fest verbundene gewerbliche Fahrzeuge als Verband, die in der Lichterführung als einzelne Fahrzeuge behandelt werden. Die Seitenlichter auf der jeweiligen Innenseite müssen gelöscht sein, sodass nur einmal sowohl das rote als auch das grüne Seitenlicht sichtbar ist und daraus die Gesamtbreite erkennbar wird (Abb. 3).

Hinweise: Siehe auch Frage 246.
Vorschriften: §§ 1.01, Nrn. 5, 6, 8, 9; 3.01, 3.10 BinSchStrO

Merke:
Drei weiße Topplichter in Form eines gleichseitigen Dreiecks mit waagerechter Grundlinie und mit Seitenlichtern rot und grün ist von vorn gesehen ein Schubverband in Fahrt.

124
Was bedeuten diese Lichter?

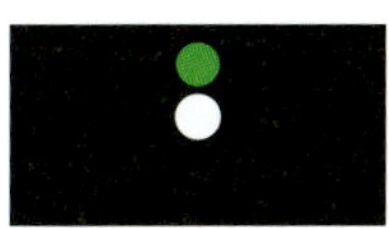

Antwort:
a. **Nicht frei fahrende Fähre.**
b. **Frei fahrende Fähre.**
c. **Schubverband von achtern.**
d. **Schubverband von Steuerbordseite.**

125
Was bedeuten diese Lichter?

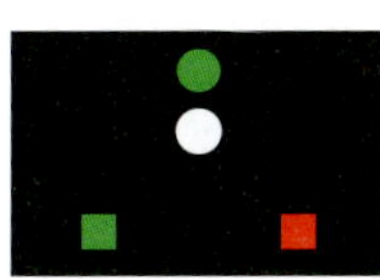

Antwort:
a. **Frei fahrende Fähre.**
b. **Nicht frei fahrende Fähre.**
c. **Schubverband von achtern.**
d. **Schubverband von Steuerbordseite.**

Zu Fragen 124 und 125:
Hinweise:

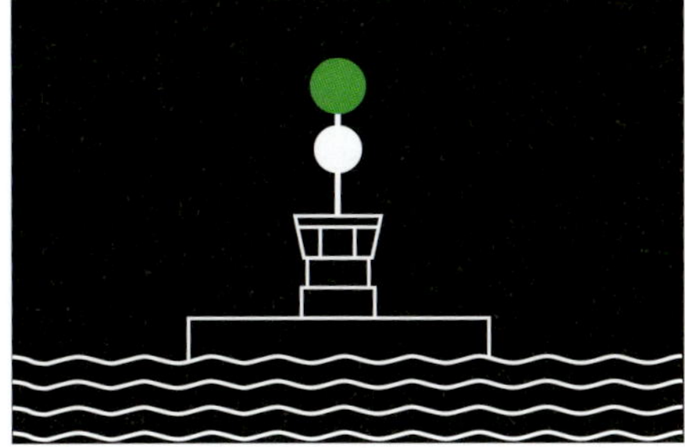
Eine nicht frei fahrende Fähre

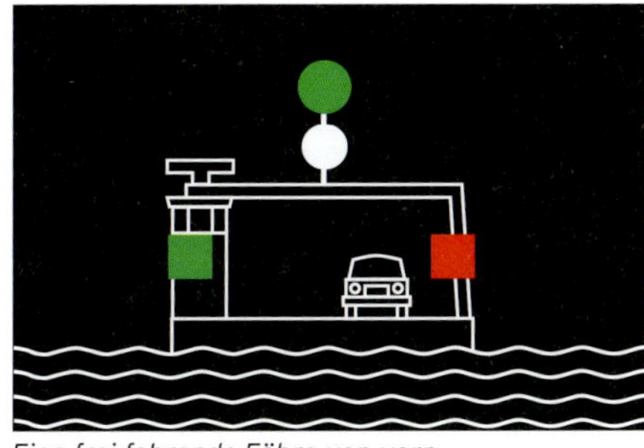
Eine frei fahrende Fähre von vorn

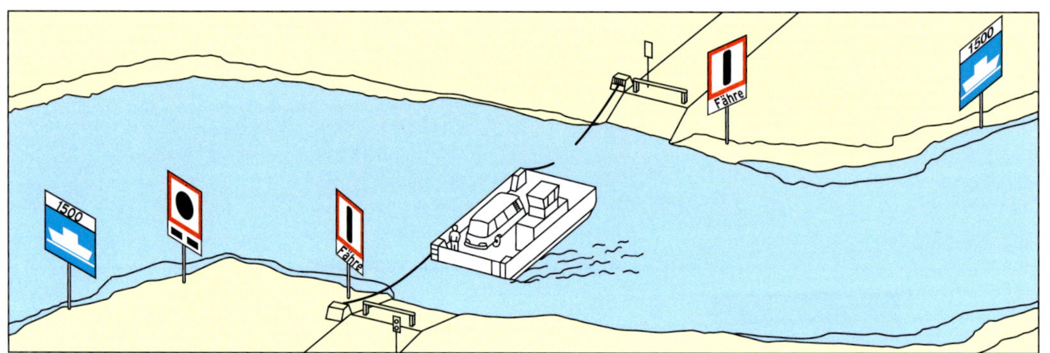

Nicht frei fahrende Fähre am Grundseil

Fähren dienen dem Übersetzverkehr von einem Ufer zum anderen. Es gibt frei fahrende, das heißt mit eigenem Maschinenantrieb fahrende Fähren, und nicht frei fahrende Fähren ohne Maschinenantrieb am Längsseil, Grundseil oder Hochseil.
Die **frei fahrenden Fähren** sind hinsichtlich ihrer Manövrierfähigkeit mit einzeln fahrenden Fahrzeugen mit Maschinenantrieb vergleichbar. Sie führen deshalb auch Seitenlichter und Hecklicht. Die Fähreigenschaft ergibt sich aus den Rundumlichtern Grün über Weiß anstelle des Topplichtes.
Nicht frei fahrende Fähren sind wegen der angebrachten Halterung in ihrer Manövriereigenschaft beeinträchtigt (vgl. Abb.).
Bei einer Fähre am Längsseil verläuft das Längsseil nach Oberstrom, wo es in der Regel ein Stück oberhalb über einem Döpper verankert ist. Der Döpper ist bei Nacht mit einem weißen Rundumlicht bezeichnet. Das Längsseil verläuft am festen Liegeplatz der Fähre stets entlang des Ufers. Wechselt die Fähre zum gegenüber liegenden Ufer, verläuft das Seil schräg über die Wasserstraße, sodass eine Durchfahrt anderer Fahrzeuge nicht möglich ist.
Fähren am Grundseil ziehen sich zum anderen Ufer. Eine Gefahr für die Vorbeifahrt besteht unmittelbar vor und hinter der Fähre, weil das Grundseil durch den Zug über die Fähre schräg nach oben bzw. nach unten verläuft.
Eine Fähre am Hochseil hängt an einem quer über die Wasserstraße verlaufenden Seil, das so hoch angebracht ist, dass die durchgehende Schifffahrt nicht behindert wird. Die Fähren am Längsseil und am Grundseil legen sich schräg gegen die Strömung und werden von der Strömung zum anderen Ufer gedrückt.

Unabhängig von der Pflicht der Fähren, das Fahrwasser nur zu überqueren, wenn dies ohne Beeinträchtigung des übrigen Verkehrs möglich ist, ergibt sich besonders aus der Art der Verankerung (Längsseil) eine entsprechende Rücksichtnahme, insbesondere seitens der schnelleren Sportschifffahrt – auch im eigenen Sicherheitsinteresse. Die Verpflichtung der Fähren besteht nicht gegenüber Kleinfahrzeugen im Bereich der BinSchStrO.
Auf nicht frei fahrende Fähren werden Talfahrer oberhalb der Fährstrecke durch das entsprechende Hinweiszeichen (vgl. Abb.) aufmerksam gemacht. Ferner besteht in der Fährlinie grundsätzlich Stillliegeverbot.
In entsprechender Entfernung kann das Gebotszeichen mit der Verpflichtung zur Abgabe von Schallzeichen aufgestellt sein.
Auch durch das Achtungszeichen mit der Zusatztafel „Fähre" wird auf Fähren aufmerksam gemacht, um an die besondere Rücksichtnahme zu appellieren, die beim Passieren von Fährlinien notwendig st.

Vorschriften:
§ 1.01 Nr. 13; § 3.16; § 7.02 BinSchStrO
Anlage 7, Abschnitt 1, E 4a; Abschnitt II. Nr. 1

Merke:
Ein grünes über einem weißen Rundumlicht (anstelle eines Topplichtes) ist eine nicht frei fahrende Fähre; führt sie auch noch Seitenlichter rot und grün, fährt sie frei.

12.2 Sichtzeichen der Fahrzeuge mit gefährlichen Gütern

126

Was bedeutet auf einem Fahrzeug ein blaues Licht?

Antwort:

a. **Fahrzeug hat brennbare Stoffe geladen, Abstand beim Stillliegen 10 m.**
b. **Fahrzeug hat gesundheitsschädliche Stoffe geladen, Abstand beim Stillliegen 50 m.**
c. **Fahrzeug hat explosive Stoffe geladen, Abstand beim Stillliegen 100 m.**
d. **Fahrzeug der Überwachungsbehörden im Einsatz.**

127

Was bedeutet dieses Sichtzeichen?

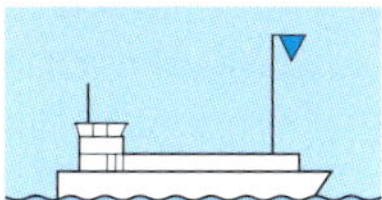

Antwort:

a. **Fahrzeug hat brennbare Stoffe geladen, Abstand beim Stillliegen 10 m.**
b. **Fahrzeug hat gesundheitsschädliche Stoffe geladen, Abstand beim Stillliegen 50 m.**
c. **Fahrzeug hat explosive Stoffe geladen, Abstand beim Stillliegen 100 m.**
d. **Fahrzeug der Überwachungsbehörden im Einsatz.**

128

Was bedeuten auf einem Fahrzeug zwei blaue Lichter übereinander?

Antwort:

a. **Fahrzeug hat gesundheitsschädliche Stoffe geladen, Abstand beim Stillliegen 50 m.**
b. **Fahrzeug hat explosive Stoffe geladen, Abstand beim Stillliegen 100 m.**
c. **Fahrzeug hat brennbare Stoffe geladen, Abstand beim Stillliegen 10 m.**
d. **Fahrzeug der Überwachungsbehörden im Einsatz.**

129

Was bedeutet dieses Sichtzeichen?

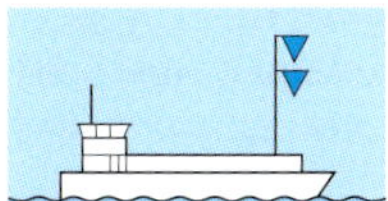

Antwort:

a. **Fahrzeug hat gesundheitsschädliche Stoffe geladen, Abstand beim Stillliegen 50 m.**
b. **Fahrzeug hat explosive Stoffe geladen, Abstand beim Stillliegen 100 m.**
c. **Fahrzeug hat brennbare Stoffe geladen, Abstand beim Stillliegen 10 m.**
d. **Fahrzeug der Überwachungsbehörden im Einsatz.**

130

Was bedeuten auf einem Fahrzeug drei blaue Lichter übereinander?

Antwort:

a. **Fahrzeug hat explosive Stoffe geladen, Abstand beim Stillliegen 100 m.**
b. **Fahrzeug hat gesundheitsschädliche Stoffe geladen, Abstand beim Stillliegen 50 m.**
c. **Fahrzeug hat brennbare Stoffe geladen, Abstand beim Stillliegen 10 m.**
d. **Fahrzeug der Überwachungsbehörden im Einsatz.**

131

Was bedeutet dieses Sichtzeichen?

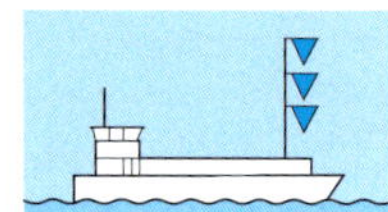

Antwort:

a. **Fahrzeug hat explosive Stoffe geladen, Abstand beim Stillliegen 100 m.**
b. **Fahrzeug hat gesundheitsschädliche Stoffe geladen, Abstand beim Stillliegen 50 m.**
c. **Fahrzeug hat brennbare Stoffe geladen, Abstand beim Stillliegen 10 m.**
d. **Fahrzeug der Überwachungsbehörden im Einsatz.**

Zu Fragen 126, 127, 128, 129, 130 und 131:

Beachte:

Von Fahrzeugen, die gefährliche Güter geladen haben oder geladen hatten und noch nicht entgast sind, können besondere Gefahren ausgehen - insbesondere bei Havarien, bei Schäden an technischen Einrichtungen oder bei menschlichem Fehlverhalten. Die Fahrzeuge müssen daher entsprechend der unterschiedlichen Gefährlichkeit der Ladung zusätzlich bezeichnet sein, und zwar mit einem, zwei oder drei blauen Zeichen/Lichtern (Abb. nächste Seite). Diese Zeichen/Lichter müssen auch beim Stillliegen beibehalten werden.

Andere Fahrzeuge müssen beim Stillliegen folgende Abstände gegenüber diesen Fahrzeugen einhalten:

- 10 m gegenüber einem blauen Licht/Kegel
- 50 m gegenüber zwei blauen Lichtern/Kegeln
- 100 m gegenüber drei blauen Lichtern/Kegeln

Außer beim Überholen, Begegnen oder Vorbeifahren ist es verboten, näher als 50 m an Fahrzeuge und Verbände heranzufahren, auf denen die zwei oder drei blauen Lichter/Kegel gesetzt sind.

Ein Schiff ist im Grunde einer Wohnung gleichgestellt und darf daher nur mit Genehmigung des Schiffführers betreten werden. Auf Fahrzeugen, die die blauen Zeichen/Lichter führen, kann außerdem mit der Tafel **„Verbot, das Fahrzeug zu betreten"** und, wenn Rauchverbot besteht, mit der Tafel **„Rauchverbot"** hierauf besonders hingewiesen werden.

Verbot, das Fahrzeug zu betreten

Rauchverbot

Bei Zwischenfällen oder Unfällen, bei denen gefährliche Güter frei werden können, muss von dem Beförderungsfahrzeug auf den Binnenschifffahrtsstraßen das **Bleib-weg-Signal** (● ▬▬) als Schallsignal ausgelöst werden, das 15 Minuten lang ununterbrochen zu geben ist, gleichzeitig mit gleich langen gelben Lichtzeichen. Alle Fahrzeuge - auch Kleinfahrzeuge - müssen sich dann in möglichst weiter Entfernung von der Gefahrenzone halten und erforderlichenfalls wenden, das heißt in Gegenrichtung fahren oder, wenn sie bereits die Gefahrenzone passiert haben, so schnell wie möglich weiterfahren.

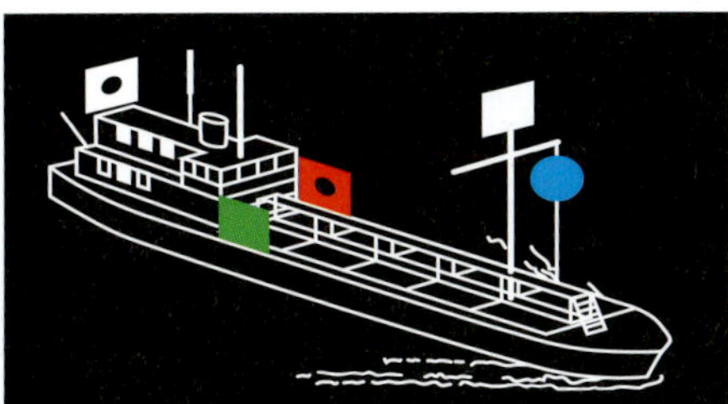

Beförderung besonderer entzündbarer Stoffe ... Abstand beim Stillliegen 10 m

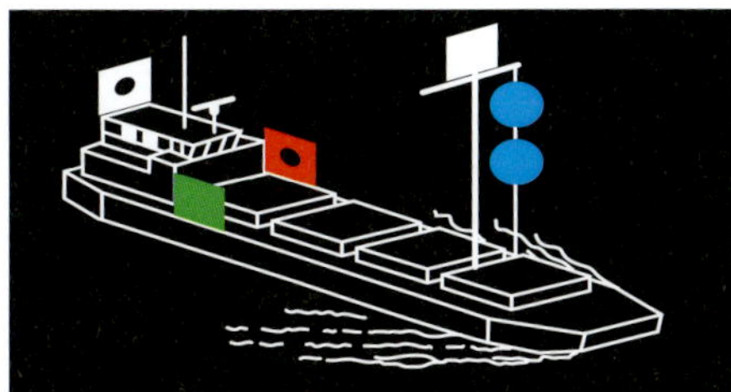

... gesundheitsschädlicher Stoffe... Abstand beim Stillliegen 50 m

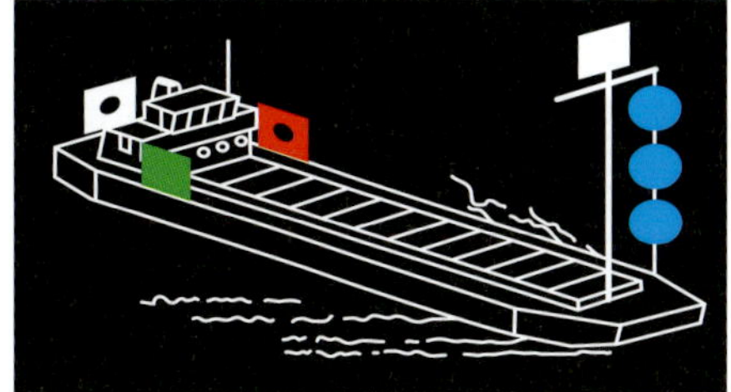

... explosiver Stoffe Abstand beim Stillliegen 100 m

Auf diesen Fahrzeugen sind sofort folgende Maßnahmen zu treffen:

- alle Fenster und nach außen führende Öffnungen schließen
- alle nicht geschützten Feuer und Lichter löschen
- Rauchen einstellen
- Funkenbildung vermeiden
- die für den Betrieb nicht erforderlichen Hilfsmaschinen abstellen

Ist das Fahrzeug zum Halten gebracht, sind alle technischen Einrichtungen stromlos zu machen, das heißt Hauptschalter aus. Bei den Maßnahmen sind Strömung und Windrichtung zu berücksichtigen; auch die Art der eigenen Antriebsmaschine (Funkenbildung bei Otto-Motoren, Gas-Luft-Gemisch bei Dieselmotoren).
Fahrzeuge mit gefährlichen Gütern dürfen nur auf den für sie besonders bezeichneten Liegestellen stillliegen.
Schiffsführer, die das Bleib-weg-Signal hören, müssen umgehend eine Dienststelle der WSV oder der WSP davon unterrichten.

Hinweise:
Spezielle Liegeplätze für Fahrzeuge mit gefährlichen Gütern siehe Frage 107.
Bleib-weg-Signal siehe Frage 16.

Vorschriften:
§§ 3.14, 3.21, 3.31, 3.32, 7.02, 7.07 Rhein- und MoselSchPV und BinSchStrO

Merke:
Fahrzeuge mit blauen Lichtern bei Nacht und blauen Kegeln, Spitze unten, am Tag bedeuten

- ein blaues Licht/blauer Kegel: Fahrzeug hat brennbare Stoffe geladen, Abstand beim Stillliegen 10 Meter;
- zwei blaue Lichter/Kegel: Fahrzeug hat gesundheitsschädliche Stoffe geladen, Abstand beim Stillliegen 50 Meter;
- drei blaue Lichter/Kegel: Fahrzeug hat explosive Stoffe geladen, Abstand beim Stillliegen 100 Meter.

12.3 Sichtzeichen eines Vorrangfahrzeugs

132

Welches Fahrzeug führt die nachstehende Tagbezeichnung?

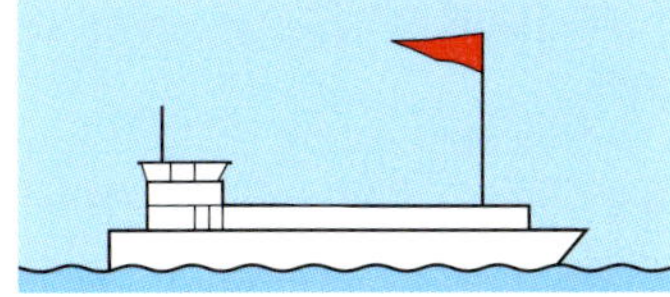

Antwort:

a. **Ein Fahrzeug, dem die zuständige Behörde einen Vorrang zur Durchfahrt durch Stellen, an denen eine bestimmte Reihenfolge gilt, eingeräumt hat.**
b. **Fahrzeug unter 20 m Länge, für mehr als 12 Fahrgäste zugelassen.**
c. **Geschlepptes Fahrzeug eines Schleppverbandes.**
d. **festgefahrenes Fahrzeug, das einseitig nicht passierbar ist.**

Zu Frage 132:

Beachte:

An Stellen, an denen für die Durchfahrt eine bestimmte Reihenfolge gilt, kann die zuständige Behörde bestimmten Fahrzeugen Vorrang einräumen.

Vorrang beim Schleusen

Der Vorrang bedeutet praktisch ein Vorschleusungsrecht gegenüber anderen wartenden Fahrzeugen. Hierbei kann es sich um folgende Fahrzeuge handeln:

- Fahrgastschiffe, die nach einem festen Fahrplan verkehren
- Fahrzeuge des öffentlichen Dienstes im Einsatz
- Fahrzeuge, die einem in Not geratenen Fahrzeug zur Hilfe kommen
- Baufahrzeuge, die an der Wasserstraße Arbeiten ausführen
- Fahrzeuge mit gefährlichen Gütern, für deren Klasse keine gesonderten Liegeplätze vorhanden sind

Hinweise:

Vorrangfahrzeug beim Schleusen siehe Frage 247.

Tag- und Nachtbezeichnungen der Fahrzeuge mit gefährlichen Gütern siehe Fragen 126 ff.

Einlaufen in Schleusen siehe Fragen 28, 30.

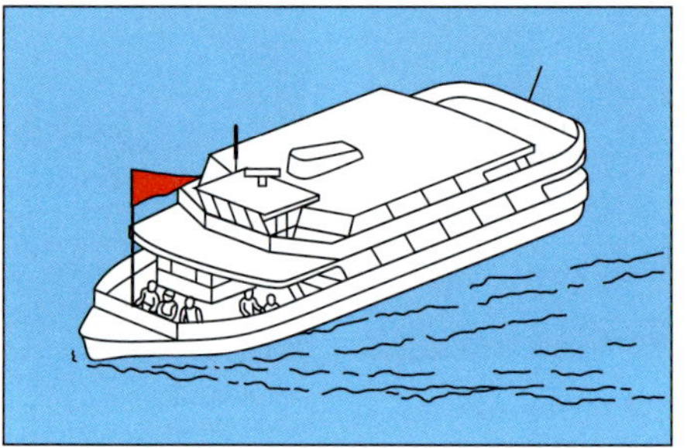

Der rote Wimpel auf dem Vorschiff muss so hoch geführt werden, dass er gut sichtbar ist.

Vorschriften:

§ 3.17 BinSchStrO, Art. 3.09 BodenseeSch

Merke:

Einem Fahrzeug, das am Bug einen roten Wimpel führt, hat die zuständige Behörde einen Vorrang zur Durchfahrt an Stellen, an denen eine bestimmte Reihenfolge gilt, eingeräumt.

12.4 Lichterführung von Segelbooten

133

Ein Kleinfahrzeug unter Segel fährt nachts auf einer Binnenschifffahrtsstraße und führt ein weißes Rundumlicht im Topp. Wie wird zweckmäßigerweise die weiße Handlampe, die bei Annäherung anderer Fahrzeuge gezeigt werden muss, benutzt?

Antwort:

a. Die eigenen Segel anleuchten.
b. Das Wasser anleuchten.
c. Das heranfahrende Fahrzeug anleuchten.
d. Die Handlampe nach oben halten.

134

Ein Kleinfahrzeug unter Segel fährt nachts auf einer Binnenschifffahrtsstraße und führt ein weißes Rundumlicht im Topp. Welche zusätzlichen Lichter müssen gesetzt werden, wenn der Motor angeworfen wird?

Antwort:

a. Seitenlichter unmittelbar nebeneinander oder in einer einzigen Laterne.
b. Es muss ein weißes Funkellicht geführt werden.
c. Es muss kein weiteres Licht geführt werden.
d. Es muss ein zweites weißes Topplicht geführt werden.

Zu Fragen 133 und 134:

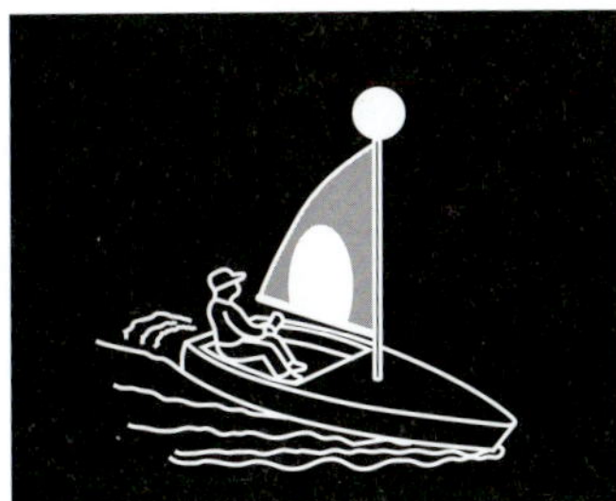

Die eigenen Segel anleuchten

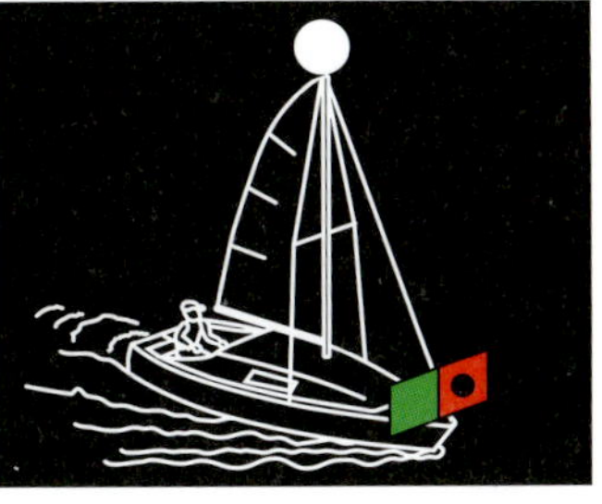

Seitenlichter unmittelbar nebeneinander oder in einer einzigen Laterne

Hinweise:
Lichterführung der Kleinfahrzeuge mit Maschinenantrieb siehe Frage 151.

Vorschrift:
§ 3.13 Nr. 4 BinSchStrO

Merke:
Ein Kleinfahrzeug unter Segel mit einem weißen Rundumlicht im Topp benutzt bei Annäherung anderer Fahrzeuge die weiße Handlampe, um die eigenen Segel anzuleuchten; wenn zusätzlich der Motor angeworfen wird, müssen zusätzlich die Seitenlichter unmittelbar nebeneinander oder in einer einzigen Laterne gesetzt werden.

12.5 Lichterführung von Kleinfahrzeugen mit Maschinenantrieb

135

Welche Lichter muss ein Kleinfahrzeug unter Motor führen, wenn es ein anderes Kleinfahrzeug ohne Maschinenantrieb schleppt?

Antwort:

- **a. Lichter eines Kleinfahrzeugs mit Maschinenantrieb.**
- **b. Zwei weiße Lichter übereinander.**
- **c. Weißes Rundumlicht.**
- **d. Lichter eines Kleinfahrzeugs mit Maschinenantrieb und ein zweites weißes Topplicht.**

136

Welche Lichter muss ein geschlepptes Kleinfahrzeug führen?

Antwort:

- **a. Weißes Rundumlicht.**
- **b. Lichter eines Kleinfahrzeugs mit Maschinenantrieb.**
- **c. Zwei weiße Lichter übereinander.**
- **d. Weißes Funkellicht.**

Zu Fragen 135 und 136:

Hinweise:
Hinsichtlich der Lichterführung von Kleinfahrzeugen mit Maschinenantrieb sind die Verkehrsbestimmungen für die verschiedenen Binnenschifffahrtsstraßen abweichend.
Diese Fahrzeuge müssen folgende Lichter führen (vgl. Abb.):

1 entweder Topplicht, Seitenlichter und Hecklicht, wobei das Topplicht auf gleicher Höhe wie die Seitenlichter und mindestens 1 m vor diesen gesetzt sein muss,

2 oder das Topplicht mindestens 1 m höher als die Seitenlichter, die unmittelbar nebeneinander oder in einer einzigen Laterne am oder nahe am Bug gesetzt sein müssen, und das Hecklicht. Nach der Rhein- und Mosel-SchPV können die Seitenlichter wie vorstehend geführt werden, sodass auf Rhein und Mosel auch die Anbringung der Seitenlichter nach Nr. 1 möglich ist,

3 oder das Topplicht als Rundumlicht und die Seitenlichter nach Nr. 2; das Hecklicht entfällt.

Bei der Lichterführung nach Nr. 2 und insbesondere nach Nr. 3 muss das Topplicht nicht 1 m vor den Seitenlichtern, sondern 1 m höher geführt werden.
Besteht ein Schleppverband nur aus Kleinfahrzeugen oder befinden sich Kleinfahrzeuge am Schluss eines Schleppverbandes, muss nur das letzte Kleinfahrzeug, das kein Beiboot ist, ein weißes Rundum licht führen (Abb. unten rechts).

Vorschriften:
§ 3.13 BinSchStrO

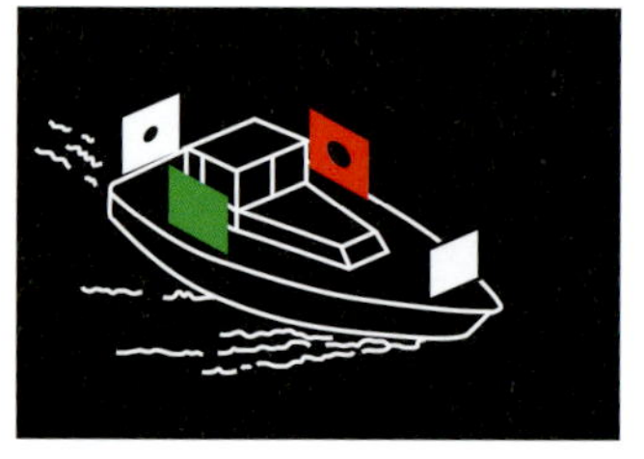
Zu 1

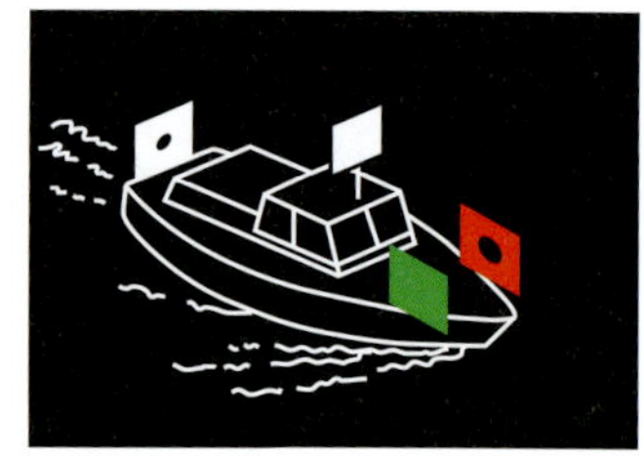
Zu 2

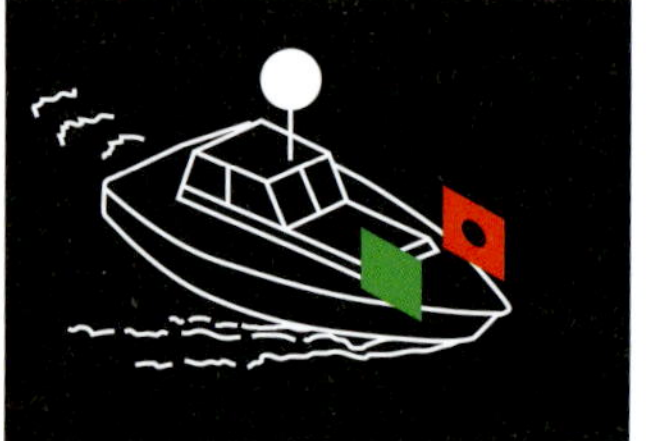
Zu 3

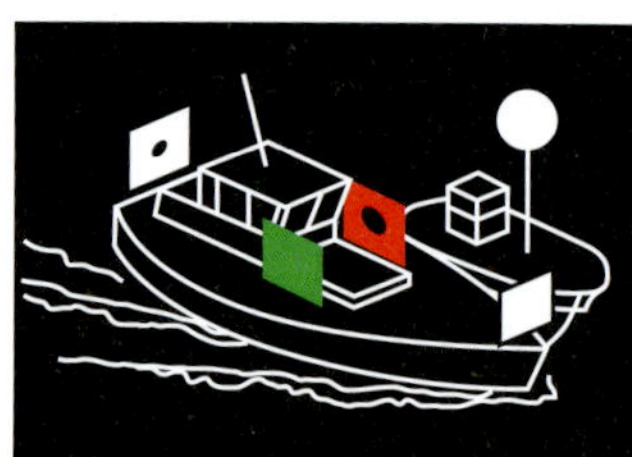
Längsseits schleppen

Merke:
Ein Kleinfahrzeug unter Motor, das ein anderes Kleinfahrzeug ohne Maschinenantrieb schleppt, führt die Lichter eines Kleinfahrzeugs mit Maschinenantrieb; das geschleppte Kleinfahrzeug muss lediglich ein weißes Rundumlicht führen.

12.6 Definition eines Kleinfahrzeugs

137
Wann gilt ein Sportboot auf den Binnenschifffahrtsstraßen nicht mehr als Kleinfahrzeug?

Antwort:
- **a. Wenn es 20 m oder länger ist.**
- **b. Wenn es 15 m oder länger ist.**
- **c. Wenn es 10 m oder länger ist.**
- **d. Wenn es 18 m oder länger ist.**

Zu Frage 137:
Hinweise:
Nach der BinSchStrO darf der Schiffskörper eines Kleinfahrzeugs ohne Ruder und Bugspriet nur eine Höchstlänge von weniger als 20 m aufweisen (siehe auch Frage 248). Hierzu gehören vor allem Sportfahrzeuge jedweden Antriebs. Fahrzeuge, die zwar die 20-m-Grenze

nicht erreichen, aber gebaut und eingerichtet sind, um andere Fahrzeuge, die nicht Kleinfahrzeuge sind, zu schleppen, zu schieben oder längsseits gekuppelt mitzuführen, oder für die Beförderung von mehr als zwölf Fahrgästen zugelassen sind, sowie Fähren, Schubleichter und schwimmendes Gerät fallen dagegen nicht unter den Begriff „Kleinfahrzeug" und werden als gewerbliche Fahrzeuge behandelt.
Nach der Definition im § 1.01 Nr. 14 werden Segelsurfbretter, Amphibienfahrzeuge, Luftkissenfahrzeuge und Tragflügelboote in der genannten Länge den Kleinfahrzeugen zugeordnet. Dies gilt auch für die übrigen Wasserstraßen, wenn für sie keine Sondervorschriften bestehen.
Fahrzeuge von 20 m Länge und mehr fallen ohne Rücksicht auf ihre Wasserverdrängung nicht mehr unter den Begriff „Kleinfahrzeug" und haben sich im Verkehrsgeschehen wie ein gewerbliches Fahrzeug zu verhalten.
Die 20-m-Länge gilt nicht für die Untersuchungs- und Patentpflicht: Nach den Untersuchungsordnungen und den Patentverordnungen für die Binnenschifffahrt sind alle Fahrzeuge ab 15 m Länge untersuchungspflichtig, das heißt, für das Fahrzeug muss ein Schiffsattest erteilt und der Schiffsführer eines Sportbootes von weniger als 25 m Länge im Besitz des Sportpatentes sein.
Kleinfahrzeuge sind gegenüber den gewerblichen Fahrzeugen und auch Sportbooten von 20 m und mehr Länge grundsätzlich ausweichpflichtig. Gegenüber den Kleinfahrzeugen besteht keine generelle Schallsignalpflicht. Eine Steuerbordbegegnung muss nicht angezeigt werden.

Vorschrift:
§ 1.01 Nr.14 BinSchStrO

Merke:
Ein Sportboot ist kein Kleinfahrzeug mehr, wenn es 20 m oder länger ist.

12.7 Sichtwinkel und Farben der Lichter

138

Welchen Sichtwinkel und welche Farben haben die vorgeschriebenen Lichter an Bord?

Antwort:

a. **Topplicht: weiß 225°, Hecklicht 135° weiß, Seitenlichter: Backbord rot und Steuerbord grün, jeweils 112,5°.**
b. **Topplicht: weiß 135°, Hecklicht 225° weiß, Seitenlichter: Backbord rot und Steuerbord grün, jeweils 112,5°.**
c. **Topplicht: weiß 225°, Hecklicht 112,5° weiß, Seitenlichter: Backbord rot und Steuerbord grün, jeweils 135°.**
d. **Topplicht: weiß 112,5°, Hecklicht 225° weiß, Seitenlichter: Backbord rot und Steuerbord grün, jeweils 112,5°.**

Zu Frage 138:

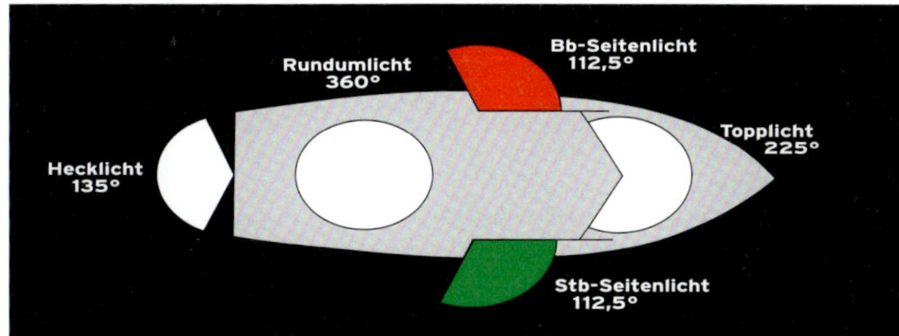

Sektoren der Lichter

Hinweise:
Lichterführung von Kleinfahrzeugen unter Segel und ohne Maschinenantrieb siehe Fragen 133 und 134.
Vorschriften: § 3.01 BinSchStrO

Merke:
Sichtwinkel und Farben der vorgeschriebenen Lichter an Bord: Topplicht weiß 225°, Hecklicht weiß 135° (zusammen 360° wie ein Rundumlicht); Seitenlichter: Backbord rot 112,5°, Steuerbord grün 112,5°.

12.8 Lichterführung eines Kleinfahrzeugs ohne Maschinenantrieb

139

Welches Licht muss ein Kleinfahrzeug ohne Maschinenantrieb mindestens führen?

Antwort:

a. **Ein von allen Seiten sichtbares weißes Licht.**
b. **Dreifarbenlaterne im Topp.**
c. **Seitenlichter.**
d. **Topp- und Hecklicht.**

Zu Frage 139:

Hinweise:

Ohne Maschinenantrieb und unter Segel fahrende Kleinfahrzeuge müssen bei Nacht ein weißes Rundumlicht führen (Abb. 1). Beiboote, auf die die gleichen Voraussetzungen zutreffen, brauchen dieses Licht jedoch nur bei Annäherung anderer Fahrzeuge zu zeigen (Abb. 2).

Vorschrift:

§ 3.13 Nr. 5 BinSchStrO

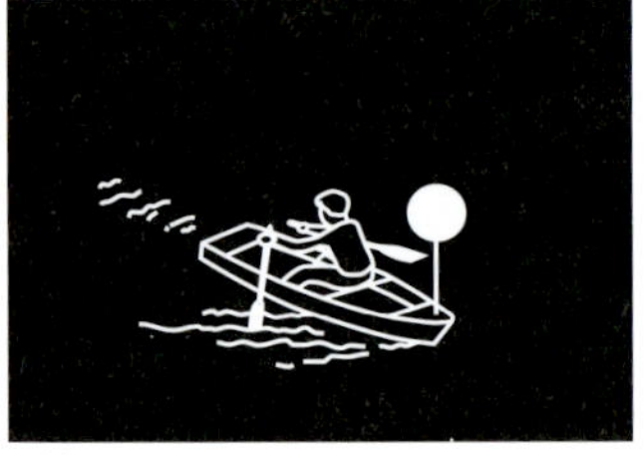

Abb. 1

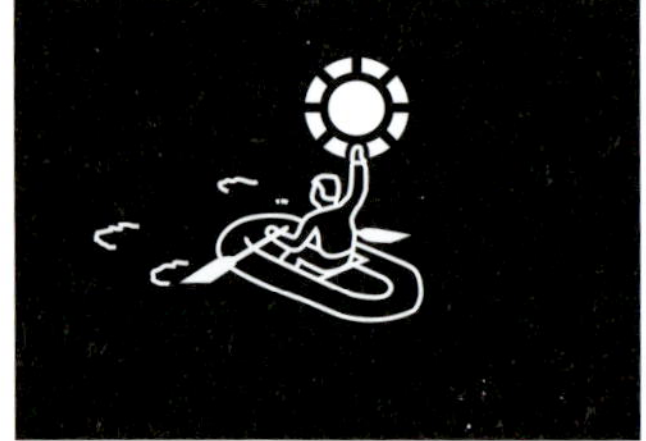

Abb. 2

Merke:
Ein Kleinfahrzeug ohne Maschinenantrieb muss mindestens ein von allen Seiten sichtbares weißes Licht führen.

13 Ausweichpflichten von Kleinfahrzeugen untereinander

140

Wie muss sich ein Segelfahrzeug auf einer Binnenschifffahrtsstraße, welches sich auf Kollisionskurs mit einem Kleinfahrzeug mit Maschinenantrieb befindet, verhalten?

Antwort:

a. **Es hält Kurs und Geschwindigkeit bei.**
b. **Es wechselt den Kurs nach Steuerbord und reduziert die Geschwindigkeit.**
c. **Es hält Kurs und reduziert die Geschwindigkeit.**
d. **Es wechselt den Kurs nach Steuerbord und hält die Geschwindigkeit.**

141

Wie muss sich ein Fahrzeug mit Topplicht und Seitenlichtern gegenüber einem Kleinfahrzeug mit Seitenlichtern, welches sich auf Kollisionskurs befindet, verhalten?

Antwort:

a. **Es hält Kurs und Geschwindigkeit bei.**
b. **Es wechselt den Kurs nach Steuerbord und reduziert die Geschwindigkeit.**
c. **Es hält Kurs und reduziert die Geschwindigkeit.**
d. **Es muss ausweichen.**

142

Wie muss sich ein Kleinfahrzeug mit Maschinenantrieb gegenüber einem Segelsurfer, der auf Kollisionskurs liegt, verhalten?

Antwort:

a. Es muss ausweichen.
b. Es hält Kurs und Geschwindigkeit bei.
c. Es hält Kurs und reduziert die Geschwindigkeit.
d. Es muss nicht ausweichen.

Zu Fragen 140, 141 und 142:

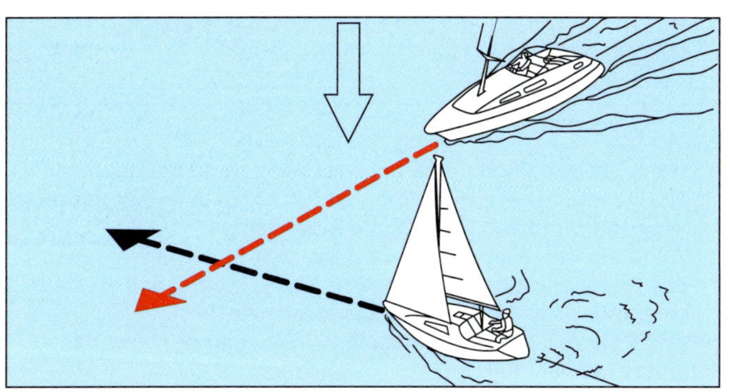

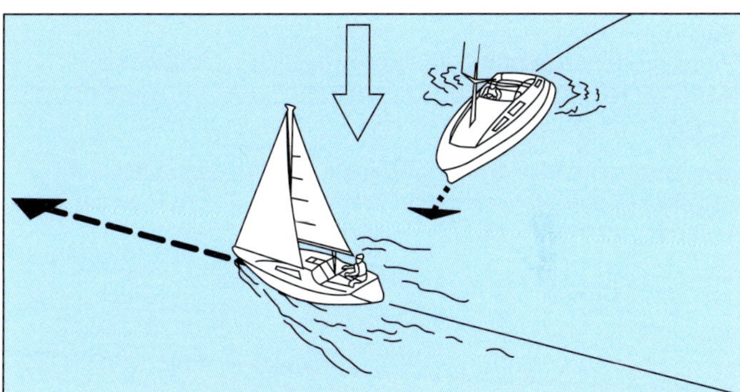

Das Kleinfahrzeug ist ausweichpflichtig, sodass das Segelfahrzeug Kurs und Geschwindigkeit beibehält (Kurshalter).

Hinweise:

- Gemäß der Definition „Kleinfahrzeug" in § 1.01 Nr. 14 BinSchStrO ist ein Segelsurfbrett ein Kleinfahrzeug.
- Ausweichpflichtige Kleinfahrzeuge müssen beim Begegnen ihren Kurs rechtzeitig nach Steuerbord richten; falls dies aus nautischen Gründen nicht möglich ist, muss das ausweichpflichtige Kleinfahrzeug rechtzeitig und unmissverständlich durch geeignete Manöver zeigen, wie es ausweichen will.

Hinweis:
Lichterführung von Segelbooten Fragen 133 und 134.

Vorschriften:
§ 6.02a Nr. 1 und Nr. 3 BinSchStrO

Merke:
Ein Segelfahrzeug auf Kollisionskurs mit einem Kleinfahrzeug mit Maschinenantrieb behält Kurs und Geschwindigkeit bei (Kurshalter), da das Kleinfahrzeug ausweichpflichtig ist; ein Fahrzeug mit Topp- und Seitenlichtern (mit Maschinenantrieb) auf Kollisionskurs mit einem Kleinfahrzeug mit Seitenlichtern (Segelfahrzeug) behält Kurs und Geschwindigkeit bei (Kurshalter), da das Kleinfahrzeug ausweichpflichtig ist. Einem Segelsurfer gegenüber ist das Kleinfahrzeug mit Maschinenantrieb ausweichpflichtig.

143

Wer ist ausweichpflichtig, wenn ein Segler mit Wind von Backbord einer Segelyacht, mit Wind von Steuerbord und einem schwarzen Kegel, auf Kollisionskurs begegnet?

Antwort:

a. **Die Segelyacht mit Wind von Steuerbord, weil sie als Kleinfahrzeug mit Maschinenantrieb gilt.**
b. **Die Segelyacht mit Wind von Backbord, weil sie als Kleinfahrzeug unter Segel gilt.**
c. **Die Segelyacht mit Wind von Steuerbord, weil sie als Kleinfahrzeug unter Segel gilt.**
d. **Beide Segelyachten, weil eines als Kleinfahrzeug mit Maschinenantrieb gilt und das andere den Wind von Backbord hat.**

144

Wie lautet eine der drei Grundregeln der Binnenschifffahrtsstraßen-Ordnung, nach denen Kleinfahrzeuge unter Segel einander ausweichen?

Antwort:

a. **Wenn sie den Wind nicht von derselben Seite haben, muss das Segelfahrzeug mit Wind von Backbord dem Segelfahrzeug mit Wind von Steuerbord ausweichen.**
b. **Wenn sie den Wind nicht von derselben Seite haben, muss das Segelfahrzeug mit Wind von Steuerbord dem Segelfahrzeug mit Wind von Backbord ausweichen.**
c. **Wenn sie den Wind von derselben Seite haben, muss das leeseitige dem luvseitigen ausweichen.**
d. **Wenn sie den Wind von derselben Seite haben, müssen beide Fahrzeuge ausweichen.**

Zu Fragen 143 und 144:

Hinweise:

Die Ausweichregeln gemäß § 6.02a Nr. 5 BinSchStrO lauten:

Zwei Kleinfahrzeuge unter Segel, deren Kurse sich derart kreuzen, dass die Gefahr eines Zusammenstoßes besteht. müssen einander wie folgt ausweichen:

- wenn sie Wind nicht von derselben Seite haben, muss das Fahrzeug, das den Wind von Backbord hat. dem anderen ausweichen;
- wenn sie den Wind von derselben Seite haben, muss das luvseitige Fahrzeug dem leeseitigen Fahrzeug ausweichen;
- wenn ein Fahrzeug mit Wind von Backbord ein Fahrzeug in Luv sichtet und nicht mit Sicherheit feststellen kann, ob das andere Fahrzeug den Wind von Backbord oder Steuerbord hat. muss es dem anderen ausweichen.

Ein unter Segel fahrendes Kleinfahrzeug überholt ein anderes unter Segel fahrendes Kleinfahrzeug auf der Luvseite.

Luvseite ist diejenige Seite, die dem gesetzten Großsegel gegenüber liegt.

Merke:

Kleinfahrzeuge unter Segel weichen untereinander nach den 3 Grundregeln der BinSchStrO wie folgt aus: Wenn sie den Wind nicht von derselben Seite haben, muss das Segelfahrzeug mit Wind von Backbord dem Segelfahrzeug mit Wind von Steuerbord (Kurshalter) ausweichen. Führt dieses aber einen schwarzen Kegel, Spitze unten, ist es trotzdem ausweichpflichtig, weil es als Kleinfahrzeug mit Maschinenantrieb gilt.

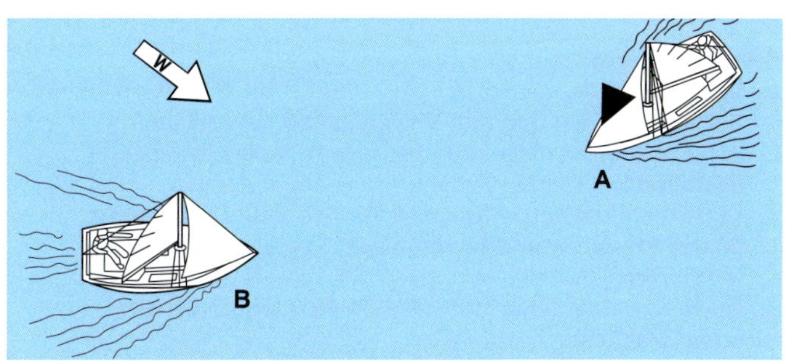

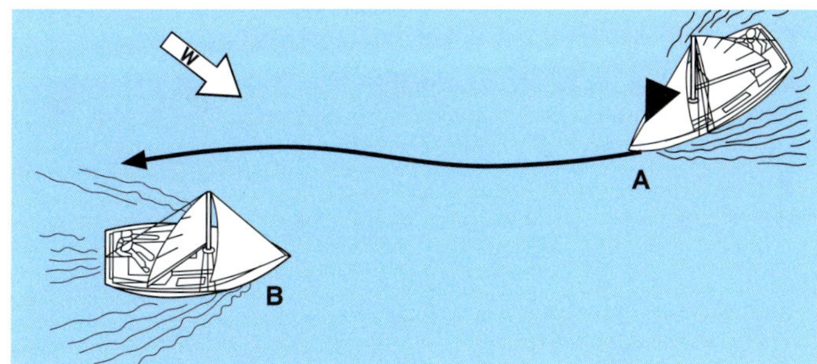

Segler A hat den Wind von Steuerbord, Segler B den Wind von Backbord. Daher wäre Segler B ausweichpflichtig, wenn nicht Segler A als Kleinfahrzeug mit Maschinenantrieb gelten würde.

Hinweis:

- Gemäß der Definition „Fahrzeug unter Segel" in § 1.01 Nr. 15 BinSchStrO gilt ein Kleinfahrzeug unter Segel, das gleichzeitig eine Antriebsmaschine benutzt (schwarzer Kegel – Spitze unten) als Kleinfahrzeug mit Maschinenantrieb, das einem Kleinfahrzeug ohne Maschinenantrieb auszuweichen hat.

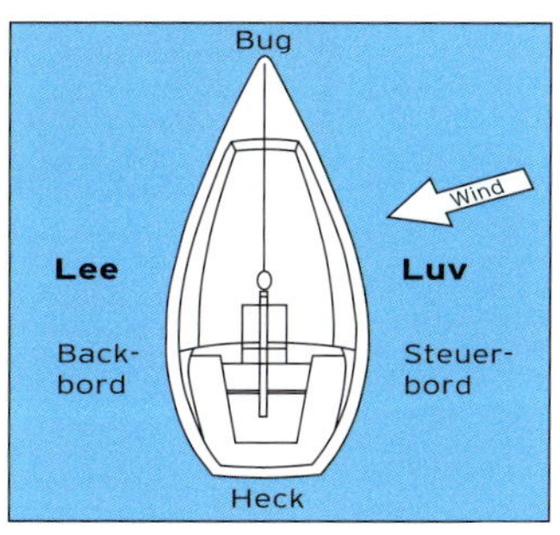

Vorschrift:
§ 6.02a Nr. 5 BinSchStrO

14. Schutzbedürftige Fahrzeuge und Anlagen

14.1. Sichtzeichen schwimmender Geräte, festgefahrener und gesunkener Fahrzeuge

145

Was bedeuten diese Lichter?

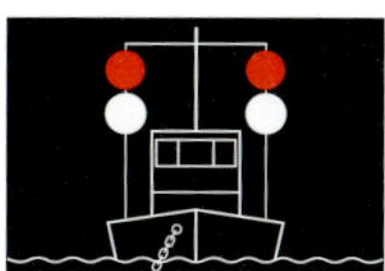

Antwort:

a. **Schwimmendes Gerät bei der Arbeit. Vorbeifahrt an jeder Seite gestattet. Sog und Wellenschlag vermeiden.**
b. **Schwimmendes Gerät bei der Arbeit. Vorbeifahrt nicht gestattet.**
c. **festgefahrenes oder gesunkenes Fahrzeug. Vorbeifahrt an der Steuerbordseite gestattet. Sog und Wellenschlag vermeiden.**
d. **festgefahrenes oder gesunkenes Fahrzeug. Vorbeifahrt nicht gestattet.**

146

Was bedeuten diese Sichtzeichen?

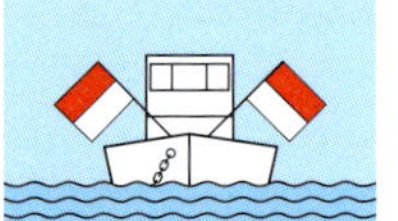

Antwort:

a. **Schwimmendes Gerät bei der Arbeit. Vorbeifahrt an jeder Seite gestattet. Sog und Wellenschlag vermeiden.**
b. **Schwimmendes Gerät bei der Arbeit. Vorbeifahrt nicht gestattet.**
c. **Festgefahrenes oder gesunkenes Fahrzeug. Vorbeifahrt an der Steuerbordseite gestattet. Sog und Wellenschlag vermeiden.**
d. **Festgefahrenes oder gesunkenes Fahrzeug. Vorbeifahrt nicht gestattet.**

147

Was bedeuten diese Lichter?

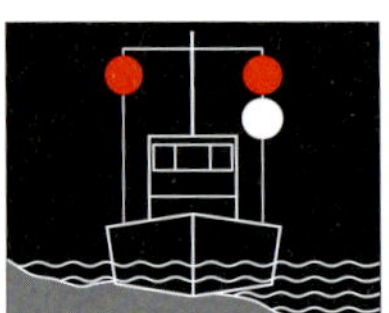

Antwort:

a. **Festgefahrenes oder gesunkenes Fahrzeug. Vorbeifahrt an der rot-weißen Seite gestattet; rote Seite gesperrt. Sog und Wellenschlag vermeiden.**
b. **Festgefahrenes oder gesunkenes Fahrzeug. Vorbeifahrt an der rot-weißen Seite gestattet; rote Seite gesperrt. Vorbeifahrt mit unverminderter Geschwindigkeit möglich.**
c. **Festgefahrenes oder gesunkenes Fahrzeug. Vorbeifahrt an der roten Seite gestattet; rot-weiße Seite gesperrt. Vorbeifahrt mit unverminderter Geschwindigkeit möglich.**
d. **Festgefahrenes oder gesunkenes Fahrzeug. Vorbeifahrt an der roten Seite gestattet; rot-weiße Seite gesperrt. Sog und Wellenschlag vermeiden.**

148

Was bedeuten diese Sichtzeichen?

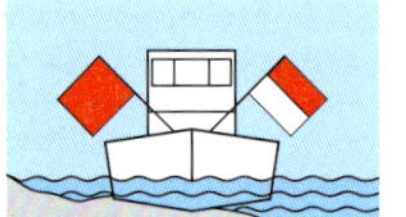

Antwort:

a. **Festgefahrenes oder gesunkenes Fahrzeug. Vorbeifahrt an der rot-weißen Seite gestattet; rote Seite gesperrt. Sog und Wellenschlag vermeiden.**
b. **Festgefahrenes oder gesunkenes Fahrzeug. Vorbeifahrt an der rot-weißen Seite gestattet; rote Seite gesperrt. Vorbeifahrt mit unverminderter Geschwindigkeit möglich.**
c. **Festgefahrenes oder gesunkenes Fahrzeug. Vorbeifahrt an der roten Seite gestattet; rot-weiße Seite gesperrt. Vorbeifahrt mit unverminderter Geschwindigkeit möglich.**
d. **Festgefahrenes oder gesunkenes Fahrzeug. Vorbeifahrt an der roten Seite gestattet; rot-weiße Seite gesperrt. Sog und Wellenschlag vermeiden.**

149

Was bedeuten diese Lichter?

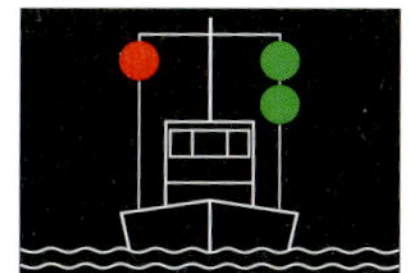

Antwort:

a. **Schwimmendes Gerät bei der Arbeit. Vorbeifahrt an der grünen Seite gestattet; rote Seite gesperrt.**
b. **Schwimmendes Gerät bei der Arbeit. Vorbeifahrt an der grünen Seite gestattet; rote Seite gesperrt. Sog und Wellenschlag vermeiden.**
c. **Schwimmendes Gerät bei der Arbeit. Vorbeifahrt an der grünen Seite gestattet. Vorbeifahrt an der roten Seite mit unverminderter Geschwindigkeit möglich.**
d. **Schwimmendes Gerät bei der Arbeit. Vorbeifahrt an der roten Seite gestattet; grüne Seite gesperrt.**

150

Was bedeuten diese Sichtzeichen?

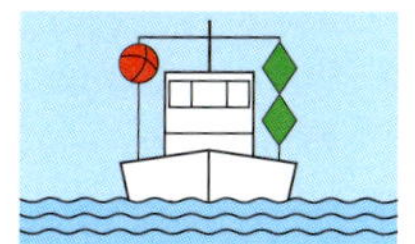

Antwort:

a. **Schwimmendes Gerät bei der Arbeit. Vorbeifahrt an der grünen Seite gestattet; rote Seite gesperrt.**
b. **Schwimmendes Gerät bei der Arbeit. Vorbeifahrt an der grünen Seite gestattet; rote Seite gesperrt. Sog und Wellenschlag vermeiden.**
c. **Schwimmendes Gerät bei der Arbeit. Vorbeifahrt an der grünen Seite gestattet. Vorbeifahrt an der roten Seite mit unverminderter Geschwindigkeit möglich.**
d. **Schwimmendes Gerät bei der Arbeit. Vorbeifahrt an der roten Seite gestattet; grüne Seite gesperrt.**

151

Was bedeuten im Fahrwasser nachstehende Zeichen?

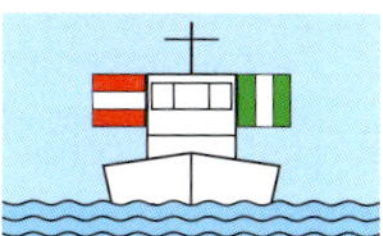

Antwort:

a. **Schwimmendes Gerät bei der Arbeit. Vorbeifahrt an der Seite mit dem grün-weiß-grünen Tafelzeichen gestattet; rot-weiß-rote Seite gesperrt.**
b. **Festgefahrenes oder gesunkenes Fahrzeug. Vorbeifahrt an der Seite mit dem grün-weiß-grünen Tafelzeichen gestattet; rot-weiß-rote Seite gesperrt. Sog und Wellenschlag vermeiden.**
c. **Schwimmendes Gerät bei der Arbeit. Vorbeifahrt an der Seite mit dem grün-weiß-grünen Tafelzeichen gestattet; rot-weiß-rote Seite gesperrt. Sog und Wellenschlag vermeiden.**
d. **Festgefahrenes oder gesunkenes Fahrzeug. Vorbeifahrt an der Seite mit dem rot-weiß-roten Tafelzeichen gestattet; grün-weiß-grüne Seite gesperrt.**

152

Was bedeuten diese Lichter?

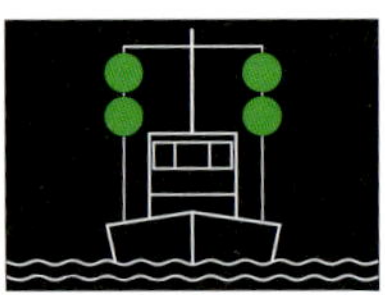

Antwort:

a. **Schwimmendes Gerät bei der Arbeit. Vorbeifahrt an jeder Seite gestattet.**
b. **Schwimmendes Gerät bei der Arbeit. Vorbeifahrt nicht gestattet.**
c. **Festgefahrenes oder gesunkenes Fahrzeug. Vorbeifahrt an der Steuerbordseite gestattet.**
d. **Festgefahrenes oder gesunkenes Fahrzeug. Vorbeifahrt nicht gestattet.**

153

Was bedeuten diese Sichtzeichen?

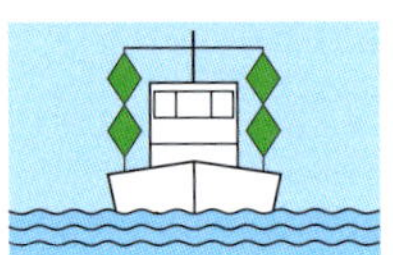

Antwort:

a. **Schwimmendes Gerät bei der Arbeit. Vorbeifahrt an jeder Seite gestattet.**
b. **Schwimmendes Gerät bei der Arbeit. Vorbeifahrt nicht gestattet.**
c. **Festgefahrenes oder gesunkenes Fahrzeug. Vorbeifahrt an der Steuerbordseite gestattet.**
d. **Festgefahrenes oder gesunkenes Fahrzeug. Vorbeifahrt nicht gestattet.**

154

Was bedeuten diese Sichtzeichen?

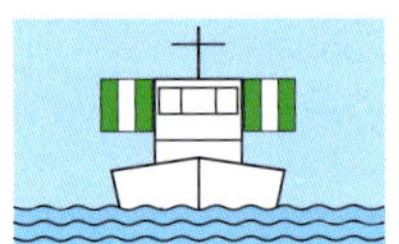

Antwort:

a. **Schwimmendes Gerät bei der Arbeit. Vorbeifahrt an jeder Seite gestattet.**
b. **Schwimmendes Gerät bei der Arbeit. Vorbeifahrt nicht gestattet.**
c. **Festgefahrenes oder gesunkenes Fahrzeug. Vorbeifahrt an der Steuerbordseite gestattet. Sog und Wellenschlag vermeiden.**
d. **Festgefahrenes oder gesunkenes Fahrzeug. Vorbeifahrt nicht gestattet.**

Zu Fragen 145, 146, 147, 148, 149, 150, 151, 152, 153 und 154:

Hinweise:
Schwimmende Geräte bei der Arbeit und Fahrzeuge, die in der Wasserstraße Arbeiten, Peilungen oder andere Messungen ausführen und dabei stillliegen, müssen die entsprechenden Zeichen bei Tag und die Lichter bei Nacht führen. Wenn diese Fahrzeuge gegen Sog und Wellenschlag geschützt werden müssen oder bei festgefahrenen oder gesunkenen Fahrzeugen liegen, werden nur die Zeichen bzw. Lichter festgefahrener oder gesunkener Fahrzeuge nach den Fragen 145 – 148 gesetzt. Das bedeutet: Geschwindigkeitsverminderung, um schädlichen Sog oder Wellenschlag zu vermeiden, und möglichst großer Passierabstand.
Liegt ein gesunkenes Fahrzeug so, dass es nicht bezeichnet werden kann, müssen die Zeichen auf Tonnen oder auf andere geeignete Träger gesetzt werden. Untiefen, die zwischen dem Ufer und der

Untiefe in der Regel nicht zu passieren sind, werden mit den Zeichen und Lichtern nach den Fragen 101 und 102 bezeichnet.
Wenn durch ein festgefahrenes oder gesunkenes Fahrzeug das Fahrwasser erheblich verengt, aber eine Schiffssperre nicht unbedingt erforderlich ist, können schwimmende Schifffahrtszeichen ober- und unterhalb des Hindernisses mit den Zeichen/Lichtern zur rechtzeitigen Verkehrslenkung ausgelegt werden.
Ist ein Fahrzeug gesunken oder festgefahren, muss der Schiffsführer umgehend WSV oder WSP benachrichtigen und die herankommenden Fahrzeuge an geeigneten Stellen und in einer entsprechenden Entfernung von der Unfallstelle warnen („Wahrschau!").
Die Vorbeifahrtseite muss auch von Kleinfahrzeugen beachtet werden, weil insbesondere bei schwimmenden Geräten (Bagger usw.) Querdrähte an der gesperrten Seite zum Ufer ausgebracht sein können.
Schwimmende Geräte (Bagger usw.) liegen in der Regel vor Anker, wobei die Anker in größerer Entfernung vom Gerät ausgebracht sein können, sodass sie die Schifffahrt gefährden können. In diesem Falle muss jeder Anker mit einem gelben Döpper mit Radarreflektor bezeichnet sein, bei Nacht zusätzlich mit einem weißen Rundumlicht über dem Anker.
Zu den schwimmenden Geräten bei der Arbeit gehören auch Fischereifahrzeuge. Sind die Netze oder Ausleger im Fahrwasser oder in dessen Nähe ausgebracht, müssen sie bei Tag durch gelbe Döpper, bei Nacht neben dem Stillliegelicht durch von allen Seiten sichtbare weiße Lichter gekennzeichnet sein. Die Leinen-DrahtVerbindung zum Stillliegeufer kann in der Regel beibehalten werden, sodass die Vorbeifahrt nur außerhalb der Netzseite möglich ist.

Merke:
- Ein rotes Rundumlicht über einem weißen Rundumlicht bzw. eine rot-weiß gestreifte Flagge auf jeder Seite bedeutet „schwimmendes Gerät bei der Arbeit; Vorbeifahrt an jeder Seite gestattet; Sog und Wellenschlag vermeiden";
- ein rotes Rundumlicht bzw. eine rote Flagge auf der einen-Seite und ein rotes über einem weißen Rundumlicht bzw. eine rot-weiße Flagge auf der anderen Seite bedeutet „festgefahrenes oder gesunkenes Fahrzeug; Vorbeifahrt an der rot-weißen Seite gestattet; rote Seite gesperrt; Sog und Wellenschlag vermeiden";

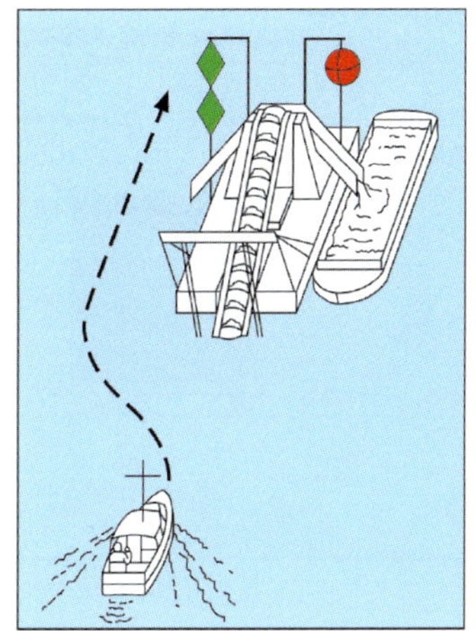

Schwimmendes Gerät bei der Arbeit. Vorbeifahrt an der Seite mit den grünen Doppelkegeln gestattet ...

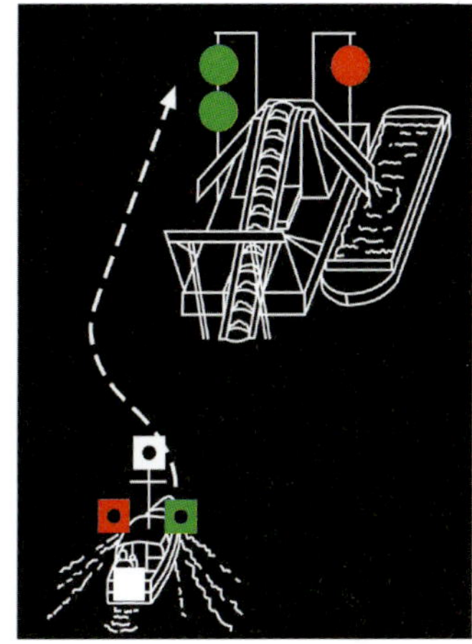

... bei Nacht an der Seite mit den grünen Lichtern ...

Vorschriften:
§§ 1.01 Nr. 10, 1.17, 3.26, 6.22a BinSchStrO

- ein rotes Rundumlicht bzw. ein roter Ball auf der einen Seite und zwei grüne Rundumlichter bzw. zwei grüne Rhomben übereinander auf der anderen Seite bedeuten „festgefahrenes oder gesunkenes Fahrzeug; Vorbeifahrt an der grünen Seite gestattet; rote Seite gesperrt" (siehe Abb.);
- zwei grüne Rundumlichter übereinander bzw. zwei grüne Rhomben übereinander auf jeder Seite bedeuten „ schwimmendes Gerät bei der Arbeit, Vorbeifahrt an jeder Seite gestattet";
- eine grün-weiß-grüne Tafel auf jeder Seite bedeutet „schwimmendes Gerät bei der Arbeit, Vorbeifahrt an jeder Seite gestattet";
- eine rot-weiß-rote Tafel auf der einen Seite und eine grün-weiß-grüne Tafel auf der anderen Seite bedeuten „schwimmendes Gerät bei der Arbeit, Vorbeifahrt an der Seite mit dem grün-weiß-grünen Tafelzeichen gestattet, rot-weiß-rote Seite gesperrt.

14.2 Sichtzeichen schutzbedürftiger Fahrzeuge und Anlagen

155

Was bedeutet diese Tag- und Nachtbezeichnung?

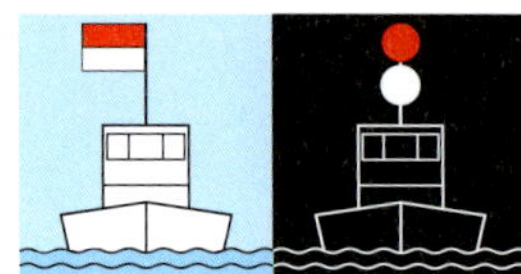

Antwort:

a. **Schutzbedürftiges Fahrzeug, Vorbeifahrt in möglichst weitem Abstand, Geschwindigkeit vermindern, Sog und Wellenschlag vermeiden.**
b. **Ein festgefahrenes oder gesunkenes Fahrzeug. Vorbeifahrt nicht gestattet.**
c. **Ein festgefahrenes oder gesunkenes Fahrzeug. Vorbeifahrt an jeder Seite mit unverminderter Geschwindigkeit gestattet.**
d. **Schwimmende Anlage/ Schwimmkörper. Vorbeifahrt in möglichst weitem Abstand, Geschwindigkeit vermindern, Sog und Wellenschlag vermeiden.**

Zu Frage 155:

Hinweise:
Die Zeichen und Lichter dürfen nur auf solchen Fahrzeugen, Schwimmkörpern und schwimmenden Anlagen gesetzt werden, die

- schwer beschädigt sind oder die sich an Rettungsarbeiten beteiligen,
- manövrierunfähig sind oder
- wenn ihnen die Schifffahrtspolizeibehörde eine schriftliche Erlaubnis erteilt hat.

Sonstige Hinweise:
Bezeichnung eines schutzbedürftigen Fahrzeugs siehe auch Frage 249.
Vorbeifahrt an schwimmenden Geräten siehe Fragen 145 bis 154.
Geschwindigkeitsbeschränkungen siehe Frage 196.
Sog und Wellenschlag vermeiden siehe Frage 19.

Vorschriften:
§§ 3.29, 6.20 BinSchStrO

Merke:
Ein rotes über einem weißen Rundumlicht bzw. eine rot-weiß gestreifte Flagge bedeutet „schutzbedürftiges Fahrzeug, Vorbeifahrt in möglichst weitem Abstand, Geschwindigkeit vermindern, Sog und Wellenschlag vermeiden".

15. Gesperrte Wasserflächen, geschützte Badezonen

15.1. Gesperrte Wasserflächen, Fahrverbot

156

Was bedeutet dieses Tafelzeichen?

Antwort:

a. **Gesperrte Wasserfläche, jedoch für Kleinfahrzeuge ohne Antriebsmaschine befahrbar.**
b. **Gesperrte Wasserfläche, jedoch für Kleinfahrzeuge ohne laufende Antriebsmaschine befahrbar.**
c. **Gesperrte Wasserfläche, für Kleinfahrzege nicht befahrbar.**
d. **Gesperrte Wasserfläche, Verbot der Durchfahrt und Sperrung der Schifffahrt.**

157

Was bedeutet dieses Tafelzeichen?

Antwort:

a. **Fahrverbot für Fahrzeuge mit Maschinenantrieb.**
b. **Fahrverbot für Kleinfahrzeuge mit Maschinenantrieb.**
c. **Fahrverbot für Fahrzeuge ohne Antriebsmaschine.**
d. **Fahrverbot für Kleinfahrzeuge ohne laufende Antriebsmaschine.**

Zu Fragen 156 und 157:
Beachte:
Gesperrte Wasserflächen
Die Tafel in Frage 156 bedeutet, dass die Schifffahrt gesperrt ist und ein Durchfahrtsverbot besteht. Vor dieser Tafel müssen alle Fahrzeuge anhalten; bestimmte Fahrzeugarten können ausgenommen werden. Die Tafel kann am Ufer aufgestellt oder auf Wahrschau-Fahrzeugen gesetzt sein (4 in der Abb. nächste Seite).

Beachte:
Die Sperrung kann durch Folgendes ausgelöst sein:

- Unfälle
- festgefahrene Fahrzeuge
- Freitörnen von festgefahrenen Fahrzeugen
- gesunkene Fahrzeuge
- Bergungs- und Hebearbeiten
- Wasserbauarbeiten

Bei Nacht kann die Sperrung durch 2 rote Lichter übereinander oder nebeneinander oder durch 1 rotes Licht angezeigt werden, wobei 2 rote Lichter übereinander ein lang anhaltendes Durchfahrtsverbot bedeuten.
Die Sperrung kann außerdem bei Tag durch eine rote Flagge (1 in der Abb.) oder bei lang anhaltender Sperrung durch zwei rote Flaggen übereinander angezeigt werden - in der Regel unmittelbar nach Eintritt der Sperrung, bis die anderen Tafeln aufgestellt oder ausgelegt sind, und zwar unmittelbar vor der Sperrstelle oder am Ende einer größeren Schiffsansammlung vor der Sperrstelle, damit ankommende Fahrzeuge nicht an den wartenden Fahrzeugen vorbeifahren, oder bei kleineren Wasserstraßen.
Die Sperrtafeln und -lichter können auch bei Hochwasser gezeigt sein. Bei den genannten Beispielen kann oft eine Sperrung der Schifffahrt durch Richtungsverkehr (Einbahnverkehr) vermieden werden. Da die betreffende Stelle dann nur in einer Breite passiert werden kann, wird sie zur Engstelle. In diesem Fall werden für die gesperrte Richtung die genannten Tafeln/Lichter gezeigt.
An der freigegebenen Stelle wird die Freigabe der Weiterfahrt durch eine grün-weiß-grüne Tafel (3 in der Abb.) oder durch zwei grüne Lichter bzw. ein grünes Licht angezeigt. Der Richtungswechsel kann jeweils in verschiedenen Zeitabständen erfolgen. Auf Gewässern mit

Strömung bleibt die Talfahrt während der Nachtzeit überwiegend gesperrt und die Bergfahrt kann passieren.
Die Tafel ist insbesondere an Einfahrten zu Erholungsbereichen oder an Nebenstrecken (Altrhein usw.) aufgestellt (4 in der Abb.). Wird sie innerhalb von Wasserflächen am Ufer oder auf Tonnen gezeigt, gilt die Beschränkung für die Weiterfahrt ab der Tafel. Sofern sich in den Bereichen spezielle Umschlaganlagen befinden (z. B. Kiesgewinnung), fahren die Fahrzeuge der Berufsschifffahrt ebenfalls ein oder aus. Für sie sind Sondergenehmigungen nach örtlichen Vorschriften erteilt.

Fahrverbot für Fahrzeuge
Die Tafel in Frage 157 bedeutet, dass ein Fahrverbot für Fahrzeuge mit Maschinenantrieb besteht.
Neben der Sperrung einer Wasserstraße kann auch das Befahren bestimmter Wasserflächen begrenzt oder beschränkt sein. Dies wird durch die Tafel in Frage 157 angezeigt. Das Befahren dieser Wasserflächen ist dann für alle Fahrzeuge und Schwimmkörper verboten. Es dürfen aber Kleinfahrzeuge einfahren bzw. passieren, die keinen Maschinenantrieb haben bzw. unter Segel oder mit Muskelkraft fortbewegt werden. Das Verbot der Durchfahrt kann auch durch die Tafel 2 in der Abb. angezeigt werden.

Vorschriften:
§§ 6.22, Anlage 7, Abschnitt I.A.12 BinSchStrO, § 10.01 RheinSchPV

Merke:
- Eine rote runde Tafel mit einem weißen Querstreifen bedeutet „gesperrte Wasserfläche, jedoch für Kleinfahrzeuge ohne Antriebsmaschine befahrbar".
- Eine weiße quadratische Tafel mit rotem Rand und einem roten Diagonalstreifen mit dem Symbol eines Propellers bedeutet „Fahrverbot für Fahrzeuge mit Maschinenantrieb".

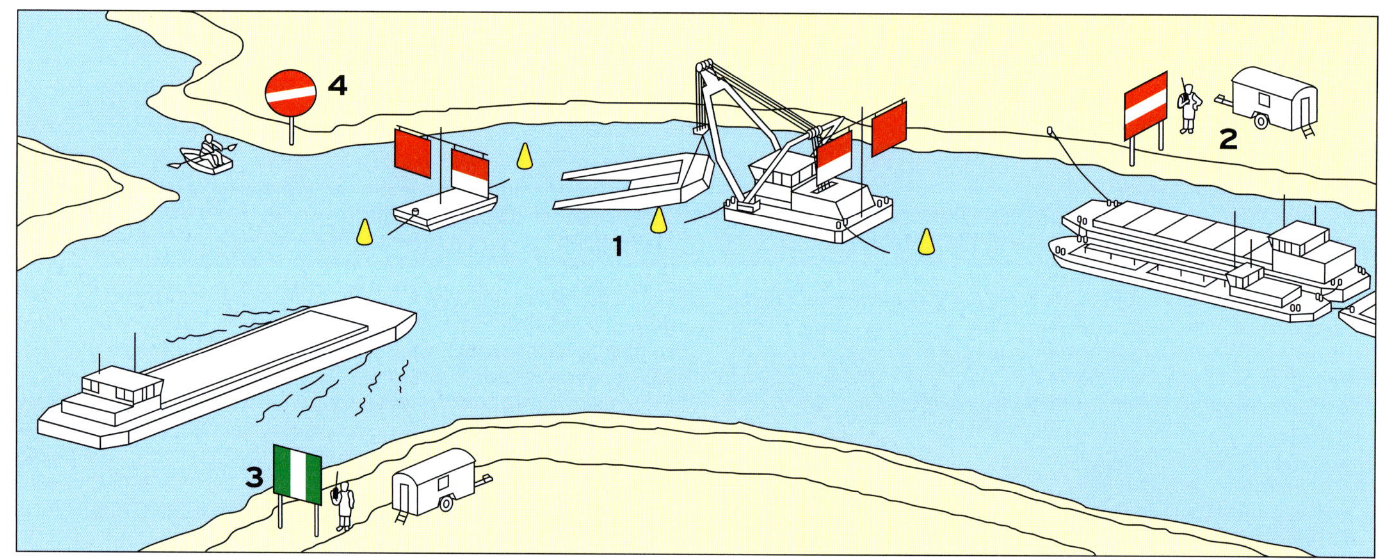

1 *Schwimmendes Gerät bei der Arbeit, Vorbeifahrt an der rot-weißen Seite erlaubt*

2 *Sperrung, vor der Tafel anhalten*

3 *Durchfahrt frei*

4 *Befahren der Wasserfläche verboten, Ausnahme Kleinfahrzeuge ohne Antriebsmaschine*

15.2 Geschützte Badezonen

158

Wie ist eine geschützte Badezone gekennzeichnet?

Antwort:

a. Durch gelbe Tonnen.
b. Durch grüne Tonnen.
c. Durch rote Tonnen.
d. Durch rot-grün gestreifte Tonnen

Zu Frage 158:

Hinweise:

Vor Stellen mit erkennbarem Badebetrieb gelten die Verhaltensgrundregeln in besonderem Maße gegenüber Badenden, und zwar nicht nur bei gekennzeichneten Badezonen, sondern generell. Unabhängig hiervon dürfen Kleinfahrzeuge mit Maschinenantrieb nach der BinSchStrO auf folgenden Strecken nur so schnell fahren, dass ihre Steuerfähigkeit gewahrt bleibt:

- auf Strecken mit starkem Schiffsverkehr
- vor Badeufern und Zeltplätzen
- in der Nähe von erkennbar ausgelegten Angel- und sonstigen Fischereifanggeräten

Jedes behindernde oder belästigende Umfahren anderer Fahrzeuge oder das Umherfahren in der Nähe von Fischereifanggeräten einschließlich solcher der Sportfischer ist verboten.
Beim Vorbeifahren an Badenden muss der **Abstand** so groß sein, dass sie durch Wellenschlag und Sogwirkung nicht gefährdet oder mehr als nach den Umständen unvermeidbar belästigt werden.
Die Regelungen der BinSchStrO gelten auf allen Binnenwasserstraßen. Auch die nicht mit Maschinenantrieb fahrenden Kleinfahrzeuge haben sich deshalb gegenüber Badenden entsprechend zu verhalten.
Geschwindigkeitsbeschränkung siehe Frage 173.
Sog und Wellenschlag vermeiden siehe Fragen 19 und 196.

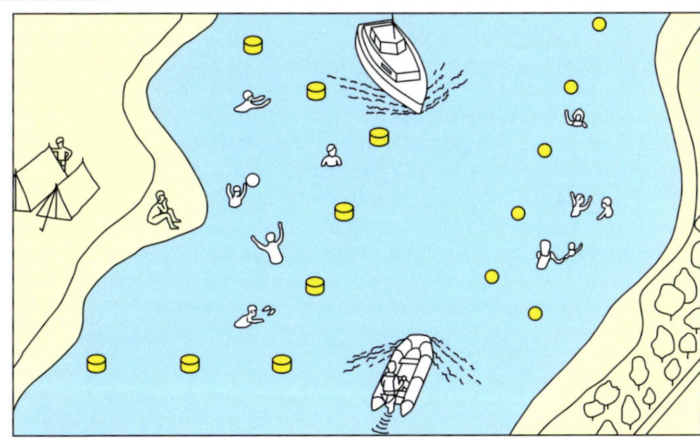

Gelbe Tonnen kennzeichnen eine gesperrte Wasserfläche, hier vor Badeufern.

Vorschriften:

§ 6.02 Nr. 3, 6.22 Nr. 3, Anlage VIII, 1 BinSchStrO

Merke:

Eine geschützte Badezone ist durch gelbe Tonnen gekennzeichnet.

16. Schallsignale

16.1 Allgemeines

Hinweise:

Zu unterscheiden ist zwischen folgenden Schallsignalen:

- Achtungssignal
- Kursänderungssignal
- Manövriersignal
- Gefahr- und Warnsignal
- Notsignal

Während das **Achtungssignal** als Wahrschau-Signal nur ein langer Ton ist, bestehen die **Kursänderungs-** und **Begegnungssignale** ausschließlich aus kurzen Tönen. Da bei Manövern auch die übrige Schifffahrt gewahrschaut werden muss, bestehen die **Manövriersignale** aus einer Kombination von langen und kurzen Tönen. Die **Gefahr- und Warnsignale** schließlich sind im Hinblick auf die besondere Gefahrensituation besonders auffällig, z. B. als eine Folge sehr kurzer Töne (Gefahr eines Zusammenstoßes) oder als eine Reihe von Tönen, abwechselnd kurz-lang-kurz-lang mit entsprechendem Lichtsignal (Bleib-weg-Signal).

Führer eines Kleinfahrzeuges sollten bei der Wahrnehmung von Schallsignalen unverzüglich prüfen, ob ihr Fahrzeug von der durch das Schallsignal angezeigten Verkehrssituation betroffen ist. Vor allem muss der Schiffsführer die Schallsignale daraufhin analysieren, ob es sich um ein **Notsignal** handelt (wiederholte lange Töne oder Gruppe von Glockenschlägen), weil er in diesem Fall unter Umständen zur Hilfeleistung verpflichtet ist.

In der gewerblichen Schifffahrt werden **Manöverabsprachen** gewöhnlich über Funk getroffen. Da nicht immer eine Funkverständigung möglich ist, haben die Schallsignale nach wie vor Bedeutung.

Auch wenn Kleinfahrzeuge nur die allgemeinen Zeichen geben dürfen, müssen deren Schiffsführer gleichwohl die übrigen Schallzeichen kennen, die unter Umständen auch ihnen gegenüber gegeben werden. Soweit Schallzeichen vorgesehen sind, aber nicht die Verwendung der Glocke vorgeschrieben ist, sind sie wie folgt zu geben:

- auf Fahrzeugen mit Maschinenantrieb, ausgenommen Kleinfahrzeuge, mittels mechanisch betriebener Schallgeräte
- auf Fahrzeugen ohne Maschinenantrieb und auf Kleinfahrzeugen mittels eines Schallgerätes, einer geeigneten Hupe oder eines geeigneten Horns.

Auf Fahrzeugen mit Maschinenantrieb müssen mit den Schallsignalen gleich lange gelbe Lichtzeichen gegeben werden; dies gilt nicht für Kleinfahrzeuge sowie für Glockenzeichen.

Soweit Glockenschläge vorgesehen sind, können Gruppen von Glockenschlägen durch Schläge von Metall auf Metall von gleicher Dauer ersetzt werden.

Es dürfen keine anderen als die vorgesehenen Schallzeichen benutzt oder für andere Zwecke gebraucht werden, für die sie nicht vorgeschrieben oder zugelassen sind.

Bei der Abgabe von Schallzeichen sind folgende Merkmale zugrunde zu legen:

▬ kurzer Ton von etwa einer Sekunde Dauer

▬▬ langer Ton von etwa vier Sekunden Dauer

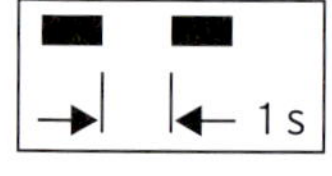

Pause zwischen den Tönen

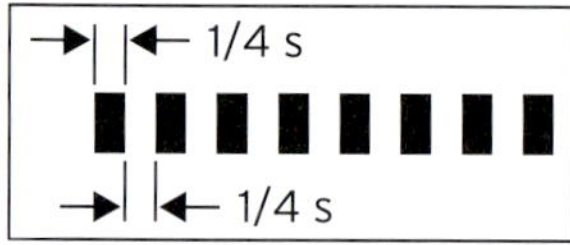

Folge sehr kurzer Töne

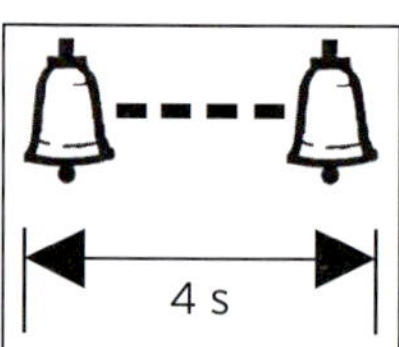

Gruppe von Glockenschlägen

Vorschriften:

§§ § 1.01 Nr. 29-31, 4.01-4.04, 6.10, 6.13, 6.14, 6.31-6.34, Anlage 6 BinSchStrO

16.2 Manövriersignale, die auch von Kleinfahrzeugen gegeben werden dürfen

159

Was bedeutet ein langer Ton?

Antwort:

a. **Achtung!**
b. **Maschine geht rückwärts.**
c. **Fahrzeug ist manövrierunfähig.**
d. **Überholen nicht möglich.**

160

Was bedeuten vier kurze Töne?

Antwort:

a. **Fahrzeug ist manövrierunfähig.**
b. **Maschine geht rückwärts.**
c. **Achtung!**
d. **Überholen nicht möglich.**

Zu Fragen 159 und 160:

Merke:
- Ein langer Ton bedeutet „Achtung“,
- vier kurze Töne bedeuten „Fahrzeug ist manövrierunfähig“.

16.3 Manövriersignale, die ausschließlich von der gewerblichen Schifffahrt gegeben werden dürfen

161

Was bedeuten fünf kurze Töne?

Antwort:

a. **Überholen nicht möglich.**
b. **Maschine geht rückwärts.**
c. **Fahrzeug ist manövrierunfähig.**
d. **Achtung!**

162

Was bedeutet dieses Schallsignal?

Antwort:

a. **Wenden über Steuerbord**
b. **Kursänderung über Steuerbord.**
c. **Kursänderung nach Backbord.**
d. **Wenden über Backbord.**

163

Was bedeutet dieses Schallsignal?

▬ ● ●

Antwort:

a. **Wenden über Backbord.**
b. **Wenden über Steuerbord.**
c. **Kursänderung nach Backbord.**
d. **Kursänderung nach Steuerbord.**

164

Was bedeutet dieses Schallsignal?

▬ ▬ ●

Antwort:

a. **Überholen an der Steuerbordseite des Vorausfahrenden.**
b. **Überholen an der Backbordseite des Vorausfahrenden.**
c. **Hafen oder Nebenwasserstraße; Ein- oder Ausfahrt mit Kursänderung nach Steuerbord.**
d. **Hafen oder Nebenwasserstraße; Ein- oder Ausfahrt mit Kursänderung nach Backbord.**

165

Was bedeutet dieses Schallsignal?

▬ ▬ ● ●

Antwort:

a. **Überholen an der Backbordseite des Vorausfahrenden.**
b. **Überholen an der Steuerbordseite des Vorausfahrenden.**
c. **Hafen oder Nebenwasserstraße; Ein- oder Ausfahrt mit Kursänderung nach Steuerbord.**
d. **Hafen oder Nebenwasserstraße; Ein- oder Ausfahrt mit Kursänderung nach Backbord.**

166

Was bedeutet dieses Schallsignal?

▬ ▬ ▬ ●

Antwort:

a. **Hafen oder Nebenwasserstraße; Ein- oder Ausfahrt mit Kursänderung nach Steuerbord.**
b. **Überholen an der Backbordseite des Vorausfahrenden.**
c. **Überholen an der Steuerbordseite des Vorausfahrenden.**
d. **Hafen oder Nebenwasserstraße; Ein- oder Ausfahrt mit Kursänderung nach Backbord.**

167
Was bedeutet dieses Schallsignal?

▬ ▬ ▬ ● ●

Antwort:
a. **Hafen oder Nebenwasserstraße; Ein- oder Ausfahrt mit Kursänderung nach Backbord.**
b. **Überholen an der Backbordseite des Vorausfahrenden.**
c. **Hafen oder Nebenwasserstraße; Ein- oder Ausfahrt mit Kursänderung nach Steuerbord.**
d. **Überholen an der Steuerbordseite des Vorausfahrenden.**

Zu Fragen 161, 162, 163, 164, 165, 166 und 167:

Merke:
Folgende Schallsignale bedeuten
- fünf kurze Töne „Überholen nicht möglich";
- ein langer Ton und ein kurzer Ton „Wenden über Steuerbord";
- ein langer Ton und zwei kurze Töne „Wenden über Backbord";
- zwei lange Töne und ein kurzer Ton „Überholen an der Steuerbordseite des Vorausfahrenden";
- zwei lange Töne und zwei kurze Töne „Überholen an der Backbordseite des Vorausfahrenden";
- drei lange Töne und ein kurzer Ton „Hafen oder Nebenwasserstraße; Ein- oder Ausfahrt mit Kursänderung nach Steuerbord";
- drei lange Töne und zwei kurze Töne „Hafen oder Nebenwasserstraße; Ein- oder Ausfahrt mit Kursänderung nach Backbord".

16.4 Gefahr- und Warnsignale

168
Was ist eine Folge sehr kurzer Töne?

Antwort:
a. **Eine Folge von mindestens 6 Tönen von je etwa einer viertel Sekunde Dauer und mit je einer viertel Sekunde Pause.**
b. **Eine Folge von mindestens 4 Tönen von je etwa einer viertel Sekunde Dauer und mit je einer viertel Sekunde Pause.**
c. **Eine Folge von mindestens 2 Tönen von je etwa einer viertel Sekunde Dauer und mit je einer viertel Sekunde Pause.**
d. **Eine Folge von mindestens 8 Tönen von je etwa einer viertel Sekunde Dauer und mit je einer viertel Sekunde Pause.**

169

Was bedeutet eine Folge sehr kurzer Töne?

Antwort:

a. **Gefahr eines Zusammenstoßes.**
b. **Achtung!**
c. **Fahrzeug ist manövrierunfähig.**
d. **Überholen nicht möglich.**

170

Welche Schallsignale bzw. Zeichen sind zu geben, wenn das Boot manövrierunfähig geworden ist?

Antwort:

a. **Vier kurze Töne. Bei Tag eine rote Flagge, bei Nacht ein rotes Licht im unteren Halbkreis schwenken.**
b. **Fünf kurze Töne. Bei Tag eine rote Flagge, bei Nacht ein rotes Licht im oberen Halbkreis schwenken.**
c. **Ein langer, vier kurze Töne. Bei Tag eine rote Flagge, bei Nacht ein rotes Licht setzen.**
d. **Eine Gruppe von kurzen und langen Tönen im Intervall geben. Bei Nacht ein rotes Blinklicht einschalten.**

Zu Fragen 168, 169 und 170:

Hinweise:

Ein Fahrzeug ist manövrierunfähig, wenn die Maschinen- oder die Ruderanlage ausgefallen ist. Besondere Zeichen müssen auf den manövrierunfähigen Fahrzeugen nicht gesetzt werden, wenn das Fahrzeug stillliegt. Die in den Antworten genannten Zeichen (4 kurze Töne, rote Flagge oder rotes Licht schwenken) müssen auf manövrierunfähigen Fahrzeugen nur gegeben werden, wenn sie in Fahrt sind, das heißt treiben oder mithilfe der Paddel versucht wird, das Ufer zu erreichen. Die mit dem Eintritt der Manövrierunfähigkeit verbundene Gefahr ist in der Regel durch das Setzen des Ankers beseitigt.

Vorschrift: § 3.18 BinSchStrO

Hinweis: siehe auch das Bleib-weg-Signal in Frage 16 und die Signale eines manövrierunfähigen Fahrzeugs in Fragen 250 und 251.

Merke:
Eine Folge sehr kurzer Töne ist eine Folge von mindestens 6 Tönen mit je 1/4 Sek. Dauer/Pause und bedeutet Gefahr eines Zusammenstoßes.
Bei Manövrierunfähigkeit sind 4 kurze Töne oder bei Nacht ein rotes Licht, am Tag eine rote Flagge im unteren Halbkreis schwenken.

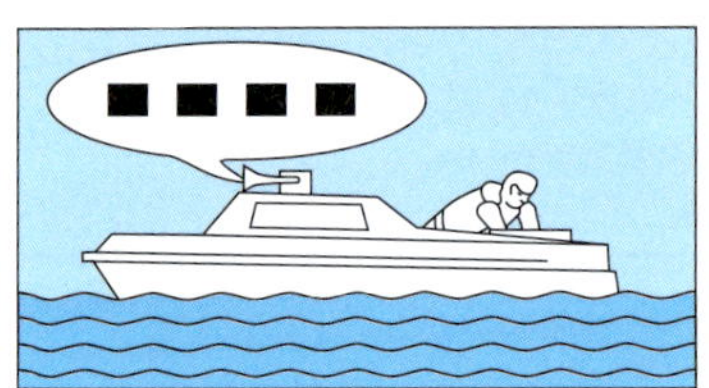

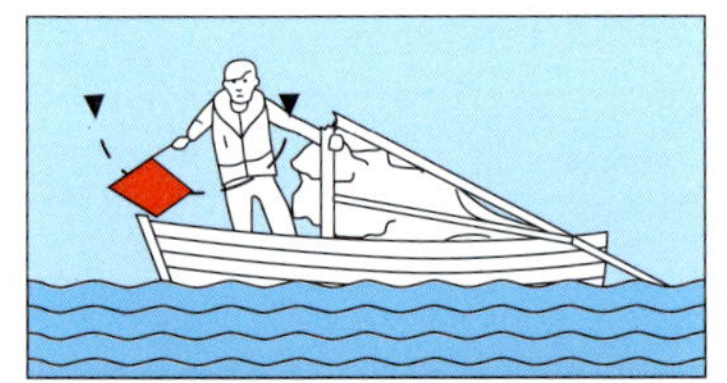

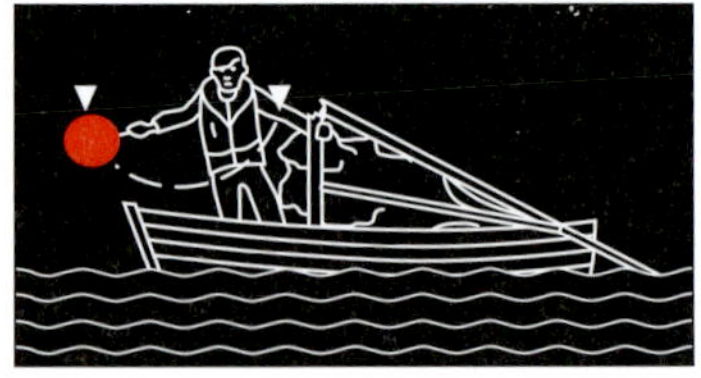

„Ich bin manövrierunfähig!"

17 Begegnen, Überholen, Ausweichen, Geschwindigkeitsbeschränkungen

17.1 Anzeige der Steuerbordbegegnung von gewerblichen Fahrzeugen

171

Ein Fahrzeug zeigt an der Steuerbordseite seines Ruderhauses eine blaue Tafel mit weißem Funkellicht. Welche Bedeutung hat dieses Zeichen?

Antwort:

a. **Fahrzeuge begegnen sich an Steuerbord. Dieses Zeichen gilt nicht für Kleinfahrzeuge, verpflichtet aber zu erhöhter Aufmerksamkeit.**
b. **Fahrzeuge begegnen sich an Steuerbord. Dieses Zeichen gilt nur für Kleinfahrzeuge.**
c. **Fahrzeuge begegnen sich an Steuerbord. Dieses Zeichen braucht gar nicht beachtet zu werden.**
d. **Fahrzeuge begegnen sich an Steuerbord. Dieses Zeichen gilt auch für alle Kleinfahrzeuge.**

172

Ein Sportfahrzeug fährt hinter einem Fahrzeug, das nicht Kleinfahrzeug ist, in den Schleusenvorhafen ein. Aus der Schleusenkammer kommt ein Fahrzeug, das an Steuerbord eine blaue Tafel mit einem weißen Funkellicht zeigt. Was bedeutet dieses Zeichen?

Antwort:

a. **Das aus- und die einfahrenden Fahrzeuge passieren sich an der Steuerbordseite, das Kleinfahrzeug ist nur zu erhöhter Aufmerksamkeit verpflichtet.**
b. **Das aus- und die einfahrenden Fahrzeuge passieren sich an der Backbordseite, das Kleinfahrzeug ist nur zu erhöhter Aufmerksamkeit verpflichtet.**
c. **Das aus- und die einfahrenden Fahrzeuge passieren sich an der Steuerbordseite, das Kleinfahrzeug ist wartepflichtig.**
d. **Das aus- und die einfahrenden Fahrzeuge passieren sich an der Backbordseite, das Kleinfahrzeug hat Vorrang.**

Zu Fragen 171 und 172:

Beachte:
Beim Begegnen auf Binnenschifffahrtsstraßen sind Bergfahrer verpflichtet, Talfahrern einen geeigneten Weg freizulassen. Dem Bergfahrer ist damit im Grunde ein Kursweisungsrecht übertragen, aber auch die Verpflichtung, Talfahrer (Fahrt mit der Strömung) nicht zu behindern und gegebenenfalls sogar vor einer kritischen Begegnungsstelle (Fahrt gegen die Strömung) anzuhalten, bis der Talfahrer passiert hat. Will der Bergfahrer die Talfahrer an Backbord vorbeilassen, **Backbord-an-Backbord-Verkehr (Rechtsverkehr)** also, werden keine optischen Zeichen gesetzt. Die Absprache erfolgt in der Regel über Funk.

Will der Bergfahrer den Talfahrer an Steuerbord vorbeifahren lassen, **Steuerbord-an-Steuerbord-Verkehr (Linksverkehr)** also, muss er rechtzeitig an Steuerbord bei Tag eine hellblaue Tafel, gekoppelt mit einem weißen hellen Funkellicht setzen, bei Nacht ein weißes helles Funkellicht, das mit der Tafel gekoppelt sein darf (Abb.). Die Zeichen müssen von vorn und hinten sichtbar sein.
Ist zu befürchten, dass die Absicht der Bergfahrer von den Talfahrern nicht verstanden worden ist, müssen die Bergfahrer folgende Zeichen geben:

- „einen kurzen Ton“ für die Vorbeifahrt an Backbord
- „zwei kurze Töne“ für die die Vorbeifahrt an Steuerbord

Die gewerbliche Schifffahrt ist nicht verpflichtet, diese Zeichen gegenüber Kleinfahrzeugen zu geben, da Kleinfahrzeuge generell ausweichpflichtig sind. **Die Zeichen sollten die Führer von Kleinfahrzeugen zu erhöhter Aufmerksamkeit veranlassen.** Ein voraus fahrendes Fahrzeug mit diesen Zeichen sollte keinesfalls auf der Begegnungsseite, auf der Steuerbordseite also, überholt werden, um nicht zwischen die Begegnungsfahrzeuge zu kommen. Ist es nicht möglich, an der anderen Seite zu überholen, sollte erst nach Passieren des entgegen kommenden Fahrzeugs überholt werden.

Hinweise:
Begegnungs- und Überholverbote siehe Fragen 17 und 18.
Kurssignale siehe Fragen 161 bis 164.
Verhalten von Sportfahrzeugen beim Begegnen siehe Fragen 34 und 36.
überholen siehe Fragen 37 und 174.

Vorschrift:
§ 6.04 BinSchStrO

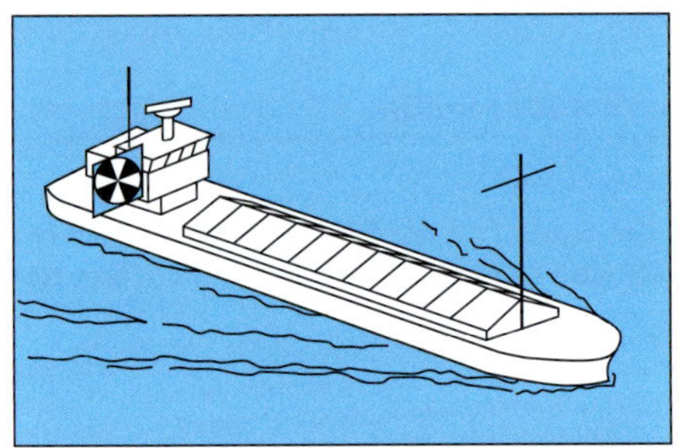

Bergfahrer lässt Talfahrer an Steuerbord vorbei: bei Tag hellblaue Tafel mit weißem hellem Funkellicht …

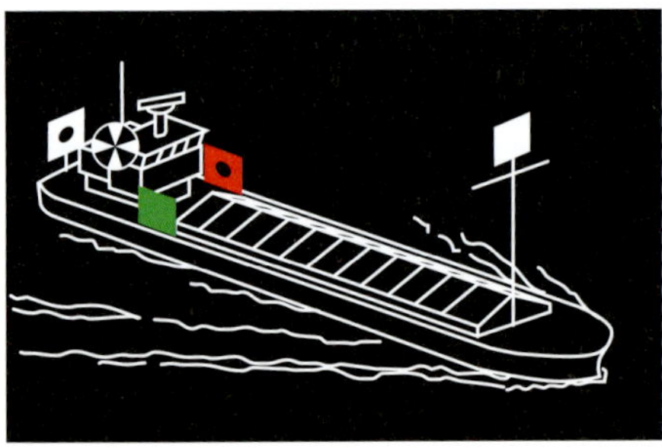

… bei Nacht weißes helles Funkellicht, das mit hellblauer Tafel gekoppelt sein darf.

Merke:
Eine blaue Tafel mit weißem Funkellicht an der Steuerbordseite des Ruderhauses bedeutet, dass sich die Fahrzeuge an Steuerbord begegnen. Dies Zeichen gilt nicht für Kleinfahrzeuge, verpflichtet sie aber zu erhöhter Aufmerksamkeit. Dies gilt auch, wenn ein Fahrzeug mit einer blauen Tafel mit weißem Funkellicht aus der Schleusenkammer in den Schleusenvorhafen ausläuft: Die aus- und die einfahrenden Fahrzeuge passieren sich an der Steuerbordseite; die in den Schleusenvorhafen einlaufenden Kleinfahrzeuge sind nur zur erhöhten Aufmerksamkeit verpflichtet.

17.2 Geschwindigkeitsbeschränkung

173

Wo kann man von bestehenden Höchstgeschwindigkeiten auf den Binnenschifffahrtsstraßen Kenntnis erhalten?

Antwort:

a. **In der Binnenschifffahrtsstraßen-Ordnung, bei der Wasserstraßen- und Schifffahrtsverwaltung und der Wasserschutzpolizei.**
b. **In der Binnenschiffsuntersuchungsordnung, bei der Wasserstraßen- und Schifffahrtsverwaltung und der Wasserschutzpolizei.**
c. **In der Sportbootführerscheinverordnung, bei der Wasserstraßen- und Schifffahrtsverwaltung und der Wasserschutzpolizei.**
d. **In der Binnenschifferpatentverordnung, bei der Wasserstraßen- und Schifffahrtsverwaltung und der Wasserschutzpolizei.**

Zu Frage 173:

Hinweise:

Im zweiten Teil der BinSchStrO sind für einzelne Binnenschifffahrtsstraßen Höchstgeschwindigkeiten festgelegt, aber auch teilweise Mindestgeschwindigkeiten geregelt, beispielsweise Elbe–Lübeck–Kanal und Trave im Kapitel 19 § 19.04 BinSchStrO.

Merke:

Vorgeschriebene Höchstgeschwindigkeiten erfahre ich aus der BinSchStrO, bei der Wasserstraßen- und Schifffahrtsverwaltung und der Wasserschutzpolizei.

17.3 Überholmanöver

174

Wie ist ein Überholmanöver durchzuführen?

Antwort:

a. **Zügig überholen. Beteiligte Fahrzeuge nicht behindern. Verkehrslage und eventuelle Schallzeichen beachten. Ausreichend Abstand halten.**
b. **Zügig überholen. Gegebenenfalls das Fahrzeug stark beschleunigen, um schnell passieren zu können.**
c. **Zügig überholen; überholen nur auf der Steuerbordseite erlaubt, ausreichend Abstand halten.**
d. **Zügig überholen. Dicht am Ufer entlang fahren, eventuelle Schallzeichen müssen von Kleinfahrzeugen beachtet werden.**

Zu Frage 174:

Beachte:

Das Überholen ist nur gestattet, wenn das Fahrwasser unter Berücksichtigung aller örtlichen Umstände und des übrigen Verkehrs hinreichenden Raum für den gesamten Überholvorgang gewährt, jede Gefährdung des Gegenverkehrs ausgeschlossen ist und kein Überholverbot besteht.

Kurs und Geschwindigkeit sind an die örtlichen Umstände und den übrigen Verkehr so anzupassen, dass die Gefahr eines Zusammenstoßes vermieden wird.

Hinweis: Siehe auch Erläuterungen zu Frage 37.

Vorschrift: §§ 6.09, 6.10, 6.11 BinSchStrO

Merke:

Das Überholmanöver ist wie folgt durchzuführen:

- zügig überholen,
- beteiligte Fahrzeuge nicht behindern,
- Verkehrslage und eventuelle Schallsignale beachten,
- ausreichend Abstand halten.

18. Gefahr eines Zusammenstoßes, Ausweichmanöver, Ausweichregeln

18.1 Allgemeines

Hinweise:

Die Ausweichregeln, die Konkretisierungen der Grundregel für das Verhalten im Verkehr sind (§ 1.04), unterscheiden zwischen Kleinfahrzeugen einerseits und Fahrzeugen der gewerblichen Schifffahrt andererseits. Bei den Kleinfahrzeugen wiederum ist zu unterscheiden zwischen Fahrzeugen mit Maschinenantrieb, das heißt zwischen Motorbooten und Segelbooten mit Hilfsmotor, sowie Segelbooten und Ruderbooten.

Die Ausweichregeln für die verschiedenen Fahrzeuggruppen basieren auf folgenden Grundsätzen:

Alle Fahrzeuge, deren Kurse jede Gefahr eines Zusammenstoßes ausschließen, dürfen ihre Kurse und ihre Geschwindigkeit nicht in einer Weise ändern, die die Gefahr eines Zusammenstoßes herbeiführen könnte. Die Gefahr eines Zusammenstoßes besteht dann, wenn sich zwei Fahrzeuge einander nähern und sich die Peilung der beiden Schiffe zueinander nicht ändert **(sogenannte stehende Peilung)**.

Im Verhältnis der Sportschifffahrt zur gewerblichen Schifffahrt muss Letztere den Vorrang haben, weil sie auf die Benutzung der Fahrrinne zwingend angewiesen ist, während bei Kleinfahrzeugen die Manövrierfähigkeit ausschlaggebend sein muss (Abb. 3 zu Frage 181).

Danach lassen sich die Ausweichregeln für Kleinfahrzeuge wie folgt differenzieren:

- Kleinfahrzeuge mit Maschinenantrieb weichen anderen Kleinfahrzeugen mit Maschinenantrieb aus (beidseitige Ausweichpflicht).
  Beispiel: Motorboot weicht Motorboot aus (Abb. 4, S. 183).
- Kleinfahrzeuge mit Maschinenantrieb weichen allen anderen Kleinfahrzeugen aus.
  Beispiel: Motorboot weicht Segelboot oder Ruderboot aus.
- Kleinfahrzeuge ohne Maschinenantrieb weichen den unter Segeln fahrenden Kleinfahrzeugen aus.
  Beispiel: Ruderboot weicht Segelboot aus.

Die ausweichpflichtigen Kleinfahrzeuge müssen Ihren Kurs nach Steuerbord richten (Abb. 4 S. 183).

Ist das aus nautischen Gründen nicht möglich, muss das ausweichpflichtige Kleinfahrzeug rechtzeitig, entschlossen und durch klar erkennbare Manöver zeigen, wie es ausweichen will.

Fahrzeugen, die das blaue Funkellicht zeigen, ist der für deren Kurs und zum Manövrieren notwendige Raum zu lassen.

Das Fahrzeug, das nicht ausweichpflichtig ist, bezeichnet man als **Kurshalter**, als Fahrzeug also, das Kurs und Geschwindigkeit beizubehalten hat.

Bei unmittelbar drohender Gefahr eines Zusammenstoßes muss auch der Kurshalter zur Abwendung der Kollision notfalls Maßnahmen ergreifen, die einen Verstoß gegen einzelne Verkehrsvorschriften darstellen (sogenanntes **Manöver des letzten Augenblicks**).

Sonstige Hinweise:

Ausweichregelungen von Kleinfahrzeugen untereinander siehe Fragen 14, 15, 142, 143, 175 -177.

Ausweichregelungen der Fahrzeuge unter Segel untereinander siehe Fragen 144, 183 -189

Ausweichtabelle siehe die Seiten 182 und 183.

Vorschriften: §§ 6.02, 602.a, 6.03, § 9.02 RheinSchPV

18.2 Gefahr eines Zusammenstoßes

175

Wann besteht die Gefahr eines Zusammenstoßes?

Antwort:

a. **Wenn sich zwei Fahrzeuge bei gleichbleibender Peilung einander nähern.**
b. **Wenn sich zwei Fahrzeuge einander nähern und sich der Kurs der Fahrzeuge nicht ändert.**
c. **Wenn sich zwei Fahrzeuge einander nähern und sich der Kurs eines Fahrzeuges ändert.**
d. **Wenn sich zwei Fahrzeuge einander nähern und beide Fahrzeuge ihren Kurs nach Steuerbord ändern.**

Zu Frage 175:
Hinweis:
Siehe auch Erläuterungen zu Frage 127.

Merke:
Die Gefahr eines Zusammenstoßes besteht, wenn sich zwei Fahrzeuge bei gleichbleibender Peilung einander nähern (stehende Peilung).

18.3 Ausweichmanöver

176

Wie müssen Ausweichmanöver durchgeführt werden?

Antwort:

a. **Rechtzeitig, klar erkennbar und entschlossen.**
b. **Rechtzeitig, klar erkennbar und nach Steuerbord.**
c. **Rechtzeitig, klar erkennbar und nach Backbord.**
d. **Rechtzeitig, klar erkennbar und vorsichtig.**

Zu Frage 176:
Vorschrift:
§§ 6.02 Nr. 1, 6.02a Nr. 3 BinSchStrO

Merke:
Das Ausweichmanöver ist rechtzeitig, klar erkennbar und entschlossen durchzuführen.

18.4 Ausweichregeln der Kleinfahrzeuge

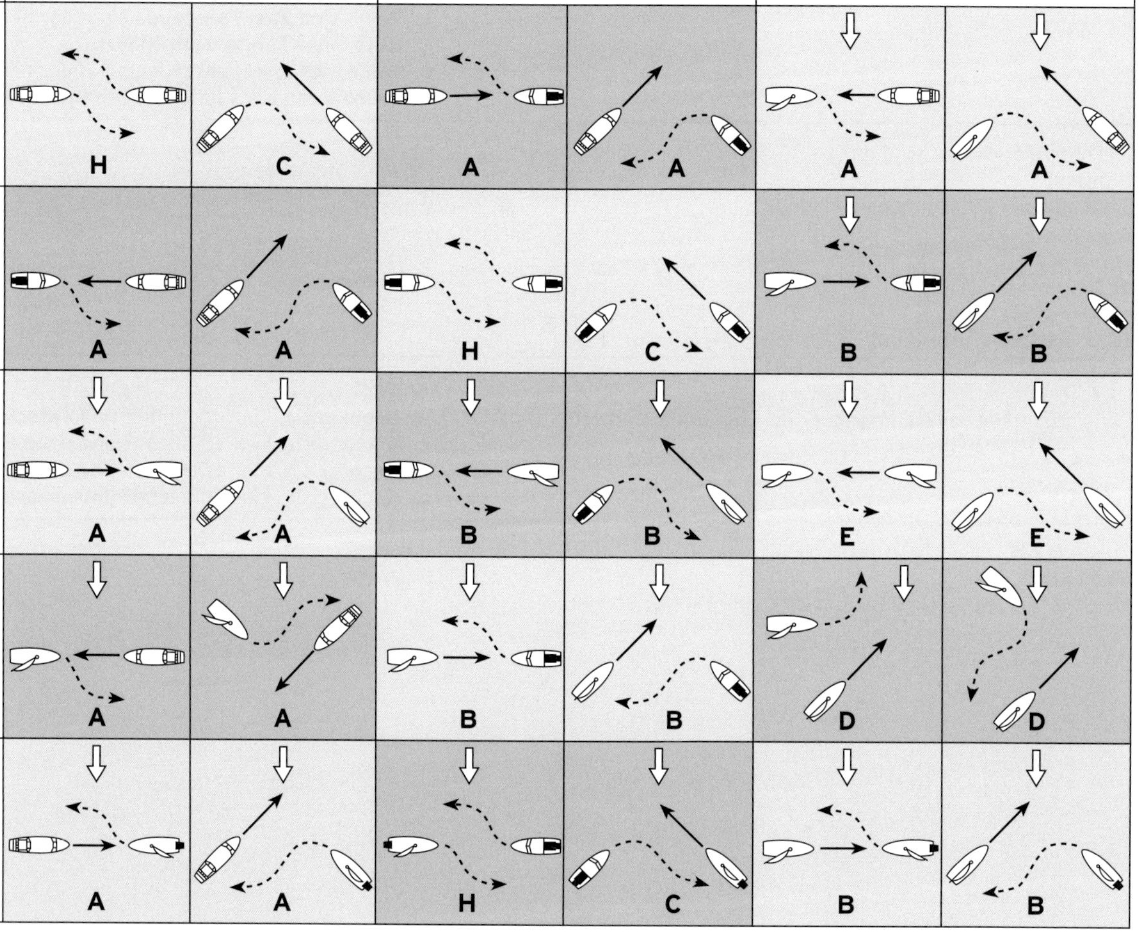

auf Kollisionskurs	Ausweichregeln der Kleinfahrzeuge untereinander					
	Sportfahrzeug von 20 und mehr Meter Länge		Kleinfahrzeug mit Motorantrieb (Motorboot)		Kleinfahrzeug unter Segel (Segelboot) mit Wind von Bb	
Sportfahrzeug von 20 und mehr Meter Länge	**H**	**C**	**A**	**A**	**A**	**A**
Kleinfahrzeug mit Motorantrieb (Motorboot)	**A**	**A**	**H**	**C**	**B**	**B**
Kleinfahrzeug unter Segel (Segelboot) mit Wind von Stb	**A**	**A**	**B**	**B**	**E**	**E**
Kleinfahrzeug unter Segel (Segelboot) mit Wind von Bb	**A**	**A**	**B**	**B**	**D**	**D**
Kleinfahrzeug unter Segel (Segelboot) mit Motorantrieb	**A**	**A**	**H**	**C**	**B**	**B**

Pfeil = Windrichtung, unterbrochene Linie mit Richtungspfeil = ausweichpflichtig, durchgezogene Linie mit Richtungspfeil = Kurshalter, also

und gegenüber Sportbooten von 20 und mehr Meter Länge (Ausweichtabelle)

Kleinfahrzeug unter Segel (Segelboot) mit Wind von Stb		Kleinfahrzeug unter Segel (Segelboot) mit Motorantrieb		Boote, die durch Muskelkraft fortbewegt werden (Ruderboote o. Ä.)	
A	A	A	A	A	A
B	A	H	C	F	F
D	D	B	B	G	G
E	E	B	B	G	G
B	B	H	C	F	F

Kurzgefasst: Bestimmung des vorfahrtsberechtigten (kurshaltepflichtigen) bzw. ausweichpflichtigen Fahrzeugs	
A	Sportfahrzeuge von 20 und mehr Meter Länge vor allen Kleinfahrzeugen
B	Segelboot vor Motorboot
C	rechs vor links (Motoboote/Segelboote mit Hilfsmotor untereinander)
D	Lee vor Luv (Segelboote untereinander mit Wind von derselben Seite)
E	Wind von Stb vor Wind von Bb (Segelboote untereinander mit Wind von verschiedenen Seiten)
F	mit Muskelkraft fortbewegte Boote (Ruder-, Paddel-Tretboot) vor Kleinfahrzeugen mit Maschinenantrieb)
G	Segelboot vor mit Muskelkraft fortbewegten Booten
H	besteht kein Vorfahrtsrecht, sind beide Fahrzeuge ausweichpflichtig

Vorfahrtsberechtigter.

177

Ein Kleinfahrzeug und ein Fahrzeug über 20 m Länge nähern sich auf kreuzenden Kursen. Es besteht die Gefahr eines Zusammenstoßes. Wer ist ausweichpflichtig?

Antwort:

a. **Ausweichpflichtig ist das Kleinfahrzeug.**
b. **Ausweichpflichtig ist das Fahrzeug über 20 m Länge.**
c. **Ausweichpflichtig ist das Fahrzeug, welches das andere an seiner Steuerbordseite sieht.**
d. **Ausweichpflichtig ist das Fahrzeug, welches das andere an seiner Backbordseite sieht.**

178

Welche Fahrzeuge in Fahrt führen nachts nur ein weißes Rundumlicht?

Antwort:

a. **Geschleppte oder längsseits gekuppelte Kleinfahrzeuge.**
b. **Kleinfahrzeuge mit Maschinenantrieb unter 20 m Länge.**
c. **Kleinfahrzeuge mit Maschinenantrieb und geschleppte Fahrzeuge.**
d. **Fahrzeuge, die geschoben werden.**

179

Wie muss sich ein kreuzendes Kleinfahrzeug unter Segel am Wind in der Nähe eines Ufers gegenüber einem anderen Kleinfahrzeug verhalten?

Antwort:

a. **Es darf ein anderes Kleinfahrzeug, das sein steuerbordseitiges Ufer anhält, nicht zum Ausweichen zwingen.**
b. **Es darf ein anderes Kleinfahrzeug, das sein steuerbordseitiges Ufer verlässt, nicht zum Ausweichen zwingen.**
c. **Es darf ein anderes Kleinfahrzeug, das sein backbordseitiges Ufer verlässt, zum Ausweichen zwingen.**
d. **Es darf ein anderes Kleinfahrzeug, das sein steuerbordseitiges Ufer anhält, zum Ausweichen zwingen.**

180

Wer ist ausweichpflichtig bzw. wer ist nicht ausweichpflichtig?

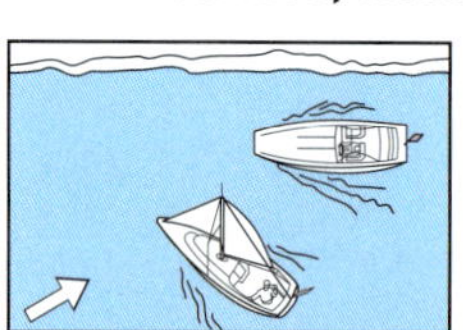

Antwort:

a. **Das Fahrzeug unter Segel ist ausweichpflichtig.**
b. **Das Fahrzeug unter Segel ist nicht ausweichpflichtig.**
c. **Das Fahrzeug unter Maschinenantrieb ist ausweichpflichtig.**
d. **Beide Fahrzeuge sind ausweichpflichtig.**

181

Was hat der Schiffsführer eines Kleinfahrzeugs beim Begegnen mit Fahrzeugen, die nicht Kleinfahrzeuge sind, zu beachten?

Antwort:

a. **Kleinfahrzeuge sind gegenüber Fahrzeugen, die nicht Kleinfahrzeuge sind, ausweichpflichtig. Sie müssen für deren Kurs und zum Manövrieren notwendigen Raum lassen.**

b. **Kleinfahrzeuge sind gegenüber anderen Fahrzeugen, die nicht Kleinfahrzeuge sind, nicht ausweichpflichtig.**

c. **Kleinfahrzeuge sind gegenüber Fahrzeugen, die nicht Kleinfahrzeuge sind, bei der Begegnung gleichgestellt.**

d. **Kleinfahrzeuge sind gegenüber Fahrzeugen, die nicht Kleinfahrzeuge sind, ausweichpflichtig. Sie brauchen aber keinen besonderen Raum zum Manövrieren frei zu geben.**

Zu Fragen 177, 178, 179, 180 und 181:

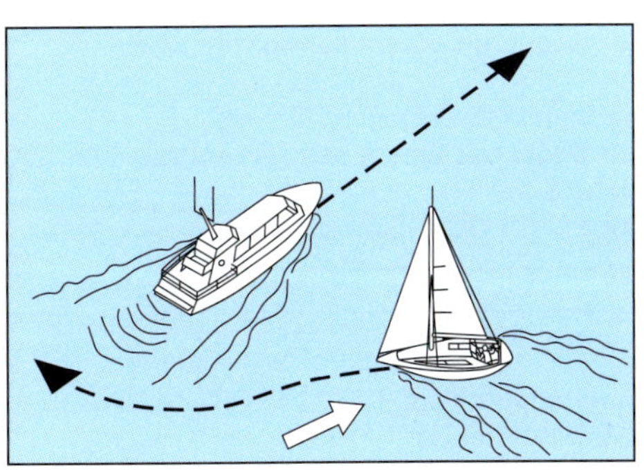

Abb. 1: Das Segelboot als Kleinfahrzeug ist der Motoryacht mit mehr als 20 m Länge ausweichpflichtig. Frage 177

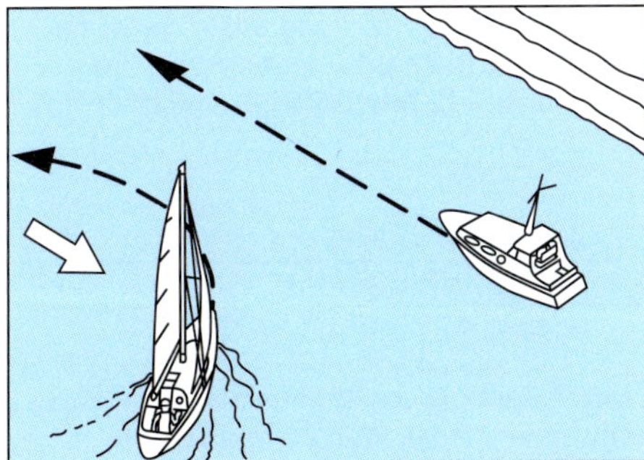

*Abb. 2: Das am Wind kreuzende Segelboot ist **ausnahmsweise** ausweichpflichtig, weil es ein anderes Kleinfahrzeug, das sein steuerbordseitiges Ufer anhält, nicht zum Ausweichen zwingen darf. Fragen 179, 180*

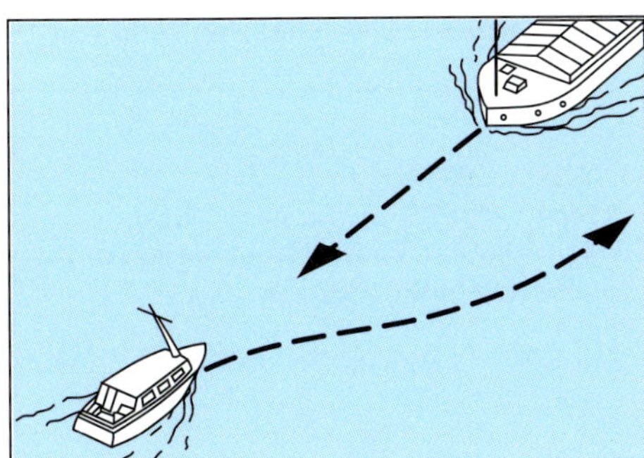

Abb. 3: Das Kleinfahrzeug ist ausweichpflichtig. Frage 181

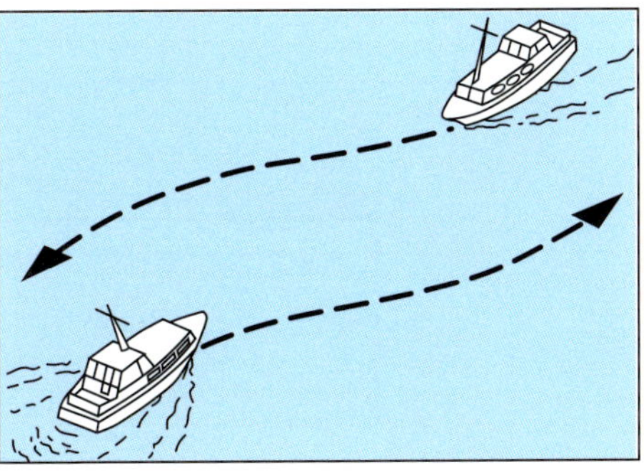

Abb. 4: Beide weichen nach Steuerbord aus.

Vorschrift: § 6.02.a BinSchStrO

Merke:

- Bei kreuzenden Kursen eines Kleinfahrzeugs und eines Fahrzeugs über 20 m Länge ist das Kleinfahrzeug ausweichpflichtig (Abb. 1).
- Ein kreuzendes Kleinfahrzeug unter Segel am Wind darf ein anderes Kleinfahrzeug, das sein steuerbordseitiges Ufer anhält, nicht zum Ausweichen zwingen (Abb. 2).

Hinweis: Siehe Erläuterungen in Abschnitt 18.1 S. 178.

- Ein Kleinfahrzeug ist beim Begegnen gegenüber Fahrzeugen, die nicht Kleinfahrzeuge sind, ausweichpflichtig und muss den für deren Kurs und zum Manövrieren notwendigen Raum lassen (Abb. 3).
- Kleinfahrzeuge müssen beim Begegnen jeder nach Steuerbord ausweichen (Abb. 4).
- Geschleppte und längseits gekuppelte Kleinfahrzeuge führen nachts nur ein weißes Rundumlicht.

18.5 Ausweichregeln der Segelboote und Motorboote untereinander

182

Von Backbord kommend kreuzt ein Fahrzeug unter Segel mit einem schwarzen Kegel, Spitze nach unten, den Kurs eines Fahrzeuges mit Maschinenantrieb. Wer ist ausweichpflichtig?

Antwort:

a. **Das Fahrzeug unter Segel mit einem schwarzen Kegel ist ausweichpflichtig.**
b. **Das Fahrzeug ohne Segel ist ausweichpflichtig.**
c. **Das Fahrzeug unter Segel mit einem schwarzen Kegel ist nicht ausweichpflichtig.**
d. **Beide Fahrzeuge sind ausweichpflichtig.**

183

Zwei Kleinfahrzeuge unter Segel A und B liegen auf Kollisionskurs; A führt einen schwarzen Kegel. Wer ist ausweichpflichtig?

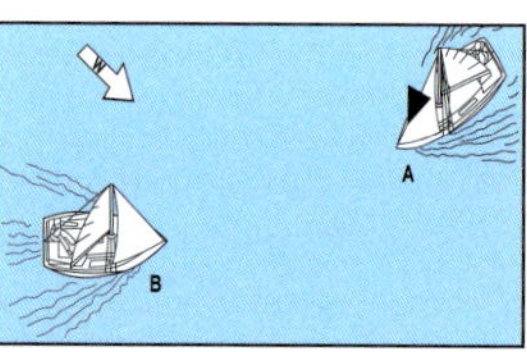

Antwort:

a. **Fahrzeug A ist ausweichpflichtig.**
b. **Fahrzeug B ist ausweichpflichtig.**
c. **Ausweichpflichtig ist das Fahrzeug, welches das Andere an seiner Backbordseite sieht.**
d. **Ausweichpflichtig ist das Fahrzeug, welches den Wind von Backbord hat.**

184

Ein Fahrzeug unter Segel kreuzt eine Binnenschifffahrtsstraße. In der Fahrwassermitte kommt ihm ein Kleinfahrzeug mit Maschinenantrieb zu Berg entgegen. Wer ist ausweichpflichtig?

Antwort:

a. Fahrzeug mit Maschinenantrieb.
b. Fahrzeug in der Talfahrt.
c. Fahrzeug unter Segel.
d. Beide sind ausweichpflichtig.

Zu Fragen 182, 183 und 184:

Beachte:
Kleinfahrzeuge mit Maschinenantrieb weichen Kleinfahrzeugen unter Segel und sonstigen Kleinfahrzeugen ohne Maschinenantrieb aus (Abb. 1 und 2). **Für Kleinfahrzeuge, die zugleich unter Segel und mit Maschinenantrieb fahren (schwarzer Kegel, Spitze unten), gelten die Ausweichregeln für Kleinfahrzeuge unter Maschinenantrieb (Abb. 3 und 4).**

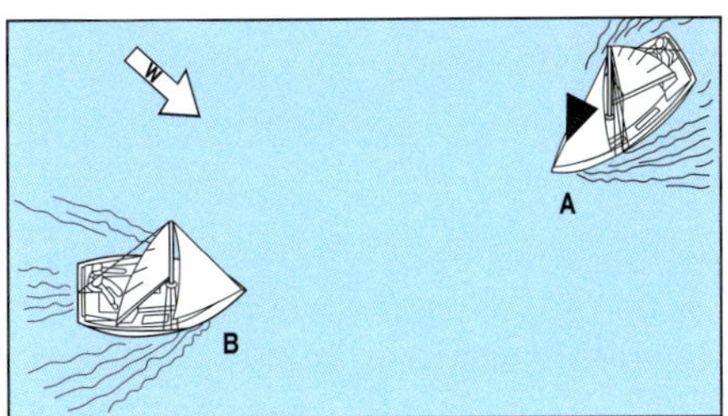

Segler A ist ausweichpflichtig, weil er mit Hilfsmotor fährt und deshalb als Maschinenfahrzeug gilt.

Kanus, Ruder- und Paddelboote haben allgemein wenig Freibord, sodass Wasser bereits bei geringem Wellengang ins Boot schwappen kann. Zur sportlichen Fairness gehört eine besondere Rücksichtnahme, indem rechtzeitig und umfassend Geschwindigkeit vermindert und in möglichst großem Abstand passiert wird.

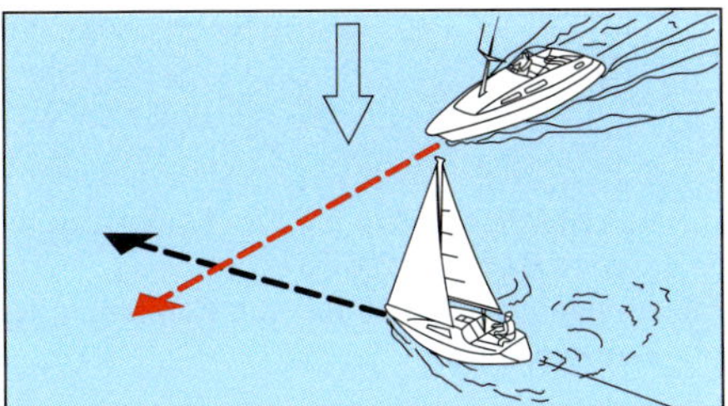

Abb. 1: Wenn sich mir auf kreuzendem Kurs ein Segelfahrzeug an Bb voraus nähert …

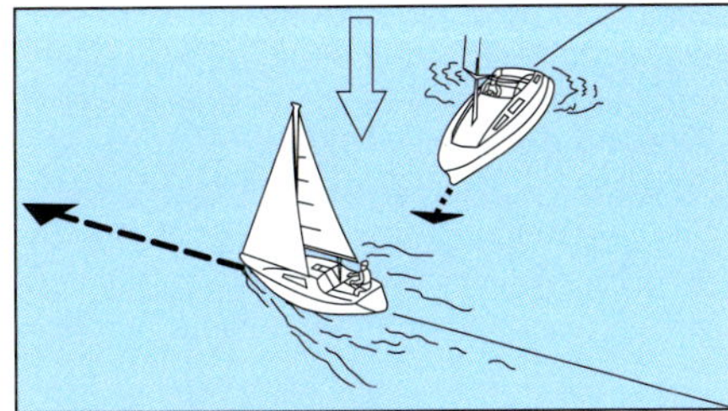

Abb. 2: … bin ich ausweichpflichtig und muss meinen Kurs nach Bb so ändern, dass ich hinter seinem Heck passiere.

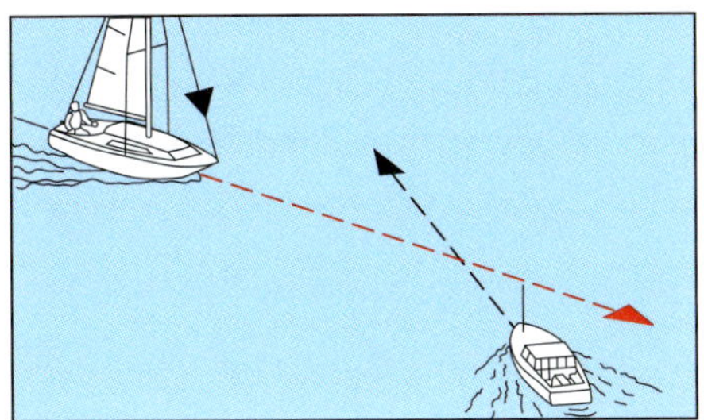

Abb. 3: Wenn sich mir auf kreuzendem Kurs ein Segelfahrzeug von Bb nähert, das zugleich mit Maschinenantrieb fährt …

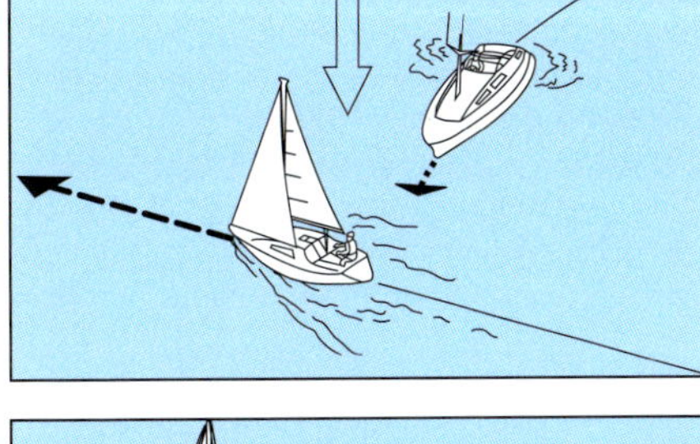

Abb. 4: … muss das Segelfahrzeug ausweichen und seinen Kurs nach Stb so ändern, dass es mich hinter meinem Heck passiert.

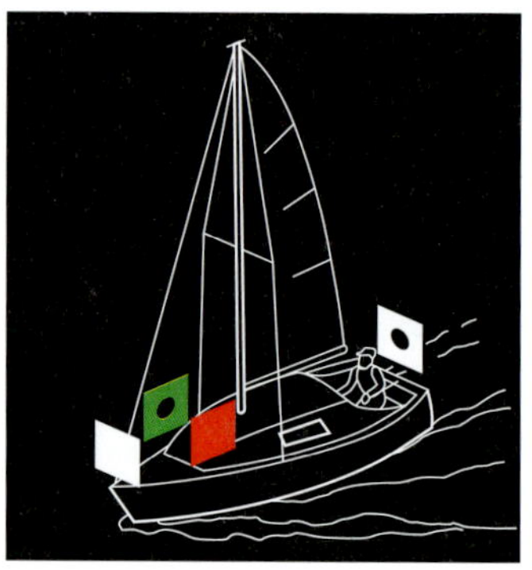

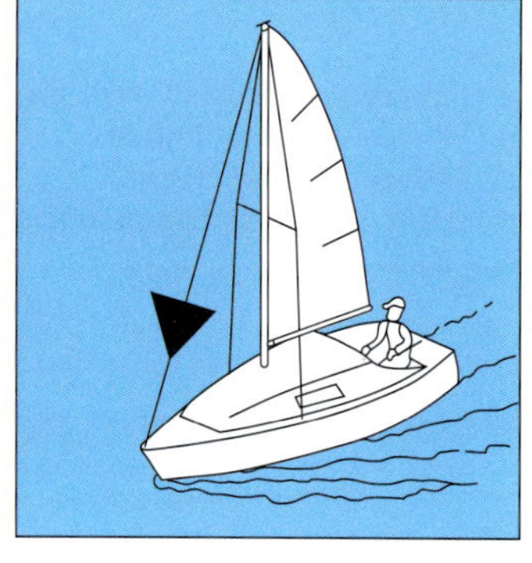

Segelfahrzeug unter Segel und Motor

Hinweise:
Zeichen- und Lichterführung von Segelbooten unter Hilfsmotor siehe Frage 7.
Ausweichregeln der Kleinfahrzeuge siehe Fragen 175–177.
Ausweichregelungen für Segelboote untereinander siehe Fragen 185 ff.
Darstellung der verschiedenen Ausweichsituationen siehe auf den Seiten 181, 182.

Vorschrift:
§ 3.13, § 6.02a BinSchStrO

Beachte:
Ausweichregeln für Motorboote und Segelboote untereinander
Kleinfahrzeuge mit Maschinenantrieb müssen segelnden Kleinfahrzeugen ausweichen! Fahren segelnde Kleinfahrzeuge mit Hilfsmotor, müssen sie ebenfalls wie ein Kleinfahrzeug mit Maschinenantrieb ausweichen.
Das Ausweichmanöver muss so rechtzeitig erfolgen, dass ein ausreichender Sicherheitsabstand gewährleistet ist. Wichtig ist, den Kurs von aufkommenden, entgegenkommenden oder kreuzenden Fahrzeugen rechtzeitig zu erkennen und die Fahrzeuge anhand ihrer Bezeichnung und nachts aufgrund ihrer Lichterführung rechtzeitig zu identifizieren.

Merke:
- Ein von Backbord kommendes Fahrzeug unter Segel mit einem schwarzen Kegel, Spitze unten, das den Kurs eines Fahrzeuges mit Maschinenantrieb kreuzt, ist ausweichpflichtig, weil es das Fahrzeug mit Maschinenantrieb an seiner Steuerbordseite hat.
- Wenn zwei Kleinfahrzeuge unter Segel auf Kollisionskurs liegen, ist das Kleinfahrzeug ausweichpflichtig, das einen schwarzen Kegel führt, weil es als Maschinenfahrzeug gilt.
- Ein zu Berg fahrendes Fahrzeug mit Maschinenantrieb, dem in der Fahrwassermitte ein Fahrzeug unter Segel kreuzend entgegenkommt, ist ausweichpflichtig.

18.6 Ausweichregeln der Segelboote untereinander

18.6.1 Allgemeines

Beachte:
Zur Klärung der Ausweichpflicht bei einem sich nähernden Segelfahrzeug ist Folgendes zu prüfen:

- Hat das sich nähernde Fahrzeug den **Wind von derselben Seite,** das heißt liegt es auch auf Backbordbug oder auf Steuerbordbug bzw. fällt der Wind auch von Steuerbord oder von Backbord ein?
- Liegt mein Fahrzeug im Luv oder im Lee von Ihm?
  Ergebnis: Kommt der Wind von derselben Seite, ist das luvwärtige Segelfahrzeug ausweichpflichtig.

Merksatz für die Praxis, nicht für die Prüfung: **Lee vor Luv**
Beispiel: Erläuterungen zu Frage 186.

- Hat das sich nähernde Fahrzeug den Wind von der anderen Seite, das heißt liegt es auf dem anderen Bug und hat es den Großbaum auf der anderen Seite?
- Kommt der Wind von Backbord oder von Steuerbord?
  Ergebnis: Kommt der Wind nicht von derselben Seite, muss das Fahrzeug, das den Wind von Backbord hat, dem anderen ausweichen.

Merksatz für die Praxis, nicht für die Prüfung:
Backbordbug vor Steuerbordbug
Beispiel: Erläuterungen zu Frage 185.

Der Merksatz stellt nicht auf die Seite des Windeinfalls ab, sondern auf die gegenüberliegende Seite der Schräglage (Bug), weil diese Seite bei kreuzenden Seglern hart am Wind leichter feststellbar ist als die Seite des Windeinfalls.

Richtungen und Seitenbezeichnungen – auf das eigene Schiff bezogen

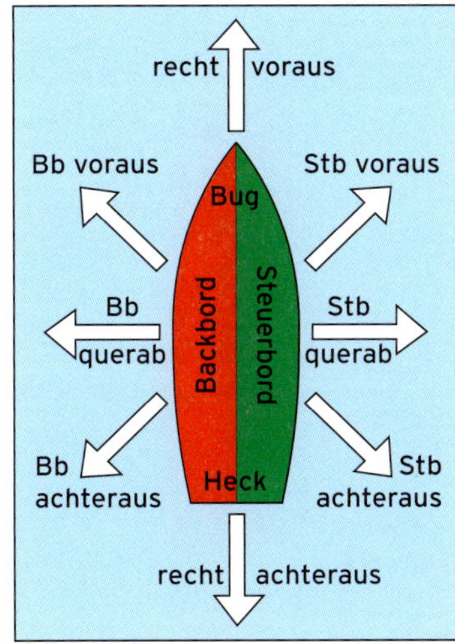

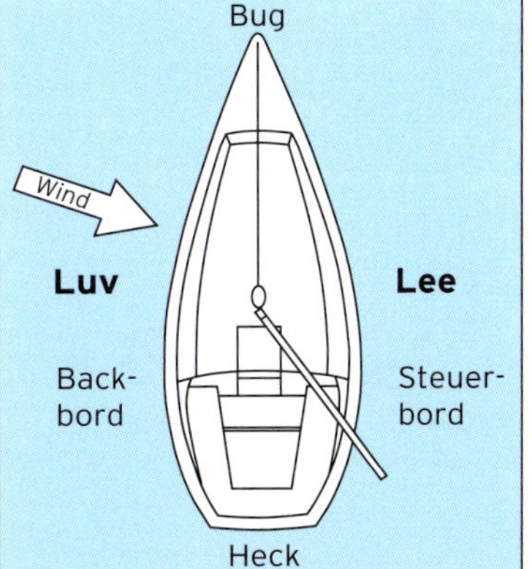

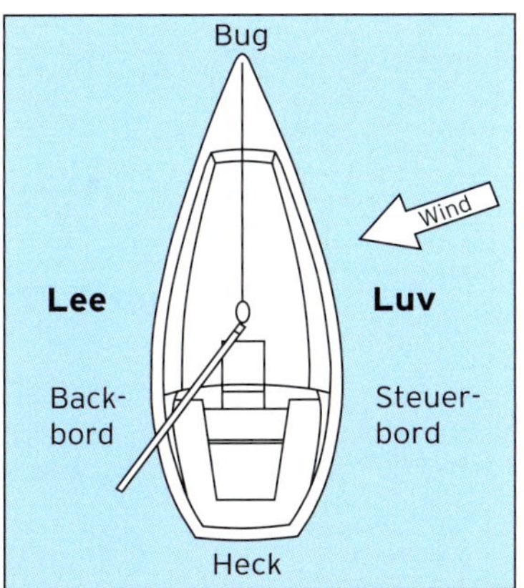

Die Leeseite eines Segelfahrzeuges ist die Seite, auf der das Großsegel gesetzt, auf der also der Großbaum ist; die andere Seite ist die Luvseite, von der der Wind einfällt.

18.6.2 Ausweichregeln

185

Zwei Kleinfahrzeuge A und B unter Segel liegen auf Kollisionskurs (Skizze). Wer ist ausweichpflichtig?

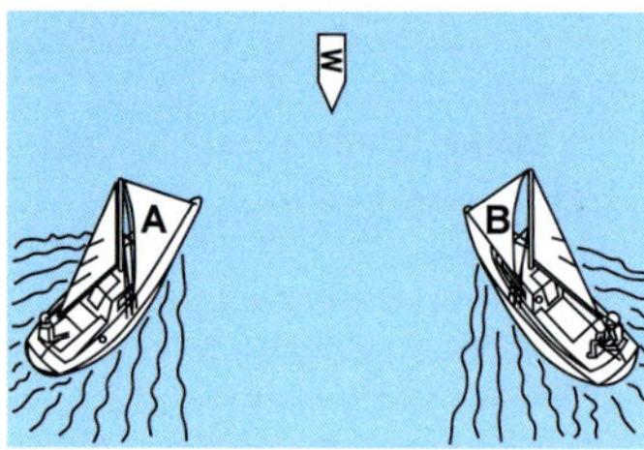

Antwort:

a. **A ist ausweichpflichtig. Segelfahrzeuge mit Wind von Backbord müssen Segelfahrzeugen mit Wind von Steuerbord ausweichen.**
b. **B ist ausweichpflichtig. Segelfahrzeuge mit Wind von Backbord müssen Segelfahrzeugen mit Wind von Steuerbord ausweichen.**
c. **A ist ausweichpflichtig. Segelfahrzeuge mit Wind von Steuerbord müssen Segelfahrzeugen mit Wind von Backbord ausweichen.**
d. **B ist ausweichpflichtig. Segelfahrzeuge mit Wind von Steuerbord müssen Segelfahrzeugen mit Wind von Backbord ausweichen.**

Zu Frage 185: **Beachte:**

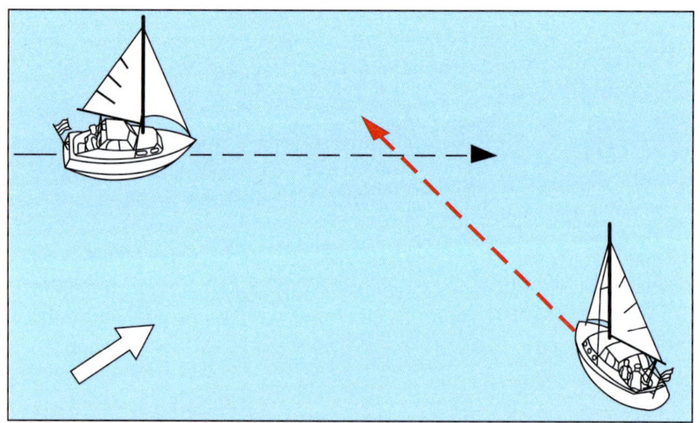

Mir nähert sich auf kreuzendem Kurs an Backbord voraus ein Segelfahrzeug, das den Wind nicht von derselben Seite hat …

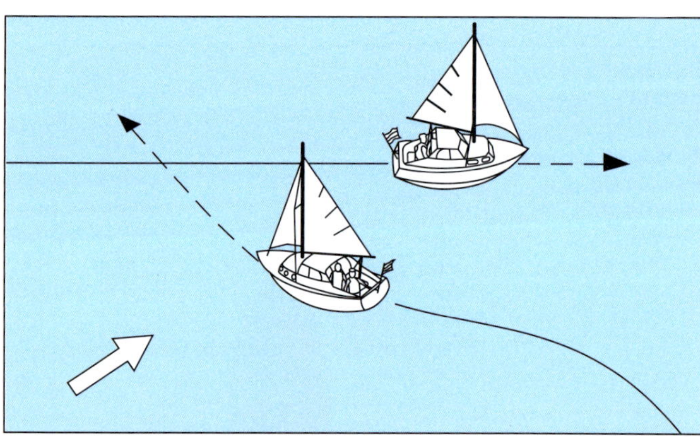

… ich habe den Wind von Backbord und muss daher ausweichen, also hinter seinem Heck passieren.

Merksatz für die Praxis, nicht für die Prüfung:
Backbordbug vor Steuerbordbug

Beachte hierzu die allgemeinen Erläuterungen zu den Ausweichregeln in Abschnitt 18.6.1 S. 189

Sonstige Hinweise:
Siehe die Ausweichtabelle auf den Seiten 181 und 182.

Vorschrift: § 6.02a Nr. 5a BinSchStrO

Vorschrift:
§ 6.02a Nr. 5

Merke:
Segelfahrzeuge mit Wind von Backbord müssen Segelfahrzeugen mit Wind von Steuerbord ausweichen, sodass A ausweichpflichtig ist.

186

Zwei Kleinfahrzeuge unter Segel liegen auf Kollisionskurs. Wer ist ausweichpflichtig?

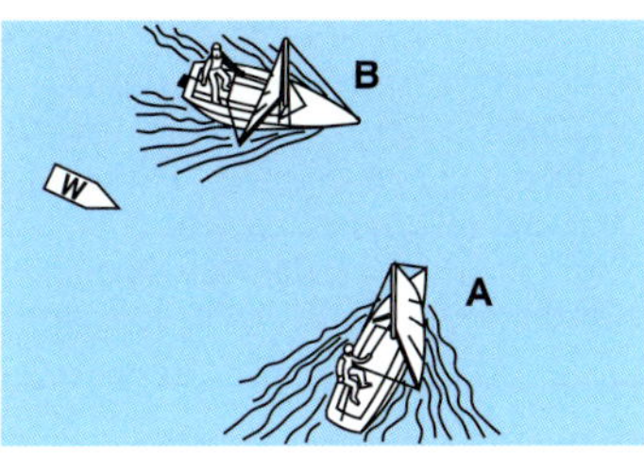

Antwort:

a. **B ist ausweichpflichtig. Das luvseitige Boot muss dem leeseitigen ausweichen.**
b. **A ist ausweichpflichtig. Das luvseitige Boot muss dem leeseitigen ausweichen.**
c. **A ist ausweichpflichtig. Das leeseitige Boot muss dem luvseitigen ausweichen.**
d. **B ist ausweichpflichtig. Das leeseitige Boot muss dem luvseitigen ausweichen.**

Zu Frage 186:

Beachte
Das luvwärtige Boot muss, um seiner Ausweichpflicht nachzukommen,

- entweder anluven und auf Parallelkurs gehen, sodann durch weiteres Anluven die Fahrt verlangsamen, hinter dem Heck des Kurshalters passieren und nach dem Ablaufen des Kurshalters auf den alten Kurs zurückkehren (siehe Abb. nächste Seite) oder
- eine Q-Wende segeln und den Kurshalter hinter seinem Heck passieren.

Wichtig ist, dass Sie genau erkennen, ob der Großbaum bei beiden Kollisionsgegnern auf derselben Seite ist.

Merksatz für die Praxis, nicht für die Prüfung: **Lee vor Luv**

Beachte:
Die Leeseite eines Segelfahrzeuges ist die Seite, auf der das Großsegel gesetzt ist, das heißt, der Großbaum ist; die andere Seite ist die Luvseite, von der der Wind einfällt und die dem gesetzten Großsegel gegenüberliegt (siehe Abb. S. 187).

Hinweis:
Siehe Ausweichtabelle auf den Seiten 179 und 180 und die allgemeinen Erläuterungen auf S. 187.

Vorschrift:
§ 6.02a Nr. 5b und Satz 2 BinSchStrO

Merke:
Das luvseitige Boot muss dem leeseitigen ausweichen, sodass B ausweichpflichtig ist.

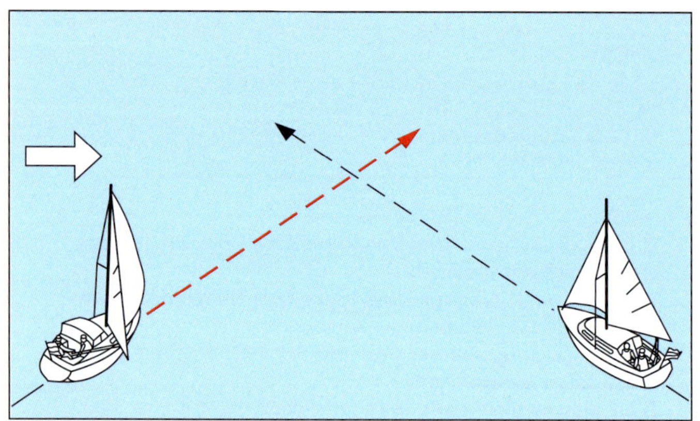

Mir nähert sich auf kreuzendem Kurs ein Segelboot an Steuerbord voraus, das den Wind von derselben Seite hat …

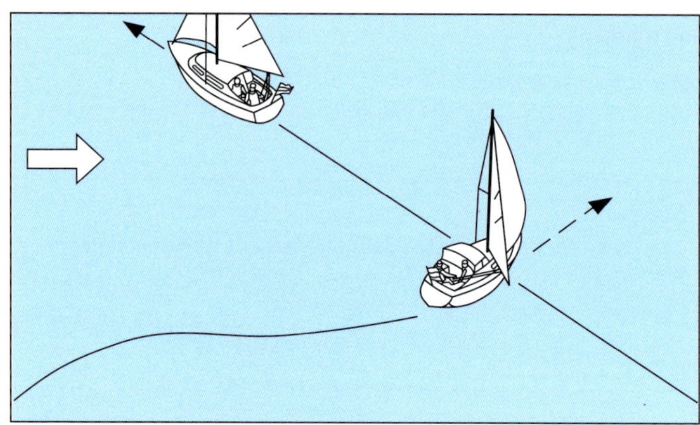

… ich bin das luvwärtige Fahrzeug und muss daher dem leewärtigen ausweichen, das heißt hinter seinem Heck passieren.

187

Ein Kleinfahrzeug A segelt nachts auf Vorwindkurs stromab, Großsegel an Steuerbord. Backbord querab kommt ein grünes Seitenlicht eines Bootes B immer näher, das kein Topplicht führt. Wer ist ausweichpflichtig?

Antwort:

a. **Das Kleinfahrzeug A ist ausweichpflichtig. Ein Boot mit Wind von Backbord muss ausweichen, wenn es nicht klar ausmachen kann, ob das luvseitige Boot den Wind von Steuerbord hat.**
b. **Das Kleinfahrzeug A ist ausweichpflichtig. Ein Boot mit Wind von Steuerbord muss ausweichen, wenn es nicht klar ausmachen kann, ob das luvseitige Boot den Wind von Backbord hat.**
c. **Boot B ist ausweichpflichtig, weil es sich bei Fahrzeug A um ein Kleinfahrzeug unter Segel handelt, das den Wind von Backbord hat.**
d. **Boot B ist ausweichpflichtig, weil es sich um ein Kleinfahrzeug handelt und Kleinfahrzeuge anderen Kleinfahrzeugen unter Segel ausweichen müssen.**

Zu Frage 187:
Vorschrift: § 6.02a Nr. 5c BinSchStrO

Merke:
Ein Kleinfahrzeug auf Vorwindkurs, Großsegel an Steuerbord, dem an Backbord querab ein grünes Seitenlicht eines Bootes ohne Topplicht näher kommt, ist ausweichpflichtig, weil es den Wind von Backbord hat und nicht klar auszumachen ist, ob das luvseitige Boot den Wind von Steuerbord hat.

188

Der seitliche Abstand zwischen den Booten A, B und C verringert sich ständig. Welches Boot kann seinen Kurs beibehalten?

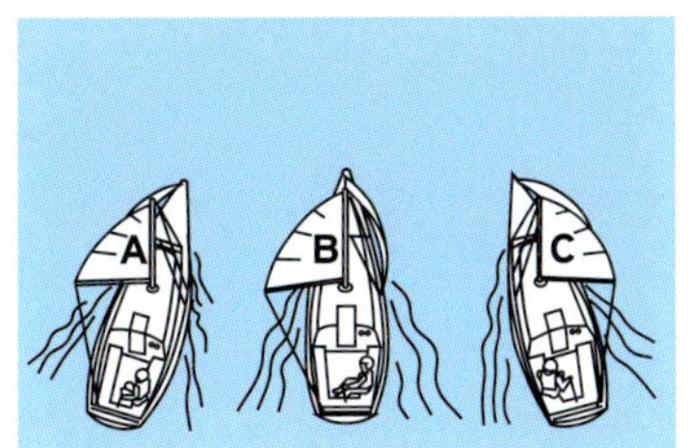

Antwort:

a. **Boot A, weil leeseitig.**
b. **Boot A, weil luvseitig.**
c. **Boot B, weil leeseitig.**
d. **Boot C, weil leeseitig.**

Zu Frage 188:

Hinweise:
B ist gegenüber **A ausweichpflichtig**, weil beide Fahrzeuge den Wind von der selben Seite haben (von Steuerbord) und **B** luvwärtiger ist.

A ist daher als leewärtiges Boot **Kurshalter**. Gegenüber **B** muss **C** ausweichen, weil sie den Wind von verschiedenen Seiten haben und **C** den Wind von Backbord hat.

Beachte:
Allgemeine Erläuterungen zu den Ausweichregeln S. 189.

Hinweis:
Siehe auch die Ausweichtabelle auf den Seiten 181 und 182.

Vorschrift:
§ 6.02a Nr. 5 BinSchStrO

Merke:
Kurshaltepflichtig ist A, weil es das leeseitige Boot ist.

189

Wer ist wem gegenüber kurshaltepflichtig?

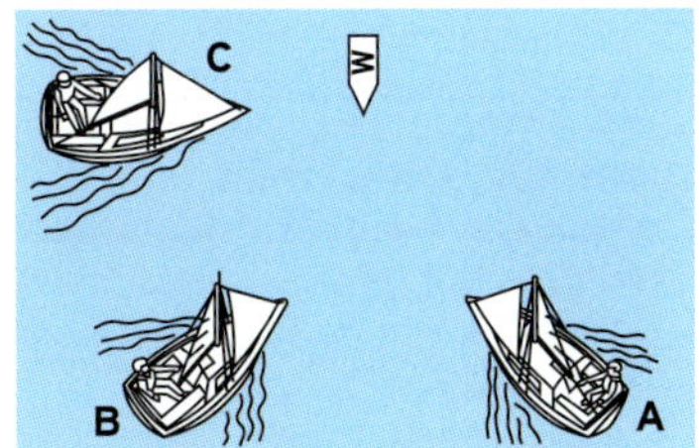

Antwort:

a. **A gegenüber B und C, B gegenüber C.**
b. **C gegenüber A und B, B gegenüber A.**
c. **B gegenüber C und A, A gegenüber C.**
d. **A gegenüber B und C, C gegenüber B.**

Zu Frage 189:

Hinweise:

Kurshaltepflicht hat
A gegenüber **B** und **C** bei Wind von verschiedenen Seiten als Fahrzeug mit Wind von Steuerbord,
B gegenüber **C** bei Wind von der gleichen Seite als leewärtiges Fahrzeug.
Beachte hierzu die allgemeinen Erläuterungen zu den Ausweichregeln in Abschnitt 18.6.1 S. 189

Hinweis:

Siehe auch die Ausweichtabelle auf den Seiten 181 und 182.

Vorschrift:

§ 6.02a Nr. 5

Merke:

Kurshaltepflichtig sind A gegenüber B und C , weil Wind von Steuerbord, sowie B gegenüber C, weil leewärtiger.

190

Was ist vorrangig zu beachten, wenn eine Jolle gekentert ist und sie nicht wieder aufgerichtet werden kann?

Antwort:

a. **Vollständigkeit der Crew überprüfen, gegebenenfalls Hilfe leisten. Am Boot festhalten oder gegebenenfalls aufs Boot legen, Hilfe abwarten.**
b. **Sofort vorgeschriebene Notsignale geben, mit allen Mitteln versuchen, das Fahrzeug aus dem Fahrwasser zu bringen.**
c. **Auf das gekenterte Boot steigen und sich ruhig verhalten, um Wärmeverlust zu minimieren. Sollte das nicht möglich sein, ans benachbarte Ufer schwimmen und Hilfe holen.**
d. **Rettungswesten anlegen und mit geeigneten Mitteln Hilfe herbeiholen. Gegebenenfalls Segel bergen.**

Zu Frage 190:

Hinweise:

Nach Kentern der Jolle hat der Fahrzeugführer auf Grund der seemännischen Sorgfaltspflicht zunächst die Vollständigkeit seiner Crew zu prüfen, insbesondere ob jemand unters Segel geraten ist. Erforderlichenfalls Hilfe leisten! Die Crew sollte auf jeden Fall zusammen am Boot bleiben und nicht versuchen, ans Land zu schwimmen. Wenn noch möglich, Rettungswesten anlegen!

Die weiteren Maßnahmen gelten dem **Wiederaufrichten der Jolle:**

- Zunächst verhindern, dass das Boot durchkentert, indem man sich auf das Schwert stellt oder daranhängt.
- Sodann die Schoten aus den Klemmen lösen und eine Leinenverbindung zum Boot halten, damit es nach dem Aufrichten nicht Fahrt aufnimmt.
- Nach dem Aufrichten ist die Jolle als Erstes zu lenzen; erst dann versuchen, in der Nähe schwimmendes Zubehör wie Paddel, Ruder zu bergen.
- Sollte das Manöver misslingen, sind Notsignale zu geben, z. B. langsames und wiederholtes Heben und Senken der seitlich ausgestreckten Arme bis in Höhe des Kopfes, um Hilfe herbeizuholen.

Beachte:
Wie man sich verhält,
wenn das Wiederaufrichten der Jolle misslingt:

- Am Boot oder an schwimmenden Teilen festhalten! Ggf. aufs Boot legen und Hilfe abwarten.
- Unbedingt die Kleidung (auch Schuhe) als Schutz gegen Unterkühlung anbehalten!

- Nicht schwimmen – es sei denn, ein Boot ist in unmittelbarer Nähe.
- Den Wärmeverlust des Körpers durch ruhige Lage im Wasser möglichst gering halten.
- Mit anderen im Wasser Treibenden eng zusammenbleiben, sich möglichst in Tuchfühlung im Wasser umarmen. Hierdurch wird der Wärmeverlust des Körpers wesentlich verringert!
- Untereinander mit einer Leine verbinden!
- Wenn allein im Wasser, Beine anziehen, Arme verschränken, Wirbelsäule krümmen, um die Gesamtoberfläche und damit den Wärmeverlust zu verringern.

Hinweise:
Notsignale siehe Fragen 210 bis 212.

Merke:
Nach Kentern einer Jolle ist vorrangig
- die Vollständigkeit der Crew zu überprüfen,
- ggf. Hilfe leisten,
- am Boot festhalten oder ggf. aufs Boot legen
- Hilfe abwarten.

191

Ein Segelboot gerät in das Feld einer Segelregatta, ohne selbst Teilnehmer zu sein. Welche Ausweichregeln sind zu beachten?

Antwort:

a. Die der Binnenschifffahrtsstraßen-Ordnung.
b. Die der Wettsegelbestimmungen.
c. Gegenüber Regattateilnehmern die der Wettfahrtregeln, gegenüber anderen Fahrzeugen die der Binnenschifffahrtsstraßen-Ordnung.
d. Fahrzeuge, die an einer Regatta teilnehmen, müssen unbeteiligten Fahrzeugen ausweichen.

Zu Frage 191:
Hinweise:
Da es keine besonderen Verkehrsvorschriften für das Verhalten gegenüber Fahrzeugen in einer Wettfahrt gibt, sind die allgemeinen Ausweichregeln nach der Binnenschifffahrtsstraßen-Ordnung zu beachten (siehe Fragen 185 – 189). Aber nicht nur die sportliche Fairness, sondern auch die sich aus den Grundregeln für das Verhalten im Verkehr herleitende seemännische Sorgfaltspflicht gebieten, einem Regattafeld, das heißt einer Ansammlung von Sportfahrzeugen, die im Rahmen einer Wettfahrt segeln und zum Teil abweichenden Ausweichregeln folgen, rechtzeitig und weiträumig so weit wie möglich auszuweichen, um dieser besonderen Verkehrssituation Rechnung zu tragen. Nur auf diese Weise kann vermieden werden, Regattateilnehmer zu behindern und sogar zum Ausweichen nach den Ausweichregeln zu zwingen, was zu einer unsportlichen Verfälschung der Wettfahrt-Ergebnisse führen würde.

Merke:
In einem Segelregatta-Feld gelten für Nichtteilnehmer die Ausweichregeln der BinSchStrO.

18.6.3 Ausweichsituationen der Kleinfahrzeuge unter Segel bei Nacht

192

Ein Kleinfahrzeug unter Segel kreuzt nachts das Fahrwasser. An Backbord tauchen die nachstehenden Lichter eines Fahrzeugs auf, das in spitzem Winkel den Kurs des Kleinfahrzeugs unter Segel kreuzen will. Was bedeuten diese Lichter?

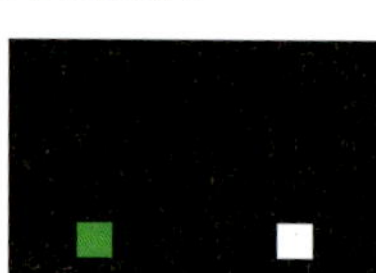

Antwort:

a. **Kleinfahrzeug mit Maschinenantrieb.**
b. **Frei fahrende Fähre.**
c. **Schubverband von vorne.**
d. **Geschlepptes Kleinfahrzeug.**

193

Ein Kleinfahrzeug unter Segel kreuzt nachts das Fahrwasser. An Backbord tauchen die nachstehenden Lichter eines Fahrzeugs auf, das in spitzem Winkel den Kurs des Kleinfahrzeugs unter Segel kreuzen will. Wer ist ausweichpflichtig?

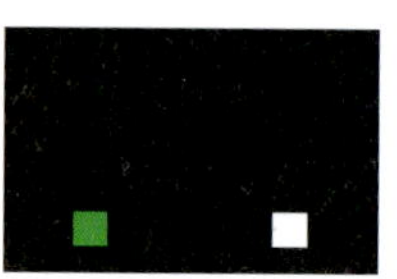

Antwort:

a. **Kleinfahrzeug mit Maschinenantrieb.**
b. **Kleinfahrzeug unter Segel.**
c. **Kleinfahrzeug, welches das Andere auf der Backbordseite hat.**
d. **Beide sind ausweichpflichtig.**

194

Ein Kleinfahrzeug unter Segel und mit Maschinenantrieb kreuzt nachts stromauf. Ein Fahrzeug kommt entgegen, das nur ein weißes Licht führt. Was bedeutet dieses Licht?

Antwort:

a. **Kleinfahrzeug ohne Maschinenantrieb.**
b. **Kleinfahrzeug mit Maschinenantrieb.**
c. **Kleinfahrzeug unter Segel.**
d. **Kleinfahrzeug unter Segel mit Maschinenantrieb.**

195

Ein Kleinfahrzeug unter Segel kreuzt nachts im Fahrwasser. Von achtern kommt ein Fahrzeug auf, das eine Zweifarbenlaterne und ein Topplicht führt. Was bedeuten diese Lichter?

Antwort:

a. **Kleinfahrzeug mit Maschinenantrieb.**
b. **Kleinfahrzeug ohne Maschinenantrieb.**
c. **Kleinfahrzeug unter Segel.**
d. **Kleinfahrzeug unter Segel mit Maschinenantrieb.**

Zu Fragen 192, 193, 194 und 195:
Wichtig für die Beachtung der Ausweichregeln ist, dass Kurs und Antriebsart des Kollisionsgegners richtig und rechtzeitig erkannt werden: Segelboote mit mitlaufendem Hilfsmotor am Tage an dem schwarzen Kegel, Spitze unten, und bei Nacht an ihrer Lichterführung wie ein Motorboot.

Beachte:
Ausweichregeln für Motorboote und Segelboote untereinander
Kleinfahrzeuge mit Maschinenantrieb müssen segelnden Kleinfahrzeugen ausweichen! Fahren segelnde Kleinfahrzeuge mit Hilfsmotor, müssen sie ebenfalls wie ein Kleinfahrzeug mit Maschinenantrieb ausweichen.
Das Ausweichmanöver muss so rechtzeitig erfolgen, dass ein ausreichender Sicherheitsabstand gewährleistet ist. Wichtig ist, den Kurs von aufkommenden, entgegenkommenden oder kreuzenden Fahrzeugen rechtzeitig zu erkennen und die Fahrzeuge anhand ihrer Bezeichnung und nachts aufgrund ihrer Lichterführung rechtzeitig zu identifizieren.

Hinweise:
Zeichen- und Lichterführung von Segelbooten unter Hilfsmotor siehe Fragen 7, 182 und 184.
Ausweichregeln der Kleinfahrzeuge siehe Fragen 177 – 181.
Darstellung der verschiedenen Ausweichsituationen auf den Seiten 183 und 185.

Vorschrift:
§ 3.13, § 6.02a BinSchStrO

Merke:
Kleinfahrzeuge unter Segel mit gleichzeitigem Maschinenantrieb sind gegenüber Kleinfahrzeugen unter Segel (ein weißes Licht bzw. Zweifarbenlaterne) ausweichpflichtig.

19. Geschwindigkeitsverminderung zur Vermeidung von Sog und Wellenschlag

196

Was bedeuten nachts auf einer Binnenschifffahrtsstraße die nachstehenden Lichter?

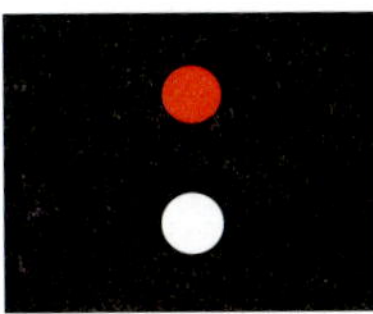

Antwort:
- **a. Sog und Wellenschlag vermeiden.**
- **b. Keine Durchfahrt für Kleinfahrzeuge.**
- **c. Sperrung der Schifffahrt.**
- **d. Durchfahrt für Kleinfahrzeuge.**

Zu Frage 196:
Vorschrift: § 6.20, Anlage 7, A.9
Beachte:
Auf Strecken, die durch die Lichter „rot über weiß" gekennzeichnet sind, ist die Geschwindigkeit rechtzeitig so zu vermindern, dass Schäden an stillliegenden Fahrzeugen und Anlagen durch Sog oder Wellenschlag vermieden werden (siehe auch Frage 197).

Merke:
Ein rotes Licht über einem weißen Licht bedeutet „Sog und Wellenschlag vermeiden".

197

Wo ist die Geschwindigkeit zu vermindern, um Sog und Wellenschlag zu vermeiden?

Antwort:

a. **Vor Hafenmündungen, an Lade-, Lösch- und Liegeplätzen, in der Nähe nicht frei fahrender Fähren, auf gekennzeichneten Strecken, in der Nähe schwimmender Geräte bei der Arbeit.**

b. **Vor Einmündungen, an Lade-, Lösch- und Liegeplätzen, in der Nähe nicht frei fahrender Fähren, auf gekennzeichneten Strecken, in der Nähe schwimmender Geräte bei der Arbeit.**

c. **Vor Hafenmündungen, an Lade-, Lösch- und Liegeplätzen, in der Nähe frei fahrender Fähren, auf gekennzeichneten Strecken, in der Nähe schwimmender Geräte bei der Arbeit.**

d. **Vor Hafenmündungen, an Lade-, Lösch- und Liegeplätzen, in der Nähe nicht frei fahrender Fähren, auf gekennzeichneten Strecken, in der Nähe schwimmender Schifffahrtszeichen.**

Zu Frage 197:

Beachte:

Fahrzeuge müssen ihre Geschwindigkeit so einrichten, dass Wellenschlag oder Sog vermieden werden, die Schäden an stillliegenden oder in Fahrt befindlichen Fahrzeugen oder Schwimmkörpern oder an Anlagen verursachen können. **Die Geschwindigkeit soll rechtzeitig vermindert werden**, jedoch nicht mehr als zur sicheren Steuerung notwendig ist:

- vor Hafenmündungen
- in der Nähe von Fahrzeugen, die am Ufer oder an Landebrücken festgemacht sind oder die laden oder löschen
- in der Nähe von Fahrzeugen, die auf den üblichen Liegestellen stillliegen, ausgenommen Kleinfahrzeuge
- in der Nähe nicht frei fahrender Fähren
- auf Strecken, die durch folgende Zeichen gekennzeichnet sind:

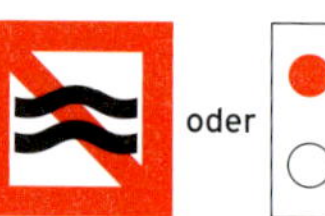

(Siehe Abb. nächste Seite)

Außerdem müssen beim Vorbeifahren an schutzbedürftigen Fahrzeugen, schwimmenden Geräten, Schwimmkörpern oder schwimmenden Anlagen, die durch die rot-weiße Flagge/Tafel oder nachts durch entsprechende Lichter gekennzeichnet sind, andere Fahrzeuge ihre Geschwindigkeit vermindern. Sie haben außerdem möglichst weiten Abstand zu halten.

Vorschrift:

§ 6.20 BinSchStrO

Merke:

Zur Vermeidung von Sog und Wellenschlag ist die Geschwindigkeit zu vermindern

- vor Hafenmündungen,
- an Lade-, Lösch- und Liegeplätzen,
- in der Nähe nicht frei fahrender Fähren,
- auf gekennzeichneten Strecken,
- in der Nähe schwimmender Geräte bei der Arbeit.

Sog- und Wellenschlag vermeiden

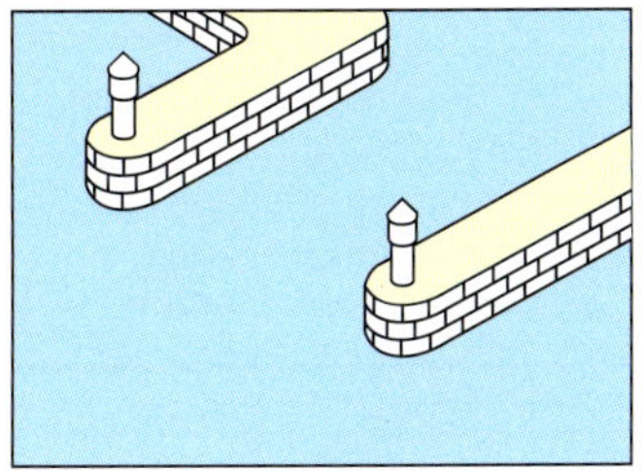

vor Hafenmündungen und in Häfen

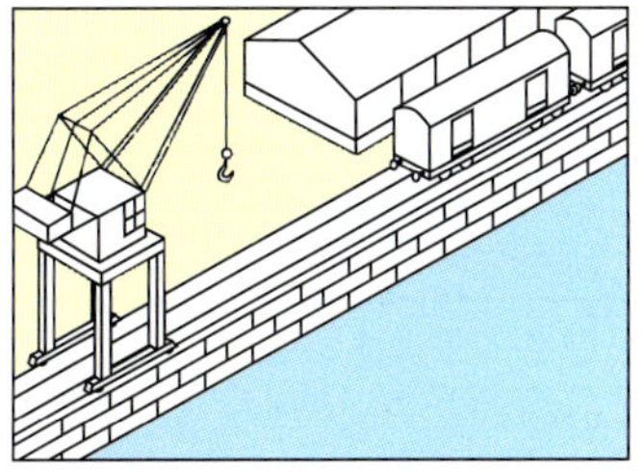

an Lade- und Löschplätzen

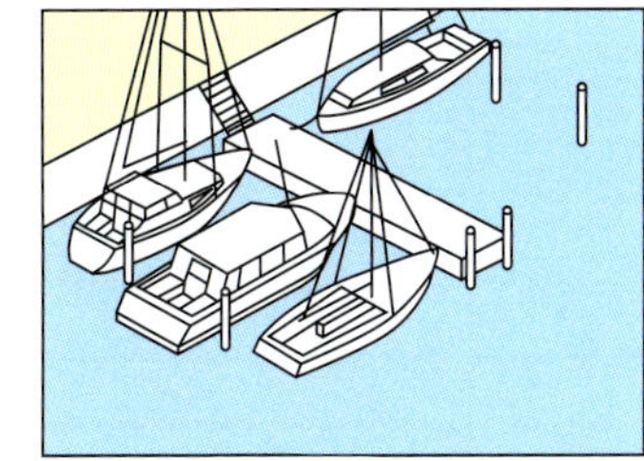

an üblichen Liegestellen

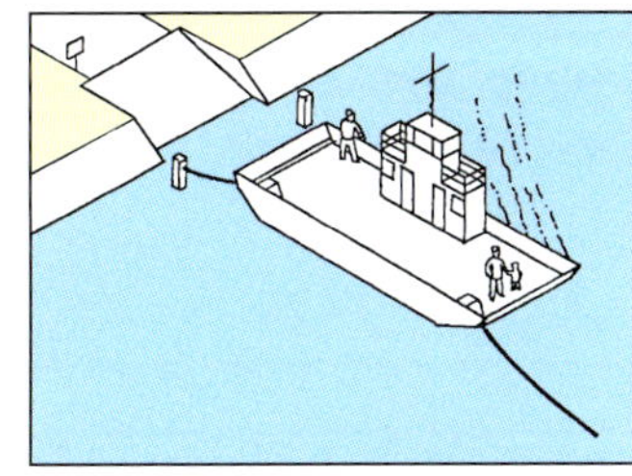

in der Nähe nicht frei fahrender Fähren

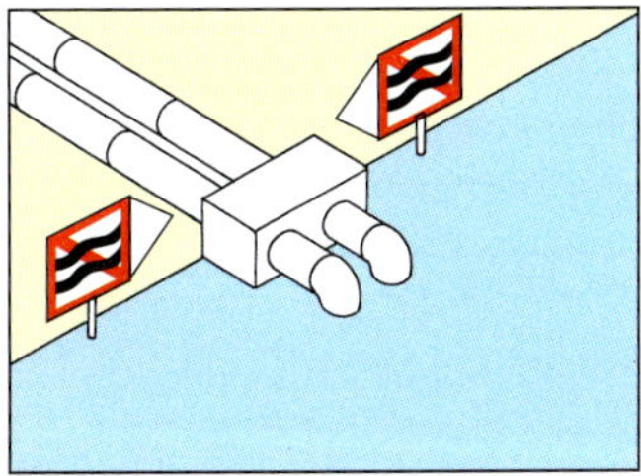

auf gekennzeichneten Strecken

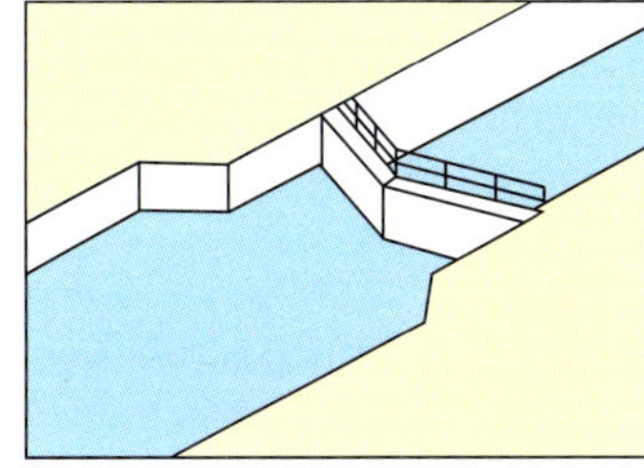

im Schleusenbereich

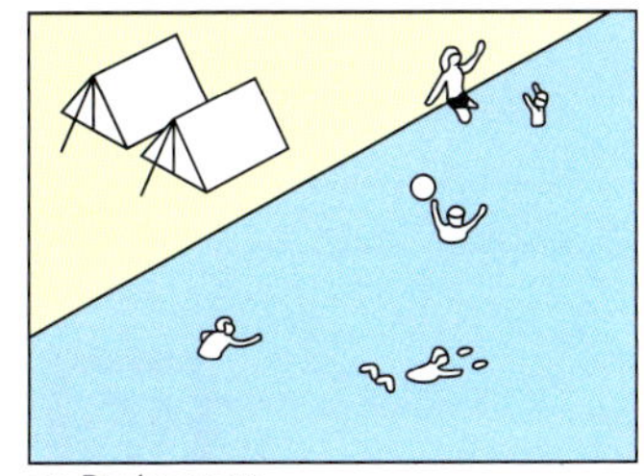

an Badezonen

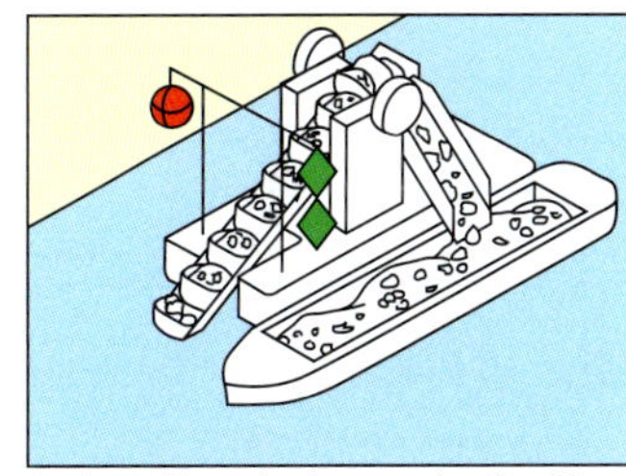

in der Nähe schwimmender Geräte bei der Arbeit

20. Durch Tafelzeichen festgelegtes Verhalten

198
Was bedeutet dieses Tafelzeichen?

Antwort:
- a. Vorgeschriebene Fahrtrichtung.
- b. Fahrtrichtung nach links verboten.
- c. Vorgeschriebene Fahrtrichtung nur für Kleinfahrzeuge.
- d. Empfohlene Fahrtrichtung.

199
Welche Bedeutung hat das nachstehende Tafelzeichen, wenn das rote Licht leuchtet?

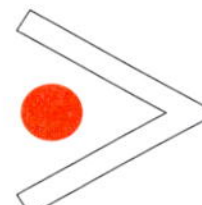

Antwort:
- a. Verbot der Einfahrt in einen Hafen oder eine Nebenwasserstraße.
- b. Verbot des Überholens auf dem Streckenabschnitt.
- c. Achtung Doppelschleuse, linke Kammer gesperrt.
- d. Achtung Ausfahrt aus Hafen oder Nebenfahrwasser.

200
Was bedeutet dieses Tafelzeichen?

Antwort:
- a. 10 km/h Höchstgeschwindigkeit gegenüber dem Ufer.
- b. 10 km/h Höchstgeschwindigkeit gegenüber der Strömung.
- c. 10 km/h Höchstgeschwindigkeit für Kleinfahrzeuge.
- d. 10 km/h für größere Fahrzeuge.

201
Was bedeutet dieses Tafelzeichen?

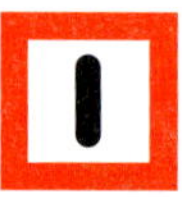

Antwort:
- a. Gebot: Besondere Vorsicht walten lassen.
- b. Gebot: Geradeaus zu fahren.
- c. Gebot: Achtungssignal geben.
- d. Gebot: Vor dem Schild anhalten.

202
Was bedeutet dieses Tafelzeichen?

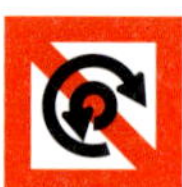

Antwort:
- a. Wendeverbot.
- b. Verbotene Fahrtrichtung rechts oder links.
- c. Verbote in beiden angezeigten Richtungen zu fahren.
- d. Wendeverbot in der Mitte des Fahrwassers.

203
Was bedeutet dieses Tafelzeichen?

Antwort:
a. **Empfohlener Wendeplatz. Stillliegen für alle Fahrzeuge verboten.**
b. **Empfohlener Wendeplatz. Stillliegen von Kleinfahrzeugen erlaubt.**
c. **vorgeschriebener Wendeplatz. Stillliegen für alle Fahrzeuge verboten.**
d. **vorgeschriebener Wendeplatz. Stillliegen von Kleinfahrzeugen erlaubt.**

204
Was bedeutet dieses Tafelzeichen?

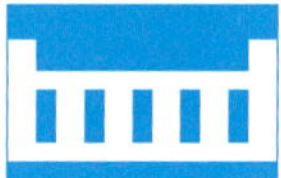

Antwort:
a. **Wehr.**
b. **Hubbrücke.**
c. **Schleuse.**
d. **Sicherheitstor.**

Zu Fragen 198, 199, 200, 201, 202, 203 und 204:

Die Gebotstafel in Frage 198 verpflichtet auch Kleinfahrzeuge, nur in der angezeigten Richtung weiterzufahren.

Die Verbotstafel gemäß Frage 199 zeigt an, dass die **Einfahrt in den in Pfeilrichtung gelegenen Hafen** oder die in Pfeilrichtung gelegene Nebenwasserstraße verboten ist. Die Einfahrt kann durch Löschen des roten Lichts freigegeben werden.

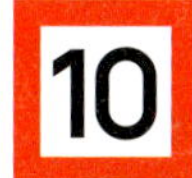

Die Verbotstafel entsprechend Frage 200 gibt die Geschwindigkeit in km/h an, die gegenüber dem Ufer nicht überschritten werden darf. Die Tafel kann auch in entsprechender Entfernung aufgestellt sein. Die Entfernung bis zum Beginn der **Geschwindigkeitsbegrenzung** ist zusätzlich in Metern angegeben, um sicherzustellen, dass alle Fahrzeuge die Fahrt verlangsamen und die Höchstgeschwindigkeit bereits bei der Einfahrt nicht überschreiten.

Geschwindigkeitsbeschränkungen bestehen auf allen kanalisierten Wasserstraßen mit unterschiedlichen Höchstgeschwindigkeiten, die nicht durch Verkehrszeichen angezeigt werden. Die Orientierung gehört zur Pflicht des Fahrzeugführers; vgl. Fragen 81 und 227.

Die Gebotstafel gemäß Frage 201 weist auf eine mögliche Gefahr, Behinderung usw. hin und fordert auf, besondere Vorsicht walten zu lassen.

Beim **Wenden** müssen insbesondere die Fahrwasserverhältnisse und die Strömungsgeschwindigkeit berücksichtigt werden. Wo das Wenden risikoreich ist, kann dies durch die Verbotsafel „Wendeverbot" gemäß Frage 202 untersagt werden, das für alle Fahrzeuge gilt. Wendestellen können mit der Hinweistafel gemäß Frage 203 bezeichnet werden. An diesen Stellen besteht Stillliegeverbot. Das Wenden ist nur gestattet, wenn dies ohne Gefahren möglich ist und andere Fahrzeuge nicht gezwungen werden, unvermittelt ihren Kurs und ihre Geschwindigkeit zu ändern. Notfalls ist das Wenden durch Schallzeichen anzukündigen. Die anderen Fahrzeuge müssen, sofern dies möglich und nötig ist, Geschwindigkeit und Kurs ändern, damit das Wenden ohne Gefahr möglich ist. Sobald ein Kleinfahrzeug die Wendeabsicht bemerkt, sollte es entsprechend der Verkehrssituation und der Strömungsverhältnisse nach Möglichkeit nicht vor, sondern hinter dem wendenden Fahrzeug vorbeifahren.

Mit der Hinweistafel gemäß Frage 204 wird auf ein **Wehr** aufmerksam gemacht. Bei der Einfahrt in den Bereich eines Wehrs ist besondere Vorsicht geboten, weil nicht selten Strömung herrscht und das Boot in Richtung der Wehrwalzen abgetrieben werden kann. Bei Wehren, die durchfahren werden können, kann die Durchfahrt durch Zeichen für das Durchfahren von Brücken und Schleusen entsprechend Fragen 110 bis 116 und 27 bis 30 geregelt sein, einschließlich der grün-weiß-grünen Tafel und der grünen Lichter.

Vorschriften:
§§ 6.08, 6.12, 6.13, 6.16, Anlage 7, Abschn. I.B.6 (Schifffahrtszeichen) BinSchStrO

Merke:
Die folgenden Tafelzeichen (weiße Tafel mit rotem Rand) verbieten bzw. gebieten

- mit einem schwarzen Pfeil nach links: „vorgeschriebene Fahrtrichtung";
- ein rotes Licht mit einem weißen Pfeil: „Verbot der Einfahrt in einen in Pfeilrichtung gelegenen Hafen oder eine Nebenwasserstraße";
- mit einer schwarzen 10: „km/h Höchstgeschwindigkeit gegenüber dem Ufer";
- mit einem schwarzen senkrechten Balken: „Gebot, besondere Vorsicht walten zu lassen";
- mit einem roten Diagonalstreifen und zwei halbkreisförmigen entgegengesetzten schwarzen Pfeilen: „Wendeverbot";

Die folgenden blauen Tafelzeichen empfehlen

- mit zwei halbkreisförmigen entgegengesetzten weißen Pfeilen: „empfohlener Wendeplatz. Stillliegen für alle Fahrzeuge verboten";
- mit einer weißen Schranke: „Wehr".

21. Verhalten bei unsichtigem Wetter, Sicherheitseinrichtungen

205

Welche Sichtbeeinträchtigungen führen zu unsichtigem Wetter?

Antwort:

a. **Nebel, Schneefall, starker Regen.**
b. **Dunkelheit, Nebel, Schneefall, starker Regen.**
c. **Nacht, Schneefall, starker Regen.**
d. **Dämmerung, Nebel, Schneefall, starker Regen.**

206

Wie muss ein Fahrzeug ausgerüstet sein, um bei unsichtigem Wetter zu fahren?

Antwort:

a. **Mit einer für die Binnenschifffahrt zugelassenen funktionsfähigen Radaranlage und einer Sprechfunkanlage für den Binnenschifffahrtsfunk.**
b. **Mit einer für die Binnenschifffahrt zugelassenen funktionsfähigen Radaranlage und einer Sprechfunkanlage ohne ATIS.**
c. **Mit einer für die Binnenschifffahrt zugelassenen funktionsfähigen Radaranlage und einer Sprechfunkanlage für den Seefunkdienst.**
d. **Mit einer Radaranlage ohne Wendeanzeiger und einer Sprechfunkanlage für den Binnenschifffahrtsfunk.**

207

Was ist zu beachten, wenn während der Fahrt unsichtiges Wetter eintritt?

Antwort:

a. **Auf bestimmten Wasserstraßen ist ohne Radar und Sprechfunk die Fahrt unverzüglich einzustellen.**
b. **Auf allen Wasserstraßen ist ohne Radar und Sprechfunk die Fahrt unverzüglich einzustellen.**
c. **Auf bestimmten Wasserstraßen ist ohne Radar und AIS die Fahrt unverzüglich einzustellen.**
d. **Auf allen Wasserstraßen ist ohne Radar und ECDIS die Fahrt unverzüglich einzustellen.**

Zu Fragen 205, 206 und 207:

Mit unsichtigem Wetter ist zu bestimmten Jahreszeiten stets zu rechnen. Deshalb sollte zu Beginn eines Segeltages der aktuelle Wetterbericht eingeholt werden.

Beachte:
Tritt während der Fahrt unsichtiges Wetter auf,

- muss mit sicherer Geschwindigkeit gefahren werden;
- müssen die Fahrtlichter gesetzt werden;
- muss Ausguck auf dem Vorschiff gehalten werden;
- müssen Nebelschallsignale während der Fahrt und beim Stillliegen im Fahrwasser oder in dessen Nähe gegeben werden;
- muss Funkkanal 10 auf Empfang geschaltet sein und vor allem auf die Radartalfahrer-Schallsignale geachtet werden.

Bei Sichtweiten unter 800 m ist die Fahrt grundsätzlich einzustellen, da sie nicht mehr ohne Gefahr fortgesetzt werden kann. Dies ist bereits der Fall, wenn beide Ufer nicht mehr gleichzeitig auszumachen sind. Ist ein Hafen nicht mehr rechtzeitig zu erreichen und auch kein sicherer Liegeplatz und fasst zudem der Anker nicht, muss am Ufer festgemacht werden. Die Fahrrinne ist soweit wie möglich freizumachen.

Fahrzeuge, ausgenommen Kleinfahrzeuge, die im Fahrwasser oder in dessen Nähe außerhalb der Häfen oder der festgelegten Liegestellen stillliegen, müssen, wenn sie einen langen Ton von einem herankommenden Fahrzeug vernehmen, die **Nebelschallzeichen** entsprechend der Tabelle auf der nächsten Seite geben.

Es dürfen nur **Sprechfunkanlagen** eingebaut und benutzt werden, die zugelassen und genehmigt sind. Eine Person an Bord muss im Besitz des UKW-Sprechfunkzeugnisses für den Binnenschifffahrtsfunk (UBI) sein, damit sie die Sprechfunkanlage bedienen kann; fehlt diese Person, darf die Anlage nicht benutzt werden.

Das UBI wird im Auftrag des BMVI von den Sportverbänden DMYV und DSV ausgestellt, die hierfür besondere Prüfungsausschüsse eingerichtet haben.

Hinweis:
Erforderlichkeit des UKW-Sprechfunkzeugnisses siehe Frage 252.
Zur Radarfahrt bei unsichtigem Wetter siehe Frage 253.

Vorschriften:
§§ 1.01 Nrn. 22 und 23, 1.10 Nr. 1, 4.05, 6.30, 6.32, 6.33, 6.34, Anlage 6 BinSchStrO

Merke:
Bei Sichtbeeinträchtigungen durch Nebel, Schneefall, starker Regen herrscht „unsichtiges Wetter“; wenn es während der Fahrt eintritt, ist ohne Radar und Sprechfunk die Fahrt auf bestimmten Wasserstraßen unverzüglich einzustellen. Andernfalls ist erforderlich, dass das Fahrzeug mit einer für die Binnenschifffahrt zugelassenen funktionsfähigen Radaranlage und einer Sprechfunkanlage für den Binnenschifffahrtsfunk ausgerüstet ist.

Schallzeichen bei unsichtigem Wetter			Bedeutung	Vorschrift
einzeln fahrende Fahrzeuge und Verbände außer Radartalfahrer	▬	ein langer Ton, längstens jede Minute wiederholt	„Achtung"	§ 6.33
stilliegende Fahrzeuge	🔔- - -🔔	eine Gruppe von Glockenschlägen, längstens jede Minute wiederholt	„ich liege auf der linken Seite des Fahrwassers"	§ 6.31
stilliegende Fahrzeuge	🔔- - -🔔 🔔- - -🔔	zwei Gruppen von Glockenschlägen, längstens jede Minute wiederholt	„ich liege auf der rechten Seite des Fahrwassers"	
stilliegende Fahrzeuge	🔔- - -🔔 🔔- - -🔔 🔔- - -🔔	drei Gruppen von Glockenschlägen, längstens jede Minute wiederholt	„meine Lage ist unbestimmt"	

208

Welchen Vorteil bietet ein Radarreflektor auf einem Sportboot?

Antwort:

a. Bessere Erkennbarkeit des Sportbootes auf Radarbildschirmen.
b. Bessere Erkennbarkeit des Sportbootes bei Nacht.
c. Bessere Erkennbarkeit des Sportbootes bei Taglicht.
d. Bessere Erkennbarkeit des Sportbootes bei unsichtigem Wetter.

Zu Frage 208:
Hinweise:
Zur Kollisionsverhütung gilt es vor allem, die Ortung des eigenen Fahrzeugs auf den Radargeräten der in der Nähe befindlichen Berufsschiffe zu ermöglichen. Das wird erreicht durch einen Radarreflektor (siehe unten). Auch das Fahrzeug selbst gibt in der Regel ein klares Radarecho ab, wenn es sich in einer waagerechten Schwimmlage befindet.
Ein Radarreflektor ist besonders auf Kunststoff- und Holzbooten wichtig.

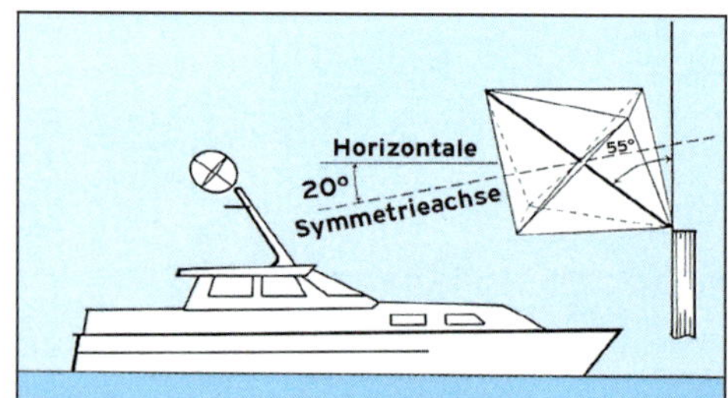

Sechserstellung für Motoryachten

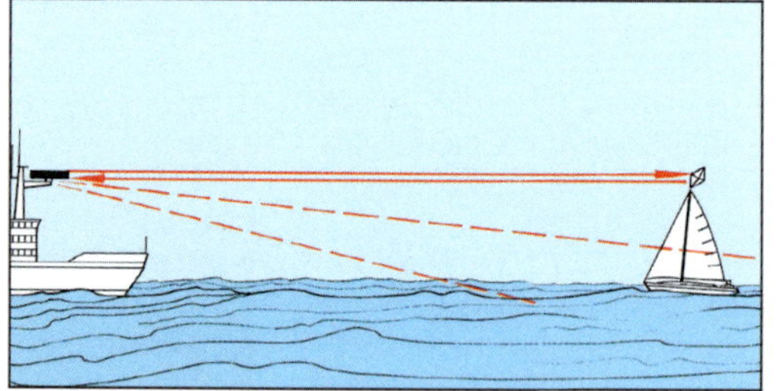
Peilung des Sportfahrzeuges durch Fahrzeuge der Berufsschifffahrt

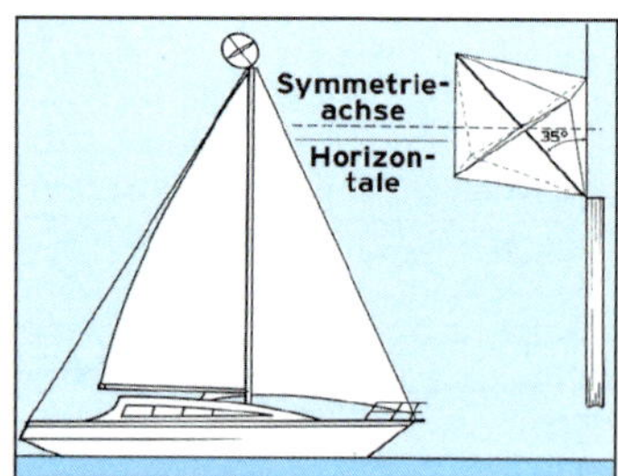

Yachtstellung für Segelyachten

Merke:
Ein Radarreflektor hat den Vorteil der besseren Erkennbarkeit des Sportbootes auf den Radarbildschirmen der Berufsschifffahrt.

22. Technische Sicherheitseinrichtung gegen Stromschlag

209

Welche technische Einrichtung gegen einen Stromschlag muss in der Landstromversorgung unbedingt installiert sein?

Antwort:
- **a. Ein Fehlerstromschutzschalter.**
- **b. Ein geringer Ladungsstrom ist ungefährlich.**
- **c. Ein Überspannungsschutz.**
- **d. Ein Schutzkleinspannungsschalter.**

Zu Frage 209:
Hinweise:
Die Stromversorgung an Bord wirft häufig Probleme auf. Gerade bei kleinen Segelyachten wird die elektrische Ausrüstung seitens der Werften oft stiefmütterlich behandelt. Eine aufwändige Installation ist arbeitsintensiv und damit teuer.
Solange die Bordanlage mit 12 oder 24 Volt arbeitet, ist die Sicherheit der Besatzung nicht direkt gefährdet. Unsachgemäß verlegte Leitungen können jedoch den Kompass beeinflussen; zu dünne Leiterquerschnitte vermindern die Leuchtkraft der Navigationslichter; mangelhafte Verbindungen erzeugen Kriechströme, die die Batterie entleeren, sodass unter Umständen das Bordnetz im entscheidenden Moment zusammenbricht.
Ein Eigner, der seine E-Anlage ohne entsprechende Sachkenntnis verbessern möchte, erhöht den Grad der Wahrscheinlichkeit solcher Mängel.
Die Landanschlüsse in Yachthäfen zu benutzen, bedeutet Lebensgefahr, wenn die betreffenden Teile der Bordanlage unsachgemäß installiert sind.
Deshalb muss die Installation für eine Landstromversorgung an Bord von einem Fachmann vorgenommen werden, der einen Fehlerschutzschalter (FI-Schalter) installiert und die unterschiedliche Stromversorgung an Bord kenntlich macht.

Merke:
In der Landstromversorgung muss unbedingt ein Fehlerstromschutzschalter gegen einen Stromschlag installiert sein.

23. Notsignale

210

Welches Schallsignal ist zu geben, wenn in einer Notsituation Hilfe gebraucht wird?

Antwort:
- **a. Wiederholte lange Töne geben oder Gruppen von Glockenschlägen.**
- **b. Wiederholte kurze Töne geben, keine Glockenschläge.**
- **c. Einen langen Ton geben, vereinzelt Glockenschläge.**
- **d. Drei kurze Töne geben, keine Glockenschläge**

211

Welche Bedeutung hat am Tag das Kreisen einer roten Flagge auf einem Wasserfahrzeug?

Antwort:

a. **Ein in Not befindliches Fahrzeug, das durch Sichtzeichen Hilfe herbeirufen will.**
b. **Ein manövrierbehindertes Fahrzeug, das durch Sichtzeichen Hilfe herbeirufen will.**
c. **Keine Bedeutung für den durchgehenden Schiffsverkehr.**
d. **Schützenswertes Fahrzeug, Vermeidung von Sog und Wellenschlag.**

212

Welche Notsignale kann ein Segelsurfer auf Binnenschifffahrtsstraßen geben?

Antwort:

a. **Kreisförmiges Schwenken der Arme oder eines Gegenstandes.**
b. **Kreisförmiges Schwenken einer grünen flagge, die mit anderen Zeichen nicht verwechselt werden kann.**
c. **Wiederholt lange Gruppen von Glockenschlägen.**
d. **Kreisförmiges Schwenken der Arme ist zu vermeiden, das Surfsegel ist möglichst senkrecht zu stellen.**

Zu Fragen 210, 211 und 212:
Beachte:
Notsignale (siehe unten) dürfen nur in einer Notsituation, das heißt bei einem Notstand gegeben werden. Ein Notstand liegt vor, wenn eine gegenwärtige Gefahr für Leib und Leben von Personen besteht. In diesen Fällen ist entsprechend den gegebenen Möglichkeiten **jeder zur Hilfeleistung und zur Abwendung der Gefahr verpflichtet**, auch wenn dabei gegen andere Bestimmungen verstoßen wird („Not kennt kein Gebot"). Mit den Notsignalen soll auf den Notstand hingewiesen werden.

Beachte:
Notsituationen können sein:
- Wassereinbruch, Gefahr des Sinkens
- über Bord gefallene Person
- in Not geratener Schwimmer
- verletzter Wasserskiläufer in Verbindung mit manövrierunfähigem Zugfahrzeug
- Verletzte an Bord eines manövrierunfähigen Fahrzeugs
- erschöpfter und abtreibender Surfer

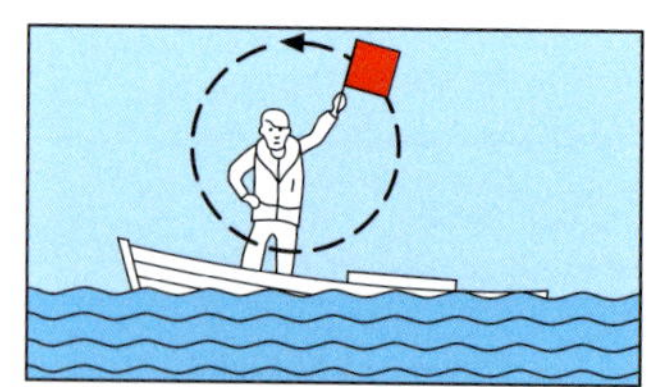

Notzeichen bei Tag: rote Flagge oder sonstiger Gegenstand im Kreis geschwenkt

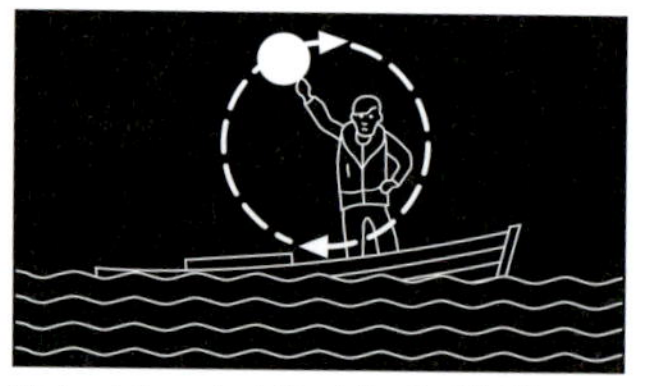

Notzeichen bei Nacht: ein Licht, das im Kreis geschwenkt wird

Hinweise:
Voraussetzungen für die Abgabe von Notsignalen siehe Frage 72.
Verhalten unter besonderen Umständen siehe Frage 77.
Hilfeleistungspflicht siehe Frage 70.
„Mensch über Bord" siehe Teil III, Abschn. II.2.5

Vorschriften:
§§ 1.05, 1.16 BinSchStrO,
§§ 35, 323c StGB

Merke:
In einer Notsituation sind folgende Notsignale zu geben:
- wiederholte lange Töne oder Gruppen von Glockenschlägen,
- Kreisen einer roten Flagge,
- zusätzlich von Segelsurfern: kreisförmiges Schwenken der Arme oder eines Gegenstandes,

Bedeutung: Ein in Not befindliches Fahrzeug will durch das Sicht- oder Schallzeichen Hilfe herbeirufen.

24. Verhalten zur Gewährleistung des Umweltschutzes, Entsorgung der Abfälle

213

Was ist mit Abfällen jeglicher Art zu tun, die an Bord anfallen?

Antwort:

a. **An Bord sammeln und an Land in den entsprechenden Abfallsammelbehältern umweltgerecht entsorgen.**
b. **An Bord sammeln und bei einer Liegestelle an Land stellen.**
c. **An Bord sammeln und nur in geschlossenen Behältern über Bord werfen.**
d. **An Bord sammeln. Die Abgabe ist an jeder Schleuse möglich.**

Frage 214 siehe nach Frage 216

215

Wie müssen Abfälle entsorgt werden?

Antwort:

a. **Es dürfen keinerlei Abfälle ins Wasser gelangen, Fäkalien und Öle sind an Land zu entsorgen.**
b. **Nur Abfälle, die die Umwelt nicht gefährden, dürfen 300 m vom Ufer ins Wasser eingeleitet werden.**
c. **Auf Seen dürfen keine Abfälle ins Wasser gelangen, auf Binnenschifffahrtsstraßen gibt es Sonderregelungen.**
d. **Alle Schiffe müssen mit Fäkalientanks ausgerüstet sein und geeignete Behältnisse für die getrennte Aufnahme von Abfällen an Bord haben.**

Zu Fragen 213 und 215:

Hinweise:

So kann man zur Reinhaltung der Gewässer beitragen:

- Umweltfreundliche 2-Takter-Öle verwenden, die für das Gewässer weniger schädlich sind. Sie erhöhen außerdem die Zündsicherheit der Maschine und verringern die Geruchsbelästigung.
- Superbenzin ist für die Gewässer und auch für die Gesundheit schädlicher als Normalbenzin und bringt beim Betrieb von 2-Takt-Motoren und weniger hoch verdichteten 4-TaktMotoren keinerlei Vorteile.
- Antifoulingfarben sind gewässer- und gesundheitsschädlich. Bei den Anstricharbeiten sollten daher die Herstellerangaben genau beachtet werden.

Hinweis:

Die „10 Goldenen Regeln" für Wassersportler siehe Fragen 31 und 32.

Merke:
Es dürfen keinerlei Abfälle ins Wasser gelangen. Daher sind Fäkalien und Öle an Bord zu sammeln und in den entsprechenden Abfallsammelbehältern an Land umweltgerecht zu entsorgen.

216

Was ist beim Neuanstrich des Unterwasserschiffs und bei der Entfernung des alten Anstrichs zu beachten?

Antwort:

a. Der Arbeitsbereich ist großzügig abzudecken und der anfallende Abfall ist als Sondermüll zu behandeln und entsprechend zu entsorgen.

b. Es dürfen nur Unterwasseranstriche verwendet werden, deren Umweltverträglichkeit an der EU-Kennzeichnung erkenntlich ist.

c. Es sind bei Arbeiten mit Unterwasseranstrichen die Richtlinien der Schiffsuntersuchungskommission zu beachten.

d. Unterwasserarbeiten dürfen nur von zertifizierten Fachbetrieben nach den Bestimmungen des Umweltschutzes ausgeführt werden.

Zu Frage 216:

Merke:
Bei der Entfernung des alten Anstrichs des Unterwasserschiffs und beim Neuanstrich ist der Arbeitsbereich großzügig abzudecken und der anfallende Abfall als Sondermüll zu behandeln und entsprechend zu entsorgen.

25. Voraussetzungen für das Überlassen des Ruders eines motorisierten Sportbootes

214

Wem darf der Schiffsführer das Ruder eines motorisierten Sportbootes überlassen?

Antwort:

a. **Einer Person, die mindestens 16 Jahre alt, sowie körperlich und geistig geeignet ist.**
b. **Einer Person, die mindestens 18 Jahre alt, sowie körperlich und geistig geeignet ist.**
c. **Einer Person, die mindestens 14 Jahre alt, sowie körperlich und geistig geeignet ist.**
d. **Einer Person jeden Alters, die körperlich und geistig geeignet ist.**

Zu Frage 214:

Hinweis:

Siehe Fragen 80, 82 und die dortigen Erläuterungen.

Merke:

Der Schiffsführer darf das Ruder eines motorisierten Sportbootes nur einer Person überlassen, die

- mindestens 16 Jahre alt sowie
- körperlich und geistig geeignet ist.

Fragen 215 und 216 siehe nach Frage 213

26. Verhalten bei Sturmwarnung, Wetterkunde

217

Was ist bei Sturmwarnung vom Schiffsführer eines Sportbootes unter Segel auf einem größeren Gewässer zu veranlassen?

Antwort:

a. **Rettungsweste anlegen. Segel bergen, versuchen, einen Hafen oder eine geschützte Bucht anzulaufen.**
b. **Rettungsweste anlegen. Alle Segel setzen, versuchen, einen Hafen oder eine geschützte Bucht anzulaufen.**
c. **Rettungsweste bereit halten. Segel bergen, versuchen, einen Hafen oder eine geschützte Bucht anzulaufen.**
d. **Rettungsweste anlegen. Segel setzen, versuchen, die Gewässermitte anzulaufen.**

Zu Frage 217:

Hinweise:

Die Sicherheitsmaßnahmen bei Sturmwarnungen hängen von zahlreichen Faktoren ab, die von der unterschiedlichen Art und Größe bzw. Seetüchtigkeit des Fahrzeugs und dem Gebiet abhängen, in dem man sich bei der Sturmwarnung befindet. Für das richtige Verhalten ist neben der seemännischen Erfahrung im Allgemeinen die Kenntnis des Wettergeschehens sehr wichtig.

Beachte:

In jedem falle empfiehlt es sich, folgende Sicherheitsmaßnahmen zu treffen:

- Fahrzeug in einen seefesten Zustand bringen, das heißt alle Decksöffnungen und Seitenöffnungen verschließen.
- Geschwindigkeit herabsetzen, insbesondere Segel reffen oder teilweise bergen.
- Rettungsweste sowie Sicherheitsgurt anlegen und die Sicherheitsleinen in den fest montierten Beschlägen, z. B. an Deck, einpicken.

- Auf See Seenotsignalmittel griffbereit legen.
- Wetterbericht einholen und Barometerstand beobachten.
- Bei gefährlicher Wetterverschlechterung Nothafen anlaufen oder unter Land Schutz suchen. Dabei ist unter allen Umständen Legerwall zu meiden, das heißt eine Bucht mit auflandigem Wind.

Da ein Gewitter Böen bis Orkanstärke mit sich bringen kann, ist der Himmel im Hinblick auf ein aufziehendes Gewitter zu beobachten. Dies gilt vor allem für den unteren dunkel- bis schwarzgrauen Teil der Gewitterwolke, aus dem die ersten gefährlichen Böen einfallen, ehe es stark zu regnen beginnt.

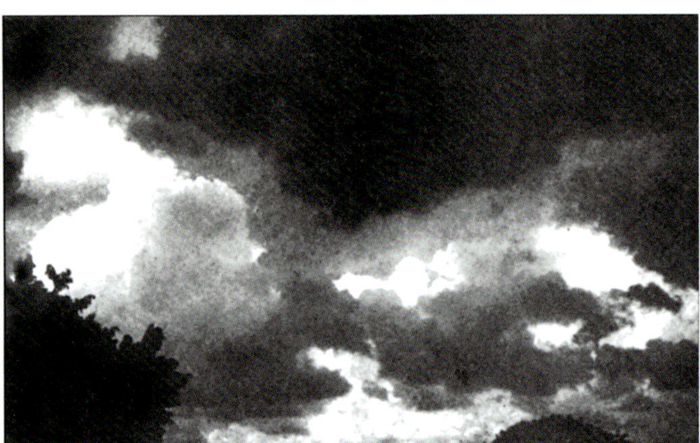

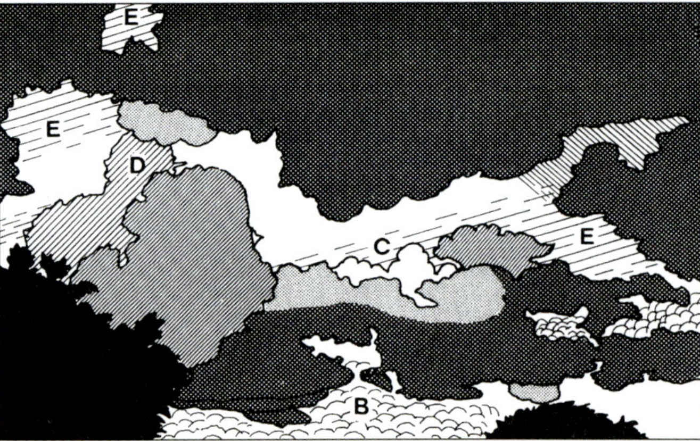

Gewitterhimmel: *Die Cumuli haben sich mächtig entwickelt. Bei* **D** *erkennt man die Kondensation in einem aufsteigenden Luftstrom, bei* **B** *gehäufte Quellformen. Die Wolken geben starke Kontraste von Schatten und Licht, besonders bei* **C**. *Der Himmel zeigt viele hohe Wolken* **E**, *von denen manche vielleicht Ambosswolken von Cumulonimben sind. Das Gewitter trat ungefähr eine Stunde nach der Aufnahme ein.*

Gefahren, die ein Gewitter mit sich bringen kann:
- Böen bis Orkanstärke
- Winddrehungen
- starke Regenfälle mit erheblich verminderter Sicht
- Hagelschlag
- Blitzschlag

Beachte:
Verhalten beim Herannahen eines Gewitters:
- Rettungswesten anlegen
- Großsegel reffen, Fock bergen, besser: beide Segel ganz wegnehmen
- Hafen oder zumindest geschützte Bucht anlaufen
- auflandige Ufer meiden
- Funkanlage abschalten
- möglichst keine Metallteile berühren

Beaufort-Tabelle

Windstärke in Beaufort	Bezeichnung des Windes	Mittlere Windgeschwindigkeit in Knoten
0	Windstille	< 1
1	leichter Zug	1–3
2	leichte Brise	4–6
3	schwache Brise	7–10
4	mäßige Brise	11–15
5	frische Brise	16–21
6	starker Wind	22–27
7	steifer Wind	28–33
8	stürmischer Wind	34–40
9	Sturm	41–47
10	schwerer Sturm	48–55
11	orkanartiger Sturm	56–63
12	Orkan	≥ 64

Sonstige Hinweise:
Einfluss des Luftdrucks auf die Wetterentwicklung siehe Fragen 219 und 220

Merke:
Bei Sturmwarnung muss der Schiffsführer eines Sportbootes unter Segel auf einem größeren Gewässer
- Rettungsweste anlegen,
- Segel bergen,
- versuchen, einen Hafen oder eine geschützte Bucht anzulaufen.

Frage 218 siehe nach Frage 99

219

Mit welcher Wetterentwicklung ist bei schnellem und stetig fallendem Luftdruck zu rechnen?

Antwort:
- **a. Schlechtes Wetter, Starkwind oder Sturm.**
- **b. Besseres Wetter, steigende Temperatur.**
- **c. Schlechtes Wetter ist nicht zu erwarten.**
- **d. Besseres Wetter, Sonne.**

220

Welches Wetter ist zu erwarten, wenn der Luftdruck langsam, aber stetig steigt?

Antwort:
- **a. Besseres Wetter, Sonne.**
- **b. Besseres Wetter, steigende Temperatur.**
- **c. Schlechtes Wetter ist nicht zu erwarten.**
- **d. Schlechtes Wetter, Starkwind oder Sturm.**

Zu Fragen 219 und 220:
Hinweise:
Der wichtigste Faktor für die Analyse des Wettergeschehens ist der Luftdruck, der mit dem Barometer gemessen wird. Bei stetig fallendem Luftdruck ist mit schlechtem Wetter zu rechnen; fällt der Luftdruck um mehr als 1 Hektopascal (hPa) in der Stunde, ist mit Starkwind oder Sturm zu rechnen. Umgekehrt bedeutet ein starker Druckanstieg nicht immer eine Abnahme des Windes. Denn im Bereich eines umfangreichen Hochs werden z. B. durch Druckanstieg die Ausströmvorgänge und der Wind intensiviert.

Der mittlere Luftdruck auf Meereshöhe beträgt 1013 hPa.

Die Höhe des Luftdrucks ist für die Wind- und Wetterentwicklung aber nicht entscheidend: Durch raschen Druckfall am Boden verstärkt sich das horizontale Druckgefälle. Dabei kann der Druckfall das Heranziehen eines bereits ausgebildeten Tiefs oder die Neubildung eines Tiefs bedeuten. Besonders im ersten Fall ist mit starkem Rückdrehen des Windes zu rechnen.
Schnell und stetig fallender Luftdruck kündigt meist schlechtes Wetter an, verbunden mit Starkwind oder Sturm. langsam und stetig steigender Luftdruck deutet auf eine Schönwetterperiode hin. Starker Druckanstieg ist nicht immer mit einer Windabnahme verbunden. Im Bereich eines umfangreichen Hochs werden z. B. durch Druckanstieg die Ausströmvorgänge und damit der Wind intensiviert.

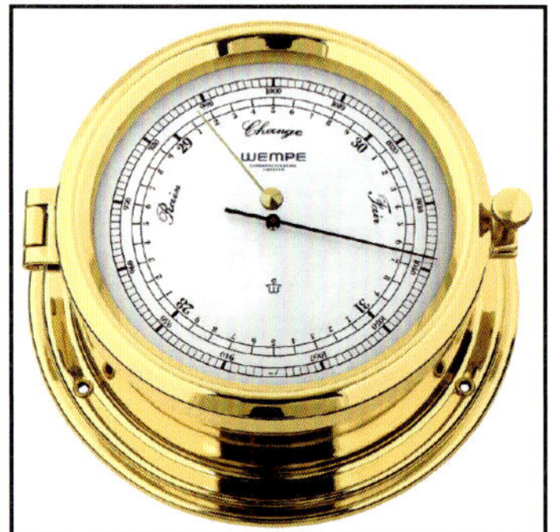

Mit einem Barometer misst man den Luftdruck. (Foto: Wempe)

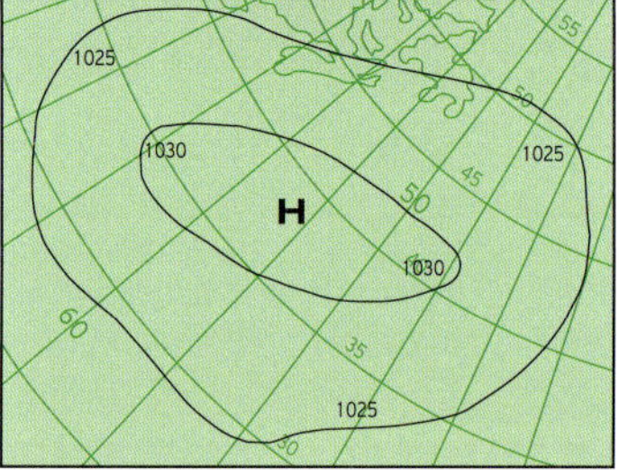

Beispiel eines Hochdruckgebietes (H) in einer Wetterkarte. Die Isobaren, das heißt Linien gleichen Luftdrucks, sind in Hektopascal (hPA) eingetragen. Sie liegen weit auseinander; was bedeutet, dass es wenig oder gar keinen Wind geben wird.

Merke:
Wetterentwicklung bei
- schnellem und stetig fallendem Luftdruck: Schlechtes Wetter, Starkwind oder Sturm
- langsam, aber stetig steigendem Luftdruck: Besseres Wetter, Sonne.

27. Wasserski- und Wassermotorradfahren

27.1 Wasserskifahren

221 **Wo darf auf Binnenschifffahrtsstraßen Wasserski gelaufen werden?**	Antwort: **a. Nur in durch Tafelzeichen freigegebenen Bereichen.** **b. Außerhalb des Fahrwassers.** **c. Außerhalb der Fahrrinne.** **d. Überall, ohne die Schifffahrt zu gefährden.**

222 **Zu welcher Tageszeit und bei welchen Sichtweiten darf auf den erlaubten Gewässerabschnitten Wasserski gelaufen werden?**	Antwort: **a. Sonnenaufgang bis – untergang, Sicht 1000 m und mehr.** **b. Sonnenaufgang bis – untergang, Sicht 1500 m und mehr.** **c. Sonnenaufgang bis – untergang, Sicht 500 m und mehr.** **d. Sonnenaufgang bis – untergang, Sicht 300 m und mehr.**

223 **Wie muss sich der Wasserskiläufer bei der Vorbeifahrt an Fahrzeugen, Schwimmkörpern oder Badenden verhalten?**	Antwort: **a. Er muss im Kielwasser des Zugbootes bleiben.** **b. Er darf bis zu 10 m beiderseits außerhalb des Kielwassers fahren.** **c. Er darf bis zu 5 m beiderseits außerhalb des Kielwassers fahren.** **d. Er muss uferseitig des Kielwassers fahren.**

Zu Fragen 221, 222 und 223:

Beachte:

Das Wasserskilaufen ist auf den Binnenwasserstraßen grundsätzlich verboten.

Die Verordnung über das Wasserskilaufen auf Binnenschifffahrtsstraßen bestimmt, dass das Verbot nur auf Strecken aufgehoben wird, die durch eine blaue Tafel mit dem Symbol eines Wasserskiläufers bezeichnet sind.

Zusätzliche dreieckige Tafeln an den Zeichen zeigen den Anfang und das Ende der Wasserskistrecken an (Abb. nächste Seite). Eine Übersicht über die freigegebenen Strecken wird jährlich im „Verkehrsblatt" veröffentlicht.

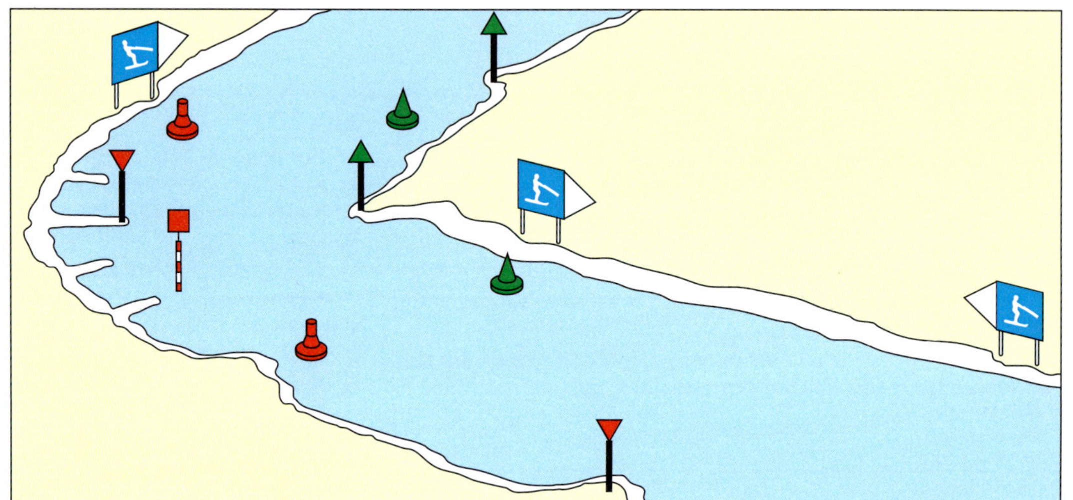

Freigegebene Wasserskistrecke

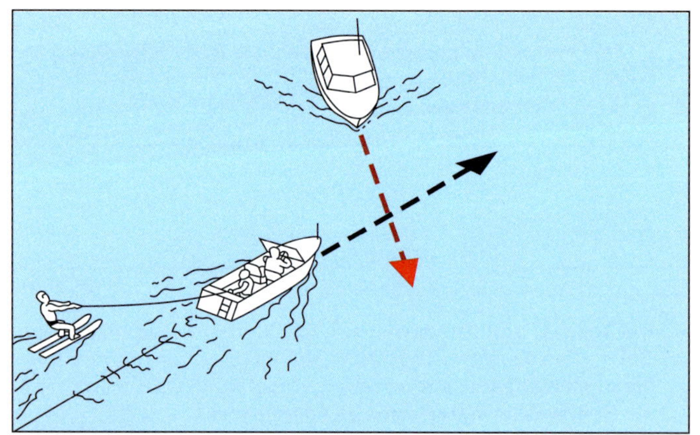

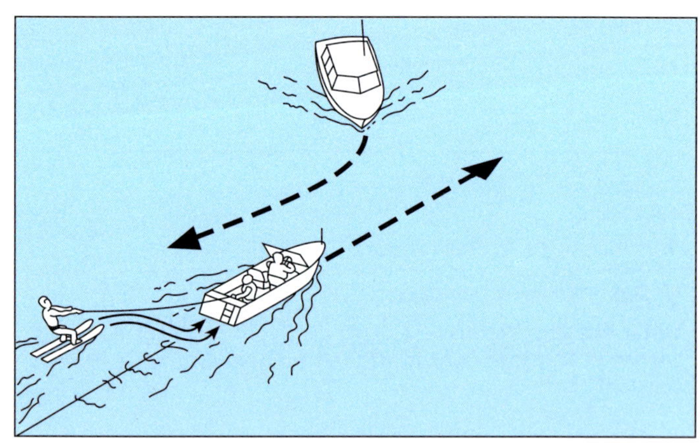

Vorfahrtsregeln
Nähert sich mir von Backboard voraus ein anderers Fahrzeug auf kreuzendem Kurs, während ich einen Wasserskiläufer ziehe …

… habe ich Vorfahrt und der Wasserskiläufer muss sich im Kielwasser des Zugbootes halten. Das Motorboot muss seinen Kurs nach Steuerbord ändern.

Zum Wasserskilaufen gehören alle Betätigungen, bei denen Personen von einem Fahrzeug gezogen werden und mit oder ohne Wasserski oder auf sonstigen Gegenständen über das Wasser gleiten, sowie das Drachenfliegen und das Fallschirmfliegen hinter einem ziehenden Wasserfahrzeug. Zum Wasserski laufen an einer seitlich am ziehenden Fahrzeug fest angebrachten Stange oder sonstigen Vorrichtung sowie für das Drachenfliegen und das Fallschirmfliegen ist unabhängig von den Wasserskizeichen zusätzlich eine Erlaubnis der Wasser- und Schifffahrtsdirektion erforderlich.
Auf den bezeichneten Wasserskistrecken sind vielfach örtliche und zeitliche Einschränkungen zu beachten, z. B. **ist das Wasserskilaufen nur gestattet**

- auf einer Strom-/Flussseite,
- während eines bestimmten Zeitraumes im Jahr,
- an Samstagen, Sonntagen und gesetzlichen Feiertagen,
- innerhalb bestimmter Uhrzeiten.

Derartige Beschränkungen können sich aus den unter den Wasserskitafeln angebrachten zusätzlichen Tafeln ergeben. Die Feststellung, dass das Wasserskilaufen in dem Gebiet erlaubt ist, und die Orientierung, insbesondere in einem fremden Revier, obliegen dem Führer des ziehenden Fahrzeugs und dem Wasserskiläufer gleichermaßen.

Auf den freigegebenen Wasserskistrecken darf Wasserskilaufen nur betrieben werden

- von Sonnenaufgang bis Sonnenuntergang, sofern keine Beschränkungen bestehen;
- bei einer Sicht von mehr als 1000 m.

Für das im Einzelnen festgelegte Verkehrsverhalten sind der Schiffsführer des Zugbootes und der Wasserskiläufer für den jeweiligen Bereich selbst verantwortlich.
Für wasserskisportliche Veranstaltungen, die zur Ansammlung von Fahrzeugen führen, ist eine gesonderte Genehmigung der WSV einzuholen.
Vorschriften:
§ 1.04, §§ 1 bis 4 Wasserskiverordnung

Merke:
Wasserskifahren ist nur in den durch Tafelzeichen freigebenen Bereichen und nur von Sonnenaufgang bis -untergang und bei Sicht von 1000 m und mehr erlaubt. Der Wasserskiläufer muss bei Vorbeifahrt an Fahrzeugen, Schwimmkörpern und Badenden im Kielwasser des Zugbootes bleiben.

27.2 Wassermotorradfahren

224

Unter welchen Voraussetzungen darf außerhalb der ausgewiesenen Strecken/Wasserflächen Wassermotorrad gefahren werden?

Antwort:

a. Bei Touren- und Wanderfahrten mit klarem Geradeauskurs.
b. Bei großen Sonderveranstaltungen außerhalb der Fahrrinne.
c. Wenn kein anderer Verkehrsteilnehmer behindert wird.
d. Ab Hochwassermarke I nur im Fahrwasser.

225

Wie hat sich der Führer eines Wassermotorrades außerhalb der ausgewiesenen Strecken/Wasserflächen zu verhalten?

Antwort:

a. Klaren Geradeauskurs fahren.
b. Im Abstand von 10 m zum Ufer fahren.
c. Im Abstand von 10 m außerhalb des Tonnenstrichs fahren.
d. Am Rande der Fahrrinne fahren.

Zu Fragen 224 und 225:
Beachte:
Als Wassermotorrad gelten Wasserbobs, Wasserscooter, Jetbikes oder Jetskis.
Wassermotorräder sind auf den Binnenschifffahrtsstraßen den Kleinfahrzeugen zugeordnet und müssen dementsprechend gekennzeichnet sein. Für sie gelten die Vorschriften der Kennzeichnungsverordnung für Kleinfahrzeuge. Die Wassermotorräder müssen ein vom WSA auf Antrag erteiltes Kennzeichen führen.
Das BMVI hat ein Verzeichnis der Kleinfahrzeuge veröffentlicht, die als Wassermotorräder auf den Binnenschifffahrtsstraßen gelten.

Der Fahrzeugführer muss im Besitz des Sportbootführerscheins mit dem Geltungsbereich Binnenschifffahrtsstraßen oder eines gleichgestellten Nachweises sein, das Wassermotorrad muss ein amtliches Kennzeichen haben.

Wassermotorradflächen (Zonen, in denen Wassermotorräder fahren dürfen) sind durch eine blaue Tafel mit dem Symbol eines Wassermotorrades freigegeben (siehe Abb. nächste Seite).

Die Fahrzeugführer dürfen durch ihre Fahrweise keinen anderen gefährden, die übrige Schifffahrt nicht behindern und andere Fahrzeuge etc., Schifffahrtszeichen und die Ufervegetation nicht beschädigen. Zu diesem Zweck haben sie rechtzeitig die Geschwindigkeit im erforderlichen Maße zu verringern und bei der Vorbeifahrt einen Mindestabstand von 10 m einzuhalten.

Eine Übersicht über die freigegebenen Flächen wird im Internet unter www.elwis.de veröffentlicht.

Das Befahren der freigegebenen Wasserflächen ist nur von 07.00 bis 20.00 Uhr, jedoch nicht vor Sonnenaufgang und nach Sonnenuntergang und nur bei einer Sicht von mehr als 1000 Meter gestattet.

Durch technische Einrichtungen muss sichergestellt sein, dass sich im Fall des Überbordgehens des Fahrzeugführers der Motor automatisch abschaltet (Quickstopp-Einrichtung) oder auf die kleinste Fahrstufe zurückschaltet und dann das Wassermotorrad eine Kreisbahn einschlägt. Fahrzeugführer und Begleitpersonen müssen Schwimmhilfen tragen, die mindestens den Anforderungen nach DIN EN 393 entsprechen oder in anderer Weise einen Auftrieb von mindestens 50 Newton gewährleisten.

Wassermotorräder dürfen nur auf befestigten Zugangswegen wie z.B. Slipanlagen oder Rampen oder mittels geeigneter Kranvorrichtung zu Wasser gelassen oder aus dem Wasser herausgenommen werden. Zum Anfahren der nächstgelegenen freigegebenen Wasserfläche bzw. der Slipanlage etc. sowie für Touren- oder Wanderfahrten muss ein klar erkennbarer **Geradeauskurs** eingehalten werden. Verstöße gegen die Verordnung werden als Ordnungswidrigkeiten geahndet.

Vorschriften:
§§ 1.04, 1.23 BinSchStrO und
§ 1 Nr. 3, §§ 4 bis 6, 9 Wassermotorräder-Verordnung

Merke:
Außerhalb der ausgewiesenen Strecken/Wasserflächen darf der Führer eines Wassermotorrades nur bei Touren- und Wanderfahrten, und nur mit einem klaren Geradeauskurs fahren.

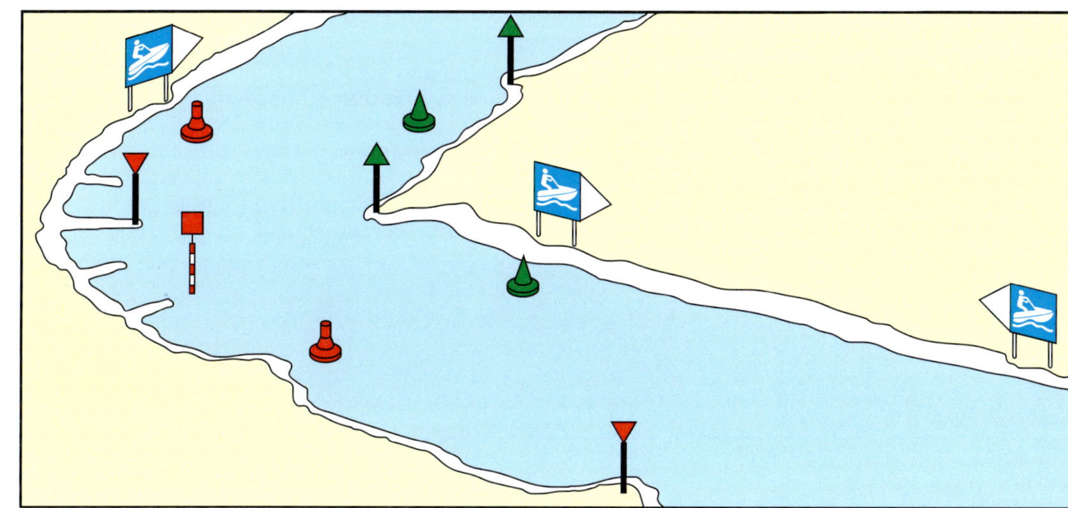

Freigegebene Wassermotorradstrecke

28. Geltungsbereich der Befähigungsnachweise

28.1 Fahrerlaubnis für Sportboote unter Segeln und große Sportboote von 15 m bis 25 m

226

Auf welchen Gewässern ist die Fahrerlaubnis für Sportboote unter Segeln erforderlich?

Antwort:

a. **Auf bestimmten Wasserstraßen in Berlin und Brandenburg.**
b. **Auf allen Landesgewässern.**
c. **Auf den Binnenschifffahrtsstraßen und allen Landesgewässern.**
d. **Auf allen deutschen Wasserstraßen.**

Zu Frage 226:
Hinweis:
Siehe auch Fragen 73 und 74 sowie Teil I, Abschnitt I.6 S. 23.

Merke:
Die Fahrerlaubnis für Sportboote unter Segeln (Sportbootführerschein – Binnen/Segeln) ist auf bestimmten Wasserstraßen in Berlin und Brandenburg erforderlich.

227

Weshalb muss sich der Schiffsführer vor dem Befahren fremder Gewässer über die dort geltenden Vorschriften informieren?

Antwort:

a. **Um die jeweils geltenden Vorschriften einhalten zu können.**
b. **Da diese auf Landesgewässern grundsätzlich inhaltlich abweichen.**
c. **Da diese auf Bundesgewässern grundsätzlich inhaltlich abweichen.**
d. **Weil die jeweils geltenden Vorschriften wichtige Informationen über die Brückendurchfahrtshöhen enthalten.**

Zu Frage 227:
Hinweis:
Siehe auch Frage 81.

Merke:
Der Schiffsführer muss sich vor dem Befahren fremder Gewässer über die dort geltenden Vorschriften informieren, um sie einhalten zu können (Unkenntnis schützt vor Strafe nicht!)

228

Welcher Befähigungsnachweis berechtigt zum Führen eines Sportbootes bis zu einer Länge von 25 m auf dem Rhein?

Antwort:

a. **Das Sportpatent.**
b. **Das Sportschifferzeugnis.**
c. **Der Sportbootführerschein mit dem Geltungsbereich Binnenschifffahrtsstraßen.**
d. **Der Sportbootführerschein mit dem Geltungsbereich Seeschifffahrtsstraßen.**

229

Welcher Befähigungsnachweis berechtigt zum Führen eines Sportbootes mit einer Länge von 20 m bis 25 m auf den Binnenschifffahrtsstraßen außerhalb des Rheins?

Antwort:

a. **Das Sportschifferzeugnis oder das Sportpatent.**
b. **Der Sportbootführerschein mit dem Geltungsbereich Binnenschifffahrtstraßen.**
c. **Der Sportbootführerschein mit dem Geltungsbereich Seeschifffahrtstraßen.**
d. **Der Sportbootführerschein mit dem Geltungsbereich Binnenschifffahrtstraßen zum Führen von Sportbooten mit Antriebsmaschine oder das Sportpatent.**

Zu Fragen 228 und 229:

Merke:
Zum Führen eines Sportbootes bis zu einer Länge von 25 m berechtigt

- auf dem Rhein: Das Sportpatent,
- auf den Binnenschifffahrtsstraßen: Das Sportschifferzeugnis oder das Sportpatent.

28.2 Räumliche Grenzen und Genehmigungen für die Ausübung des Wassersports

230

Wo sind umfangreiche Hinweise auf die Binnenschifffahrtsstraßen und deren Grenzen zu finden?

Antwort:

a. Im Teil II der Binnenschifffahrtsstraßen-Ordnung.
b. Im Teil I der Binnenschifffahrtsstraßen-Ordnung.
c. In der Binnenschiffsuntersuchungsordnung.
d. In der Kleinfahrzeugkennzeichenverordnung.

Zu Frage 230:

Hinweis:
Siehe die Übersichtskarte der Binnenschifffahrtsstraßen und ihre Grenzen auf S. 20, 21.

Merke:
Die Grenzen der Binnenschifffahrtsstraßen sind im Teil II der BinSchStrO enthalten.

231

Was ist bei der Ausübung des Wassersports auf Gewässern außerhalb der Bundeswasserstraßen (z. B. Landeswasserstraßen, kommunale und private Gewässer) zu beachten?

Antwort:

a. Es ist gegebenenfalls die Genehmigung des Eigentümers einzuholen sowie die jeweilige Befahrensordnung zu beachten.
b. Es ist immer die Genehmigung des Eigentümers einzuholen sowie die jeweilige Befahrensordnung zu beachten.
c. Es ist immer die Genehmigung des Wasserstraßen- und Schifffahrtsamtes einzuholen sowie die jeweilige Befahrensordnung zu beachten.
d. Es ist gegebenenfalls die Genehmigung des Eigentümers einzuholen sowie die Binnenschifffahrtsstraßen-Ordnung zu beachten.

Zu Frage 231:

Hinweise:
Soweit Gewässer und Häfen im privaten Eigentum stehen, sind zum Befahren die Genehmigung des Eigentümers einzuholen und die jeweiligen Befahrensordnungen zu beachten:
Die Verkehrsbestimmungen der jeweiligen Wasserstraße gelten überwiegend auch in den angrenzenden Häfen. Abweichende oder zusätzliche Bestimmungen ergeben sich aus den einzelnen **Hafenordnungen**:

- Fahren nur mit Genehmigung der Hafenbehörde,
- bei Notfällen Einholung der Genehmigung umgehend nach dem Einlaufen.
- Schädlicher Sog- und Wellenschlag ist grundsätzlich zu vermeiden; dies gilt auch bei festgelegten Höchstgeschwindigkeiten.

Fahrzeuge dürfen in einen Hafen oder eine Nebenwasserstraße nur ein- oder ausfahren, wenn dies ohne Gefahr möglich ist und andere Fahrzeuge Kurs oder Geschwindigkeit nicht ändern müssen.
Das Ein- und Auslaufen aus Häfen und Nebenwasserstraßen kann durch Schifffahrtszeichen geregelt sein. Falls nicht vorhanden oder nicht in Betrieb und ist für das gleichzeitige Ein- und Ausfahren nicht genügend Raum vorhanden, darf erst eingefahren werden, wenn kein Fahrzeug ausfährt. Dies gilt seitens der gewerblichen Schifffahrt nicht gegenüber Kleinfahrzeugen. Schallzeichen für das Ein- und Ausfahren sind zu beachten.
Die erforderlichen Ein- und Auslaufmanöver können durch Schallzeichen angekündigt werden. Bei Absprachen bzw. Verständigung über Funk werden oft keine Schallzeichen gegeben.

Neben dem Einfahrtsverbotszeichen gemäß Frage 199 kann an einer Hafenmündung oder der Mündung einer Nebenwasserstraße ein gelbes Funkellicht mit der Bedeutung gezeigt werden, dass Fahrzeuge ausfahren und deshalb mit besonderer Vorsicht eingefahren werden muss. Fahrzeuge in der Hauptwassserstraße müssen daraufhin, soweit notwendig, Kurs und Geschwindigkeit ändern. (Siehe das Beispiel in der Übersicht auf Seite 132 f.)
Da Kleinfahrzeuge gegenüber der gewerblichen Schifffahrt ausweichpflichtig sind, werden ihnen gegenüber Schallzeichen kaum gegeben. Sie sollten deshalb vor Hafenausfahrten aus Sicherheitsgründen einen entsprechenden Passierabstand einhalten.

Merke:
Außerhalb der Bundeswasserstraßen (Landeswasserstraßen, kommunale und private Gewässer) ist für die Ausübung des Wassersports ggf. die Genehmigung des Eigentümers einzuholen sowie die jeweilige Befahrensordnung zu beachten.

29. Kennzeichnung des Sportbootes

232

Welche Kennzeichnungsarten für Sportboote gibt es?

Antwort:

a. **Amtliche Kennzeichen und amtlich anerkannte Kennzeichen.**
b. **Nur amtliche Kennzeichen.**
c. **Nur amtlich anerkannte Kennzeichen.**
d. **Kennzeichen gemäß Konformitätserklärung (CE-Zeichen).**

233

Welche Stelle ist für die Zuteilung eines amtlichen Kennzeichens für Sportboote zuständig?

Antwort:

a. **Jedes Wasserstraßen- und Schifffahrtsamt.**
b. **Der Deutsche Motoryachtverband.**
c. **Der Deutsche Segler-Verband.**
d. **Der Allgemeine Deutsche Automobilclub.**

234

Woraus bestehen die amtlich anerkannten Kennzeichen?

Antwort:

a. **Nummer des Internationalen Bootsscheins, gefolgt vom Kennbuchstaben für die ausstellende Organisation.**
b. **Nummer des Binnenschiffsregisters, gefolgt vom Kennbuchstaben für die ausstellende Organisation.**
c. **Nummer des Seeschiffsregisters, gefolgt vom Kennbuchstaben für die ausstellende Organisation.**
d. **Die europäische Schiffsnummer, gefolgt vom Kennbuchstaben für die ausstellende Organisation.**

235

Welche Stellen sind für die Zuteilung eines amtlich anerkannten Kennzeichens für Sportboote zuständig?

Antwort:

a. **Der Deutsche Motoryachtverband, der Deutsche Segler-Verband, der Allgemeine Deutsche Automobilclub.**
b. **Die Wasserstraßen- und Schifffahrtsämter.**
c. **Die Wasserschutzpolizei.**
d. **Amtsgerichte, bei denen ein Schiffsregister geführt wird.**

Zu Fragen 232, 233, 234 und 235:

Hinweise:

Nach der Kennzeichnungsverordnung wird zwischen

- **amtlichen Kennzeichen** und
- **amtlich anerkannten Kennzeichen**

unterschieden.

Amtliche Kennzeichen werden von jedem Wasser- und Schifffahrtsamt auf Antrag zugeteilt. Das Kennzeichen ist beidseits des Bugs oder am Heck anzubringen. Es besteht ähnlich wie das Kfz-Kennzeichen aus Buchstaben, die den Sitz des WSA erkennen lassen, und aus Buchstaben und Ziffern, die nach einem Bindestrich folgen, z. B. „K – A 250" (Köln).

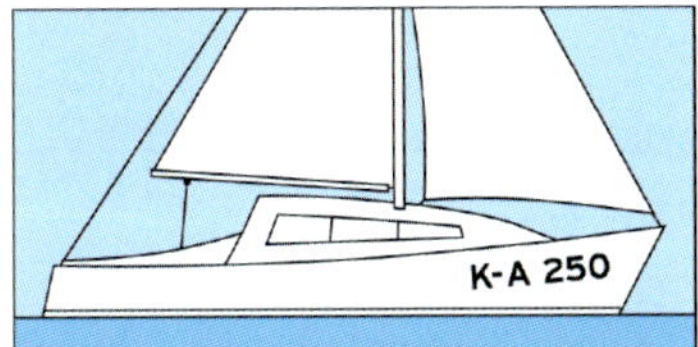

Amtliches Kennzeichen

Als amtliche Kennzeichen gelten auch Unterscheidungskennzeichen nach anderen Rechtsvorschriften, z. B.

- Binnenschiffsregisternummer, gefolgt von dem Kennbuchstaben B, zusätzlich mit Name, Heimat- oder Registerort bei Eintrag des Bootes im Binnenschiffsregister;
- IMO-Nummer oder Rufzeichen bei Eintrag im Seeschiffsregister;
- Nummer des vom Bundesamt für Seeschifffahrt und Hydrographie (BSH) ausgestellten Flaggenzertifikats nach dem Flaggenrechtsgesetz, gefolgt von dem Kennbuchstaben F, bei Verkehr auf den Seeschifffahrtsstraßen;
- nach Landesrecht zugeteilte, vom BMVI anerkannte Kennzeichen, die im Verkehrsrecht veröffentlicht sind.

Das amtlich anerkannte Kennzeichen besteht aus der Nummer des Internationalen Bootsscheins, gefolgt von dem Kennbuchstaben der ausstellenden Organisation:

M Deutscher Motoryachtverband
S Deutscher Segler-Verband
A Allgemeiner Deutscher Automobilclub

Als Nationalitätskennzeichen darf nur der Buchstabe **D** verwendet werden.

Wassermotorräder dürfen auf den Binnenschifffahrtsstraßen nur gefahren werden, wenn sie mit einem amtlichen Kennzeichen versehen sind. Der Nachweis über das jeweils zugeteilte Kennzeichen ist stets an Bord mitzuführen.

Hinweis:

Eintragung ins Binnenschiffsregister siehe Frage 236.

Vorschrift:

§ 2.02

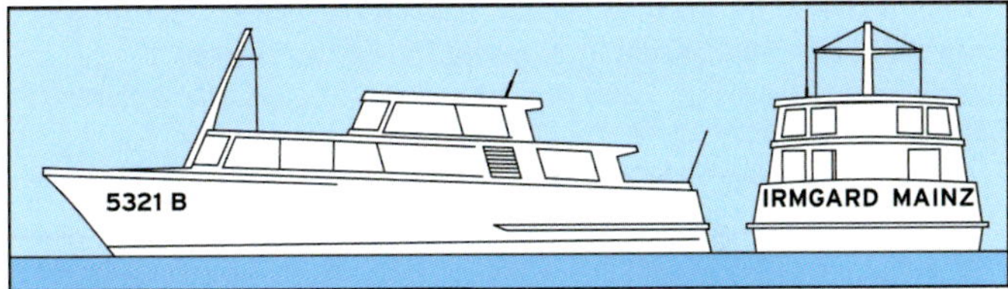

Kennzeichen von im Binnenschiffsregister eingetragenen Fahrzeugen

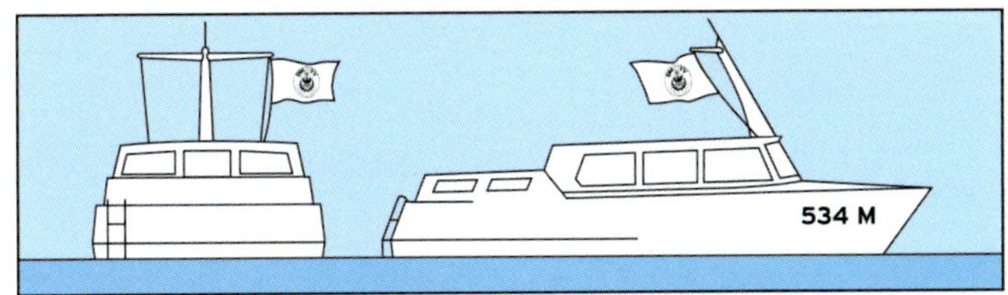

Amtlich anerkanntes Kennzeichen. Die Verbandsflagge wird im Inland unter der Stb-Saling gefahren, im Ausland unter der Bb-Saling.

Merke:

- Amtliche Kennzeichen werden von jedem Wasser- und Schifffahrtsamt zugeteilt;
- amtlich anerkannte Kennzeichen werden vom DMYV, DSV und ADAC zugeteilt; deren Kennzeichen besteht aus der Nummer des Internationalen Bootsscheins, gefolgt vom Kennbuchstaben für die ausstellende Organisation.

30. Eintragung ins Binnenschiffsregister

236

Wann muss ein Wassersportfahrzeug in das Binnenschiffsregister eingetragen werden?

Antwort:

a. Ab 10 cbm Wasserverdrängung.
b. Ab 15 cbm Wasserverdrängung.
c. Ab 10 m Schiffslänge.
d. Ab 15 m Schiffslänge.

Zu Frage 236:

Hinweise:
Der Eigentümer kann entscheiden, ob sein Boot im Binnen- oder im Seeschiffsregister eingetragen werden soll. Wird ein Sportfahrzeug ausschließlich zur Seefahrt eingesetzt oder hat es seinen Liegeplatz für längere Zeit im Ausland, ist das Seeschiffsregister anzuraten. Die Pflicht der Eintragung im Seeschiffsregister besteht für seegehende Sportfahrzeuge ab 15 m Länge, im Binnenschiffsregister für Fahrzeuge ab 10 m^3 Wasserverdrängung; sie können auf Antrag ab 5 m^3 eingetragen werden.

Detaillierte Informationen sind beim DMYV oder DSV und beim Bundesamt für Seeschifffahrt und Hydrographie (BSH) erhältlich.

Vorschriften: §§ 3 und 10 Schiffsregisterordnung

Merke:
Ein Wassersportfahrzeug muss ab 10 cbm Wasserverdrängung in das Binnenschiffsregister eingetragen werden.

31. Verhalten bei Hochwasser

237

Wie hat sich ein Schiffsführer bei Hochwasser zu verhalten?

Antwort:

a. Er muss die Geschwindigkeit anpassen und soweit wie möglich in der Fahrwassermitte bleiben, gegebenenfalls besondere Geschwindigkeitsbegrenzungen und Fahrtbeschränkungen beachten.
b. Er muss die Geschwindigkeit anpassen und soweit wie möglich in seiner Fahrtrichtung rechts fahren, gegebenenfallsbesondere Geschwindigkeitsbegrenzungen und Fahrtbeschränkungen beachten.
c. Er muss die Geschwindigkeit anpassen und soweit wie möglich in seiner Fahrtrichtung links fahren, gegebenenfalls besondere Geschwindigkeitsbegrenzungen und Fahrtbeschränkungen beachten.
d. Er muss die Geschwindigkeit anpassen und soweit wie möglich in der Fahrwassermitte bleiben, besondere Geschwindigkeitsbegrenzungen und Fahrtbeschränkungen sind nicht zu beachten.

238

Wie hat sich ein Schiffsführer bei Erreichen der Hochwassermarke II zu verhalten?

Antwort:

a. Er hat die Fahrt unverzüglich einzustellen.
b. Er hat die Geschwindigkeit anzupassen.
c. Er hat das Fahrverbot für Fahrzeuge ohne Sprechfunk zu beachten.
d. Er hat das Verbot der Schifffahrt bei Nacht zu beachten.

Zu Fragen 237 und 238:
Hinweis:
Siehe Fragen 90 bis 93 und die dortigen Erläuterungen.

Merke:
Bei Hochwasser hat der Schiffsführer
- die Geschwindigkeit anzupassen,
- soweit wie möglich in der Fahrwassermitte zu bleiben,
- ggf. besondere Geschwindigkeits- und Fahrtbeschränkungen zu beachten,
- bei Erreichen der Hochwassermarke II die Fahrt unverzüglich einzustellen.

32. Passieren der Seitenbezeichnungen der Fahrrinne durch Berg- und Talfahrer

239

Ein Fahrzeug fährt zu Tal. Voraus liegt eine rote Tonne. Auf welcher fahrrinnenseite befindet sich diese Tonne und an welcher Schiffsseite muss diese Tonne passiert werden?

Antwort:

a. **Sie befindet sich auf der rechten Fahrrinnenseite und muss an der Steuerbordseite des Schiffes passiert werden.**
b. **Sie befindet sich auf der rechten Fahrrinnenseite und muss an der Backbordseite des Schiffes passiert werden.**
c. **Sie befindet sich auf der linken Fahrrinnenseite und muss an der Steuerbordseite des Schiffes passiert werden.**
d. **Sie befindet sich auf der linken Fahrrinnenseite und muss an der Backbordseite des Schiffes passiert werden.**

Zu Frage 239:

Hinweis:

Siehe Fragen 97 bis 99 und die dortigen Erläuterungen.

Merke:

Vom Talfahrer aus gesehen liegt voraus eine rote Tonne auf der rechten Fahrrinnenseite (von der Quelle aus gesehen), die er an der Steuerbordseite des Schiffes passieren muss.

240

Ein Fahrzeug fährt zu Berg. Voraus liegt eine rote Tonne. Auf welcher Fahrrinnenseite befindet sich diese Tonne und an welcher Schiffsseite muss diese Tonne passiert werden?

Antwort:

a. Sie befindet sich auf der rechten Fahrrinnenseite und muss an der Backbordseite des Schiffes passiert werden.
b. Sie befindet sich auf der rechten Fahrrinnenseite und muss an der Steuerbordseite des Schiffes passiert werden.
c. Sie befindet sich auf der linken Fahrrinnenseite und muss an der Backbordseite des Schiffes passiert werden.
d. Sie befindet sich auf der linken Fahrrinnenseite und muss an der Steuerbordseite des Schiffes passiert werden.

Zu Frage 240:
Hinweis:
Siehe Fragen 97 bis 99 und die dortigen Erläuterungen.

Merke:
Vom Bergfahrer aus gesehen liegt voraus eine rote Tonne auf der rechten Fahrrinnenseite (von der Quelle aus gesehen), die er an der Backbordseite des Schiffes passieren muss.

241

Ein Fahrzeug fährt in der Fahrrinne gegen den Strom. Voraus liegt eine grüne Tonne. Auf welcher Fahrrinnenseite befindet sich diese Tonne und an welcher Schiffsseite muss diese Tonne passiert werden?

Antwort:

a. Sie befindet sich auf der linken Fahrrinnenseite und muss an der Steuerbordseite des Schiffes passiert werden.
b. Sie befindet sich auf der rechten Fahrrinnenseite und muss an der Steuerbordseite des Schiffes passiert werden.
c. Sie befindet sich auf der linken Fahrrinnenseite und muss an der Backbordseite des Schiffes passiert werden.
d. Sie befindet sich auf der rechten Fahrrinnenseite und muss an der Backbordseite des Schiffes passiert werden.

Zu Frage 241:
Hinweis:
Siehe Fragen 97 bis 99 und die dortigen Erläuterungen.

Merke:
Von einem gegen den Strom fahrenden Fahrzeug (Bergfahrer) aus gesehen liegt voraus eine grüne Tonne auf der linken Fahrrinnenseite (von der Quelle aus gesehen), die er an der Steuerbordseite des Schiffes passieren muss.

33. Schutz der Brückenpfeiler, Brückendurchfahrt

242

Welche Funktion haben gelbe Tonnen mit einem Radarreflektor vor Brückenpfeiler?

Antwort:

a. **Kenntlichmachung der Brückenpfeiler auf dem Radarschirm.**
b. **Kenntlichmachung der Höhe der Brückenpfeiler.**
c. **Kenntlichmachung einer gesperrten Brückendurchfahrt.**
d. **Kenntlichmachung einer Untiefe im Brückenbereich.**

Zu Frage 242:

Hinweise:

Auf dem Radarbild erscheint eine Brücke wie eine feste Wand – Brückenpfeiler sind nicht erkennbar. Deshalb werden sie mit gelben Tonnen mit Radarreflektor bezeichnet. Die Tonnen sind oberhalb und unterhalb der Brückenpfeiler ausgelegt. stellenweise ist an Brücken über den Brückenpfeilern eine entsprechend weit herausragende Stange mit einem Radarreflektor als Ersatz für die Radartonne angebracht. Die Radartonnen können auch unter Freileitungen ausgelegt sein, und zwar je zwei nebeneinander auf jeder Uferseite, die im Radarbild je zwei nebeneinander liegende Punkte ergeben, was die Verwechslung mit einer Brücke ausschließt. Radarreflektoren können auch unmittelbar an den Leitungen angebracht sein (Abstand ca. 50 m), sodass sich im Radarbild eine Punktereihe ergibt (siehe Zeichen 9 auf Seite 132).

Merke:
Gelbe Tonnen mit einem Radarreflektor dienen der Kenntlichmachung von Brückenpfeilern auf dem Radarschirm.

243

Welche Bedeutung haben diese Tafeln an der nachstehenden gekennzeichneten Brücke?

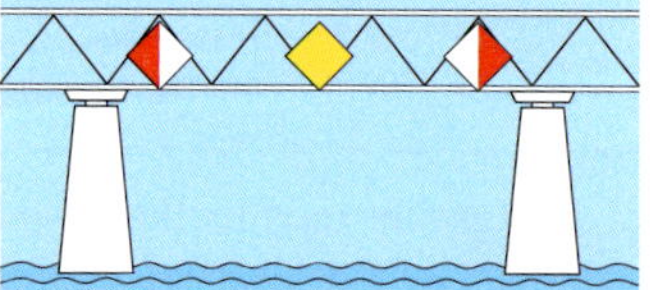

Antwort:

a. **Empfohlene Durchfahrt mit Gegenverkehr und seitlicher Begrenzung der erlaubten Brückendurchfahrt.**
b. **Empfohlene Durchfahrt ohne Gegenverkehr und seitlicher Begrenzung der erlaubten Brückendurchfahrt.**
c. **Vorgeschriebene Durchfahrt mit Gegenverkehr und seitlicher Begrenzung der erlaubten Brückendurchfahrt.**
d. **Empfohlene Durchfahrt mit Gegenverkehr ohne seitliche Begrenzung der erlaubten Brückendurchfahrt.**

244

Welche Bedeutung haben diese Tafeln an der nachstehenden gekennzeichneten Brücke?

Antwort:

a. **Verbot der Durchfahrt und Sperrung der Schifffahrt.**
b. **Gesperrte Durchfahrt, jedoch für Kleinfahrzeuge mit Antriebsmaschine befahrbar.**
c. **Gesperrte Durchfahrt, jedoch für Kleinfahrzeuge ohne Antriebsmaschine befahrbar.**
d. **Schutzbedürftige Anlage.**

Zu Fragen 243 und 244:
Hinweise:
Siehe Fragen 110 bis 116 und die dortigen Erläuterungen sowie S. 132.

Merke:
Die auf der Spitze stehenden rot-weißen Tafelzeichen begrenzen die erlaubte Brückendurchfahrt, die gelbe Tafel kennzeichnet die empfohlene Durchfahrt mit Gegenverkehr; die rot-weiß-rote Tafel bedeutet „Verbot der Durchfahrt und Sperrung der Schifffahrt".

34. Schutz der Schleusenkammer

245

Warum ist es bei der Schleusendurchfahrt verboten, Autoreifen als Fender zu benutzen?

Antwort:

a. **Autoreifen sind nicht schwimmfähig und können in den Schleusen zu erheblichen Störungen führen.**
b. **Autoreifen erzeugen eine zu hohe Reibung.**
c. **Autoreifen erzeugen schwarze Farbspuren am Boot und an der Schleusenmauer.**
d. **Autoreifen sind schwimmfähig und können in der Schleuse zu erheblichen Störungen führen.**

Zu Frage 245:
Hinweise:
Siehe die Erläuterungen im Abschnitt 11.1 S. 143).

Merke:
Autoreifen sind als Fender bei der Schleusendurchfahrt verboten, weil sie nicht schwimmfähig sind und in den Schleusen zu erheblichen Störungen führen können.

35. Lichter eines Schubverbandes

246

Welche Lichter führt ein Schubverband?

Antwort:

a. **Drei weiße Topplichter in einem Dreieck angebracht, die Seitenlichter und drei weiße Hecklichter waagerecht nebeneinander.**
b. **Drei weiße Topplichter senkrecht untereinander angebracht, die Seitenlichter und drei weiße Hecklichter waagerecht nebeneinander.**
c. **Drei weiße Topplichter in einem Dreieck angebracht, die Seitenlichter und zwei weiße Hecklichter waagerecht nebeneinander.**
d. **Drei weiße Topplichter waagerecht nebeneinander, die Seitenlichter und drei weiße Hecklichter waagerecht nebeneinander.**

Zu Frage 246:
Hinweise:
Siehe Frage 123 und die dortigen Erläuterungen.

Merke:
Ein Schubverband führt drei weiße Lichter in einem Dreieck angebracht, die Seitenlichter und drei weiße Hecklichter waagerecht nebeneinander.

36. Kennzeichnung eines Vorrangfahrzeugs

247
Welches Fahrzeug führt am Bug einen roten Wimpel?

Antwort:
- **a. Ein Fahrzeug mit Vorrang beim Schleusen.**
- **b. Ein Fahrzeug mit Vorrang beim Be- und Entladen.**
- **c. Ein Fahrzeug, das explosive Stoffe geladen hat.**
- **d. Ein Fahrzeug, das brennbare Stoffe geladen hat.**

Zu Frage 247:
Hinweise:
Siehe Frage 132 und die dortigen Erläuterungen.

Merke:
Ein Fahrzeug mit einem roten Wimpel am Bug ist ein Fahrzeug mit Vorrang beim Schleusen.

37. Definition Sportboot als Kleinfahrzeug

248
Wann gilt ein Sportboot auf den Binnenschifffahrtsstraßen als Kleinfahrzeug?

Antwort:
- **a. Wenn das Fahrzeug eine Länge von weniger als 20 m hat.**
- **b. Wenn das Fahrzeug eine Länge von 20 m hat.**
- **c. Wenn das Fahrzeug eine Länge von 25 m hat.**
- **d. Wenn das Fahrzeug eine Länge von mehr als 20 m hat.**

Zu Frage 248:
Hinweise:
Siehe Frage 137 und die dortigen Erläuterungen.

Merke:
Ein Sportboot gilt als Kleinfahrzeug, wenn es eine Länge von weniger als 20 m hat.

38. Bedeutung der Bezeichnung eines schutzbedürftigen Fahrzeugs

249

Welche Bedeutung hat die Bezeichnung eines Fahrzeuges mit einer rot-weißen Flagge und was ist zu beachten?

Antwort:

a. **Schutzbedürftiges Fahrzeug, Geschwindigkeit vermindern und Sog und Wellenschlag vermeiden.**
b. **Schutzbedürftiges Fahrzeug, Geschwindigkeit beibehalten und Sog und Wellenschlag vermeiden.**
c. **Schutzbedürftiges Fahrzeug, Geschwindigkeit vermindern.**
d. **Schutzbedürftiges Fahrzeug, Sog und Wellenschlag vermeiden.**

Zu Frage 249:

Hinweise:

Siehe Frage 155 und die dortigen Erläuterungen.

Merke:
Ein Fahrzeug mit einer rot-weißen Flagge ist ein schutzbedürftiges Fahrzeug, sodass bei der Vorbeifahrt die Geschwindigkeit zu vermindern ist, um Sog und Wellenschlag zu vermeiden.

39. Signale bei Manövrierunfähigkeit

250

Welches optische Zeichen kann am Tage anstelle von vier kurzen Tönen gegeben werden?

Antwort:

a. **Eine rote Flagge im unteren Halbkreis schwenken.**
b. **Eine rote Flagge im oberen Halbkreis schwenken**
c. **Eine rote Flagge im Kreis schwenken.**
d. **Eine rote Flagge zeigen.**

251

Welches optische Zeichen kann in der Nacht oder bei verminderter Sicht anstelle von vier kurzen Tönen gegeben werden?

Antwort:

a. **Ein rotes Licht im unteren Halbkreis schwenken.**
b. **Ein rotes Licht im oberen Halbkreis schwenken.**
c. **Ein rotes Licht im Kreis schwenken.**
d. **Ein rotes Licht zeigen.**

Zu Frage 251:

Hinweise:

Siehe Fragen 168 bis 170 und die dortigen Erläuterungen.

Merke:
Anstelle von vier kurzen Tönen kann im Falle der Manövrierunfähigkeit auch eine rote Flagge oder ein rotes Licht im unteren Halbkreis geschwenkt werden.

40. Erforderlicher Befähigungsnachweis zur Teilnahme am Binnenschifffahrtsfunk

252

Welcher Befähigungsnachweis ist zur Teilnahme am Binnenschifffahrtsfunk erforderlich?

Antwort:

- **a. Das UKW-Sprechfunkzeugnis für den Binnenschifffahrtsfunk.**
- **b. Das CB-Sprechfunkzeugnis für den Binnenschifffahrtsfunk.**
- **c. Das Seefunkzeugnis für den Binnenschifffahrtsfunk.**
- **d. Das SRC-Sprechfunkzeugnis für den Binnenschifffahrtsfunk.**

Zu Frage 252:

Hinweise:

Siehe Frage 207 und die dortigen Erläuterungen.

Merke:
Zur Teilnahme am Binnenschifffahrtsfunk ist das UKW-Sprechfunkzeugnis für den Binnenschifffahrtsfunk (UBI) erforderlich.

41. Radarfahrt

253

Was bedeutet Radarfahrt?

Antwort:

- **a. Eine Fahrt bei unsichtigem Wetter mit Radar.**
- **b. Eine Fahrt bei Nacht mit Radar.**
- **c. Eine Fahrt mit Radar.**
- **d. Eine Fahrt am Tage mit Radar.**

Zu Frage 253:

Die Fortsetzung der Fahrt unter **Radarhilfe** ist nur mit einem für die Binnenschifffahrt zugelassenen Radargerät und auch nur dann gestattet, wenn sich eine Person mit Radarpatent am Ruderstand aufhält. Während der Fahrt ohne Radarortung muss jedes Fahrzeug in Abständen von längstens einer Minute als Nebelzeichen **einen langen Ton** (▬) geben.

Da Kleinfahrzeuge generell ausweichpflichtig sind, brauchen sie den langen Ton nicht zu geben.

Merke:
Radarfahrt bedeutet eine Fahrt bei unsichtigem Wetter mit Radar.

Teil III

Die praktische Prüfung

I. Allgemeines

Im praktischen Teil der Prüfung muss der Bewerber nachweisen, dass er die zur sicheren Führung eines Sportbootes (mit Antriebsmaschine oder unter Segel oder beiden Antriebsarten) auf den Binnenschifffahrtsstraßen oder allen Schifffahrtsstraßen notwendigen Fahrmanöver und Fertigkeiten beherrscht und zur Anwendung des theoretischen Wissens fähig ist.

Die praktische Prüfung **„mit Antriebsmaschine"** erstreckt sich auf folgende Pflichtmanöver/ Fähigkeiten sowie sonstigen Manöver/Fähigkeiten (I.1 und I.2), die sich aus dem nebenstehend abgedruckten **Prüfungsprotokoll** in Anlage 4 SpFV ergeben:

Daraus ergibt sich auch, dass in der praktischen Prüfung **„unter Segel"** alle Pflichtmanöver/Fähigkeiten unter Segel (II.1) mit ausreichendem Ergebnis ausgeführt werden müssen. Auch von den maximal drei sonstigen Manövern/Fähigkeiten unter Segel (II.2) müssen zwei mit ausreichendem Ergebnis ausgeführt werden.

Beide Praxisprüfungen unterscheiden sich dadurch, dass bei den sonstigen Manövern/ Fähigkeiten bei der Prüfung „Antriebsmaschine" statt „kursgerechtem Aufstoppen" und „Manöverschallsignale" dagegen bei der Prüfung „unter Segel", „Segel setzen/ bergen" und „Anluven/Abfallen" als segelspezifische Manöver geprüft werden.

Bei der Prüfung der Knoten (III) gibt es dagegen keinen Unterschied.

Fähigkeiten die beim Erwerb des Sportbootführerscheins für einen Geltungsbereich oder eine Angtriebsart bereits erfolgreich geprüft wurden, werden beim Erwerb des Sportbootführerscheins für den anderen Geltungsbereich oder die andere Antriebsart grundsätzlich nicht erneut geprüft. Erfolgt die Prüfung nicht bei demselben Prüfungs-

Anlage 4 Praxisprotokoll SpFV (siehe Anhang 4.4)

Praktische Prüfung zum amtlichen Sportbootführerschein

□ Binnenschifffahrtsstraßen □ mit Antriebsmaschine □ unter Segel
□ Seeschifffahrtsstraßen mit Antriebsmaschine

Prüfung am:	Prüfung in:	Prüfungsausschuss:
Name:	Vorname:	Geb.-Datum:

Inhaber/in SBF Binnenschifffahrtsstraßen mit Antriebsmaschine □ unter Segel □
Inhaber/in SBF Seeschifffahrtsstraßen mit Antriebsmaschine □

I. 1 Pflichtmanöver/Fähigkeiten mit Antriebsmaschine

		1. Versuch	2. Versuch
Alle Aufgaben müssen mit ausreichendem Ergebnis ausgeführt werden.	1. Rettungsmanöver unter Maschine (Mensch über Bord)	□ ausreichend □ nicht ausreichend	□ ausreichend □ nicht ausreichend
	2. Anlegen unter Maschine	□ ausreichend □ nicht ausreichend	□ ausreichend □ nicht ausreichend
	3. Ablegen unter Maschine	□ ausreichend □ nicht ausreichend	□ ausreichend □ nicht ausreichend
	4. Steuern nach Kompass (nur bei Seeschifffahrtsstraßen)	□ ausreichend □ nicht ausreichend	□ ausreichend □ nicht ausreichend
	5. Peilen; Einfache oder Kreuzpeilung (nur bei Seeschifffahrtsstraßen)	□ ausreichend □ nicht ausreichend	□ ausreichend □ nicht ausreichend

Ergebnis Pflichtmanöver mit Antriebsmaschine ausreichend □ nicht ausreichend □

I. 2 Sonstige Manöver/Fähigkeiten mit Antriebsmaschine

		1. Versuch	2. Versuch
Von maximal drei Aufgaben müssen zwei mit ausreichendem Ergebnis ausgeführt werden.	1. Kursgerechtes Aufstoppen	□ ausreichend □ nicht ausreichend	□ ausreichend □ nicht ausreichend
	2. Wenden auf engem Raum	□ ausreichend □ nicht ausreichend	□ ausreichend □ nicht ausreichend
	3. Steuern nach Schifffahrtszeichen/Landmarken	□ ausreichend □ nicht ausreichend	□ ausreichend □ nicht ausreichend
	4. Anlegen einer/s Rettungsweste/Sicherheitsgurts	□ ausreichend □ nicht ausreichend	□ ausreichend □ nicht ausreichend
	5. Manöverschallsignal (eins von drei)	□ ausreichend □ nicht ausreichend	□ ausreichend □ nicht ausreichend

Ergebnis Sonstige Manöver mit Antriebsmaschine ausreichend □ nicht ausreichend □

II. 1 Pflichtmanöver/Fähigkeiten unter Segel

		1. Versuch	2. Versuch
Alle Aufgaben müssen mit ausreichendem Ergebnis ausgeführt werden.	1. Rettungsmanöver unter Segel (Mensch über Bord)	□ ausreichend □ nicht ausreichend	□ ausreichend □ nicht ausreichend
	2. Anlegen unter Segel	□ ausreichend □ nicht ausreichend	□ ausreichend □ nicht ausreichend
	3. Ablegen unter Segel	□ ausreichend □ nicht ausreichend	□ ausreichend □ nicht ausreichend
		□ ausreichend □ nicht ausreichend	□ ausreichend □ nicht ausreichend
		□ ausreichend □ nicht ausreichend	□ ausreichend □ nicht ausreichend

Ergebnis Pflichtmanöver unter Segel ausreichend □ nicht ausreichend □

II. 2 Sonstige Manöver/Fähigkeiten unter Segel

		1. Versuch	2. Versuch
Von maximal drei Aufgaben müssen zwei mit ausreichendem Ergebnis ausgeführt werden.	1. Segel setzen/bergen	□ ausreichend □ nicht ausreichend	□ ausreichend □ nicht ausreichend
	2. Wenden/Halsen	□ ausreichend □ nicht ausreichend	□ ausreichend □ nicht ausreichend

	3. Anluven/Abfallen	□ ausreichend □ nicht ausreichend	□ ausreichend □ nicht ausreichend
	4. Steuern nach Wind/Schifffahrtszeichen	□ ausreichend □ nicht ausreichend	□ ausreichend □ nicht ausreichend
	5. Anlegen einer/s Rettungsweste/Sicherheitsgurts	□ ausreichend □ nicht ausreichend	□ ausreichend □ nicht ausreichend
Ergebnis Sonstige Manöver unter Segel		ausreichend □	nicht ausreichend □

III. Knoten

		1. Versuch	2. Versuch
Von maximal sieben verlangten Knoten müssen sechs mit ausreichendem Ergebnis ausgeführt und deren Verwendung richtig erklärt werden.	1. Achtknoten	□ ausreichend □ nicht ausreichend	□ ausreichend □ nicht ausreichend
	2. Kreuzknoten	□ ausreichend □ nicht ausreichend	□ ausreichend □ nicht ausreichend
	3. Palstek	□ ausreichend □ nicht ausreichend	□ ausreichend □ nicht ausreichend
	4. Einfacher oder doppelter Schotstek	□ ausreichend □ nicht ausreichend	□ ausreichend □ nicht ausreichend
	5. Stopperstek	□ ausreichend □ nicht ausreichend	□ ausreichend □ nicht ausreichend
	6. Webleinstek	□ ausreichend □ nicht ausreichend	□ ausreichend □ nicht ausreichend
	7. Webleinstek auf Slip	□ ausreichend □ nicht ausreichend	□ ausreichend □ nicht ausreichend
	8. Rundtörn mit zwei halben Schlägen	□ ausreichend □ nicht ausreichend	□ ausreichend □ nicht ausreichend
	9. Belegen einer Klampe mit Kopfschlag	□ ausreichend □ nicht ausreichend	□ ausreichend □ nicht ausreichend

Knoten ausreichend □ Knoten nicht ausreichend □	Unterschrift Knoten-Prüfer/in

Begründung bei nicht ausreichendem Ergebnis der Teile I bis III:

Praktischer Prüfungsteil mit Antriebsmaschine bestanden □ nicht bestanden □	Unterschrift Prüfer/in
Praktischer Prüfungsteil unter Segel bestanden □ nicht bestanden □	Unterschrift Prüfer/in

ausschuss, ist zum Nachweis der geprüften Fähigkeiten die Vorlage des Sportbootführerscheins erforderlich. Teilprüfungen bei einem anderen Prüfungsausschuss werden nicht anerkannt.

Alle Pflichtmanöver müssen mit ausreichendem Ergebnis ausgeführt werden. Von maximal drei sonstigen Manövern/Fähigkeiten müssen zwei mit ausreichendem Ergebnis ausgeführt werden. Von maximal sieben Knoten müssen sechs mit ausreichendem Ergebnis ausgeführt und deren Verwendung richtig erklärt werden.

Der folgende **„Kurzlehrgang" zur Vorbereitung auf die praktische Prüfung „mit Antriebsmaschine"** soll dem Bewerber deutlich machen, was von ihm als Mindestwissen in der praktischen Prüfung gefordert wird.
Er darf sich aber nicht zu der Annahme verleiten lassen, er sei damit ein voll ausgebildeter Führer eines Sportbootes.
Er muss mehr können, um sich und seine Mitfahrer zu schützen und sein Eigentum zu erhalten.
Der verantwortungsbewusste Wassersportler wird sich daher weiterbilden.
Dafür stehen ihm einmal zahlreiche Lehrbücher zur Verfügung, die ihm weiteres theoretisches Wissen vermitteln, zum anderen gibt es viele praktische Kurse bei den verschiedenen Institutionen des Wassersports und auch gewerblichen Bootsfahrschulen, die geeignet sind, die praktischen Kenntnisse und Fähigkeiten zu vervollständigen.

II. Die einzelnen Manöver und Fähigkeiten

1. Steuern nach Schifffahrtszeichen/ Landmarken (Sonstige Fähigkeiten/Anlage 8 RiVerb)

1.1 Allgemeines

Steuern bedeutet, einen bestimmten Kurs einzunehmen und zu halten.
Gesteuert werden kann nach Kompass, nach Schifffahrtszeichen oder nach anderen Objekten. Beim Steuern nach Kompass muss die Gradzahl des zu steuernden Kurses auf der Kompassrose am Steuerstrich anliegen (Abb. nächste Seite oben).
Wind und Wellengang veranlassen das Schiff, nach der einen oder anderen Seite vom Kurs abzuweichen. Deshalb muss es durch möglichst kleine Ruderbewegungen entgegen der Drehbewegung des Schiffes (Gegenruder) stets wieder auf Kurs gebracht werden. Dabei ist darauf zu achten, dass – kurz bevor der Kurs wieder am Steuerstrich anliegt – die Drehbewegung durch Gegenruder gestoppt wird und das Ruder bei anliegendem Kurs wieder mittschiffs liegt (Abb. nächste Seite unten).
Das Steuern nach Kompass ermüdet rasch und ist außerdem auf Binnenwasserstraßen wenig üblich. Hier wird nach Schifffahrtszeichen oder anderen Objekten derart gesteuert, dass man sich bei anliegendem Kurs voraus einen markanten Punkt (Bäume, auffällige Bauwerke usw.) sucht und bis zur nächsten Kursänderung darauf zuhält. Das hat den Vorteil, dass Kursabweichungen sofort erkannt werden und entsprechende Gegenmaßnahmen schnell ergriffen werden können.

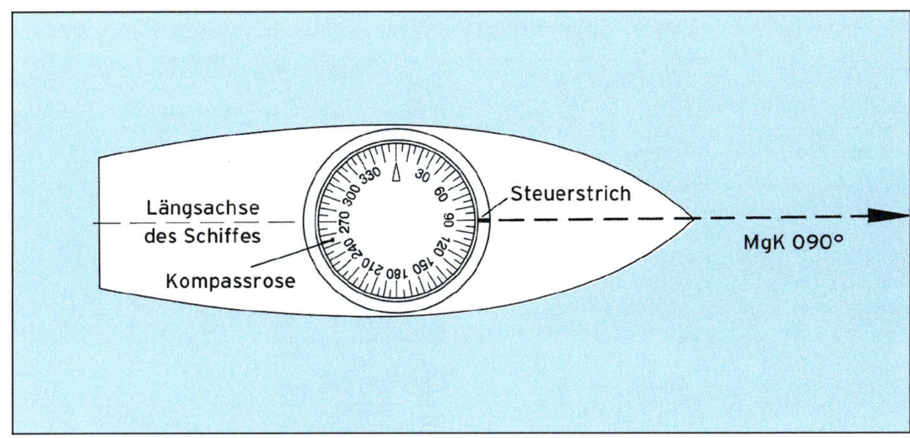

Steuern nach Kompass: Der Magnetkompasskurs (MgK) 090° liegt am Steuerstrich an.

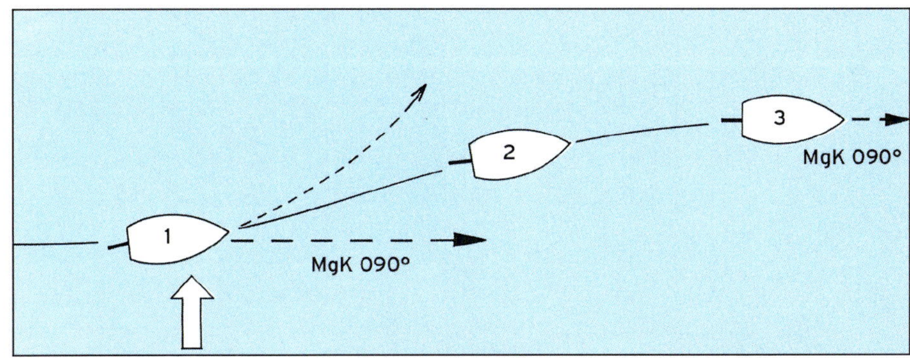

1 *Schiff weicht nach Bb aus; Ruder nach Stb legen (Gegenruder)*

2 *Kurz bevor der Kurs wiederanliegt, durch Bb-Ruderlage die Stb-Drehbewegung des Schiffes aufstoppen (stützen)*

3 *Kurs liegt an, Ruder mittschiffs*

Wird nach Tonnen gesteuert, sind sie immer gut frei an der Stb- bzw. Bb-Seite zu lassen.

Beachte:
Jedes Ruderlegen vermindert die Geschwindigkeit, und jede Abweichung vom Kurs bedeutet eine Wegverlängerung. Der gewählte Kurs ist daher mit möglichst kleinen Ruderausschlägen zu halten.

1.2 Steuerwirkung

Siehe hierzu die Abbildungen auf den folgenden Seiten.

Die Steuerwirkung wird bei Booten mit Einbaumotor durch Änderung der Ruderstellung und bei solchen mit Z-Antrieb oder Außenbordmotor durch Änderung der Stellung des Propellers (Schraube) erzielt (Steuerwirkung der Schraube siehe Fragen 44, 45 und Abb. S. 91 ff.).

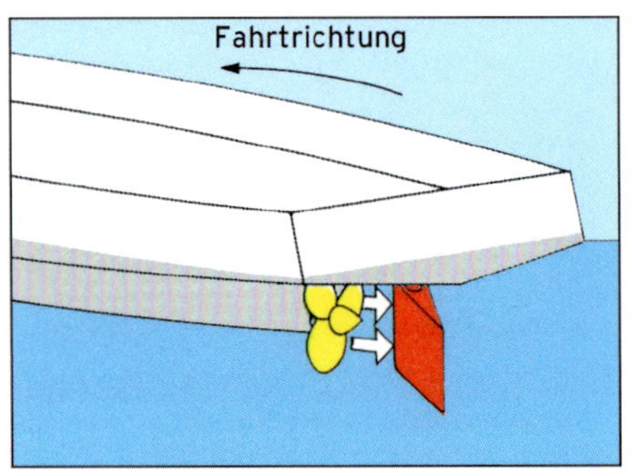

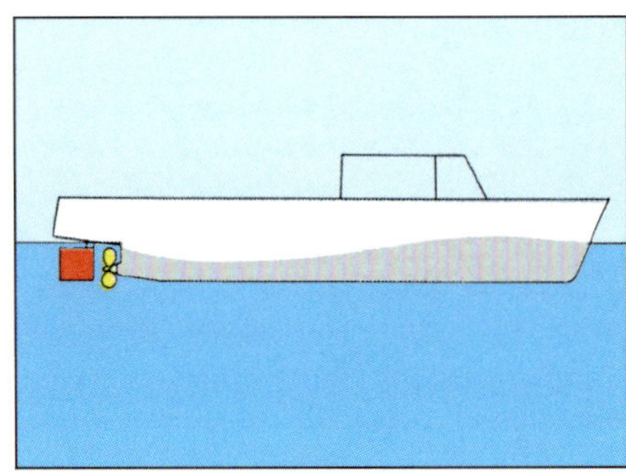

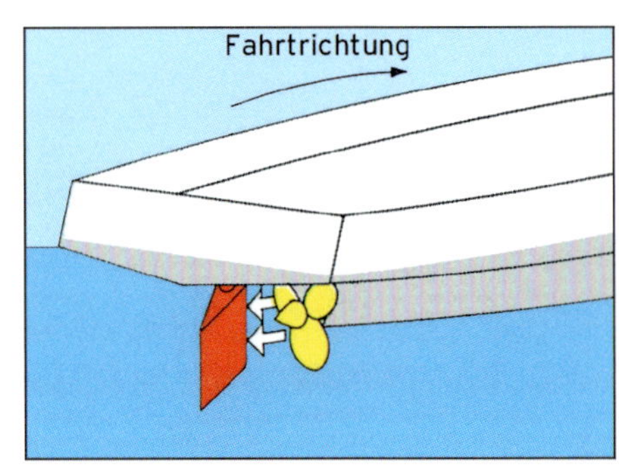

Steuerwirkung des Ruders bei Vorwärtsfahrt

Bei Vorwärtsfahrt wird die Steuerwirkung durch den seitlich auf das eingeschlagene Ruder wirkenden Schrauben- und Fahrtstrom erzielt. Beachte die Wirkungsweise der rechts- bzw. linksdrehenden Schraube (siehe Fragen 41, 44 und 45).

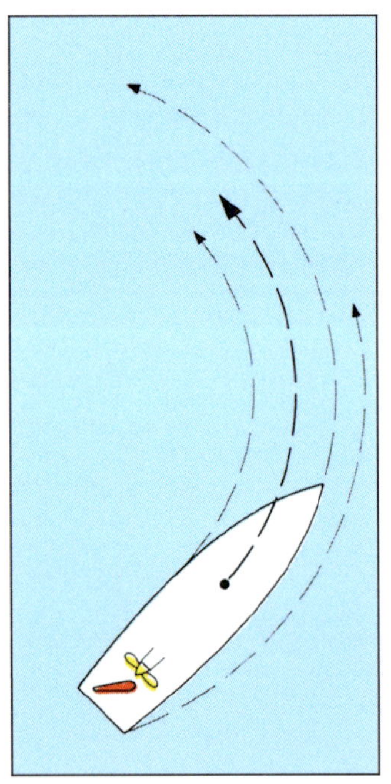

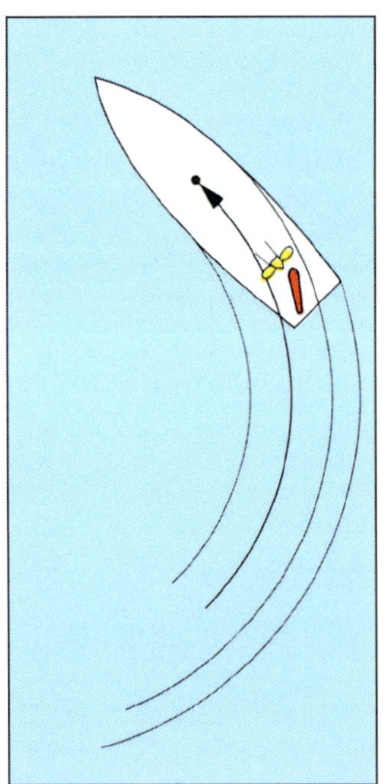

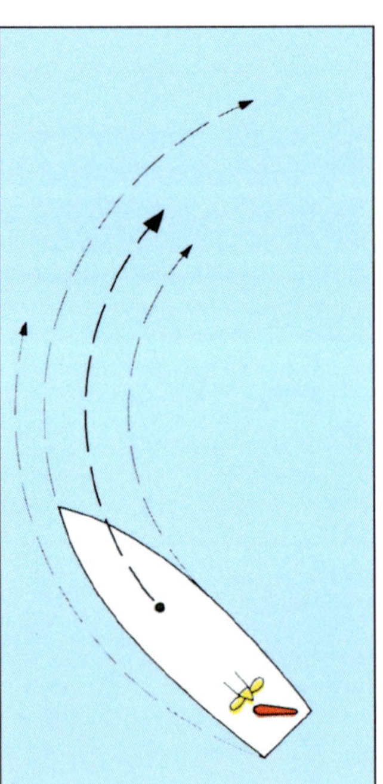

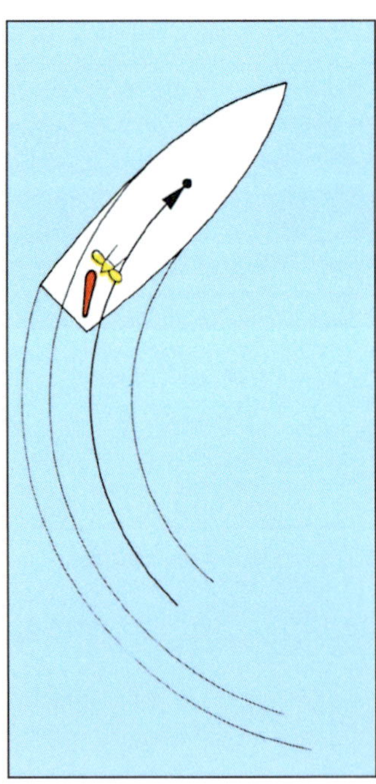

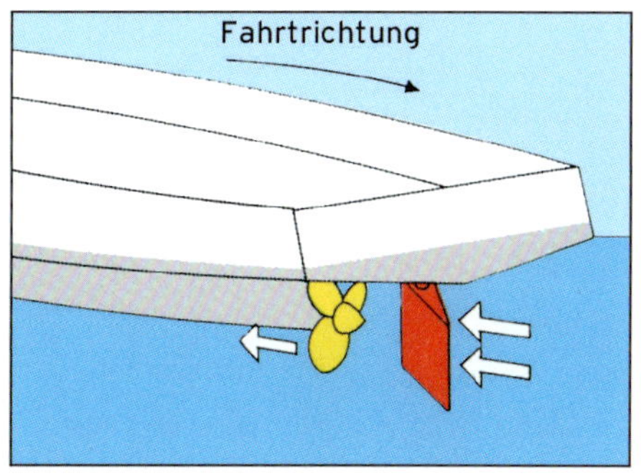

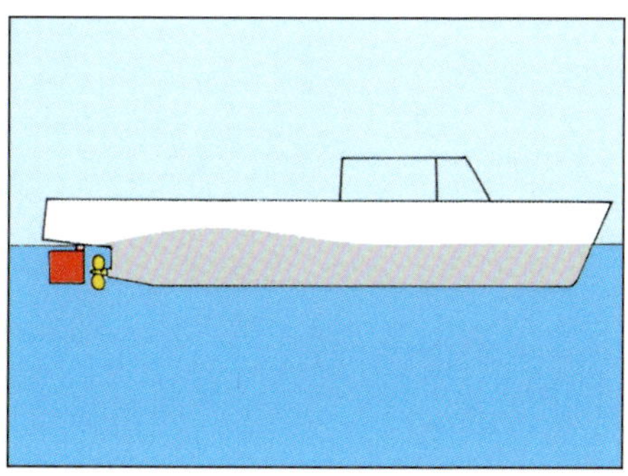

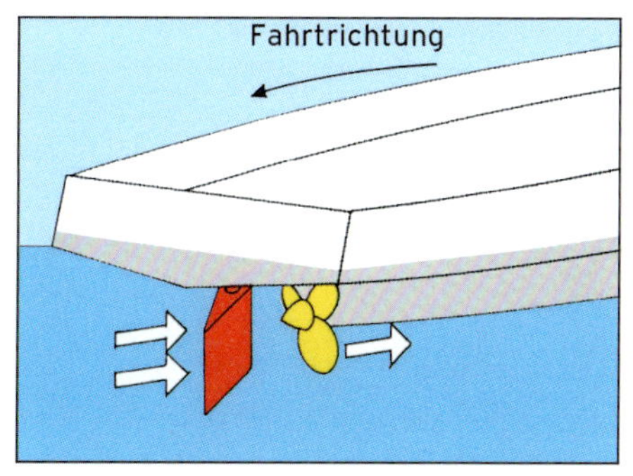

Steuerwirkung des Ruders bei Rückwärtsfahrt
Bei Rückwärtsfahrt wird die Steuerwirkung durch den von hinten auf das eingeschlagene Ruder wirkenden Fahrtstrom erzielt. Der Schraubenstrom hat in diesem Fall keinen Einfluss auf die Steuerwirkung. Beachte die Wirkungsweise der rechts- bzw. linksdrehenden Schraube (siehe Fragen 41, 44 und 45).

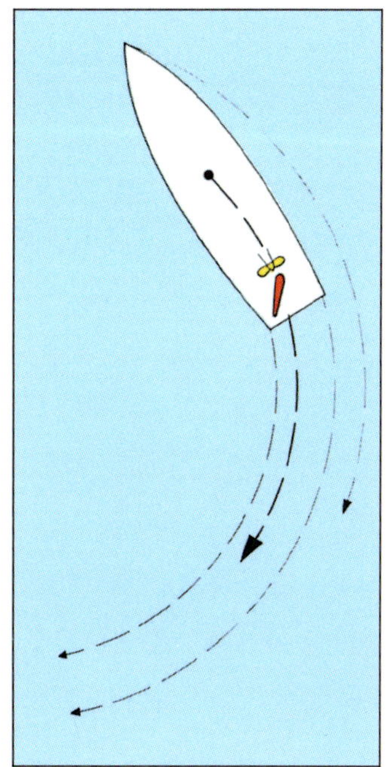

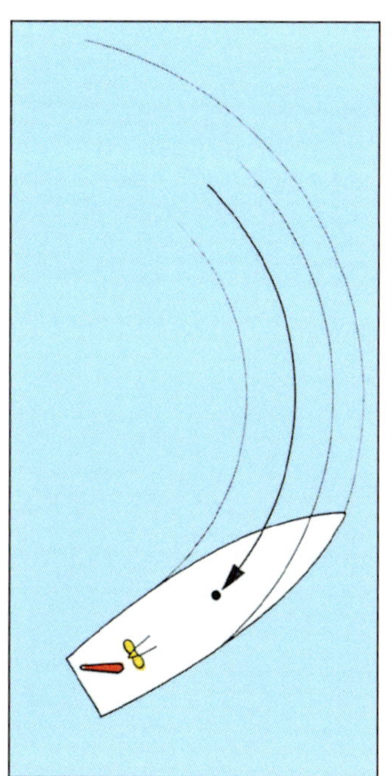

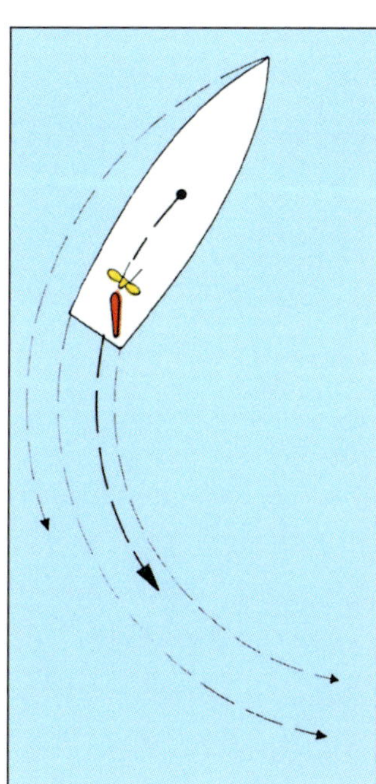

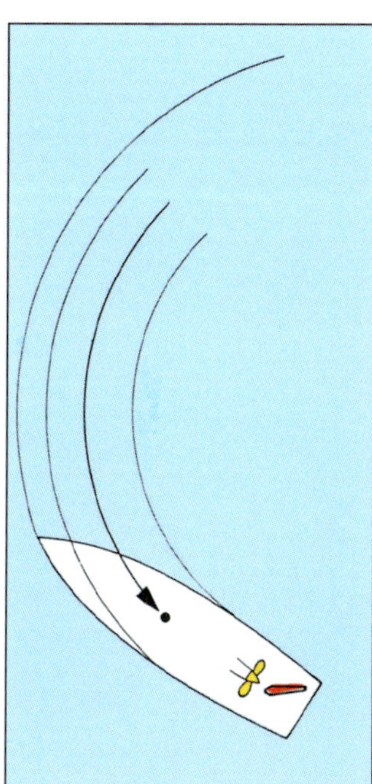

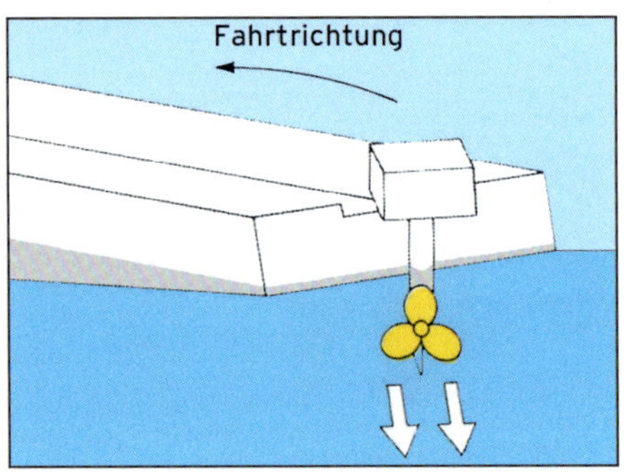

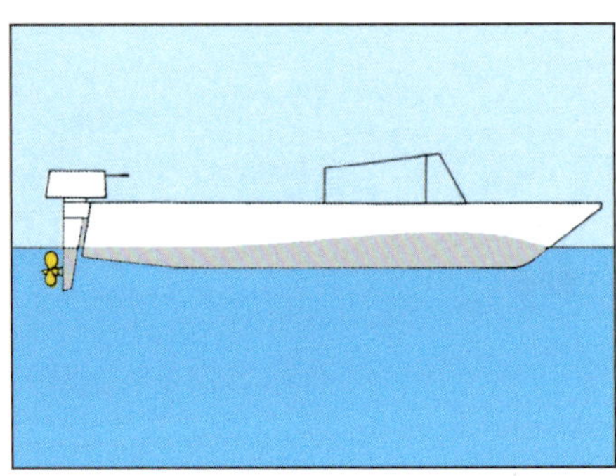

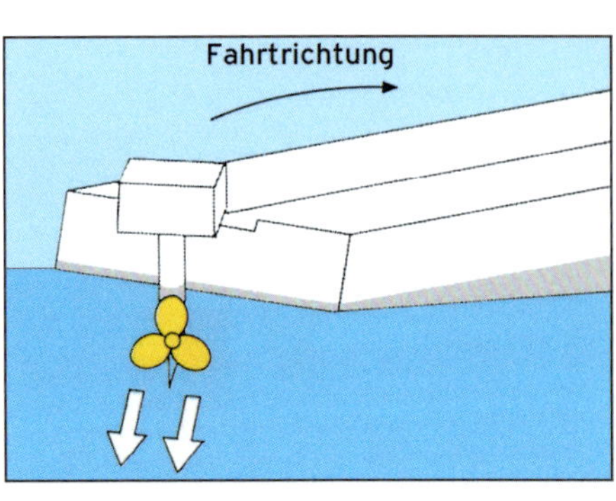

Steuerwirkung des Z-Antriebs und des Außenbordmotors bei Vorwärtsfahrt

Beim Z-Antrieb wird die Steuerwirkung durch den drehbaren Propellerantrieb wie bei der Stellung eines Ruderblattes erzielt. Durch gleichzeitigen Vorwärts- und Seitenschub wird das Fahrzeug auf den gewünschten Kurs gebracht. Darstellung des Z-Antriebs siehe S. 84 ff. und des Außenborders siehe Fragen 57, 58.

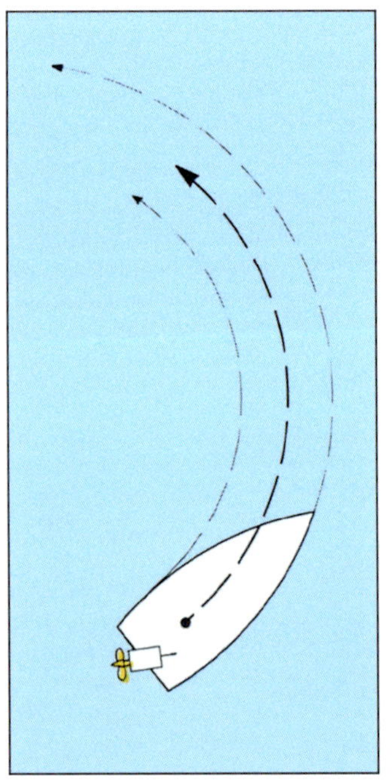

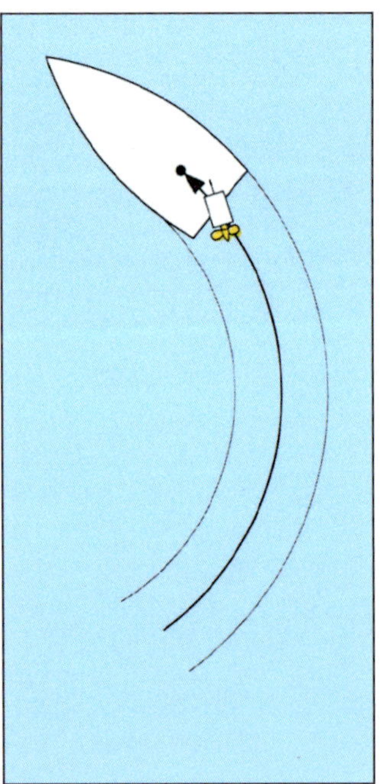

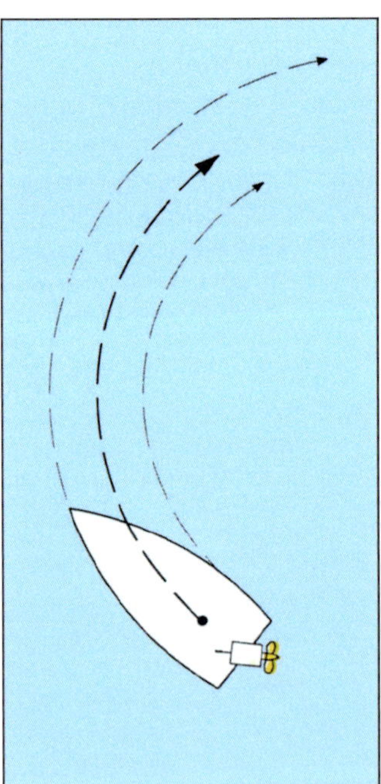

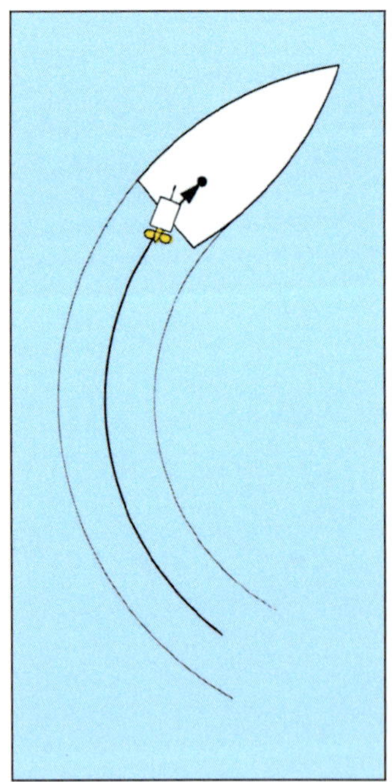

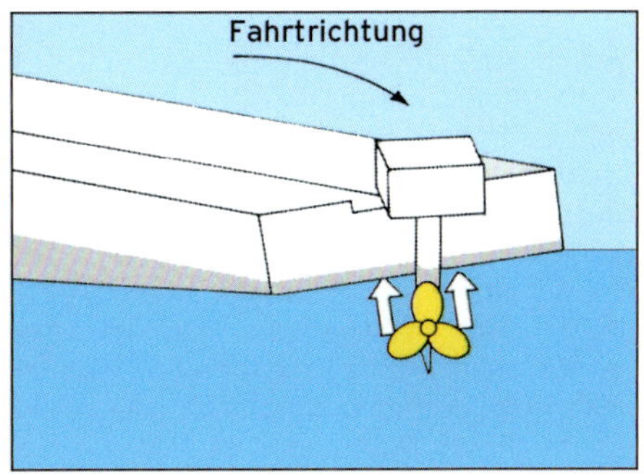

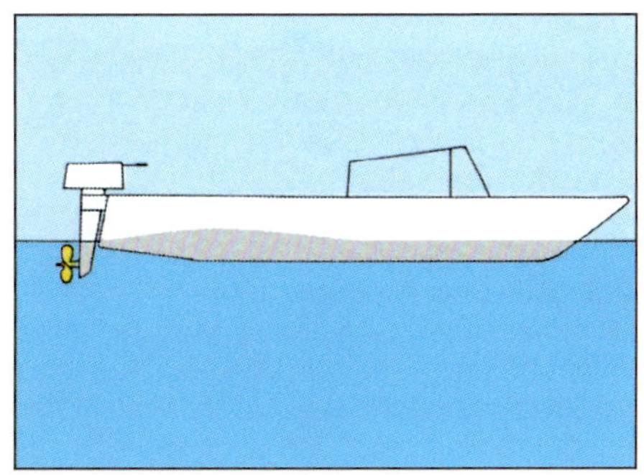

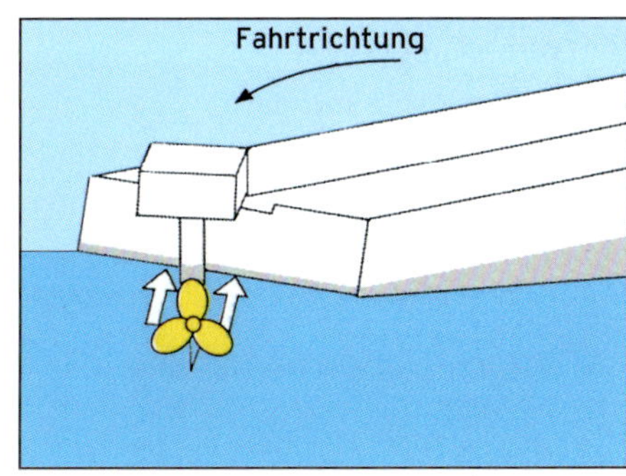

Steuerwirkung des Z-Antriebs und des Außenbordmotors bei Rückwärtsfahrt
Ruderwirkung des Außenborders bei Rückwärtsfahrt siehe Frage 50.

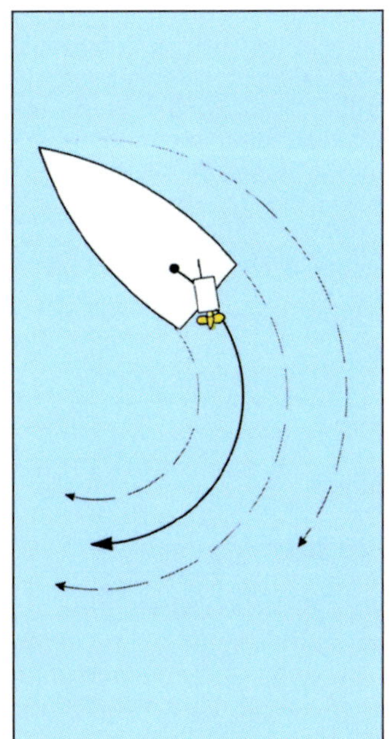

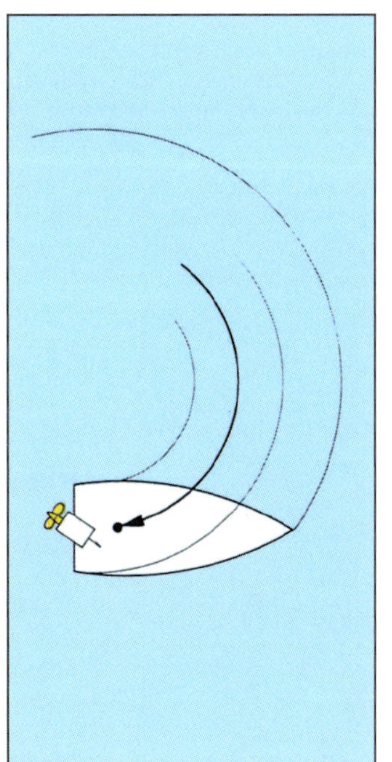

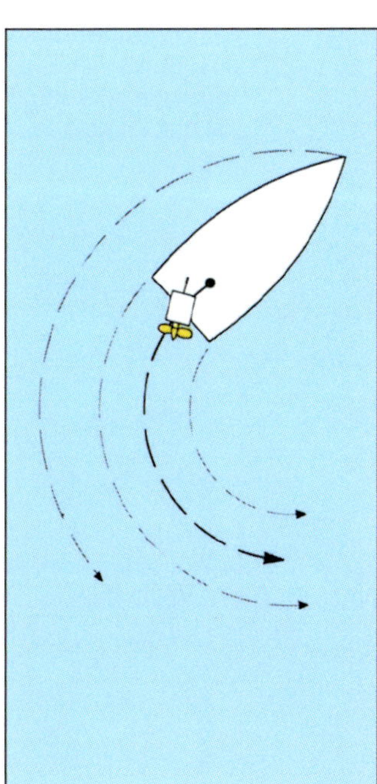

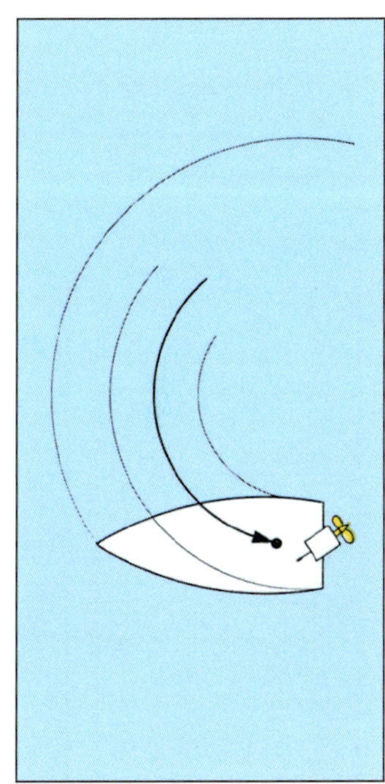

2. Manövrieren (Pflichtmanöver)

2.1 Vertrautsein mit den Fahreigenschaften

Um gut manövrieren zu können, muss man mit den Fahreigenschaften des Bootes vertraut sein. **Man muss insbesondere wissen,**

- wie das Boot bei verschiedenen Ruderlagen reagiert,
- welche Geschwindigkeit bei welchen Schraubenumdrehungen erreicht wird,
- bis zu welcher geringsten Geschwindigkeit das Boot noch steuerfähig ist,
- wieviel Zeit und Weg erforderlich ist, um das Boot aus allen Voraus-Fahrstufen durch Rückwärtsfahrt zum Stoppen zu bringen (Stoppweg),
- welchen kleinsten Drehkreis das Boot besitzt und wie sich unterschiedliche Fahrgeschwindigkeiten auf diesen Drehkreis auswirken.

2.2 Ab- und Anlegen

Beim Ab- und Anlegen ist zu beachten, dass Wind und Strom die Fahrt und den Kurs des Bootes stark beeinflussen können. Weht der Wind und/oder setzt der Strom parallel zur Anlegestelle, so sollte das Ab- bzw. Anlegemanöver grundsätzlich gegen Wind und/oder Strom durchgeführt werden. Kommen Wind und Strom aus verschiedenen Richtungen, so ist in der Regel gegen den Wind anzulegen, wenn er eine stärkere Wirkung auf das Boot ausübt als der Strom. Entsprechendes gilt, wenn die Wirkung des Stroms stärker ist als die des Windes.

Ab- bzw. Anlegemanöver sollten rechtzeitig, gut durchdacht und mit langsamer Fahrt durchgeführt werden. Ausreichend Fender müssen an Bord sein. Beim Anlegen sind die Festmacheleinen frühzeitig an Deck zu legen und der Anker muss klar zum Fallen sein. Fällt die Maschine aus, lässt sich das Schiff zur Not mit einem Ankermanöver aufstoppen.
Das Ab- und Anlegen an einer langen und leeren Pier macht keine besonderen Schwierigkeiten. Liegen dagegen dicht vor oder hinter einem andere Boote oder ist beabsichtigt, in einer kleinen Lücke festzumachen, so erfordern die entsprechenden Ab- und Anlegemanöver viel Übung und Umsicht.
Die folgenden Beispiele zeigen, wie derartige Manöver gefahren werden können, wobei unterstellt wird, dass je nach Größe des Bootes die Manöver mehr oder weniger durch Muskelkraft unterstützt werden können (abdrücken von der Pier usw.). Bei den Beispielen wird von einer **rechtsdrehenden Schraube** ausgegangen (vgl. Fragen 41, 44, 47, 48).

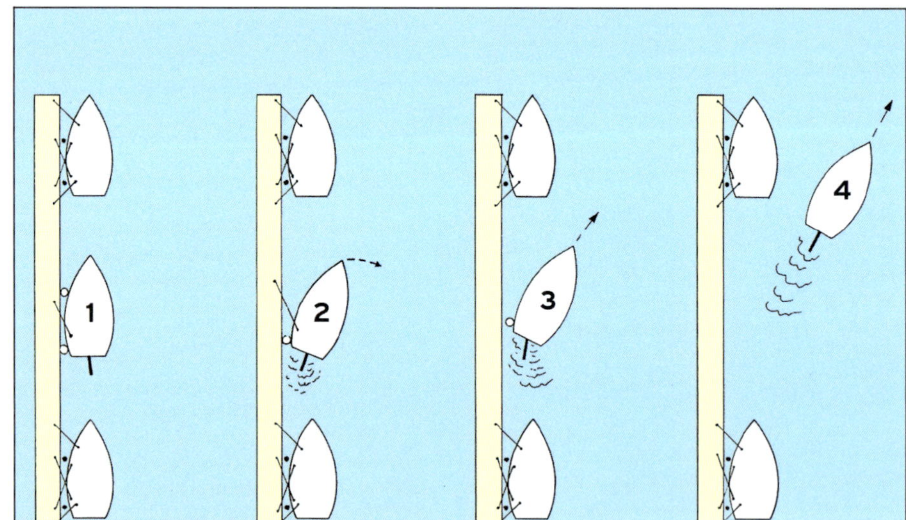

Ablegemanöver

Ohne Wind und Strömung

Alle Leinen los bis auf Achterspring (1). Dann langsam zurück in die Achterspring eindampfen, bis Bug frei (2). Achterspring los und langsam voraus mit Stb-Ruderlage (3). Schließlich Ruder mittschiffs und Fahrt erhöhen (4).

Gegen Wind und/oder Strömung

Bis auf Achterspring alle Leinen los (1). Dann langsam voraus bei Stb-Ruderlage und Achterspring los (2). Sobald Bug frei, Fahrt voraus aufnehmen (3). Zu weites Auswandern des Bugs durch Bb-Ruderlage auffangen (4).

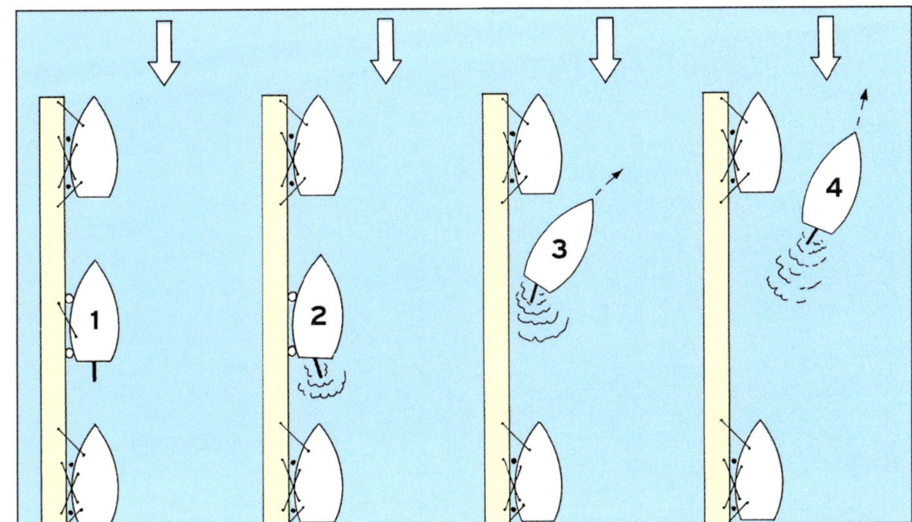

Mit Wind und/oder Strömung

Alle Leinen bis auf Vorspring los (1). Boot achtern mit Bootshaken abdrücken, bis es seitlich vom Wind und/oder Strom erfasst wird und weiterdreht (2). Wenn Heck frei, Vorspring los und bei Bb-Ruderlage zurück (3). Schließlich Ruder mittschiffs und Fahrt voraus aufnehmen (4).

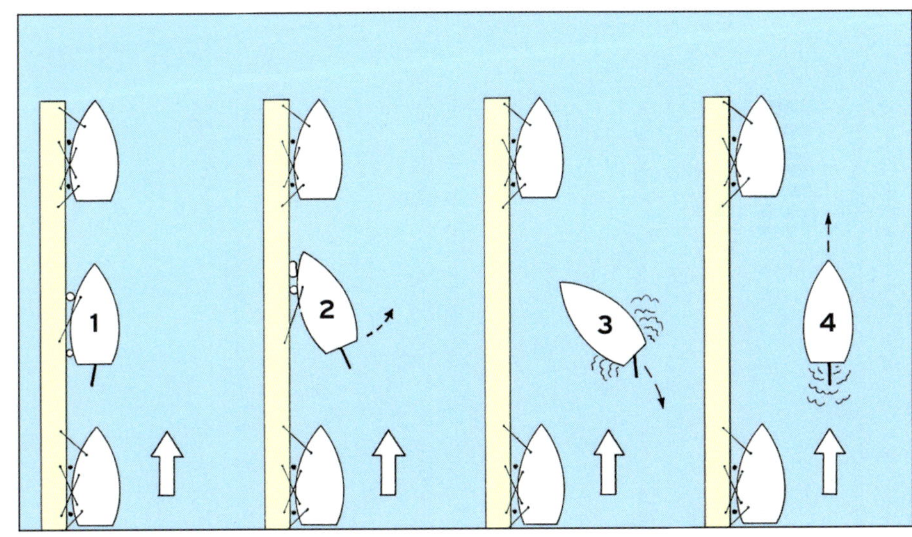

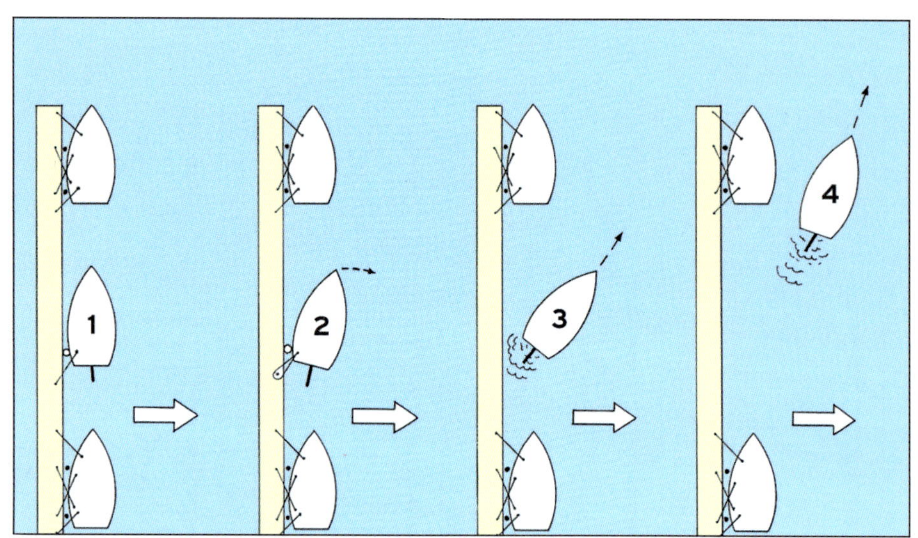

Bei ablandigem Wind

Alle Leinen los bis auf Achterleine, die etwas aufgefiert wird (1). Bug wird langsam durch Winddruck von der Pier abgedrückt (2). Wenn Bug gut frei, Heckleine los und Fahrt voraus (3). Schließlich mit Bb-Ruderlage Fahrt voraus aufnehmen (4).

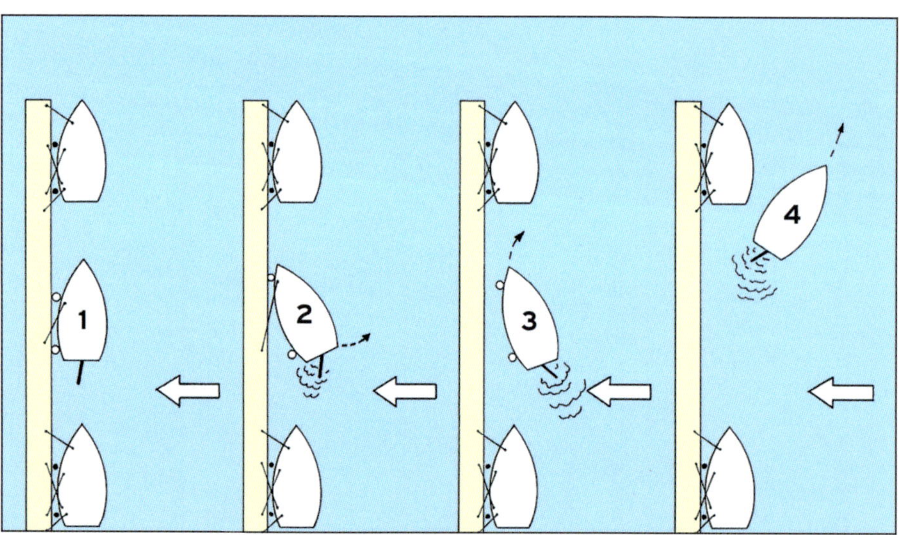

Bei auflandigem Wind

Alle Leinen los bis auf Vorspring, die etwas aufgefiert wird (1). Dann mit Bb-Ruderlage und Fahrt voraus in die Vorspring eindampfen, damit Heck frei kommt (2). Sobald Heck gut frei von der Pier, Vorspring los und mit Stb-Ruderlage Fahrt voraus. Zur Unterstützung Bug eventuell mit Bootshaken abdrücken. Acht geben, damit Heck nicht mit der Pier in Berührung kommt. Fender klar halten (3). Wenn Boot frei, vorausfahrt erhöhen bei Sb-Ruderlage (4).

Anlegemanöver

Ohne Wind und Strömung

Mit langsamer Fahrt voraus die Pier unter spitzem Winkel anlaufen (1) (siehe Frage 40). Sobald Boot mit dem Bug dicht genug an der Pier, aufstoppen und Vorspring an Land (2). Dann mit Stb-Ruderlage und Fahrt voraus in die Vorspring eindampfen, damit das Boot an die Pier klappt (3). Liegt das Boot längsseits, alle Leinen an Land und festmachen (4).

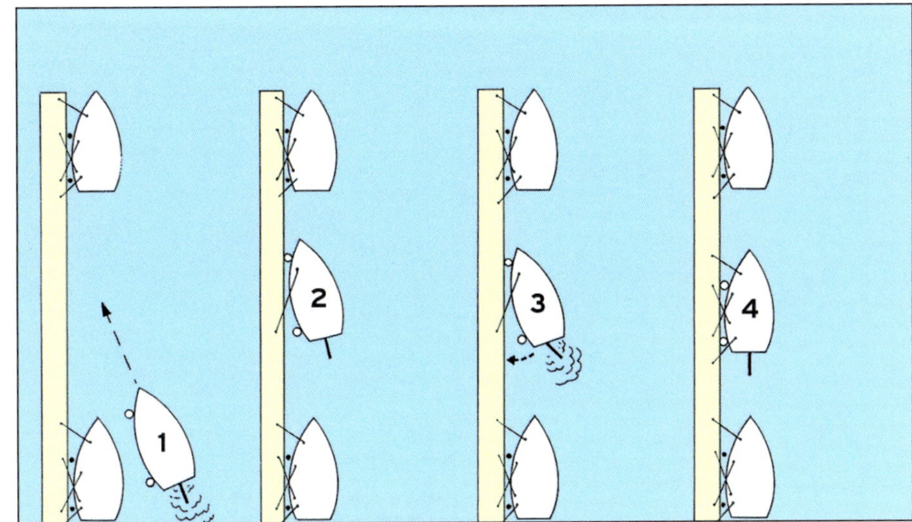

Gegen Wind und/oder Strömung

Mit langsamer Fahrt voraus und unter spitzem Winkel die Pier anlaufen (1). Dann mit langsamer Fahrt so manövrieren, bis das Boot in geringem Abstand parallel zur Anlegestelle zum Stehen kommt (2). Vorleine an Land (3). Anschließend die übrigen Leinen festmachen und Motor aus (4) (siehe Fragen 46 – 48).

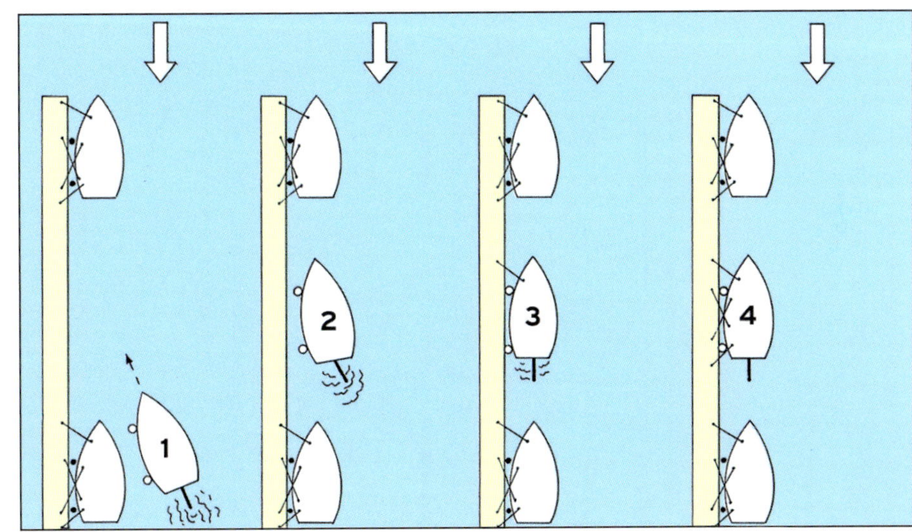

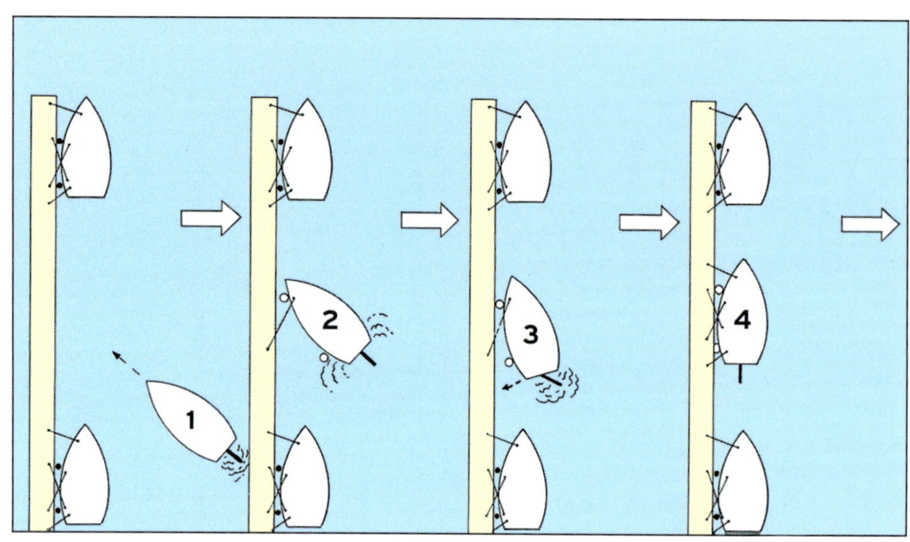

Bei ablandigem Wind

Anlegestelle langsam unter einem Winkel von ca. 45 Grad ansteuern (1). Kurz vor dem Anleger aufstoppen und Vorspring an Land (2). Dann mit Stb-Ruderlage und Fahrt voraus in die Spring eindampfen (3). Liegt das Boot längsseits, erst Achterleine und dann übrige Leinen an Land und festmachen, Maschine aus (4).

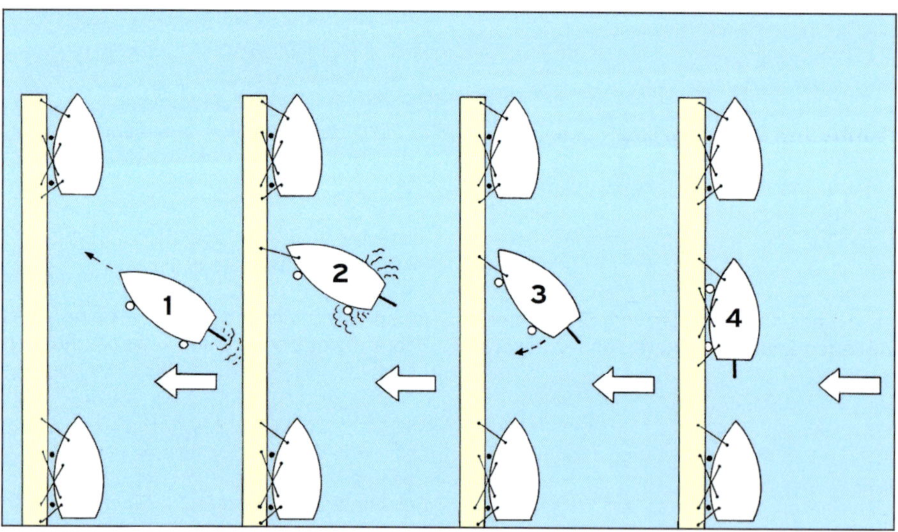

Bei auflandigem Wind

Damit das Boot nicht gegen andere Boote gedrückt wird, den Anleger unter einem Winkel von ca. 70 Grad mit langsamer Fahrt ansteuern (1). Kurz vor dem Anleger aufstoppen und Vorleine an Land (2). Dann das Boot langsam an den Anleger klappen lassen, gegebenenfalls mit langsam zurück laufender Maschine (3). Liegt das Boot längsseits, übrige Leinen fest (4).

2.3 Festmachen (kein Prüfungsmanöver mehr)

Ein Boot ist so festzumachen, dass es jederzeit sicher liegt und sich nicht losreißen kann. Dabei sind Wasserstandsschwankungen, Sog und Wellenschlag durch vorbeifahrende Schiffe, Wind und Wellengang zu berücksichtigen.
Bei Wasserstandsschwankungen empfiehlt es sich, an schwimmenden Ablegern festzumachen. Ist dies nicht möglich, so sind die Leinen bei fallendem Wasser gelegentlich zu fieren, damit sich das Boot nicht in den Leinen „aufhängt". Bei steigendem Wasser müssen die Leinen von Zeit zu Zeit durchgeholt werden.
Grundsätzlich sollte das Boot gegen den Strom festgemacht werden. Die Leinen sind durch Lippen oder Ösen an Land zu geben und gegen Durchscheuern mit Schamfilschutz (aus Kunststoff) zu sichern. Zwischen Bordwand und Anleger müssen ausreichend Fender ausgebracht werden, um das Boot gegen Beschädigungen zu schützen.

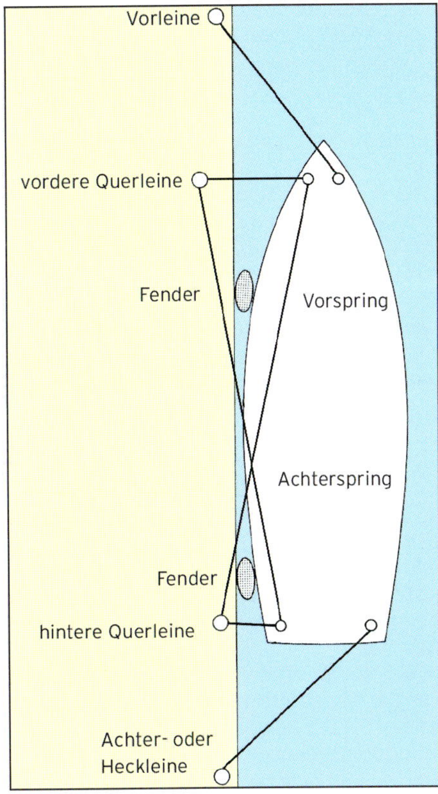

Längsseits festmachen

Wird an einer Anlegestelle nur für kurze Zeit angelegt, so genügt im Allgemeinen das Ausbringen von Vor- und Achterleine. Soll das Boot längere Zeit liegen bleiben, so sind zusätzlich Vor- und Achterspring und bei Bedarf auch Querleinen auszubringen.

Festmachen an Stegen und Pfählen

Sind vor dem Steg Pfähle vorhanden, wird rechtwinklig zum Steg zwischen den Pfählen mit 2 Vor- und 2 Achterleinen festgemacht. Die Vorleinen werden so lang ausgesteckt, dass das Heck bei steifen Vorleinen etwa einen halben Meter vom Steg entfernt zu liegen kommt. Achtern Fender ausbringen!
Diese Anlege- und Festmacheart hat den Vorteil, dass in Vorausfahrt abgelegt werden kann. Wo es üblich oder durch die Bauart des Bootes notwendig ist, kann auch vorwärts eingefahren und in derselben Weise festgemacht werden.

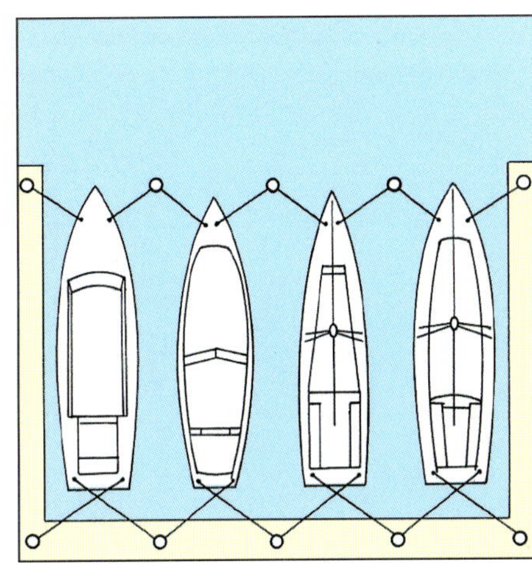

Längsseits festmachen an einem Fahrzeug

Bei wenig Platz am Anleger legt man sich ins Päckchen (Abb. nächste Seite oben links): Man macht mit Querleinen sowie Vor- und Achterspring längsseits am Nachbarboot fest. Bei starkem ablandigem Wind empfiehlt es sich, zusätzlich Vor- und Achterleine an Land auszubringen. Gut abfendern!

Festmachen auf einem Poller, am Ring und auf einer Klampe an Land

Ist an einem Poller bereits die Leine eines Bootes belegt, so wird das Auge der eigenen Leine von unten durch das Auge der fremden Leine genommen und dann über den Poller gelegt. Wer früher ausläuft, kann dann seine Leine vom Poller nehmen, ohne die Leine des anderen fieren und abnehmen zu müssen. Gelegentlich sind statt Poller Ringe zum Festmachen vorgesehen:

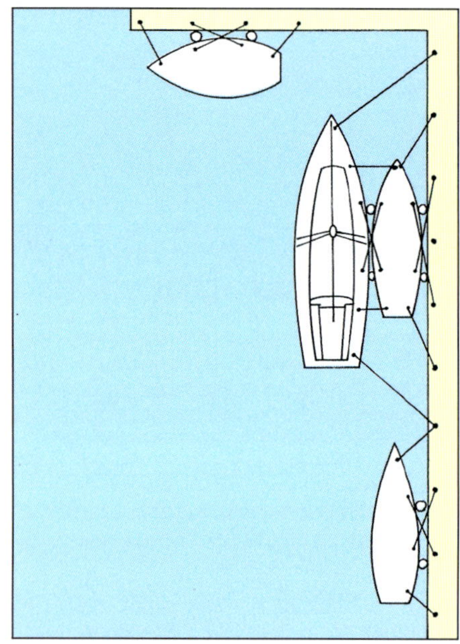

Festmachen längsseits an einem Fahrzeug (sog. „Päckchen")

Festmachen am Poller

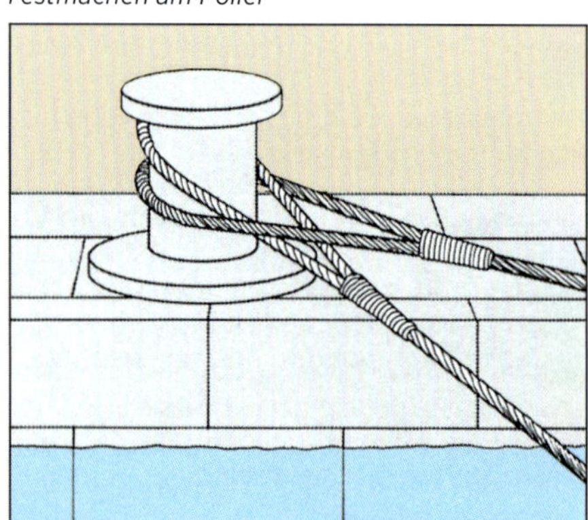

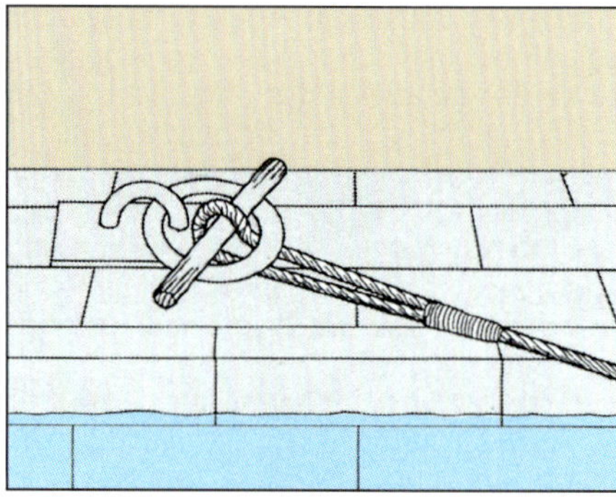

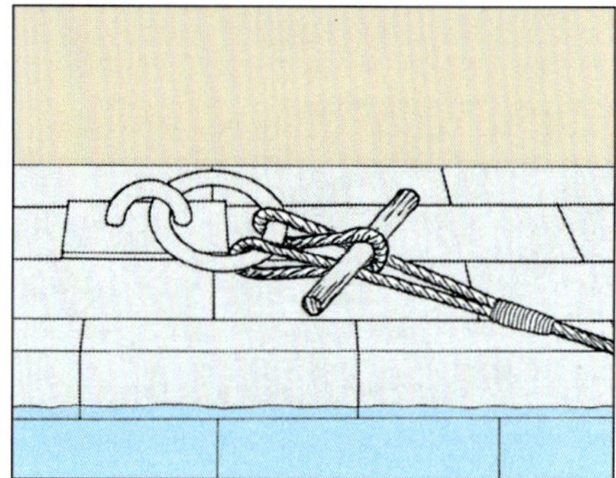

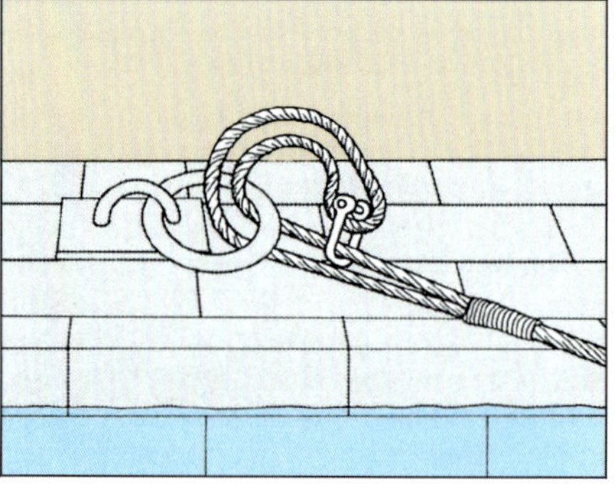

Festmachen von Leinen in Ringen an Land

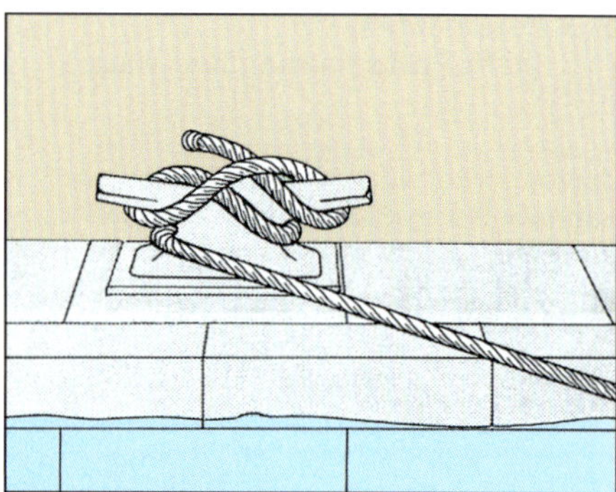

Belegen einer Klampe

Die Leine wird durch den Ring gezogen und mit einem Querholz oder Schäkel befestigt. Und so wird an einer Klampe festgemacht: Das Ende der Leine achtförmig um die Klampe legen, dabei zunächst mit einem Rundtörn beginnen, der sich nicht selbst bekneifen darf, damit das Ende der Leine gefiert werden kann. Den letzten Kreuzschlag zur Sicherung mit einem Kopfschlag versehen.

2.4 Wenden auf engem Raum (Sonstiges Manöver/Anlage 8 RiVerb)

Ist der vorhandene Manövrierraum kleiner als der Drehkreis des Bootes, muss mit Ruder- und Maschinenmanövern gewendet werden (Abb. nächste Seite oben links).
In kleinen Sportboothäfen sind diese Manöver die Regel – man muss sie also beherrschen. Die individuellen Erfahrungen mit den Manövriereigenschaften des Sportbootes spielen hier eine besondere Rolle.

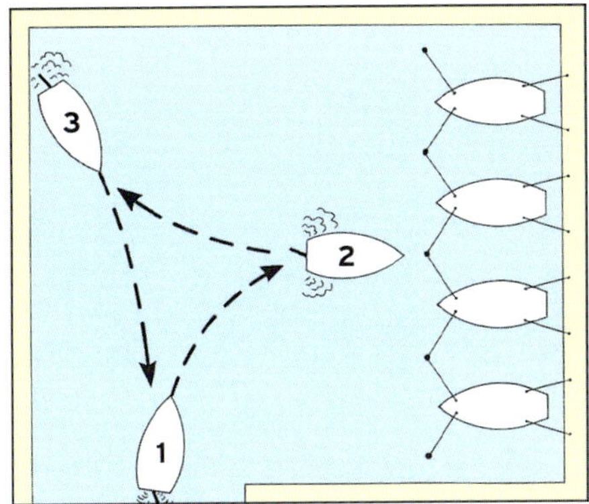

Das Wendemanöver wird mit langsamer Fahrt und Stb-Ruderlage eingeleitet (1). Dann Ruder ganz nach Backbord überlegen und zurück (2). Anschließend bei Stb-Ruderlage voraus (3). Auf sehr engem Raum muss dieses Manöver wiederholt werden.

2.5 Mensch-über-Bord-Manöver mithilfe eines treibenden Gegenstandes (Pflichtmanöver/ Anlage 8 RiVerb)

Das Mensch-über-Bord-Manöver wird dadurch simuliert, dass ein Rettungsring oder ein anderer Schwimmkörper über Bord geworfen wird. Hierbei wird dem Rudergänger zugerufen: **„Mensch über Bord an Backbord!"** oder **„Mensch über Bord an Steuerbord!"**

Der Bewerber muss dieses Kommando laut wiederholen, das Kommando „Rettungsring werfen!" geben und das Rettungsmanöver fahren.

Sofort nach dem Zuruf „Mensch über Bord!" Gas wegnehmen, auskuppeln und Heck wegdrehen.

Der Prüfer achtet darauf, dass

- unmittelbar nach dem Zuruf „Mensch über Bord!" das Gas weggenommen und ausgekuppelt wird,
- das Heck von dem über Bord geworfenen Gegenstand abgedreht wird,
- das Rettungsmanöver zügig durchgeführt wird,

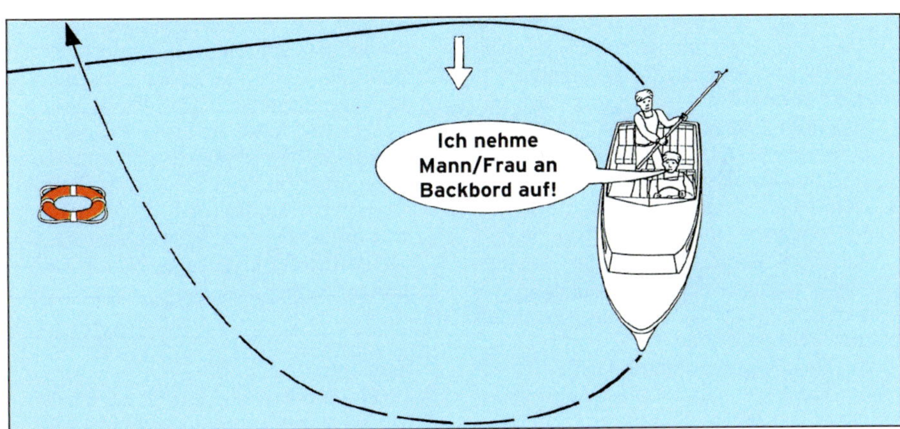

Drehkreis so anlegen, dass das Boot in Luv neben dem Rettungsring zum Halten kommt, sowie entsprechende Seite ansagen.

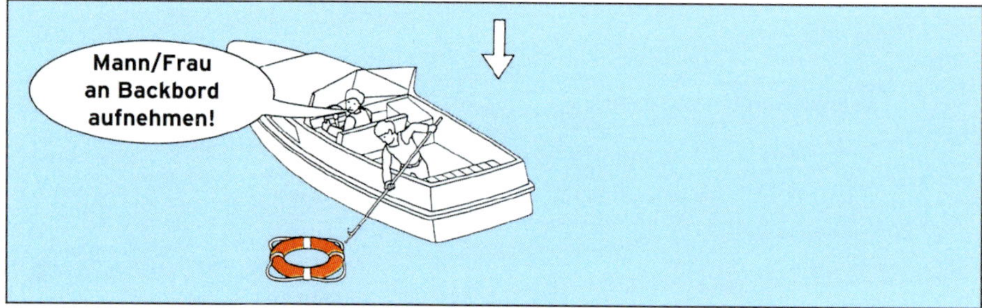

Boot mit dem Heck neben dem Rettungsring zum Stehen bringen.

- der Bewerber ansagt, an welcher Seite er den treibenden Gegenstand aufnehmen will,
- das Boot neben dem treibenden Gegenstand zum Stehen kommt und die Schraube keine Umdrehungen mehr macht.

Der Schiffsführer/Bewerber sollte das Manöver wie folgt durchführen:

- Nach dem Ruf „Mensch über Bord!" ist das Ruder sofort hart nach der Seite überzulegen, an der man das Besatzungsmitglied verloren hat, damit das Heck frei schwingt und Verletzungen durch die Schraube vermieden werden. Gleichzeitig Schraube auskuppeln!
- Dem Überbordgefallenen ist sofort ein Rettungsring, möglichst mit Leine, zuzuwerfen. Bei Nacht erleichtert ein Rettungsring mit Nachtlicht oder eine Rettungsboje mit Nachtlicht das Auffinden des Schwimmenden.
- Ein Besatzungsmitglied hat den Überbordgefallenen ständig im Auge zubehalten.
- Das Boot ist mit einer Drehung von ca. 270 Grad derart an den Überbordgefallenen heranzusteuern, dass es in Luv voraus von ihm im spitzen Winkel zum Wind zu liegen kommt. Die letzte Strecke ist mit ausgekuppelter Schraube mit vorher entsprechend dosierter Fahrt voraus zurückzulegen, um den im Wasser Treibenden nicht zu gefährden. Bei Strömung oder Wind ist gegen die Strömung bzw. gegen den Wind an den Überbordgefallenen heranzufahren.
- Dem Verunglückten ist eine Leine zuzuwerfen, mit der er an das Boot heranzuziehen ist, um ihn an geeigneter Stelle über eine Badeleiter an Bord nehmen zu können. Auf jeden Fall sollte eine Leine mit einem Auge klargehalten werden, in das der Verunglückte sich einhängen kann, wenn er sehr geschwächt ist. Notfalls ist ihm durch ein Besatzungsmitglied, das mit einer Rettungsweste und Leine ausgerüstet sein muss, im Wasser Unterstützung zu leisten.
-

Warnung:
Bei kleinen Booten besteht Kentergefahr, wenn der Verunglückte mittschiffs übergenommen wird.

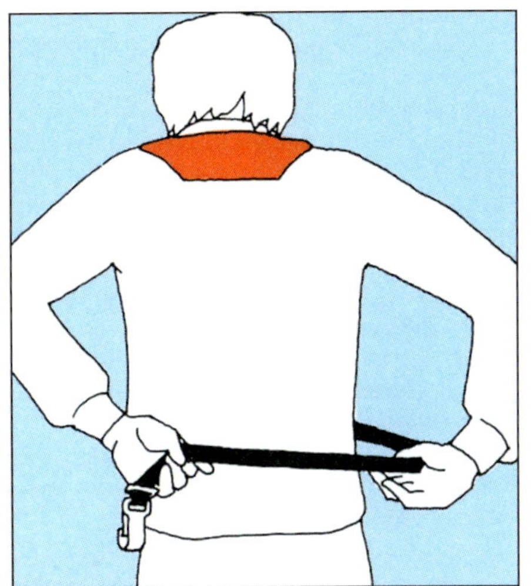

Aufblasbare ohnmachtsichere Rettungsweste
Rettungsweste überziehen, Leibgurt auf den Körperumfang so einstellen, dass maximal eine Hand aufrecht nicht dazwischen passt, und in Taillenhöhe um den Körper legen.

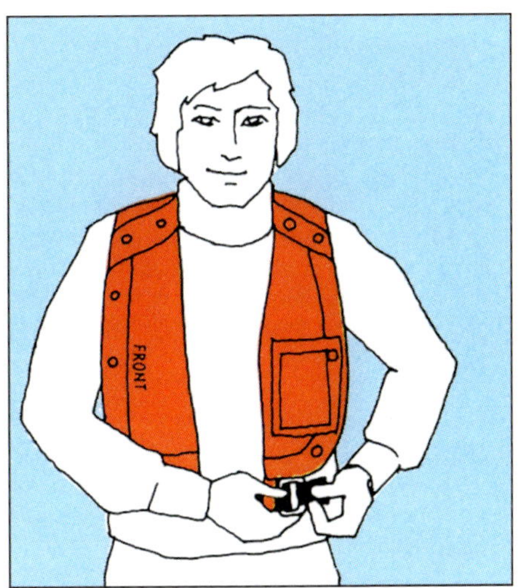

Leibgurt mit Karabinerhaken vorn im Gegenende des Gurtes befestigen.

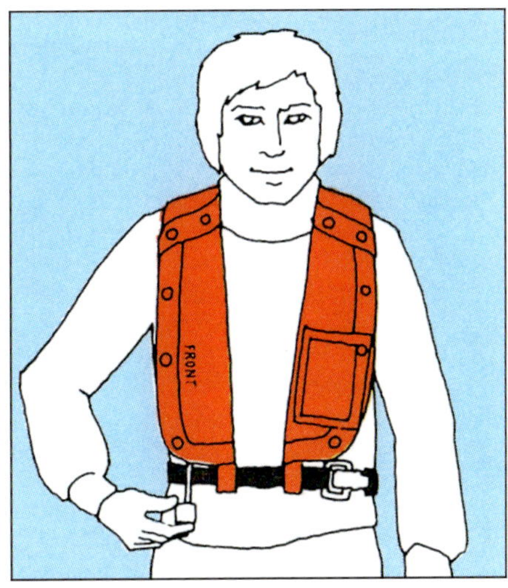

Versagt die Automatik oder Handauslösung: kräftig den Handauslöseknopf nach unten ziehen.

3. Anlegen einer/s Rettungsweste/ Sicherheitsgurts (Sonstige Fähigkeit/Anlage 8 RiVerb)

Prüfungsanweisung

Anlegen von Rettungsweste und Sicherheitsgurt

Der Bewerber soll nachweisen, dass er mit der Handhabung von Rettungsweste und Sicherheitsgurt vertraut ist.

3.1 Anlegen einer Rettungsweste

Erläuterungen und Hinweise

Vor dem Kauf einer Rettungsweste muss man wissen, ob die Weste im Binnen-, See- oder Hochseebereich eingesetzt werden soll. Rettungswesten müssen eine **ohnmachtsichere Wasserlage** bewirken, das heißt selbsttätig die Atmungsöffnungen einer erschöpft im Wasser treibenden Person sicher über Wasser halten. Nur solche Rettungswesten sind ohnmachtsicher, die das **CE-Zeichen** tragen.

Nach der Euro-Norm (EN) sind vier Bereiche und nach dem Mindestauftrieb in Newton (N) entsprechend differenziert vier Klassen zu unterscheiden:

- **50 N Schwimmhilfe** (nicht ohnmachtsicher) – **EN 393** – nur von guten Schwimmern, z.B. Regattateilnehmern, in geschützten Gewässern zu benutzen
- **100 N Rettungsweste** (eingeschränkt ohnmachtsicher) – **EN 395** – in Binnengewässern und geschützten Revieren zu nutzen
- **150 N Rettungsweste** (ohnmachtsicher) – **EN 396** – für alle Gewässer geeignet
- **275 N Rettungsweste** (ohnmachtsicher) – **EN 399** – für die Hochsee tauglich

Für den Bereich der Binnenschifffahrtstraßen ist eine **100-N-Rettungsweste** ausreichend, gleichwohl wird wegen der uneingeschränkten Ohnmachtsicherheit eine **150-N-Rettungsweste** empfohlen. Der Auftrieb erfolgt beim Überbordfallen automatisch durch folgende Techniken:

- **Automatische Auslösung:**
  Beim Eintauchen ins Wasser zerfällt eine Tablette. Danach wird der Schlagbolzen freigelegt. der den Pressgasflaschenkopf durchschlägt und dem Pressgas den Weg in die Rettungsweste freigibt.

- **Handauslösung:**
  Durch kräftiges Ziehen am Handauslöseknopf wird der Schlagbolzen freigelegt. der den Pressgasflaschenkopf durchschlägt und dem Pressgas den Weg in die Rettungsweste freigibt.

- **Mundaufblasung:**
  Die Rettungsweste kann durch ein Mundstück aufgeblasen werden. Es kann auch dazu verwendet werden, den Halsumfang durch Luftablassen auszutarieren, um nicht zu ersticken.

3.2 Anlegen eines Sicherheitsgurtes

Erläuterungen und Hinweise
Der Sicherheitsgurt dient zum Anleinen, um ein Überbordfallen bei Seegang, insbesondere bei Decksarbeiten, zu verhindern. Es besteht aus einem Brust- bzw. Schrittgurt, der in einem Spezialschloss auf der Brust zusammenläuft, an dem eine Stoppleine mit Karabinerhaken befestigt ist.

4. Manöverschallsignale (Sonstige Fähigkeit/Anlage 8 RiVerb)

Der Bewerber soll zeigen, dass er situationsbezogen die Manöverschallsignale beherrscht (eins von drei), und zwar das Signal „Kursänderung nach Steuerbord“ (ein kurzer Ton ●), das Signal „Kursänderung nach Backbord“ (zwei kurze Töne ● ●) und das Signal „Maschine läuft rückwärts“ (drei kurze Töne ● ● ●)

5. Wichtige Knoten (Pflichtfähigkeit/Anlage 8 RiVerb)

Zum Bestehen der praktischen Prüfung müssen die wichtigsten Knoten beherrscht werden. Um welche Knoten es sich dabei handelt, zeigt die Übersicht der Knoten auf der folgenden Seite sowie das Prüfungsprotokoll (Anlage 8 RiVerb S. 264 f). Von maximal sieben gestellten Knoten müsssen sechs mit ausreichendem Ergebnis ausgeführt und deren Verwendung richtig erklärt werden.
Die Knoten zu beherrschen, ist nicht nur für die praktische Prüfung wichtig, sondern erst recht für die Praxis. Ohne Knoten kann das Boot weder festgemacht noch geführt werden, insbesondere Segelboote.

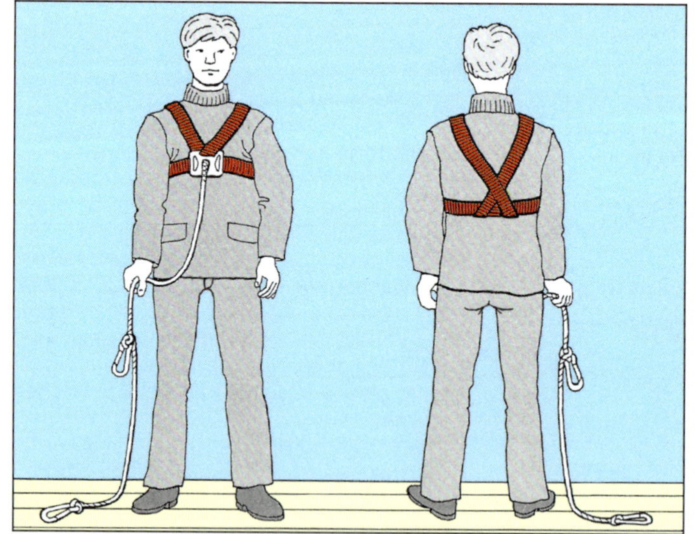

Anlegen eines Sicherheitsgurtes

Knoten, Spleiße, Taklings und ihre Anwendung

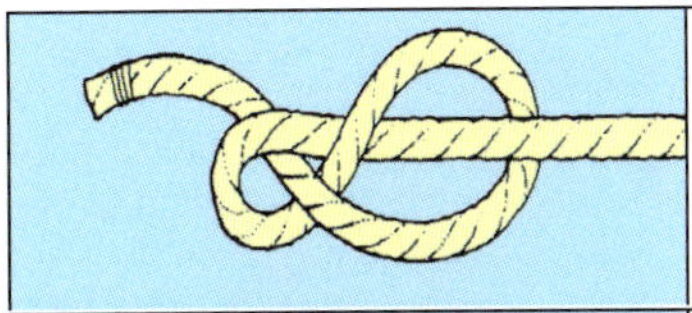	**Achtknoten** verhindert das Ausrauschen eines Endes durch einen Block **Pflichtfähigkeit**
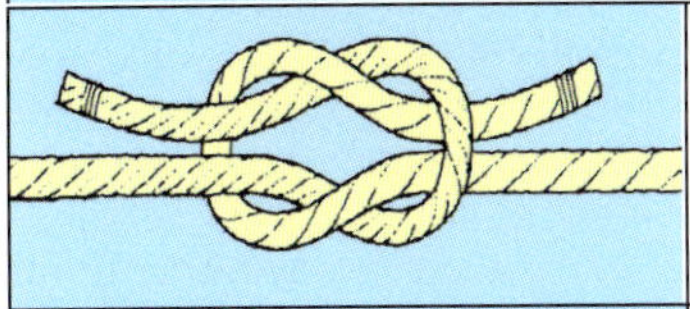	**Kreuzknoten** verbindet zwei gleich starke Enden **Pflichtfähigkeit**
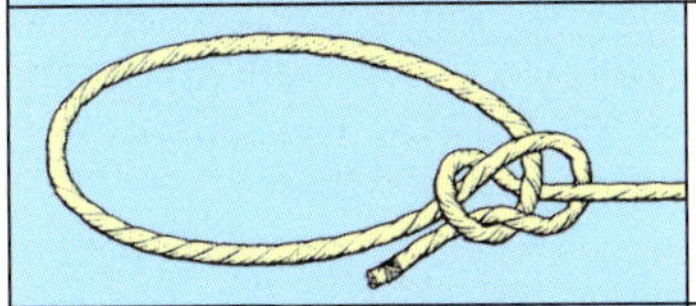	**Palstek** ermöglicht Festmachen am Poller oder Pfahl oder Bergen und Sichern von Personen durch ein sich nicht zuziehendes Auge **Pflichtfähigkeit**
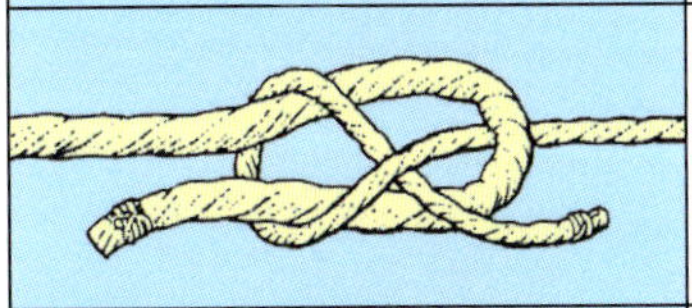	**Einfacher Schotstek** verbindet zwei unterschiedlich dicke Enden. Die dünnere Leine wird immer durch die Bucht der dickeren gesteckt **Pflichtfähigkeit**
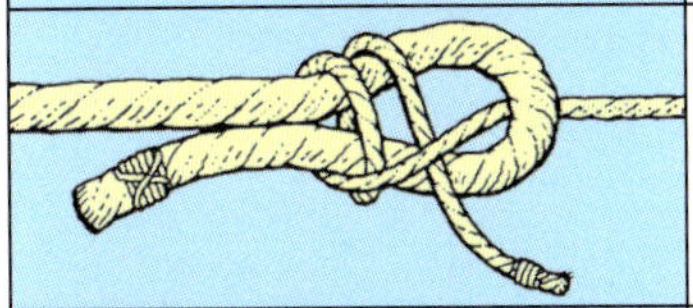	**Doppelter Schotstek** verbindet zwei sehr unterschiedlich dicke Enden, die starkem Zug ausgesetzt sind **Pflichtfähigkeit**
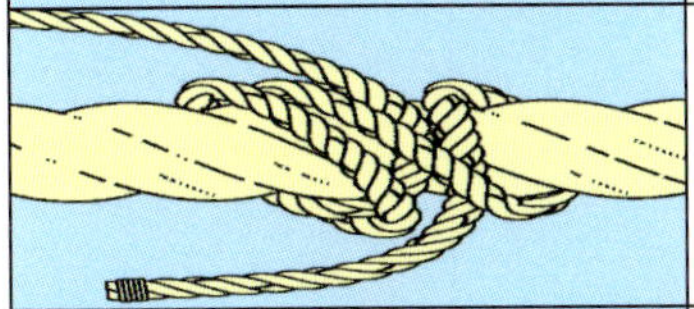	**Stopperstek** zum Belegen der Vorleine an einer durchlaufenden Schlepptrosse so, dass sie bei Zug nicht abrutscht **Pflichtfähigkeit**
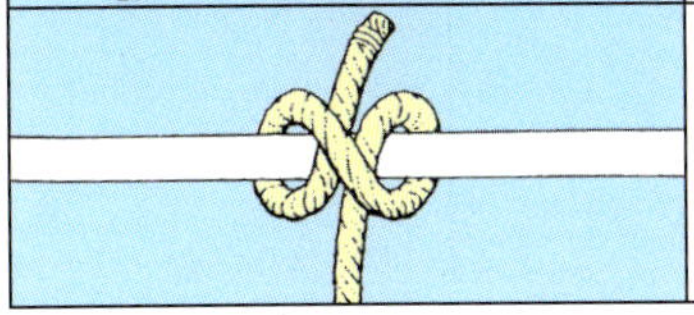	**Webleinstek** zum Belegen eines Endes an einem Pfahl oder Poller sowie Befestigen von Fendern am Handlauf oder an der Reling **Pflichtfähigkeit**

Knoten, Spleiße, Taklings und ihre Anwendung

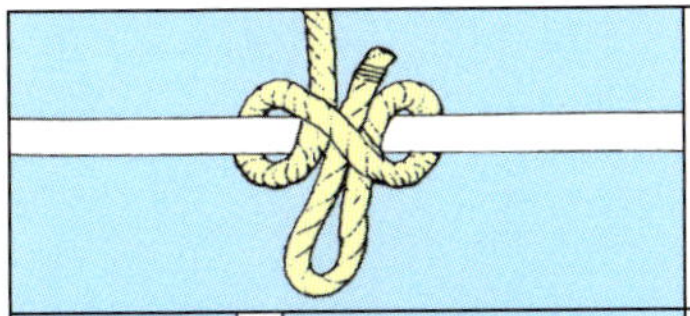	**Webleinstek auf Slip** dient wie der Webleinstek zum Belegen eines Endes mit der Möglichkeit des schnellen Lösens des Knotens **Pflichtfähigkeit**
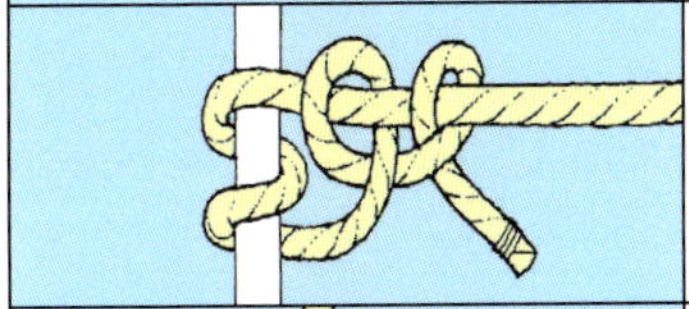	**Rundtörn mit zwei halben Schlägen** dient zum Belegen eines Endes an einem Ring oder an einer Stange, wenn nicht zuviel Zug auf das befestigte Ende der Leine kommt. **Pflichtfähigkeit**
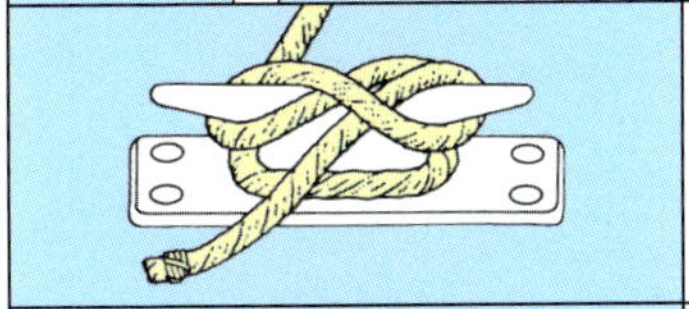	**Belegen einer Klampe** mit Kopfschlag **Pflichtfähigkeit**
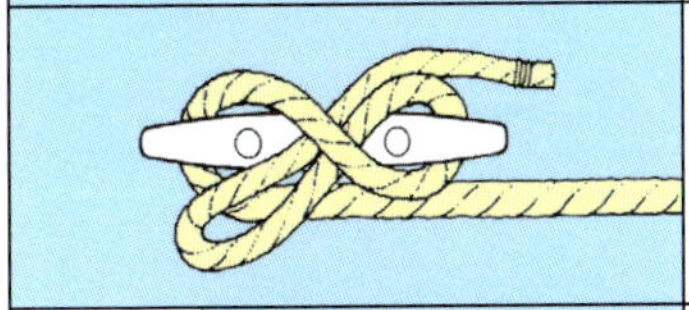	**Kopfschlag** als Slip nur zum vorübergehenden Festmachen
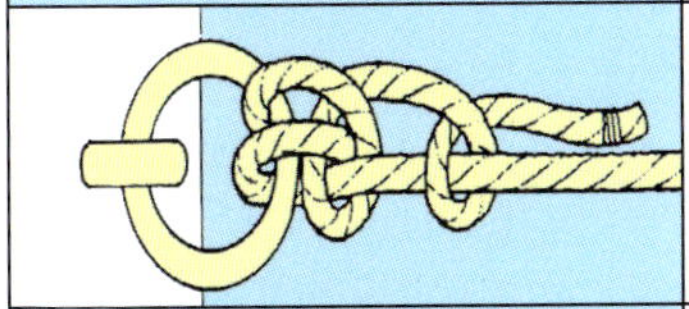	**Roringstek** dient zum Belegen eines Endes an einem Ring oder an einer Stange
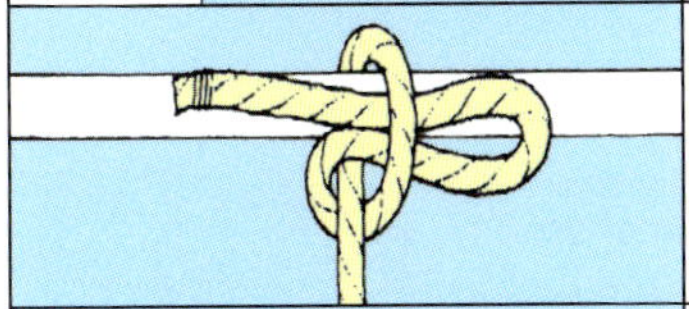	**Slipstek** vorübergehendes Befestigen der Fender an Reling oder Handlauf in Verbindung mit einem Webeleinenstek
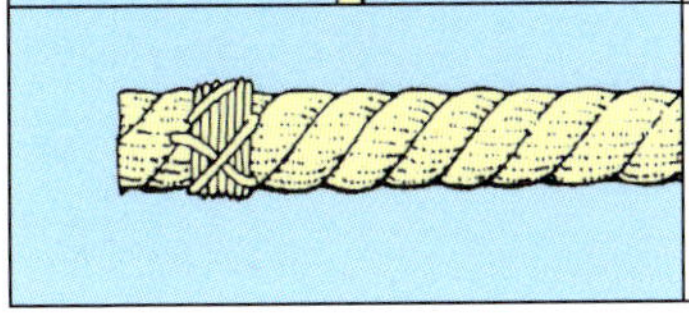	**Takling** sichert das Ende des Tampens vor dem Aufdrehen

Anhang

1. Beliehene Verbände

Deutscher Motoryachtverband e. V.
Vinckeufer 12-14
47119 Duisburg
Telefon 02 03/80 95 80

Deutscher Segler-Verband e. V.
Gründgensstraße 18
22309 Hamburg
Telefon 0 40/6 32 00 90

2. Prüfungsausschüsse des Deutschen Motoryachtverbandes für den Sportbootführerschein

www.dmyv.de/fuehrerschein-funk/pa-uebersicht

3. Prüfungsausschüsse des Deutschen Seglerverbandes für den Sportbootführerschein

www.sportbootfuehrerscheine.org/pruefungen/pruefungsausschuesse/

4. Sportbootführerscheinverordnung

Verordnung über das Führen von Sportbooten (Sportbootführerscheinverordnung – SpfV)

vom 3. Mai 2017 (BGBl. 1 S. 1016)
zuletzt geändert durch Artikel 7 der Ersten Verordnung zur Änderung rheinschifffahrtsrechtlicher Vorschriften und weiterer Vorschriften des Binnenschifffahrtsrechts vom 5. April 2023 (BGBl II. Nr. 105)*

§ 1 Anwendungsbereich

Diese Verordnung gilt

1. auf den Binnenschifffahrtsstraßen für Sportboote von weniger als 20 Metern Länge, gemessen ohne Ruder und Bugspriet,
2. auf den Seeschifffahrtsstraßen: für Sportboote ohne Längenbegrenzung.

§ 2 Begriffsbestimmungen

Im Sinne dieser Verordnung sind

1. Binnenschifffahrtsstraßen:
die Bundeswasserstraßen im Sinne des § 1 Absatz 1 Nummer 2 des Binnenschifffahrtsaufgabengesetzes mit Ausnahme der Seeschifffahrtsstraßen und der Elbe im Hamburger Hafen.
2. Seeschifffahrtsstraßen:
die Seeschifffahrtsstraßen im Sinne des § 1 Absatz 1 der Seeschifffahrtsstraßen-Ordnung und des § 1 der Verordnung zur Einführung der Schifffahrtsordnung Emsmündung.
3. Sportboote:
nicht gewerbsmäßig, für Sport- oder Freizeitzwecke verwendete Fahrzeuge, einschließlich Wassermotorräder, ausgenommen Fahrzeuge, die durch Muskelkraft oder nur mit einem Segel von höchstens 6 Quadratmeter Fläche fortbewegt werden.

§ 3 Fahrerlaubnis für die Binnenschifffahrtsstraßen

(1) Wer auf den Binnenschifffahrtsstraßen ein Sportboot führen will, bedarf einer Fahrerlaubnis für die jeweilige Antriebsart. Die Fahrerlaubnis wird unbeschadet des Absatzes 4 durch den Sportbootführerschein mit dem Geltungsbereich Binnenschifffahrtsstraßen nachgewiesen (Anlage 1).

(2) Als Fahrerlaubnis und als Nachweis im Sinne des Absatzes 1 werden für die jeweilige Antriebsart anerkannt:

1. das Schifferpatent für den Bodensee der Kategorien B oder C oder den Hochrhein, nach Bodensee-Schifffahrts-Ordnung,
2. ein amtlicher Berechtigungsschein zum Führen eines mit Antriebsmaschine ausgerüsteten Fahrzeugs auf den Binnenschifffahrtsstraßen oder anderen Binnengewässern außerhalb der Seeschifffahrtsstraßen, der im Geltungsbereich dieser Verordnung nach anderen Vorschriften erteilt worden ist,
3. ein amtlicher Berechtigungsschein zum Führen eines mit Antriebsmaschine ausgerüsteten Dienstfahrzeugs auf den Seeschifffahrtsstraßen, der im Geltungsbereich dieser Verordnung vor dem 1. April 1978 erteilt worden ist,
4. Befähigungszeugnisse der Gruppen A oder B der Schiffsbesetzungs- und Ausbildungsordnung vom 19. August 1970 (BGBl. 1 S. 1253), die vor dem 1. April 1978 erteilt worden sind,
5. Fahrerlaubnisse oder Befähigungszeugnisse, die nach den Bestimmungen der Binnenschifferpatentverordnung vom 15. Dezember 1997 (BGBl. 1 S. 3066), die zuletzt durch Artikel 2 § 1 der Verordnung vom 21. September 2018 (BGBl. I S. 1398) geändert worden ist, zum Führen von Fahrzeugen berechtigen,
6. Fahrerlaubnisse oder Befähigungszeugnisse, die nach den Bestimmungen der Rheinschiffspersonalverordnung (Anlage 1 zu § 1 Absatz 2 Nummer 1 der Rheinschiffspersonaleinführungsverordnung vom 5. April 2023 (BGBl. 2023 II Nr. 105, Anlageband)) in der jeweils geltenden und anzuwendenden Fassung zum Führen von Fahrzeugen berechtigen,
7. Fahrerlaubnisse oder Befähigungszeugnisse, die nach den Bestimmungen der Binnenschiffspersonalverordnung vom 26. November 2021 (BGBl. 1 S. 4982) in der jeweils geltenden und anzuwendenden Fassung zum Führen von Fahrzeugen berechtigen.

(3) Der Befähigungsnachweis, der für die Fahrerlaubnis auf den Binnenschifffahrtsstraßen für ein Sportboot erforderlich ist, gilt für die jeweilige Antriebsart als erbracht für die Inhaber

1. eines im Geltungsbereich dieser Verordnung nach anderen Vorschriften erteilten amtlichen Befähigungsnachweises zum Führen eines Fahrzeuges mit Antriebsmaschine oder unter Segel auf Binnengewässern außerhalb der Seeschifffahrtsstraßen, sofern das Bundesministerium für Verkehr und digitale Infrastruktur diesen als Befähigungsnachweis anerkannt hat,
2. eines Schifferpatents für den Bodensee der Kategorien A oder D nach der Bodensee-Schifffahrts-Ordnung,
3. eines von einer als gemeinnützig anerkannten Körperschaft oder staatlichen Organisation erteilten Berechtigungsscheins zum Führen eines Wasserret-

* In Kraft getreten am 14. April 2023; digital unter: www.gesetze-im-internet.de des Bundesministeriums der Justiz

tungsfahrzeuges, sofern das Bundesministerium für Verkehr und digitale Infrastruktur diesen als Befähigungsnachweis anerkannt hat.

Eine Übersicht über die durch Satz 1 Nummer 1 und 3 erfassten Befähigungsnachweise und Berechtigungsscheine wird im Verkehrsblatt – Amtsblatt des Bundesministeriums für Verkehr und digitale Infrastruktur der Bundesrepublik Deutschland – veröffentlicht.

(4) Der nach dieser Verordnung vorgeschriebene Sportbootführerschein mit dem Geltungsbereich Binnenschifffahrtsstraßen wird für die jeweilige Antriebsart ersetzt durch einen:

1. amtlich vorgeschriebenen Befähigungsnachweis nach der Sportbootführerscheinverordnung-Binnen vom 21. März 1978 (BGBl. 1 S. 420), die zuletzt durch Artikel 48 Absatz 4 des Gesetzes vom 18. Februar 1986 (BGBl. 1 S. 265) geändert worden ist,
2. Sportbootführerschein nach der Sportbootführerscheinverordnung-See in der Fassung der Bekanntmachung vom 19. März 2003 (BGBl. 1 S. 367), die zuletzt durch Artikel 4 Absatz 133 des Gesetzes vom 18. Juli 2016 (BGBl. 1 S. 1666) geändert worden ist, wenn er vor dem 1. April 1978, im Land Berlin vor dem 1. April 1989, erteilt worden ist,
3. Motorbootführerschein nach der Motorbootführerscheinverordnung vom 17. Januar 1967 (BGBl. 1967 II S. 731), die durch Artikel 1 der Verordnung vom 21. Oktober 1968 (BGBl. 1968 II S. 1107) geändert worden ist,
4. Sportbootführerschein-Binnen nach der Sportbootführerscheinverordnung-Binnen vom 22. März 1989 (BGBl. 1 S. 536, 1102), die zuletzt durch Artikel 4 Absatz 122 des Gesetzes vom 18. Juli 2016 (BGBl. 1 S. 1666) geändert worden ist,
5. Befähigungsnachweis für das Führen von Sport- und Hausbooten in dem Fahrtbereich Binnengewässer, der nach den Vorschriften der Deutschen Demokratischen Republik erteilt worden ist.
6. Sportbootführerschein mit dem Geltungsbereich Binnenschifffahrtsstraßen nach dieser Verordnung, auch wenn dieser eine Beschränkung der Fahrzeuglänge auf < 15 m auf dem Rhein enthält.

(5) Gegen Vorlage eines der in Absatz 2 genannten Befähigungsnachweise bei einem der beliehenen Verbände wird dessen Inhaber auf Antrag ein Sportbootführerschein mit dem Geltungsbereich Binnenschifffahrtstraßen für die jeweilige Antriebsart ausgestellt. Dies gilt auch für ruhende Befähigungszeugnisse, sofern der Grund ihres Ruhens in der Nichterneuerung des Nachweises der Tauglichkeit liegt. Das Ablegen einer Prüfung ist in diesem Fall nicht erforderlich.

(6) Gegen Vorlage eines der in Absatz 3 genannten Befähigungszeugnisse bei einem der beliehenen Verbände wird dessen Inhaber auf Antrag eine Fahrerlaubnis erteilt und ein Sportbootführerschein mit dem Geltungsbereich Binnenschifffahrtsstraßen für die jeweilige Antriebsart ausgestellt, sofern die Voraussetzungen des § 6 Absatz 1 Nummer 1 bis 3 vorliegen. Das Ablegen einer Prüfung ist in diesem Fall nicht erforderlich.

(7) Gegen Vorlage eines der in Absatz 4 genannten Sportbootführerscheine bei einem der beliehenen Verbände wird dessen Inhaber auf Antrag ein Sportbootführerschein mit dem Geltungsbereich Binnenschifffahrtsstraßen für die jeweilige Antriebsart ausgestellt. Das Ablegen einer Prüfung ist in diesem Fall nicht erforderlich. Fahrzeugbezogene Berechtigungen eines in Absatz 4 bezeichneten Befähigungsnachweises, die zu Gunsten des Inhabers von § 1 abweichen, sind in den nach Satz 1 auszustellenden Sportbootführerschein einzutragen.

(8) Die Anträge nach den Absätzen 5 bis 7 und nach § 5 Absatz 4 können auch elektronisch über das Verwaltungsportal des Bundes gestellt werden.

§ 4 Fahrerlaubnis für die Seeschifffahrtsstraßen

(1) Wer auf den Seeschifffahrtsstraßen ein Sportboot mit Antriebsmaschine führen will, bedarf einer Fahrerlaubnis. Die Fahrerlaubnis wird unbeschadet des Absatzes 4 durch den Sportbootführerschein mit dem Geltungsbereich Seeschifffahrtsstraßen nachgewiesen (Anlage 1).

(2) Als Fahrerlaubnis und als Nachweis im Sinne des Absatzes 1 werden anerkannt:

1. ein Befähigungszeugnis zum Kapitän, ein Befähigungszeugnis zum nautischen Schiffsoffizier oder ein Befähigungsnachweis zum Schiffsmechaniker oder
2. ein im Geltungsbereich dieser Verordnung nach anderen Vorschriften erteilter amtlicher Befähigungsnachweis zum Führen eines Fahrzeuges auf den Seeschifffahrtsstraßen, soweit das Bundesministerium für Verkehr und digitale Infrastruktur diesen als Befähigungsnachweis anerkannt hat.

(3) Der Befähigungsnachweis, der für die Fahrerlaubnis auf den Seeschifffahrtsstraßen für ein Sportboot erforderlich ist, gilt als erbracht für die Inhaber eines von einer

als gemeinnützig anerkannten Körperschaft oder staatlichen Organisation erteilten Berechtigungsscheins zum Führen eines Wasserrettungsfahrzeugs, sofern das Bundesministerium für Verkehr und digitale Infrastruktur diesen als Befähigungsnachweis anerkannt hat.

(4) Der nach dieser Verordnung vorgeschriebene Sportbootführerschein mit dem Geltungsbereich Seeschifffahrtsstraßen wird ersetzt durch einen:

1. Motorbootführerschein nach der Motorbootführerscheinverordnung vom 17 Januar 1967 (BGBl. 1967 11 S. 731), die durch Artikel 1 der Verordnung vom 21. Oktober 1968 (BGBl. 11 S. 1107) geändert worden ist,
2. Sportbootführerschein-See nach der Sportbootführerscheinverordnung-See in der Fassung der Bekanntmachung vom 19. März 2003 (BGBl. 1 S. 367), die zuletzt durch Artikel 4 Absatz 133 des Gesetzes vom 18. Juli 2016 (BGBl. 1 S. 1666) geändert worden ist,
3. Befähigungsnachweis für das Führen von Sportbooten mit dem Fahrtbereich Seewasserstraßen, Küstenfahrt und Seefahrt, der nach den Vorschriften der Deutschen Demokratischen Republik erteilt worden ist.

(5) Gegen Vorlage eines der in Absatz 2 genannten Befähigungszeugnisse bei einem der beliehenen Verbände wird dessen Inhaber auf Antrag ein Sportbootführerschein mit dem Geltungsbereich Seeschifffahrtsstraßen ausgestellt. Dies gilt auch für ruhende Befähigungszeugnisse, sofern der Grund ihres Ruhens in der Nichterneuerung des Nachweises der Tauglichkeit liegt. Das Ablegen einer Prüfung ist in diesem Fall nicht erforderlich.

(6) Gegen Vorlage eines der in Absatz 3 genannten Befähigungsnachweise bei einem der beliehenen Verbände wird dessen Inhaber auf Antrag eine Fahrerlaubnis erteilt und ein Sportbootführerschein mit dem Geltungsbereich Seeschifffahrtsstraßen ausgestellt, sofern die Voraussetzungen des § 6 Abs. 1 Nummer 1 bis 3 vorliegen. Das Ablegen einer Prüfung ist in diesem Fall nicht erforderlich.

(7) Gegen Vorlage eines der in Absatz 4 genannten Sportbootführerscheine bei einem der beliehenen Verbände wird dessen Inhaber auf Antrag ein Sportbootführerschein mit dem Geltungsbereich Seeschifffahrtsstraßen ausgestellt. Das Ablegen einer Prüfung ist in diesem Fall nicht erforderlich.

(8) Eine Übersicht über die nach Absatz 2 Nummer 2 und Absatz 3 anerkannten Befähigungsnachweise wird im Verkehrsblatt – Amtsblatt des Bundesministeriums für Verkehr und digitale Infrastruktur der Bundesrepublik Deutschland – veröffentlicht.

(9) Die Anträge nach den Absätzen 5–7 können auch elektronisch über das Verwaltungsportal des Bundes gestellt werden.

§ 5 Besondere Regelungen

(1) Keiner Fahrerlaubnis nach dieser Verordnung bedürfen

1. auf allen Binnenschifffahrtsstraßen und auf den Seeschifffahrtsstraßen Personen beim Führen eines Sportbootes, sofern das zu führende Sportboot mit einer Antriebsmaschine ausgerüstet ist, deren größte nicht überschreitbare Nutzleistung bei Verwendung eines
   a) Verbrennungsmotors höchstens 11,03 Kilowatt,
   b) Elektromotors höchstens 7,5 Kilowatt in der Betriebsart S1 (Dauerbetrieb) nach DIN EN 60034-1: Ausgabe Februar 2011 beträgt,
2. Personen beim Führen eines Segelsurfbretts,
3. Personen mit Wohnsitz außerhalb des Geltungsbereichs dieser Verordnung, die sich nicht länger als ein Jahr im Geltungsbereich dieser Verordnung aufhalten, sofern im Wohnsitzstaat keine Fahrerlaubnis für das zu führende Sportboot erforderlich ist,
4. Inhaber eines von einer als gemeinnützig anerkannten Körperschaft erteilten Befähigungsnachweises beim Führen von Wasserrettungsfahrzeugen in dem jeweiligen Geltungsbereich.

Ist im Fall des Satzes 1 Nummer 4 in dem Staat des Wohnsitzes für das Führen eines Sportbootes auf den jeweiligen Gewässern ein Befähigungsnachweis amtlich vorgeschrieben oder wendet dieser Staat die Resolution Nr. 40 ECE (TRANS/SC.3/147/Rev.3, VkBl. 2013 S. 987) an, benötigt die Person den Befähigungsnachweis oder ein internationales Zertifikat nach der Resolution Nr. 40 ECE für das jeweilige Gewässer im Geltungsbereich dieser Verordnung. Die Generaldirektion Wasserstraßen und Schifffahrt macht im Verkehrsblatt bekannt, welche Staaten die Resolution Nr. 40 ECE anwenden.

(2) Eine Fahrerlaubnis für das Führen eines Sportbootes unter Segel ist nur auf den in der Anlage 8 aufgeführten Binnenschifffahrtsstraßen erforderlich.

(3) Gegen Vorlage eines Sportküstenschifferscheins, Sportseeschifferscheins oder Sporthochseeschifferscheins oder eines vor dem

1. Oktober 1999 erteilten Führerscheins für Küstenfahrt (BR) des Deutschen Segler-Verbandes sowie eines vor dem 1. Januar 1994 erteilten Führerscheins für die Revierfahrt (R), für große Küstenfahrt (BK) oder Seefahrt (C) des Deutschen Segler-Verbandes mit der Antriebsart unter Segel bei einem der beliehenen Verbände wird dem Inhaber eines Führerscheins mit dem Geltungsbereich Binnenschifffahrtsstraßen mit der Antriebsart Antriebsmaschine auf Antrag ein Sportbootführerschein mit dem Geltungsbereich Binnenschifffahrtsstraßen für beide Antriebsarten erteilt.

§ 6 Anforderungen für die Erteilung der Fahrerlaubnis

(1) Der Bewerber muss für die Erteilung einer Fahrerlaubnis für das Führen eines Sportbootes

1. für das Führen
   a) eines Sportbootes mit Antriebsmaschine mindestens 16 Jahre alt sein,
   b) eines Sportbootes unter Segel mindestens 14 Jahre alt sein,
2. zum Führen eines Sportbootes körperlich und psychisch (medizinisch) tauglich sein,
3. zuverlässig sein,
4. die erforderliche Befähigung in einer Prüfung nach § 8 nachgewiesen haben.

Ein Bewerber, der noch nicht 18 Jahre alt oder sonst in seiner Geschäftsfähigkeit beschränkt ist, bedarf der schriftlichen oder elektronischen Zustimmung des gesetzlichen Vertreters.

(2) Die medizinische Tauglichkeit des Bewerbers ist durch einen Tauglichkeitsnachweis eines Arztes nach Anhang 1 der Anlage 2 zu bestätigen. Zur Beurteilung der medizinischen Tauglichkeit kann dem Arzt

1. eine Bescheinigung über das ausreichende Sehvermögen einer nach § 67 der Fahrerlaubnis-Verordnung anerkannten Sehteststelle unter Einhaltung der DIN 58220 Ausgabe September 2013 und
2. eine Bescheinigung über das Hörvermögen eines in der Handwerksrolle eingetragenen Hörakustikerbetriebs

vorgelegt werden. Die medizinische Tauglichkeit kann auch durch Tauglichkeitsnachweis nach Anlage 5 der Binnenschiffspersonalverordnung oder durch ein Seediensttauglichkeitszeugnis für den Decksdienst nach § 5 der Maritimen-Medizin-Verordnung nachgewiesen werden.

(3) Bestehen Zweifel an der medizinischen Tauglichkeit, kann zu ihrer Feststellung oder Überprüfung der Prüfungsausschuss die Vorlage eines amtsärztlichen oder fachärztlichen Zeugnisses oder Gutachtens verlangen.

(4) Wird einem Bewerber durch den Tauglichkeitsnachweis eine vorübergehende oder dauerhaft bedingte medizinische Tauglichkeit bescheinigt oder tritt eine bedingte medizinische Tauglichkeit später ein, sind Maßnahmen und Beschränkungen (Auflagen) in die Fahrerlaubnis aufzunehmen, die geeignet sind, die mit der bedingten medizinischen Tauglichkeit verbundenen Gefahren auszugleichen. Ein nicht ausreichendes Farbunterscheidungsvermögen kann nicht durch Auflagen ausgeglichen werden. Fällt ein Mangel der medizinischen Tauglichkeit nachträglich weg, können die zum Ausgleich erteilten Auflagen auf Antrag aufgehoben werden. Für die Erteilung und Aufhebung der Auflagen sind die beliehenen Verbände zuständig.

(5) Unzuverlässig ist insbesondere, wer gegen verkehrsstrafrechtliche Vorschriften erheblich verstoßen hat und deswegen rechtskräftig verurteilt worden ist. Tatsachen, die Zweifel an der Zuverlässigkeit begründen können, sind insbesondere:

1. rechtskräftige Verurteilung wegen Gefährdung des Schiffsverkehrs,
2. wiederholte mit Geldbuße geahndete Zuwiderhandlungen gegen schifffahrtspolizeiliche Vorschriften,
3. rechtskräftige Verurteilung wegen Verstoßes gegen andere Verkehrsstraftatbestände,
4. im Einzelfall rechtskräftige Verurteilung wegen Verstoßes gegen andere Straftatbestände oder wiederholte, mit Geldbuße geahndete erhebliche Zuwiderhandlungen gegen andere verkehrsrechtliche Vorschriften, soweit daraus ein Rückschluss auf das künftige Verhalten des Bewerbers im Schiffsverkehr zu ziehen ist, oder
5. Kenntnis von der Teilnahme am Verkehr unter dem Einfluss von Alkohol oder anderer berauschender Mittel auch ohne abgeschlossene Straf- oder Bußgeldverfahren.

§ 7 Antrag auf Zulassung zur Prüfung

(1) Der Antrag auf Zulassung zur Prüfung und Erteilung der Fahrerlaubnis ist schriftlich oder elektronisch über das Verwaltungsportal des Bundes spätestens eine Woche vor dem Prüfungstermin vollständig an den Prüfungsausschuss zu richten, bei dem der Bewerber die Prüfung ablegen möchte.

(2) Der Antrag muss folgende Angaben, Erklärungen und Unterlagen enthalten:

1. Vor- und Nachname, Geschlecht, Geburtsdatum, Geburtsort, Nationalität und Anschrift des Bewerbers,
2. Art der Fahrerlaubnis, die erworben werden soll,
3. ein aktuelles Passbild in der Größe 35 x 45 Millimeter, das den Bewerber ohne Kopfbedeckung zeigt,
4. einen medizinischen Tauglichkeitsnach-

weis nach dem Muster nach Anhang 1 der Anlage 2, der vom untersuchenden Arzt unmittelbar dem Vorsitzenden des zuständigen Prüfungsausschusses in einem verschlossenen Umschlag und in Abschrift dem Antragsteller zuzuleiten ist, oder eine Kopie des amtlichen Sportbootführerscheins für den jeweils anderen Geltungsbereich oder die andere Antriebsart, wenn dieser durch Prüfung erworben worden und zum Zeitpunkt der Antragstellung nicht älter als ein Jahr ist,
5. die Kopie eines gültigen amtlichen Kraftfahrzeugführerscheins oder auf Verlangen des Prüfungsausschusses ein Führungszeugnis nach den Vorschriften des Bundeszentralregistergesetzes, wenn ein gültiger amtlicher Kraftfahrzeugführerschein nicht vorgelegt wird,
6. eine Erklärung, ob dem Bewerber die Fahrerlaubnis für Sportboote bereits ein- oder mehrmals entzogen worden ist,
7. bei Bewerbern, die noch nicht 18 Jahre alt sind, die Zustimmung des gesetzlichen Vertreters (§ 6 Absatz 1 Satz 2),
8. soweit erforderlich, eine ärztliche Bescheinigung einer Legasthenie oder Unterlagen wie Atteste, ärztliche Bescheinigungen, Schulzeugnisse oder Gutachten, die zur Glaubhaftmachung nicht ausreichender Deutschkenntnisse geeignet sind,
9. soweit erteilt, eine Kopie des amtlichen Sportbootführerscheins, der zur Befreiung von Prüfungsteilen am Prüfungstag vor Beginn der Prüfung im Original vorzulegen ist,
10. Ort und Datum der gewünschten Prüfung,
11. im Fall eines elektronischen Verfahrens eine E-Mail-Adresse,
12. freiwillig eine Telefonnummer.

Der Bewerber muss den Antrag unterschreiben, sofern dieser nicht elektronisch über das Verwaltungsportal des Bundes gestellt wird.

(3) Der Bewerber wird zur Prüfung zugelassen,
1. wenn die Voraussetzungen nach den Absätzen 1 und 2 erfüllt sind und
2. der angeforderte Vorschuss für die voraussichtlich entstehenden Gebühren bezahlt worden ist.

(4) Eine förmliche Zulassung ist nicht erforderlich. Sie kann durch die Einladung zur Prüfung erfolgen.

(5) Wollen Bewerber die Prüfung für einen in § 8 Absatz 1 bezeichneten Teil (Teilprüfung) bei einem anderen Prüfungsausschuss ablegen, hat der bisher zuständige Prüfungsausschuss die in Absatz 2 genannten Unterlagen, eine Ergebnisniederschrift über die bereits abgelegte Teilprüfung sowie sonstige Aktenbestandteile nach Zahlung der hierfür erforderlichen Zustellungskosten durch den Bewerber an den anderen Prüfungsausschuss zu übersenden. Die Gebühr zur Zulassung zur Prüfung wird von dem anderen Prüfungsausschuss erneut erhoben. Die Absätze 3 und 4 gelten entsprechend.

(6) Ist die Zulassung zur Prüfung zu versagen, hat der Leiter des Prüfungsausschusses dem Bewerber einen schriftlichen Bescheid mit Gründen, Kostenentscheidung und Rechtsbehelfsbelehrung zuzustellen.

§ 8 Prüfung

(1) Die Befähigung zum Führen eines Sportbootes ist durch eine Prüfung nachzuweisen, deren Inhalt sich nach Antriebsart und Geltungsbereich des zu erwerbenden Sportbootführerscheins bestimmt. Die Prüfung besteht in der Regel aus einem theoretischen Teil und einem praktischen Teil. Die Teilprüfungen können zu verschiedenen Zeitpunkten und bei unterschiedlichen Prüfungsausschüssen, auch des jeweils anderen Verbands, absolviert werden. Die Einzelheiten der theoretischen Prüfung ergeben sich aus der Anlage 3, die Einzelheiten der praktischen Prüfung ergeben sich aus der Anlage 4.

(2) Der Leiter des Prüfungsausschusses bestimmt den Prüfungstermin und beruft die Prüfungskommission ein, die die jeweiligen Prüfungen oder Teilprüfungen abnimmt. Die Prüfungskommission besteht aus einem Vorsitzenden und mindestens einem weiteren Prüfer. Alle Mitglieder der Prüfungskommission müssen Inhaber des mit der Prüfung zu erwerbenden Sportbootführerscheins für den entsprechenden Geltungsbereich und die entsprechende Antriebsart sein. Bei Teilprüfungen zu verschiedenen Zeitpunkten sind für die Abnahme des theoretischen Teils mindestens zwei, für die Abnahme des praktischen Teils mindestens ein Prüfer erforderlich.

(3) Eine Prüfungstätigkeit ist immer dann ausgeschlossen,
1. wenn der Prüfer die Bewerber zuvor persönlich geschult hat oder
2. die Bewerber in einer Ausbildungsstätte ausgebildet worden sind, der der Prüfer angehört.

(4) Bei mehr als einem Prüfer beschließen die Prüfer über das Ergebnis mit Stimmenmehrheit. Bei Stimmengleichheit entscheidet der Vorsitzende der Prüfungskommission. Über den Prüfungsverlauf ist ein Protokoll anzufertigen.

(5) Für die Abnahme der praktischen Prüfung hat der Bewerber regelmäßig ein geeignetes Sportboot mit Bootsführer zu stellen, das den Anforderungen der Anlage 5 zu dieser Verordnung entspricht.

(6) Zum Bestehen der Prüfung müssen alle Prüfungsteile innerhalb eines Jahres bestanden werden. Die Jahresfrist beginnt mit Antritt der ersten Teilprüfung. Ein nicht bestandener Prüfungsteil kann nicht an demselben Tag wiederholt werden.

(7) Inhaber eines internationalen Zertifikats, das nach der Resolution Nr. 40 ECE von einem anderen Staat als der Bundesrepublik Deutschland ordnungsgemäß ausgestellt wurde, sind beim Erwerb einer Fahrerlaubnis für die jeweilige Antriebsart und den jeweiligen Geltungsbereich von der praktischen Prüfung befreit.

(8) Hat der Bewerber in der Prüfung die Befähigung zum Führen eines Sportbootes nachgewiesen, wird ihm die entsprechende Fahrerlaubnis erteilt und ein entsprechender Sportbootführerschein unter Verwendung des Musters der Anlage 1 ausgestellt. Sofern erforderlich, wird auf Antrag des Bewerbers ein vorläufiger Sportbootführerschein nach dem Muster der Anlage 9 ausgestellt.

(9) Besteht ein Bewerber die Prüfung nicht, hat ihm der Vorsitzende, ein von ihm beauftragtes Mitglied der Prüfungskommission oder der Prüfungsausschussleiter das Ergebnis fernmündlich, mündlich, per E-Mail oder schriftlich innerhalb von 72 Stunden mitzuteilen. Die Mitteilung erfolgt mit dem Hinweis, dass der Bewerber einen schriftlichen Bescheid mit Gründen und Rechtsbehelfsbelehrung erhält.

(10) Die Prüfungen sind nicht öffentlich. Vertreter der nach § 16 zuständigen Stellen können die Prüfungen beaufsichtigen. Sie gehören nicht der Prüfungskommission an.

§ 9 Prüfungsausschüsse

(1) Für die Zulassung zur Prüfung und deren Abnahme werden flächendeckend Prüfungsausschüsse eingerichtet. Die Prüfungsausschüsse bestehen aus einem Leiter und aus weiteren Prüfern. Die Prüfungsausschüsse werden von den beliehenen Verbänden gemeinsam oder jeweils getrennt eingerichtet. Die beliehenen Verbände legen dem Bundesministerium für Verkehr und digitale Infrastruktur jährlich eine Liste über die Prüfungsausschüsse und deren Besetzung vor und unterrichten es im Fall einer Änderung. Das Bundesministerium für Verkehr und digitale Infrastruktur kann sich hierbei durch die Generaldirektion Wasserstraßen und Schifffahrt unterstützen lassen.

(2) Die Leiter und die anderen Prüfer werden von den beliehenen Verbänden bestellt und entlassen.

(3) Die Prüfungsausschüsse führen bei der Durchführung ihrer Aufgaben eine der folgenden Bezeichnungen:
1. Prüfungsausschuss [Name] des Deutschen Motoryachtverbandes e. V. für den amtlichen Sportbootführerschein,
2. Prüfungsausschuss [Name] des Deutschen Segler-Verbandes e. V. für den amtlichen Sportbootführerschein oder
3. Prüfungsausschuss [Name] des Deutschen Motoryachtverbandes e. V. und des Deutschen Segler-Verbandes e. V. für den amtlichen Sportbootführerschein.

§ 10 Voraussetzungen für die Bestellung der Prüfer; Entlassung der Prüfer

(1) Die Prüfer müssen
1. für die Prüfertätigkeit geeignet und zuverlässig sein,
2. zum Führen eines Sportbootes medizinisch tauglich sein,
3. ausreichende Kenntnisse und Fähigkeiten zu den in den Prüfungsteilen abgefragten Themen besitzen und
4. die Gewähr bieten, dass die Hoheitsaufgaben nach Maßgabe dieser Verordnung und nach Maßgabe der zu ihrer Durchführung erlassenen Richtlinien ordnungsgemäß ausgeführt werden.

Zum Nachweis der medizinischen Tauglichkeit ist dem jeweiligen beliehenen Verband ein Tauglichkeitsnachweis nach dem Muster in Anhang 2 der Anlage 2 vorzulegen, der vom untersuchenden Arzt unmittelbar dem beliehenen Verband in einem verschlossenen Umschlag und in Abschrift dem Prüfer zuzuleiten ist. Zur Feststellung oder Überprüfung der medizinischen Tauglichkeit des Prüfers kann der beliehene Verband zusätzlich die Vorlage eines amts- oder fachärztlichen Zeugnisses oder Gutachtens verlangen. Zum Nachweis der Zuverlässigkeit ist den beliehenen Verbänden vor der ersten Bestellung ein Führungszeugnis zur Vorlage bei einer Behörde nach den Vorschriften des Bundeszentralregistergesetzes vorzulegen.

(2) Die Leiter der Prüfungsausschüsse und die anderen Prüfer müssen
1. mindestens einen Sportbootführerschein mit dem Geltungsbereich Binnenschifffahrtsstraßen oder einen Sportbootführerschein mit dem Geltungsbereich Seeschifffahrtsstraßen besitzen und

2. die für eine Bestellung als Prüfer erforderlichen Voraussetzungen nach der Anlage 6 erfüllen.

(3) Die regelmäßige Bestellung der Leiter der Prüfungsausschüsse und der Prüfer erfolgt für die Dauer von fünf Jahren und kann nach Nachweis des Vorliegens der Voraussetzung nach Absatz 1 Satz 2 erneuert werden. Die beliehenen Verbände haben die Leiter der Prüfungsausschüsse und die Prüfer über ihre Stellung nach Maßgabe der Anlage 7 zu belehren und die Gewähr zu bieten, dass diese die vorstehenden Voraussetzungen jederzeit erfüllen.

(4) Wenn Umstände eintreten, die den Leiter des Prüfungsausschusses oder einen anderen Prüfer für die Prüfertätigkeit ungeeignet oder unzuverlässig erscheinen lassen, so haben die beliehenen Verbände dies zu prüfen. Ergibt die Prüfung, dass der betreffende Leiter oder Prüfer nicht mehr geeignet oder zuverlässig ist, ist er von dem beliehenen Verband aus seinem Amt zu entlassen.

§ 11 Ersatzausfertigung

Ist ein Sportbootführerschein, der in einem amtlichen Register verzeichnet ist, unbrauchbar geworden oder wird glaubhaft gemacht, dass er verloren gegangen ist, wird auf Antrag des Inhabers von dem beliehenen Verband eine Ersatzausfertigung ausgestellt, die als solche zu kennzeichnen ist. Der Antrag auf Ausstellung einer Ersatzausfertigung kann auch elektronisch über das Verwaltungsportal des Bundes gestellt werden. Sofern erforderlich, wird auf Antrag des Inhabers ein vorläufiger Sportbootführerschein nach dem Muster der Anlage 9 ausgestellt. Der Inhaber hat einen unbrauchbar gewordenen oder von ihm wieder aufgefundenen Sportbootführerschein unverzüglich bei den beliehenen Verbänden abzugeben.

§ 12 Pflichten des Schiffseigentümers und des Schiffsführers

(1) Der jeweils erforderliche Befähigungsnachweis ist beim Führen von Sportbooten vom Schiffsführer mitzuführen. Der Befähigungsnachweis ist den zur Kontrolle befugten Personen auf Verlangen zur Prüfung auszuhändigen. Anstelle des Sportbootführerscheins für den Geltungsbereich Seeschifffahrtsstraßen kann auch der Sportküstenschifferschein, der Sportseeschifferschein und der Sporthochseeschifferschein nach der Sportseeschifferscheinverordnung in der Fassung der Bekanntmachung vom 3. März 1998 (BGBl. I S. 394), die zuletzt durch Artikel 4 Absatz 125 des Gesetzes vom 18. Juli 2016 (BGBl. I S. 1666) geändert worden ist, mitgeführt und zur Kontrolle ausgehändigt werden. Der Schiffseigentümer darf nicht anordnen oder zulassen, dass entgegen § 3 Absatz 1 oder § 4 Absatz 1 ein Fahrzeug ohne die hierfür vorgeschriebene Fahrerlaubnis geführt wird.

(2) Ein Sportboot führt nicht, wer es unter ständiger Aufsicht des Schiffsführers steuert. Die schifffahrtsrechtlichen Vorschriften über die Anforderungen an den Rudergänger bleiben unberührt.

§ 13 Entziehung der Fahrerlaubnis oder des Befähigungsnachweises

(1) Wenn sich der Inhaber einer Fahrerlaubnis zum Führen von Sportbooten als untauglich oder unzuverlässig erweist. ist ihm vorbehaltlich der Anwendung des Seesicherheitsuntersuchungsgesetzes die Fahrerlaubnis oder der Befähigungsnachweis von der nach § 16 Absatz 3 Satz 1 zuständigen Behörde zu entziehen. Bestehen Zweifel an der Tauglichkeit. kann von der nach § 16 Absatz 3 Satz 1 zuständigen Behörde die Vorlage eines amts- oder fachärztlichen Zeugnisses verlangt werden. Der Inhaber der Fahrerlaubnis gilt als widerleglich unzuverlässig, wenn er seiner Verpflichtung nach § 14 Absatz 5 nicht innerhalb einer Woche, nachdem die Anordnung über das Ruhen der Fahrerlaubnis vollziehbar geworden ist, nachgekommen ist.

(2) Die Fahrerlaubnis kann von der nach § 16 Absatz 3 Satz 1 zuständigen Behörde entzogen werden, wenn der Inhaber wiederholt einer Auflage nach § 6 Absatz 4 Satz 1 nicht nachkommt. Die Wasserschutzpolizeien der Länder teilen der zuständigen Behörde die ihnen bekannten Tatsachen mit. die eine Entziehung rechtfertigen können.

(3) liegen bei einer ausländischen Fahrerlaubnis die Voraussetzungen für die Entziehung der Fahrerlaubnis vor, hat die Entziehung die Wirkung der Aberkennung des Rechts, von der Fahrerlaubnis im Inland Gebrauch zu machen.

(4) Die Fahrerlaubnis erlischt mit der Entziehung. Der Inhaber hat den Sportbootführerschein unverzüglich bei der nach § 16 Absatz 3 Satz 1 zuständigen Behörde abzugeben.

(5) Die nach § 16 Absatz 3 Satz 1 zuständige Behörde kann die Neuerteilung einer Fahrerlaubnis an Auflagen und Bedingungen binden.

(6) Die zuständige Behörde teilt die Entziehung der Fahrerlaubnis den beliehenen Verbänden unverzüglich mit. Sofern der Inhaber seine Verpflichtung nach Absatz 4 nicht

erfüllt hat, teilt die zuständige Behörde die Entziehung auch den Wasserschutzpolizeien der Länder unverzüglich mit.

§ 14 Ruhen der Fahrerlaubnis

(1) Die nach § 16 Absatz 3 Satz 1 zuständige Behörde kann das befristete Ruhen der Fahrerlaubnis anordnen, wenn bei dem Inhaber einer Fahrerlaubnis oder eines Befähigungszeugnisses nach § 3 Absatz 4 oder § 4 Absatz 4 die Voraussetzungen für eine Entziehung noch nicht vorliegen, aber Zweifel an seiner Zuverlässigkeit oder Tauglichkeit bestehen. Werden diese Zweifel vor Ablauf der Frist ausgeräumt, ist die Anordnung aufzuheben.

(2) Zweifel an der Zuverlässigkeit können insbesondere bestehen, wenn gegen den Inhaber einer Fahrerlaubnis oder eines Befähigungszeugnisses wegen einer Ordnungswidrigkeit nach § 15 Absatz 1 Satz 1 Nummer 2 des Seeaufgabengesetzes oder § 7 Absatz 1 oder 2 des Binnenschifffahrtsaufgabengesetzes, die er unter grober oder beharrlicher Verletzung der Pflichten eines Schiffsführers oder einer Person, die selbständig Kurs und Geschwindigkeit bestimmt, begangen hat, eine Geldbuße festgesetzt worden ist. Von einer Verletzung der Pflichten im Sinne des Satzes 1 ist in der Regel auszugehen, wenn die Geldbuße festgesetzt worden ist, weil der Betroffene

1. mehrfach ein Sportboot geführt hat
   a) mit 0,25 Milligramm oder mehr Alkohol je Liter Atemluft oder mit 0,5 Promille oder mehr Alkohol im Blut oder mit einer Alkoholmenge im Körper, die zu einer solchen Atem- oder Blutalkoholkonzentration führt, oder
   b) unter erheblicher Einwirkung berauschender Mittel oder
2. mehrfach eine vorgeschriebene Höchstgeschwindigkeit überschritten hat.

(3) Die nach § 16 Absatz 3 Satz 1 zuständige Behörde kann das unbefristete Ruhen der Fahrerlaubnis anordnen, wenn in den Fällen des § 3 Absatz 2, § 4 Absatz 2 und § 5 Absatz 1 Satz 2 die Voraussetzungen des § 13 Absatz 1 vorliegen. Sie kann das befristete Ruhen der Fahrerlaubnis nach Maßgabe der Absätze 2 und 3 anordnen. Sie darf die Anordnung über das unbefristete Ruhen der Fahrerlaubnis nur aufheben, wenn die Voraussetzungen des § 6 Absatz 1 Nummer 2 und 3 erfüllt sind.

(4) Der Inhaber einer Fahrerlaubnis oder eines Befähigungszeugnisses darf ein Sportboot nicht führen, wenn die nach § 16 Absatz 3 Satz 1 zuständige Behörde das Ruhen der Fahrerlaubnis vollziehbar angeordnet hat.

(5) Der Sportbootführerschein ist der nach § 16 Absatz 3 Satz 1 zuständigen Behörde im Falle des Absatzes 1 spätestens mit der Vollziehbarkeit der Anordnung zur amtlichen Verwahrung vorzulegen. Die Dauer, während der das Verbot nach Absatz 2 gilt, wird von dem Tag an berechnet, an dem das Befähigungszeugnis vorgelegt wird.

(6) Die zuständige Behörde teilt die Anordnung über das Ruhen der Fahrerlaubnis den beliehenen Verbänden und den Wasserschutzpolizeien der Länder, im Falle des Absatzes 3 auch der ausstellenden Behörde mit. § 13 Absatz 2 Satz 2 gilt entsprechend.

(7) Ein nach anderen Vorschriften angeordnetes Verbot, Fahrzeuge auf dem Wasser zu führen, ist auch beim Führen von Sportbooten zu beachten.

§ 15 Sicherstellung von Befähigungszeugnissen

(1) Sind dringende Gründe für die Annahme vorhanden, dass eine Erlaubnis entzogen (§ 13) oder das Ruhen der Erlaubnis angeordnet (§ 14) wird, so kann der Sportbootführerschein oder ein anderes Befähigungszeugnis durch die schifffahrtspolizeilichen Vollzugsbehörden oder durch die nach § 16 Absatz 3 Satz 1 zuständige Behörde vorläufig sichergestellt werden. Bis zu einer Entscheidung über den Entzug oder das Ruhen der Fahrerlaubnis gilt die vorläufige Sicherstellung zugleich als Anordnung nach § 14 Absatz 1.

(2) Ein vorläufig sichergestellter Sportbootführerschein oder ein vorläufig sichergestelltes Befähigungszeugnis ist der für die Entscheidung nach § 13 oder nach § 14 zuständigen Behörde von dem Sicherstellenden zur amtlichen Verwahrung zu übergeben. Dabei sind die Gründe für die Sicherstellung anzugeben.

(3) Die vorläufige Sicherstellung des Sportbootführerscheins oder des Befähigungszeugnisses ist aufzuheben und der Sportbootführerschein oder das Befähigungszeugnis ist dem Inhaber zurückzugeben, wenn

1. der Grund der Sicherstellung weggefallen ist oder
2. die nach § 16 Absatz 3 Satz 1 zuständige Behörde die Erlaubnis nicht entzieht oder deren Ruhen nicht anordnet.

§ 16 Zuständige Stellen

(1) Der Deutsche Motoryachtverband e. V. und der Deutsche Segler-Verband e. V. werden mit der Durchführung von Sportbootführerscheinprüfungen beliehen. Dazu zählen insbesondere folgende Rechte und Pflichten:

1. die Entscheidung über Anträge auf Zu-

lassung zur Prüfung und Erteilung der Fahrerlaubnis(§ 7),
2. die Abnahme von Prüfungen, die Erteilung von Fahrerlaubnissen (§§ 3, 4, 8) und die Übermittlung der zur Herstellung eines Sportbootführerscheins erforderlichen Daten unter Berücksichtigung des Bundesdatenschutzgesetzes an die vom Bundesministerium für Verkehr und digitale Infrastruktur benannte Stelle,
3. die Entscheidung über Anträge auf Ersatzausfertigungen(§ 11),
4. die Erteilung erforderlicher Auflagen (§ 6 Absatz 4) und
5. die Erhebung von Gebühren und Auslagen nach Maßgabe einer Besonderen Gebührenverordnung des Bundesministeriums für Verkehr und digitale Infrastruktur nach § 22 Absatz 4 des Bundesgebührengesetzes.

(2) Die beliehenen Verbände unterstehen bei der Erfüllung der ihnen übertragenen Aufgaben der Fachaufsicht des Bundesministeriums für Verkehr und digitale Infrastruktur. Das Bundesministerium für Verkehr und digitale Infrastruktur bedient sich bei der Durchführung der Fachaufsicht über die beliehenen Verbände der Generaldirektion Wasserstraßen und Schifffahrt. Die beliehenen Verbände haben die ihnen übertragenen Aufgaben nach Maßgabe dieser Verordnung und der vom Bundesministerium für Verkehr und digitale Infrastruktur zu ihrer Durchführung erlassenen Richtlinien wahrzunehmen.

(3) Über die Entziehung der Fahrerlaubnis nach § 13 oder die Anordnung des Ruhens der Fahrerlaubnis nach § 14 entscheidet die Generaldirektion Wasserstraßen und Schifffahrt. Die Entscheidung ist, sofern der Inhaber eines Befähigungsnachweises betroffen ist, unter Angabe der Gründe der Stelle mitzuteilen, die die Fahrerlaubnis erteilt hat.

§ 17 Datenverarbeitung

(1) Die beliehenen Verbände sorgen dafür, dass die bei der Generaldirektion Wasserstraßen und Schifffahrt geführte Datei über die Inhaber einer von ihnen ausgestellten Fahrerlaubnis im Sinne der §§ 3 und 4 laufend auf dem aktuellen Stand gehalten wird. Dazu dürfen folgende Daten erhoben, gespeichert und verwendet werden:
1. Vor- und Nachname des Inhabers,
2. Anschrift des Inhabers,
3. Geburtsdatum, Geburtsort des Inhabers,
4. Datum der Erteilung der Fahrerlaubnis,
5. Ausstellungsdatum, ausstellende Stelle und Nummer des erteilten Sportbootführerscheins,
6. nach § 6 Absatz 4 erteilte Auflagen,
7. im Fall der Verlustmeldung eines Sportbootführerscheins das Datum der Erteilung einer Ersatzausfertigung,
8. im Fall der Entziehung oder des Ruhens der Fahrerlaubnis den Grund sowie die Frist, innerhalb derer eine neue Fahrerlaubnis nicht erteilt werden darf,
9. im Fall der Sicherstellung das Datum der Sicherstellung und die verwahrende Behörde.

(2) Das Bundesamt für Seeschifffahrt und Hydrographie kann zur Überprüfung der jährlichen Anzahl der ausgestellten Sportbootführerscheine auf die bei der Generaldirektion Wasserstraßen und Schifffahrt geführte Datei insoweit einen lesenden Zugriff erhalten.

§ 18 Ordnungswidrigkeiten

(1) Ordnungswidrig im Sinne des § 7 Absatz 1 des Binnenschifffahrtsaufgabengesetzes handelt, wer vorsätzlich oder fahrlässig
1. ohne Erlaubnis nach § 3 Absatz 1 Satz 1 ein Sportboot führt,
2. einer vollziehbaren Auflage nach § 6 Absatz 4 Satz 1 oder 3 zuwiderhandelt,
3. entgegen § 11 Satz 3 oder § 13 Absatz 4 Satz 2 einen dort genannten Sportbootführerschein nicht oder nicht rechtzeitig abgibt,
4. entgegen § 12 Absatz 1 Satz 1 einen Befähigungsnachweis nicht mitführt,
5. entgegen § 12 Absatz 1 Satz 4 das Führen eines Sportbootes anordnet oder zulässt,
6. entgegen § 14 Absatz 4 ein Sportboot führt.

(2) Ordnungswidrig im Sinne des § 15 Absatz 1 Nummer 2 des Seeaufgabengesetzes handelt, wer vorsätzlich oder fahrlässig
1. ohne Erlaubnis nach § 4 Absatz 1 Satz 1 ein Sportboot führt oder
2. eine in Absatz 1 Nummer 2 bis 6 bezeichnete Handlung in Bezug auf den Geltungsbereich Seeschifffahrtsstraßen begeht.

(3) Die Zuständigkeit für die Verfolgung und Ahndung von Ordnungswidrigkeiten nach den Absätzen 1 und 2 wird auf die Generaldirektion Wasserstraßen und Schifffahrt übertragen.

Anlage 1 SpFV

(zu § 3 Absatz 1 und § 4 Absatz 1)

Muster für den amtlichen Sportbootführerschein

Vorderseite

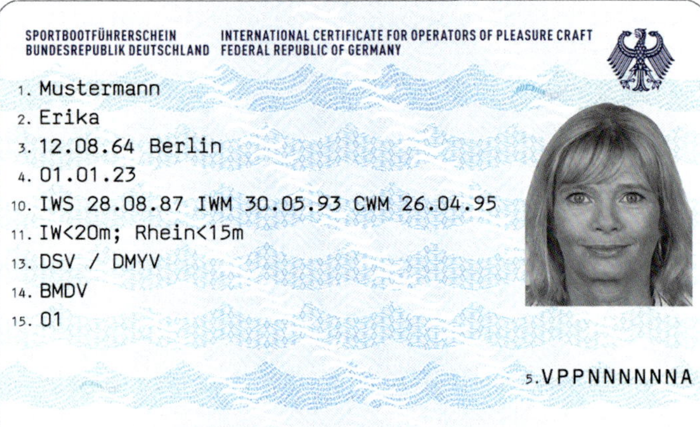

Rückseite

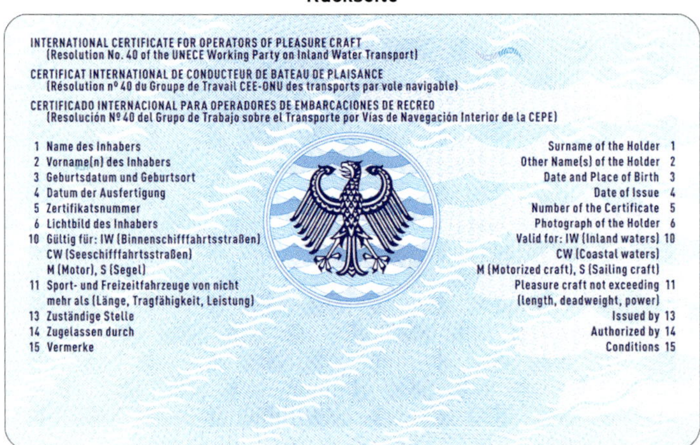

Das Zertifikat ist unter Berücksichtigung der internationalen ISO/IEC-Norm 7810 auszustellen. Ländercode gemäß ISO ALPHA-2.

Anlage 2 SpFV
(zu § 7 Absatz 2 Nummer 4, § 10 Absatz 1 Satz 2)

Medizinische Tauglichkeitskriterien bei Gesundheitsstörungen (allgemeine Tauglichkeit, Seh- und Hörvermögen)

Einführung

Der untersuchende Arzt soll bedenken, dass es nicht möglich ist, eine umfassende Liste von Tauglichkeitskriterien zu erstellen, die alle möglichen Gesundheitsstörungen sowie deren Verschiedenartigkeiten in Bezug auf Auftreten und Prognose abdeckt.

Die Grundsätze, die bei dem hier angewandten Ansatz zugrunde liegen, können häufig auf Gesundheitsstörungen übertragen werden, die nicht von der untenstehenden Auflistung abgedeckt werden. Die Tauglichkeitsentscheidungen bei Vorliegen einer Gesundheitsstörung hängen von einer sorgfältigen, klinischen Beurteilung und Analyse ab, wobei bei jeder Tauglichkeitsentscheidung die folgenden Punkte zu berücksichtigen sind:

1. Medizinische Tauglichkeit, die die körperliche und psychische Tauglichkeit umfasst, bedeutet, dass die an Bord eines Fahrzeugs tätige Person nicht an einer Krankheit oder Behinderung leidet, aufgrund derer sie nicht in der Lage ist, die für den Betrieb des Sportboots notwendigen Aufgaben jederzeit ausführen zu können und die Umgebung korrekt wahrzunehmen.
2. Die in der Tabelle in Teil 1 aufgeführten Gesundheitsstörungen sind übliche Beispiele für Gesundheitsstörungen, die zu einer Untauglichkeit führen können. Sie sind als Anhaltspunkte für Mediziner gedacht und ersetzen nicht eine fundierte ärztliche Beurteilung des Einzelfalls. Tauglichkeitsentscheidungen beruhen auf der Feststellung der Gesundheitsstörung und der Beurteilung sonstiger pathologischer Merkmale, die sich der untersuchenden Person zeigen.
   In den Teilen 2 und 3 finden sich jeweils die relevanten Tauglichkeitsanforderungen für das erforderliche Hör- und Seevermögen (ICD-10-Codes H 00-59 und H 68-95); diese können auch von einer Stelle nach § 6 Absatz 2 Satz 2 dem Arzt bestätigt werden.
3. In der Tabelle in Teil 1 sind zu üblichen Gesundheitsstörungen Kriterien zur Orientierung angegeben, die zu einer Untauglichkeit führen können. Auch führt die Tabelle Kriterien an, die trotz der Gesundheitsstörung einer Tauglichkeit nicht entgegenstehen. Kann die medizinische Tauglichkeit nicht in vollem Umfang nachgewiesen werden, können Risikominderungsmaßnahmen und Beschränkungen zur Gewährleistung einer gleichwertigen Sicherheit der Schifffahrt auferlegt werden. Einige Risikominderungsmaßnahmen und Beschränkungen sind ebenfalls in der Tabelle genannt.
   In den Teilen 2 und 3 sind neben den Anforderungen an das Seh- und Hörvermögen potentielle Risikominderungsmaßnahmen und Beschränkungen vorgegeben.
4. Das Ergebnis der Tauglichkeitsuntersuchung ist unter Verwendung der Muster in Anhang 1 oder 2 dieser Anlage festzuhalten; weitere Angaben sind zu unterlassen.

Teil 1
Orientierungskriterien zur Beurteilung der Tauglichkeit

Die Tabelle ist wie folgt aufgebaut:

Spalte 1: Internationale Klassifikation der Krankheiten der WHO – 10. Revision (ICD-10); die Codes werden als Hilfe für die Analyse und insbesondere für die internationale Sammlung und Aufbereitung der Daten angeführt;
Spalte 2: der allgemeine Name der Krankheit oder einer Gruppe von Krankheiten;
Spalte 3: die medizinischen Tauglichkeitskriterien, die zu folgender Entscheidung führen: untauglich;
Spalte 4: die medizinischen Tauglichkeitskriterien, die zu folgender Entscheidung führen: tauglich.

Anzeichen für Krankheiten oder körperliche Mängel, die die Untersuchte oder den Untersuchten zum Führen eines Sportbootes als ungeeignet oder trotzdem geeignet oder beschränkt geeignet erscheinen lassen, können sein:

Code	Gesundheitsstörung Begründung der eventuellen Unvereinbarkeit	Unvereinbarkeit	Vereinbarkeit
A 00–B 99 (allgemein)	Infektionen Persönliche Einschränkungen	Bei fortbestehendem Risiko für rezidivierende Beeinträchtigungen oder wiederholte Infektionen	Keine Symptome, die das sichere Handeln beeinträchtigen Beschränkung 04*** kann angezeigt sein
D 50–89 nicht separat gelistet	Bluterkrankungen Unterschiedliche Blutungsneigung, mögliche Einschränkung der Belastbarkeit	Chronische Gerinnungsstörung	Beurteilung des Einzelfalls Beschränkung 04*** kann angezeigt sein
E 00–90	Endokrine und Stoffwechselerkrankungen		
E 10	Diabetes mellitus mit Insulin behandelt	Bei unzureichend kontrollierter Stoffwechselsituation oder fehlender Therapieadhärenz Hypoglykämie in der Vorgeschichte oder fehlende Hypoglykämiewahrnehmung Beeinträchtigung durch Komplikationen des Diabetes	Wenn Zustand stabil ist und keine Beeinträchtigungen durch Komplikationen vorliegen: ggf. tauglich mit einer zeitlichen Befristung von maximal 5 Jahren Beschränkung 04*** kann angezeigt sein
E 11–14	Diabetes mellitus – nicht mit Insulin behandelt andere Medikation Progression hin zur Insulinbedürftigkeit/-therapie, erhöhte Wahrscheinlichkeit für Komplikationen, die das Sehvermögen, das Nervensystem und das Herz-Kreislauf-System betreffen		Wenn Zustand stabil ist und keine Beeinträchtigungen durch Komplikationen vorliegen: ggf. tauglich mit einer zeitlichen Befristung von maximal 5 Jahren Beschränkung 04*** kann angezeigt sein
E 65–68	Übergewicht/abnormales Körpergewicht – Über- oder Unterschreitung Risiko zu verunfallen sowie eingeschränkte Beweglichkeit und Belastbarkeit für die Ausführung von Routine- und Notfallaufgaben	Sicherheitsrelevante Aufgaben können nicht wahrgenommen werden	Anforderungen der sicherheitsrelevanten Pflichten können erfüllt werden Beschränkung 07*** kann angezeigt sein

*** Risikominderungsmaßnahmen und Beschränkungen
01 Sehhilfe (Brille oder Kontaktlinsen) erforderlich 02 Hörhilfe erforderlich 03 Prothesen der Gliedmaßen erforderlich
04 Begleitperson erforderlich 05 Nur bei Tageslicht 06 Ohne Inhalt 07 Beschränkt auf ein einzelnes und/oder angepasstes Fahrzeug
08 Beschränkter Bereich (z. B. Fahrtgebiet, Gewässer oder Revier)
09 Sonstige, tauglichkeitsbezogene Auflagen Risikominderungsmaßnahmen und Beschränkungen können kombiniert werden. Bei Bedarf sind sie zu kombinieren.

Code	Gesundheitsstörung Begründung der eventuellen Unvereinbarkeit	Unvereinbarkeit	Vereinbarkeit
E 00–90 nicht separat gelistet	Sonstige Endokrine und Stoffwechselerkrankungen erhebliche Störung der Drüsen mit innerer Sekretion, insbesondere der Schilddrüse, der Epithelkörperchen oder der Nebennieren	Bei fortbestehender Einschränkung, Notwendigkeit häufiger Anpassungen der Medikation oder erhöhter Wahrscheinlichkeit schwerer Komplikationen	Anforderungen der sicherheitsrelevanten Pflichten können erfüllt werden Beschränkung 07*** kann angezeigt sein
F 00–99	Psychische, kognitive und Verhaltensstörungen		
F 10	Alkoholmissbrauch (Abhängigkeit) Verhaltensauffälligkeiten, Rezidive, Unfälle	Wenn fortbestehend oder wenn Begleiterkrankungen bestehen, die aller Wahrscheinlichkeit nach auftreten werden	Bei Abstinenz: drei aufeinanderfolgende Jahre lang: tauglich mit einer zeitlichen Befristung von einem Jahr mit den Beschränkungen 04*** Danach tauglich für einen Zeitraum von drei Jahren mit den Beschränkungen 04*** und 05*** Danach tauglich ohne Beschränkungen für aufeinanderfolgende Zeiträume von zwei, drei und fünf Jahren ohne Rückfall und ohne Begleiterkrankungen, wenn bei einem Bluttest am Ende jedes Zeitraums keine mit dem Missbrauch zusammenhängenden Auffälligkeiten festgestellt werden
F 11–19	Drogenabhängigkeit/anhaltender Substanzmissbrauch Rezidive, Unfälle, Verhaltensauffälligkeiten; schließt sowohl illegalen Drogenkonsum als auch Abhängigkeit von verschriebenen Medikamenten ein	Wenn fortbestehend oder wenn Begleiterkrankungen bestehen, die sich aller Wahrscheinlichkeit nach verschlechtern oder auftreten werden	Bei Abstinenz: drei aufeinanderfolgende Jahre lang: tauglich mit einer zeitlichen Befristung von einem Jahr mit der Beschränkung 04*** Danach tauglich für einen Zeitraum von drei Jahren mit der Beschränkung 04*** Danach tauglich ohne Beschränkungen für aufeinanderfolgende Zeiträume von zwei, drei und fünf Jahren ohne Rückfall und ohne Begleiterkrankungen, wenn bei einem Bluttest am Ende jedes Zeitraums keine mit dem Missbrauch zusammenhängenden Auffälligkeiten festgestellt werden

Code	Gesundheitsstörung Begründung der eventuellen Unvereinbarkeit	Unvereinbarkeit	Vereinbarkeit
F 20–31	Psychosen (akute) -organisch, schizophren oder andere Kategorien der ICD-Liste zugehörig. Bipolare Störungen (manisch-depressiv) Rezidive, die zu Veränderung der Wahrnehmung und des Denkens, zu Unfällen sowie auffälligem und riskantem Verhalten führen können	Nach einer einzigen Episode mit auslösenden Faktoren: bis drei Monate nach der Erstdiagnose Nach einer einzigen Episode ohne auslösende Faktoren oder mehr als einer Episode mit oder ohne auslösende Faktoren: bis zwei Jahre nach der letzten Episode Fortbestehende Wahrscheinlichkeit eines Rezidivs: Tauglichkeit nicht erfüllt	Wenn die Behandlung eingehalten wird und keine Nebenwirkungen der Medikation bestehen: tauglich, ggf. mit Beschränkung 04*** Beschränkung nach 05*** kann angezeigt sein Wenn während eines Zeitraums von zwei Jahren kein Rückfall aufgetreten ist und keine Medikation erforderlich war: tauglich, wenn ein Facharzt feststellt, dass die Ursache eindeutig als vorübergehend identifizierbar und ein Rückfall sehr unwahrscheinlich ist
F 32–38	Affektive Störungen Schwere Angstzustände, Depressionen oder jede andere psychische Störung, die die Leistung beeinträchtigen kann, Rezidiv, eingeschränkte Leistungsfähigkeit, insbesondere in Notfällen; Gefährdung des Fahrzeugs oder Dritter oder Selbstgefährdung kann nicht ausgeschlossen werden	Persistierende oder rezidivierende Symptome, die zu Beeinträchtigungen führen	Nach vollständiger Genesung und nach umfassender Beurteilung des Einzelfalls Wenn während eines Zeitraums von zwei Jahren kein Rückfall aufgetreten ist und keine Medikation erforderlich war: tauglich, wenn der Facharzt festgestellt hat, dass die Ursache eindeutig als vorübergehend identifizierbar und ein Rückfall sehr unwahrscheinlich ist Ggf. zeitliche Befristung: fünf Jahre Beschränkungen 04*** und/oder 07*** können angezeigt sein
F 00–99 nicht separat gelistet	Andere Störungen z. B. Persönlichkeitsstörungen, Aufmerksamkeitsstörungen (ADHS), Entwicklungsstörungen (z. B. Autismus)	Sofern die Einschätzung besteht, dass sicherheitsrelevante Konsequenzen auftreten können	Sofern keine negativen Auswirkungen zu erwarten sind und eine Gefährdung ausgeschlossen werden kann

*** Risikominderungsmaßnahmen und Beschränkungen
01 Sehhilfe (Brille oder Kontaktlinsen) erforderlich 02 Hörhilfe erforderlich 03 Prothesen der Gliedmaßen erforderlich
04 Begleitperson erforderlich 05 Nur bei Tageslicht 06 Ohne Inhalt 07 Beschränkt auf ein einzelnes und/oder angepasstes Fahrzeug
08 Beschränkter Bereich (z. B. Fahrtgebiet, Gewässer oder Revier)
09 Sonstige, tauglichkeitsbezogene Auflagen Risikominderungsmaßnahmen und Beschränkungen können kombiniert werden. Bei Bedarf sind sie zu kombinieren.

Code	Gesundheitsstörung Begründung der eventuellen Unvereinbarkeit	Unvereinbarkeit	Vereinbarkeit
G 00–99	Krankheiten des Nervensystems		
G 40–41	Epilepsie, Erkrankungen oder Schäden des zentralen Nervensystems mit wesentlichen Funktionsstörungen, insbesondere organische Krankheiten des Gehirns oder des Rückenmarks und deren Folgezustände, funktionelle Störungen nach Schädel- oder Hirnverletzungen, Hirndurchblutungsstörungen	Für die Dauer der Abklärung und ein Jahr nach dem letzten Anfall Wiederholte Anfälle, keine Kontrolle durch Medikation	Beurteilung des Einzelfalls auf der Grundlage der Anforderungen der Routine- und Notfallaufgaben, unter Berücksichtigung neurologisch- psychiatrischer fachärztlicher Empfehlung Ein Jahr nach dem Anfall, bei stabiler Medikation: tauglich, ggf. mit Beschränkung 04*** Tauglich ohne Beschränkungen, sofern anfallsfrei und keine Einnahme von Medikamenten in den letzten zehn Jahren
G 43	Migräne, Anfälle mit einhergehender starker Beeinträchtigung des Allgemeinzustands	Häufige Anfälle, die zu starken Leistungseinschränkungen führen	Mit Beschränkung, sofern keine leistungseinschränkenden Auswirkungen zu erwarten sind
G 47	Schlafapnoe, Narkolepsie	Behandlung erfolglos oder wird nicht eingehalten	Wenn der Facharzt bestätigt, dass die Behandlung mindestens zwei Jahren vollständig kontrolliert wurde: tauglich, ggf. mit Beschränkung 04***
G 00–99 nicht separat gelistet	Sonstige Erkrankungen des Nervensystems, z. B. Multiple Sklerose, Parkinson-Krankheit Rezidive/Progression, Einschränkungen von Muskelkraft, Gleichgewichtssinn, Koordination und Beweglichkeit	Wenn die Person nicht in der Lage ist, die physischen Leistungsanforderungen zu erfüllen	Beurteilung des Einzelfalls auf der Grundlage der Anforderungen der Routine- und Notfallaufgaben, unter Berücksichtigung neurologisch- psychiatrischer fachärztlicher Empfehlungen

H 00–99	Erkrankungen der Augen und Ohren		
H 00–59	Augenerkrankungen: fortschreitend oder wiederholt (z. B. Glaukom, Makulapathien, diabetische Retinopathie, Retinitis pigmentosa etc.)	Unfähigkeit, den einschlägigen Anforderungen an das Sehvermögen zu genügen	Sehr geringe Wahrscheinlichkeit, dass eine Verschlechterung in dem Maße eintritt, dass die Anforderungen an das Sehvermögen nicht mehr erfüllt werden Beschränkung 04*** kann angezeigt sein

Code	Gesundheitsstörung Begründung der eventuellen Unvereinbarkeit	Unvereinbarkeit	Vereinbarkeit
H 68–95	Krankheiten des Ohres: fortschreitend (z. B. Otosklerose)	Unfähigkeit, den einschlägigen Anforderungen an das Hörvermögen zu genügen	Sehr geringe Wahrscheinlichkeit, dass eine Verschlechterung in dem Maße eintritt, dass die Anforderungen an das Hörvermögen nicht mehr erfüllt werden Beschränkung 04*** kann angezeigt sein
H 81	Ménière-Krankheiten und andere Formen von chronischem oder rezidivierendem stark beeinträchtigendem Schwindel	Häufige Anfälle, die zu starken Leistungseinschränkungen führen	Beurteilung des Einzelfalls Sehr geringe Wahrscheinlichkeit von Beeinträchtigungen auf Fahrzeugen
I 00–99 nicht separat gelistet	Erkrankungen und/oder Veränderungen des Herzens und/oder des Kreislaufes mit Einschränkungen der Leistungs- bzw. Regulationsfähigkeit	Wenn die körperliche Belastbarkeit eingeschränkt ist oder Episoden mit starker Einschränkung der Leistungsfähigkeit auftreten oder bei Behandlung mit Antikoagulantien oder wenn auf Dauer eine erhöhte Wahrscheinlichkeit für das Auftreten einer Beeinträchtigung besteht	Beurteilung des Einzelfalls auf der Grundlage des Rates eines Kardiologen
J 45–46	Bronchialasthma mit Anfällen	Bei vorhersehbarem Risiko für das plötzliche Auftreten lebensbedrohlicher Asthmaanfälle oder mit der Vorgeschichte eines schlecht kontrollierten Asthmas, d. h. mit häufigen Behandlungen im Krankenhaus in der Vergangenheit	Beurteilung des Einzelfalls auf Grundlage des Rates eines Pneumologen
K 00–99 nicht separat gelistet	Neigung zu Gallen- oder Nierenkoliken	Rezidivierende oder persistierende leistungsbeeinträchtigende Symptome	Beurteilung des Einzelfalls durch einen Facharzt Sehr geringe Wahrscheinlichkeit eines plötzlichen Auftretens einer Gallen- oder Nierenkolik

*** Risikominderungsmaßnahmen und Beschränkungen
01 Sehhilfe (Brille oder Kontaktlinsen) erforderlich 02 Hörhilfe erforderlich 03 Prothesen der Gliedmaßen erforderlich
04 Begleitperson erforderlich 05 Nur bei Tageslicht 06 Ohne Inhalt 07 Beschränkt auf ein einzelnes und/oder angepasstes Fahrzeug
08 Beschränkter Bereich (z. B. Fahrtgebiet, Gewässer oder Revier)
09 Sonstige, tauglichkeitsbezogene Auflagen Risikominderungsmaßnahmen und Beschränkungen können kombiniert werden. Bei Bedarf sind sie zu kombinieren.

Code	Gesundheitsstörung Begründung der eventuellen Unvereinbarkeit	Unvereinbarkeit	Vereinbarkeit
Y 83.4 Z 97.1	Missbildungen von Gliedmaßen oder Teilverlust von Gliedmaßen mit Beeinträchtigung der Greiffähigkeit und/oder der Stand- bzw. Gangsicherheit Einschränkungen der Mobilität mit Auswirkungen auf die Routine- und Notfallaufgaben	Wenn wesentliche Routinen nicht wahrgenommen werden können	Beurteilung des Einzelfalls durch einen Facharzt Beschränkung 03*** kann angezeigt sein
	Sonstige Gesundheitsstörungen/medizinische Auffälligkeiten, die gegen eine Tauglichkeit sprechen könnten	Zur Beurteilung können Empfehlungen für ähnliche Krankheitsbilder genutzt werden Zu berücksichtigen sind eine erhöhte Wahrscheinlichkeit für das plötzliche Auftreten von Handlungsunfähigkeit, für das Auftreten von Rezidiven oder Progression der Erkrankung sowie Einschränkungen bei der Durchführung von Routine- und Notfallaufgaben. In Zweifelsfällen sollte der Rat von spezialisierten Ärzten eingeholt werden oder eine Beschränkung der Tauglichkeit oder der Verweis an einen Gutachter in Erwägung gezogen werden	Zur Beurteilung können Empfehlungen für ähnliche Krankheitsbilder genutzt werden Zu berücksichtigen sind eine erhöhte Wahrscheinlichkeit für das plötzliche Auftreten von Handlungsunfähigkeit, für das Auftreten von Rezidiven oder Progression der Erkrankung sowie Einschränkungen bei der Durchführung von Routine- und Notfallaufgaben. In Zweifelsfällen sollte der Rat von spezialisierten Ärzten eingeholt werden oder eine Beschränkung der Tauglichkeit oder der Verweis an einen Gutachter in Erwägung gezogen werden

Teil 2
Relevante Kriterien in Bezug auf das Sehvermögen nach Diagnosecode H 00–59

Mindestkriterien in Bezug auf das Sehvermögen

1. Tagessehschärfe
   Die Prüfung der Sehschärfe in der Ferne erfolgt durch einen Arzt oder Augenoptiker nach DIN 58220 Ausgabe September 2013.
   Die Sehschärfe auf beiden Augen gemeinsam oder auf dem besseren Auge muss mit oder ohne Sehhilfe größer oder gleich 0,8 sein. Einäugiges Sehen ist erlaubt.
   Offenkundiges Doppelsehen (Motilität), das nicht korrigiert werden kann, ist nicht erlaubt. Bei Einäugigkeit: normale Beweglichkeit des funktionstüchtigen Auges. Beschränkung 01*** kann angezeigt sein.
2. Dämmerungssehvermögen:
   Zu testen bei Glaukom, Netzhauterkrankungen oder Medientrübungen (z. B. Katarakt). Kontrastsehen bei 0,032 cd/m2 ohne Blendung; Testergebnis 1:2,7 oder besser, mit dem Mesotest überprüft.
3. Gesichtsfeld:
   Liegen anamnestische Hinweise auf Gesichtsfeldausfälle beispielsweise durch Vorerkrankungen oder Unfälle vor, ist es erforderlich das horizontale Gesichtsfeld daraufhin zu überprüfen, dass mindestens ein Auge den Sehschärfen-Standard erfüllt und den Sektor des nicht sehenden Auges tüchtig kompensiert.

Bei Glaukom oder Netzhautdystrophie oder wenn bei der Erstuntersuchung Anomalien erkannt werden, ist ein formeller Test durch einen Augenarzt erforderlich.

4. Farbunterscheidungsvermögen
   Das Farbunterscheidungsvermögen ist als ausreichend anzusehen, wenn der Bewerber den Test mittels 24 Ishihara-Farbtafeln mit maximal zwei Fehlern besteht. Alternativ kann einer der unten genannten, anerkannten alternativen Tests durchgeführt werden.
   Im Zweifelsfall ist eine Prüfung mit dem Anomaloskop durchzuführen. Der mit dem Anomaloskop gemessene Anomal-Quotient muss zwischen 0,7 und 1,4 liegen und somit auf eine normale Trichromasie hindeuten. Ergibt die Untersuchung mit dem Anomaloskop oder einem anderen anerkannten gleichwertigen Test keine Farbentüchtigkeit, so ist eine Grünschwäche (Deuteranomalie) mit einem Anomalquotienten zwischen 1,4 und 6,0 zulässig.
   Anerkannte, zu den Ishihara-Farbtafeln alternative Tests sind:
   a) Velhagen/Broschmann (Ergebnis mit maximal zwei Fehlern);
   b) Kuchenbecker-Broschmann (maximal zwei Fehler);
   c) HRR (Ergebnis mindestens „leicht");
   d) TMC (Ergebnis mindestens „second degree");
   e) Holmer-Wright B (Ergebnis höchstens 8 Fehler bei „small");
   f) Farnsworth-Panel-D-15-Test (mindestens zu erreichendes Ergebnis: maximal eine diametrale Überschneidung im Diagramm der Anordnung der Farben);
   g) Colour Assessment and Diagnostic Test (CAD) (Ergebnis mit maximal vier CAD-Einheiten).
   Der Gebrauch von Filtergläsern als Sehhilfen für das Farbunterscheidungsvermögen, z. B. getönte Kontaktlinsen und Brille, ist nicht zulässig.

Teil 3
Relevante Kriterien in Bezug auf das Hörvermögen nach Diagnosecode H 68–95

Mindestkriterien in Bezug auf das Hörvermögen

Das Hörvermögen ist als ausreichend anzusehen, wenn Sprache mit oder ohne Hörhilfe in gewöhnlicher Lautstärke aus 3 Metern Entfernung mit dem jeweils dem Sprecher zugewandten Ohr und aus 5 Metern Entfernung mit beiden Ohren zugleich verstanden wird oder mindestens mit dem besseren Ohr mit oder ohne Hörhilfe Sprache in gewöhnlicher Lautstärke aus 5 Meter Entfernung verstanden wird.
Beschränkung 02*** kann angezeigt sein.

*** Risikominderungsmaßnahmen und Beschränkungen
01 Sehhilfe (Brille oder Kontaktlinsen) erforderlich 02 Hörhilfe erforderlich 03 Prothesen der Gliedmaßen erforderlich
04 Begleitperson erforderlich 05 Nur bei Tageslicht 06 Ohne Inhalt 07 Beschränkt auf ein einzelnes und/oder angepasstes Fahrzeug
08 Beschränkter Bereich (z. B. Fahrtgebiet, Gewässer oder Revier)
09 Sonstige, tauglichkeitsbezogene Auflagen
Risikominderungsmaßnahmen und Beschränkungen können kombiniert werden. Bei Bedarf sind sie zu kombinieren.

Anhang 1 zu Anlage 2
(zu § 7 Absatz 2 Nummer 4)

Ärztlicher Nachweis über das Ergebnis zur medizinischen Tauglichkeit eines Bewerbers/einer Bewerberin in der Sportbootschifffahrt

Name, Vorname des/der Untersuchten	
Geburtsdatum- und ort	Ausgewiesen durch Vorlage .... (Personalausweis oder Reisepass oder anderes Identitätsdokument)

Name und Vorname des untersuchenden Arztes/der untersuchenden Ärztin	
Anschrift	Telefonische Erreichbarkeit

Die untersuchte Person wurde hinsichtlich ihrer medizinischen Tauglichkeit mit folgendem Ergebnis untersucht:

Untauglich	☐
Tauglich	☐
Tauglichkeit befristet bis*	☐
Tauglicheit mit einer oder mehrerer der folgenden Beschränkungen	☐
01 Sehhilfe (Brille und/oder Kontaktlinsen) erforderlich	☐
02 Hörhilfe erforderlich	☐
03 Prothesen oder Gliedmaßen erforderlich	☐
04 Begleitperson erforderlich	☐
05 Nur bei Tageslicht	☐
07 Beschränkt auf einzelnes und/oder angepasstes Fahrzeug	☐
08 Beschränkter Bereich:	☐
09 Sonstige, tauglichkeitsbezogene Auflage:	☐

* Nur anzuwenden, wenn dies in Teil 1 der Anlage 2 ausdrücklich vorgesehen oder dies in ähnlich gelagerten Fällen angebracht ist.

Angaben zur Sehteststelle
Eine Bescheinigung einer anerkannten Sehteststelle mit der Bestätigung eines ausreichenden Sehvermögens hat vorgelegen.

☐ Ja ☐ Nein, die Unterzeichnung erfolgte durch die Unterzeichnerin/den Unterzeichner

(Name, Anschrift, Ort der anerkannten Sehteststelle, Datum der Untersuchung)

Angaben zum Hörgeräteakustikerbetrieb
Eine Bescheinigung des Hörgeräteakustikerbetriebs mit der Bestätigung des ausreichenden Hörvermögens hat vorgelegen.

☐ Ja ☐ Nein, die Unterzeichnung erfolgte durch die Unterzeichnerin/den Unterzeichner

(Name, Anschrift, Ort der anerkannten Sehteststelle, Datum der Untersuchung)

Name, Anschrift, Stempel mit Anschrift/Telefon — Ort, Datum und Unterschrift des Arztes/der Ärztin

Anhang 2 zu Anlage 2

(zu § 10 Absatz 1 Satz 2)

Ärztlicher Nachweis über das Ergebnis zur medizinischen Tauglichkeit eines Bewerbers/einer Bewerberin um die Funktion als Prüferin/Prüfer in der Sportbootschifffahrt

Name, Vorname des/der Untersuchten	
Geburtsdatum- und ort	Ausgewiesen durch Vorlage .... (Personalausweis oder Reisepass oder anderes Identitätsdokument)

Name und Vorname des untersuchenden Arztes/der untersuchenden Ärztin	
Anschrift	Telefonische Erreichbarkeit

Die untersuchte Person wurde hinsichtlich ihrer medizinischen Tauglichkeit mit folgendem Ergebnis untersucht:

Untauglich	☐
Tauglich	☐
Tauglichkeit befristet bis*	☐
Tauglicheit mit einer oder mehrerer der folgenden Beschränkungen	☐
01 Sehhilfe (Brille und/oder Kontaktlinsen) erforderlich	☐
02 Hörhilfe erforderlich	☐
03 Prothesen oder Gliedmaßen erforderlich	☐
09 Sonstige, tauglichkeitsbezogene Auflage:	☐

* Nur anzuwenden, wenn dies in Teil 1 der Anlage 2 ausdrücklich vorgesehen oder dies in ähnlich gelagerten Fällen angebracht ist.

Angaben zur Sehteststelle
Eine Bescheinigung einer anerkannten Sehteststelle mit der Bestätigung eines ausreichenden Sehvermögens hat vorgelegen.

☐ Ja ☐ Nein, die Unterzeichnung erfolgte durch die Unterzeichnerin/den Unterzeichner

(Name, Anschrift, Ort der anerkannten Sehteststelle, Datum der Untersuchung)

Angaben zum Hörgeräteakustikerbetrieb
Eine Bescheinigung des Hörgeräteakustikerbetriebs mit der Bestätigung des ausreichenden Hörvermögens hat vorgelegen.

☐ Ja ☐ Nein, die Unterzeichnung erfolgte durch die Unterzeichnerin/den Unterzeichner

(Name, Anschrift, Ort der anerkannten Sehteststelle, Datum der Untersuchung)

Name, Anschrift, Stempel mit Anschrift/Telefon — Ort, Datum und Unterschrift des Arztes/der Ärztin

Anlage 3 SpFV

(zu § 8 Absatz 1 Satz 4)

Theoretische Prüfung zum Erwerb des Sportbootführerscheins

1. Allgemeines

Im theoretischen Prüfungsteil soll der Bewerber nachweisen, dass er mindestens ausreichende Kenntnisse der für das Führen eines Sportbootes maßgebenden schifffahrtspolizeilichen Vorschriften und die zur sicheren Führung eines Sportbootes erforderlichen nautischen und technischen Kenntnisse für den jeweiligen Geltungsbereich besitzt.

Im theoretischen Prüfungsteil werden Basisfragen und spezifische Fragen gestellt, die im Antwort-Auswahl-Verfahren zu beantworten sind. Die Basisfragen beinhalten in einem allgemeinen Teil Regelungen zum Verkehrsrecht, zur Schiffsführung, zum Umweltrecht, zur Schiffstechnik und zum Wetter sowie besondere Regelungen für die Antriebsarten mit Antriebsmaschine und unter Segel. Die spezifischen Fragen beinhalten Besonderheiten des Binnenschifffahrtsrechts bzw. des Seeschifffahrtsrechts. Zur Beantwortung der Fragen muss der Bewerber aus jeweils vier Antwortvorschlägen eine Antwort durch Ankreuzen auswählen. Von den vier Antwortvorschlägen ist jeweils nur ein Antwortvorschlag richtig. Für jede richtig ausgewählte Antwort erhält der Bewerber einen Punkt.

Die theoretische Prüfung ist grundsätzlich schriftlich durchzuführen.

1.1 Navigationsaufgabe Geltungsbereich Seeschifffahrtsstraßen

Für den Geltungsbereich Seeschifffahrtsstraßen ist außer dem Fragebogen eine Navigationsaufgabe zu bearbeiten, bei der die Antworten zu den Aufgaben frei formuliert oder Eintragungen in der Seekarte vorgenommen werden müssen. Für jede richtige Antwort oder Eintragung erhält der Bewerber einen Punkt je Aufgabe. Dies gilt auch für Antworten, die lediglich aufgrund eines Folgefehlers unrichtig sind. Ein Folgefehler liegt vor, wenn ein unrichtiger Ansatz folgerichtig weitergeführt wird, sei es, dass bei einer Rechenaufgabe ein unrichtiges Ergebnis bei der Lösung weiterer Rechenaufgaben eingesetzt und dadurch trotz des richtigen Rechenwegs auch die weiteren Aufgaben unrichtig gelöst werden, oder sei es, dass bei einer unrichtigen Weichenstellung in einer sonstigen Arbeit danach ein folgerichtiger Lösungsweg beschritten wird.

1.2 Anerkennung von Prüfungsteilen

Fähigkeiten, die beim Erwerb des Sportbootführerscheins für einen Geltungsbereich oder eine Antriebsart bereits geprüft wurden, werden beim Erwerb des Sportbootführerscheins für den anderen Geltungsbereich oder die andere Antriebsart grundsätzlich nicht erneut geprüft. Erfolgt die Prüfung für den anderen Geltungsbereich oder die andere Antriebsart nicht bei demselben Prüfungsausschuss für den zuerst erworbenen Geltungsbereich oder die zuerst erworbene Antriebsart, ist zum Nachweis der geprüften Fähigkeiten die Vorlage des Sportbootführerscheins erforderlich.

1.3 Hilfsmittel

Bei der Navigationsaufgabe sind als Hilfsmittel ein Navigationsdreieck, ein Anlegedreieck, ein Doppellineal, ein Portland Plotter und ein Zirkel erlaubt. Andere Hilfsmittel, wie zum Beispiel Nachschlagewerke, auch elektronischer Art, dürfen bei der Beantwortung der Fragen nicht benutzt werden. Bei einem Täuschungsversuch gilt die Prüfung als nicht bestanden. Das gilt auch für bereits erfolgreich durchgeführte Prüfungsteile. Der Vorsitzende der Prüfungskommission hat vor Beginn der Prüfung die Bewerber über die Folgen eines Täuschungversuchs zu belehren. Die Prüfung ist von einem Mitglied der Prüfungskommission zu beaufsichtigen.

2. Nachzuweisende Kenntnisse

Durch die Prüfung ist der Nachweis über die folgenden Kenrrtnisse entsprechend dem zu prüfenden Geltungsbereich und der zu prüfenden Antriebsart zu erbringen:

2.1 Basiskenntnisse

2.1.1 Allgemeine Kenntnisse (für beide Geltungsbereiche)

- Grundbegriffe
- allgemeine Ausweichregeln, Schallsignale und Lichterführung
- allgemeine Gebots-, Verbots- und Schifffahrtszeichen
- Naturschutz
- allgemeine Verhaltenspflichten
- Flüssiggasanlagen
- Wartung aufblasbarer Rettungsmittel
- Feuerlöscher, Brandbekämpfung
- Verhalten nach einem Zusammenstoß
- Technik von Motorbooten:
  Antriebsmotoren, Antriebswelle, Kraftstoffanlage, Ruderanlage, Fahrmanöver, Wirkung der Propellerdrehrichtung, Maschinenanlage, Betrieb von Außenbordmotoren, Schadstoffausstoß bei Bootsmotoren

Anlage 3 SpFV
(zu § 8 Absatz 1 Satz 4)

2.2 Kenntnisse im Geltungsbereich Binnenschifffahrtsstraßen

2.2.1 Kenntnisse der maßgebenden Vorschriften

- Verkehrsregeln auf Binnenschifffahrtsstraßen, Rhein, Mosel und Donau
- Signale, Gebots- und Verbotszeichen, Ausweichregeln, Lichterführung nach der Binnenschifffahrtsstraßen-Ordnung
- Fahrerlaubnispflicht
- spezifische Kenntnisse der Fahrzeugführung auf dem Rhein
- Verhaltenspflichten
- Wetterkunde
- allgemeine Sorgfaltspflicht
- Fahrwasser, Fahrrinne und Verhalten bei Hochwasser
- Ankerverbot in Kanälen, Brückendurchfahrt
- Schleusendurchfahrt, Sichtzeichen der Fahrzeuge, Ausweichpflichten
- Schallsignale, Begegnen, Überholen, Ausweichen
- Wasserski- und Wassermotorradfahren, Kennzeichnung des Sportbootes
- Nutzung von Funk- und Radaranlagen

2.2.2 Kenntnisse unter Segel

- Rumpfformen, Stabilität
- Behandlung von Tauwerk, Segel und ihre Behandlung
- Wind, optimaler Anstellwinkel, Abdrift und Krängung
- gesperrte Wasserflächen

2.3 Kenntnisse im Geltungsbereich Seeschifffahrtsstraßen

2.3.1 Kenntnisse der maßgebenden Vorschriften:

- Seeschifffahrtsstraßen-Ordnung und Schifffahrtsordnung Emsmündung
- nautischen Veröffentlichungen
- Signale, Gebots- und Verbotszeichen, Ausweichregeln, Lichterführung
- Kollisionsverhütungsregeln
- Verhaltenspflichten
- Verhalten bei Seegang und Überbordgehen
- Befahren von Warngebieten, NOK, Naturschutzgebieten und Nationalparks
- Wetterkunde
- Navigation:
  Umgang mit Seekarten, Standortbestimmung durch Peilen und Koppeln, Kursabweichung und Besteckversetzung, Missanweisung, Deviation, Strom- und Windversatz, Gezeiten, Leuchtfeuerverzeichnis

Anlage 4 SpFV
(zu § 8 Absatz 1 Satz 4)

Praktische Prüfung zum Erwerb des Sportbootführerscheins

1. Allgemeines

Im praktischen Teil der Prüfung muss der Bewerber nachweisen, dass er die zur sicheren Führung eines Sportbootes (mit der jeweiligen Antriebsart) auf den Binnenschifffahrtsstraßen oder auf den Seeschifffahrtsstraßen oder allen Schifffahrtsstraßen notwendigen Fahrmanöver und Fertigkeiten beherrscht und zur Anwendung des theoretischen Wissens fähig ist.
Je nach Antriebsart sind Pflichtmanöver und sonstige Manöver durchzuführen. Für jedes Manöver hat der Bewerber zwei Versuche. Bei den sonstigen Manövern werden aus den fünf möglichen drei ausgewählt, von denen zwei ausreichend sein müssen. Aus neun möglichen Knoten werden sieben ausgewählt, von denen sechs ausreichend ausgeführt und erklärt werden müssen.
Beim Erwerb des Sportbootführerscheins mit dem Geltungsbereich Seeschifffahrtsstraßen besteht die praktische Prüfung bei Besitz des Sportbootführerscheins mit dem Geltungsbereich Binnenschifffahrtsstraßen und der Antriebsart mit Antriebsmaschine aus den Pflichtmanövern gemäß Abschnitt I Nummer 1 des Praxisprotokolls.
Fähigkeiten, die beim Erwerb des Sportbootführerscheins für einen Geltungsbereich oder eine Antriebsart bereits erfolgreich geprüft wurden, werden beim Erwerb des Sportbootführerscheins für den anderen Geltungsbereich oder die andere Antriebsart grundsätzlich nicht erneut geprüft. Erfolgt die Prüfung für den anderen Geltungsbereich oder die andere Antriebsart nicht bei demselben Prüfungsausschuss für den zuerst erworbenen Geltungsbereich oder die zuerst erworbene Antriebsart, ist zum Nachweis der geprüften Fähigkeiten die Vorlage des Sportbootführerscheins erforderlich. Prüfungsteile (theoretische oder praktische Prüfung), die bei einem Prüfungsausschuss des anderen Verbands durchgeführt wurden, werden nicht anerkannt.

Anlage 4 SpFV
(zu § 8 Absatz 1 Satz 4)

2. Praxisprotokoll

Für die praktische Prüfung ist ein Protokoll nach nachstehendem Muster zu verwenden:

Praktische Prüfung zum amtlichen Sportbootführerschein

☐ Binnenschifffahrtsstraßen ☐ unter Segel ☐ mit Antriebsmaschine
☐ Seeschifffahrtsstraßen mit Antriebsmaschine

Prüfung am: Prüfung in: Prüfungsausschuss:

Name: Vorname: Geb.-Datum:

Inhaber/in Sportbootführerschein Binnenschifffahrtsstraßen mit Antriebsmaschine ☐ unter Segel ☐
Inhaber/in Sportbootführerschein Seeschifffahrtsstraßen mit Antriebsmaschine ☐

I. Fähigkeiten mit Antriebsmaschine

I.1 Pflichtmanöver

		1. Versuch	2. Versuch
Alle Aufgaben müssen mit ausreichendem Ergebnis ausgeführt werden.	1. Rettungsmanöver unter Maschine (Mensch über Bord)	☐ ausreichend ☐ nicht ausreichend	☐ ausreichend ☐ nicht ausreichend
	2. Anlegen unter Maschine	☐ ausreichend ☐ nicht ausreichend	☐ ausreichend ☐ nicht ausreichend
	3. Ablegen unter Maschine	☐ ausreichend ☐ nicht ausreichend	☐ ausreichend ☐ nicht ausreichend
	4. Steuern nach Kompass (nur bei Seeschifffahrtsstraßen)	☐ ausreichend ☐ nicht ausreichend	☐ ausreichend ☐ nicht ausreichend
	5. Peilen; Einfache oder Kreuzpeilung (nur bei Seeschifffahrtsstraßen)	☐ ausreichend ☐ nicht ausreichend	☐ ausreichend ☐ nicht ausreichend

Ergebnis Pflichtmanöver mit Antriebsmaschine ausreichend ☐ nicht ausreichend ☐

I.2 Sonstige Manöver

		1. Versuch	2. Versuch
Von maximal drei Aufgaben müssen zwei mit ausreichendem Ergebnis ausgeführt werden.	1. Kursgerechtes Aufstoppen	☐ ausreichend ☐ nicht ausreichend	☐ ausreichend ☐ nicht ausreichend
	2. Wenden auf engem Raum	☐ ausreichend ☐ nicht ausreichend	☐ ausreichend ☐ nicht ausreichend
	3. Steuern nach Schifffahrtszeichen/ Landmarken	☐ ausreichend ☐ nicht ausreichend	☐ ausreichend ☐ nicht ausreichend
	4. Anlegen einer Rettungsweste/ eines Sicherheitsgurts	☐ ausreichend ☐ nicht ausreichend	☐ ausreichend ☐ nicht ausreichend
	5. Manöverschallsignal (eins von drei)	☐ ausreichend ☐ nicht ausreichend	☐ ausreichend ☐ nicht ausreichend

Ergebnis Sonstige Manöver mit Antriebsmaschine ausreichend ☐ nicht ausreichend ☐

II. Fähigkeiten unter Segel

II.1 Pflichtmanöver

		1. Versuch	2. Versuch
Alle Aufgaben müssen mit ausreichendem Ergebnis ausgeführt werden.	1. Rettungsmanöver unter Segel (Mensch über Bord)	☐ ausreichend ☐ nicht ausreichend	☐ ausreichend ☐ nicht ausreichend
	2. Anlegen unter Segel	☐ ausreichend ☐ nicht ausreichend	☐ ausreichend ☐ nicht ausreichend
	3. Ablegen unter Segel	☐ ausreichend ☐ nicht ausreichend	☐ ausreichend ☐ nicht ausreichend

Ergebnis Pflichtmanöver unter Segel ausreichend ☐ nicht ausreichend ☐

Anlage 4 SpFV
(zu § 8 Absatz 1 Satz 4)

II.2 Sonstige Manöver		1. Versuch	2. Versuch
Von maximal drei Aufgaben müssen zwei mit ausreichendem Ergebnis ausgeführt werden.	1. Segel setzen/bergen	☐ ausreichend ☐ nicht ausreichend	☐ ausreichend ☐ nicht ausreichend
	2. Wenden/Halsen	☐ ausreichend ☐ nicht ausreichend	☐ ausreichend ☐ nicht ausreichend
	3. Anluven/Abfallen	☐ ausreichend ☐ nicht ausreichend	☐ ausreichend ☐ nicht ausreichend
	4. Steuern nach Wind/Schifffahrtszeichen	☐ ausreichend ☐ nicht ausreichend	☐ ausreichend ☐ nicht ausreichend
	5. Anlegen einer Rettungsweste/ eines Sicherheitsgurts	☐ ausreichend ☐ nicht ausreichend	☐ ausreichend ☐ nicht ausreichend
Ergebnis Sonstige Manöver unter Segel	ausreichend ☐	nicht ausreichend ☐	
III. Knoten		1. Versuch	2. Versuch
Von maximal sieben verlangten Knoten müssen sechs mit ausreichendem Ergebnis ausgeführt und deren Verwendung richtig erklärt werden.	1. Achtknoten	☐ ausreichend ☐ nicht ausreichend	☐ ausreichend ☐ nicht ausreichend
	2. Kreuzknoten	☐ ausreichend ☐ nicht ausreichend	☐ ausreichend ☐ nicht ausreichend
	3. Palstek	☐ ausreichend ☐ nicht ausreichend	☐ ausreichend ☐ nicht ausreichend
	4. Einfacher oder doppelter Schotstek	☐ ausreichend ☐ nicht ausreichend	☐ ausreichend ☐ nicht ausreichend
	5. Stopperstek	☐ ausreichend ☐ nicht ausreichend	☐ ausreichend ☐ nicht ausreichend
	6. Webleinstek	☐ ausreichend ☐ nicht ausreichend	☐ ausreichend ☐ nicht ausreichend
	7. Webleinstek auf Slip	☐ ausreichend ☐ nicht ausreichend	☐ ausreichend ☐ nicht ausreichend
	8. Rundtörn mit zwei halben Schlägen	☐ ausreichend ☐ nicht ausreichend	☐ ausreichend ☐ nicht ausreichend
	9. Belegen einer Klampe mit Kopfschlag	☐ ausreichend ☐ nicht ausreichend	☐ ausreichend ☐ nicht ausreichend

Knoten ausreichend ☐ Knoten nicht ausreichend ☐	Unterschrift Knoten-Prüfer/in
Begründung bei nicht ausreichendem Ergebnis der Teile I bis III:	
Praktischer Prüfungsteil mit Antriebsmaschine bestanden ☐ nicht bestanden ☐	Unterschrift Prüfer/in
Praktischer Prüfungsteil unter Segel bestanden ☐ nicht bestanden ☐	Unterschrift Prüfer/in

Anlage 5 SpFV
(zu § 8 Absatz 5)

Ausstattung und Besatzung des Prüfungsboots

Das Sportboot muss neben dem Bewerber und dem Bootsführer, der im Besitz der erforderlichen Fahrerlaubnis sein muss, mindestens einem Mitglied der Prüfungskommission Platz bieten. Bei Prüfungen zum Führen von Sportbooten unter Segel auf Binnenschifffahrtsstraßen muss sich der Prüfer nicht an Bord des Prüfungsboots befinden; er kann seine Anweisungen, soweit möglich, auch vom Ufer, einem Steg oder einem anderen Boot aus geben. Der Bootsführer muss bei Prüfungen zum Führen von Sportbooten unter Segel als Fahrerlaubnisinhaber nur an Bord sein, soweit gewässerbedingt eine Fahrerlaubnispflicht besteht. Die Prüfungskommission kann ein Sportboot ablehnen, wenn es

1. nicht verkehrssicher ist,
2. aufgrund seiner Bauart, Sicherheitsausrüstung, Größe oder Tragfähigkeit für die Prüfung ungeeignet ist oder
3. nicht mit den Gegenständen ausgerüstet ist, die für die in der Prüfung auszuführenden Manöver erforderlich sind.

Auf dem Prüfungsboot muss für jede an Bord befindliche Person eine Rettungsweste vorhanden sein.
Für die Prüfung zum Erwerb des Sportbootführerscheins mit dem Geltungsbereich Seeschifffahrtsstraßen muss auf dem Prüfungsboot ein Kompass vorhanden sein.
Bei Prüfungen zum Führen von Sportbooten mit Antriebsmaschine muss das Prüfungsboot mit einer Antriebsmaschine ausgestattet sein, die eine Nutzleistung von mehr als
a) 11,03 Kilowatt bei Verwendung eines Verbrennungsmotors,
b) 7,5 Kilowatt in der Betriebsart S1 (Dauerbetrieb) nach DIN EN 60034-1: Ausgabe Februar 2011 bei Verwendung eines Elektromotors
besitzt. Dies gilt auch für Prüfungen, die auf dem Rhein durchgeführt werden.

Anlage 6 SpFV

(zu § 10 Absatz 2 Nummer 2)

Voraussetzungen für eine Bestellung als Prüfer

1. Bewerbung

Für eine Bewerbung als Prüfer in der Sportschifffahrt sind folgende Angaben und Unterlagen erforderlich:

- Bewerbung (Anschreiben) mit Name, Vorname, Geburtsdatum, Adresse, dem beruflichen Werdegang (soweit für die Antragsprüfung erforderlich) und der freiwilligen Angabe der E-Mail-Adresse,
- Passbild,
- Liste und Kopien der Sportbootführerscheine, der Funkzeugnisse und sonstiger nautischer oder technischer Befähigungsnachweise,
- „Wassersportlicher Lebenslauf" (Ausbildung, Erfahrung, Lehr- und/oder Prüfertätigkeit),
- Umfang der Zeit, die für eine Tätigkeit als Prüfer zur Verfügung stehen würde,
- Vereinszugehörigkeit oder Zugehörigkeit zu einer Segelschule oder einer anderen Ausbildungsstätte,
- sofern ein Beschäftigungsverhältnis besteht: Nachweis der Genehmigung zur Ausübung der Nebentätigkeit als Prüfer (selbstständiger Sachverständiger) durch den Arbeitgeber oder Dienstherrn,
- zum Nachweis der Tauglichkeit ein ärztliches Zeugnis gemäß Anlage 2,
- zum Nachweis der Zuverlässigkeit ein behördliches Führungszeugnis (Belegart O).

2. Prüfung

In einem von den beliehenen Verbänden durchzuführenden Prüfungsverfahren müssen die Bewerber ihre fachliche und soziale Qualifikation nachweisen. Das Prüfungsverfahren muss zur Feststellung der individuellen Geeignetheit, Prüfungen durchzuführen, und zur Kontrolle des aktiven Fachwissens folgende Elemente enthalten:

Vorstellung, Präsentation, Durchführung von Prüfungen, Konfliktlösungen, Problemlösungen, Leistungs- und Organisationstests. Die Elemente sind mündlich, schriftlich, theoretisch, praktisch, individuell, in der Gruppe und als Rollenspiel zu prüfen.

Ansprüche auf Teilnahme an der Prüfung, Vorschlag zur Bestellung und Einsatz als Prüfer/in bestehen nicht.

Anlage 7 SpFV
(zu § 10 Absatz 3 Satz 3)

Belehrung gemäß § 10 Absatz 3 Satz 3

Die für die beliehenen Verbände tätigen Prüfer erhalten Entscheidungsbefugnisse für die Ausübung ihrer Prüfungstätigkeit und treten dem Bewerber um eine Fahrerlaubnis als Hoheitsträger gegenüber.
Dies erfordert von ihnen fachliche Qualifikationen, Erfahrungen im Wassersport und im Umgang mit Menschen und schließlich auch persönliche Integrität. Diese Voraussetzungen müssen sie jederzeit erfüllen. Der Verlust auch nur einer dieser Eigenschaften kann zur Entlassung aus dem Amt des Prüfers führen.

Die Prüfer haben folgende Rechte und Pflichten:
- einen zur Prüfung zugelassenen Bewerber zurückzuweisen, wenn er erkennbar die Anforderungen an die Zuverlässigkeit oder die Tauglichkeit nicht oder nicht mehr erfüllt;
- in der Prüfung den Umfang der Befähigung des Bewerbers festzustellen;
- in der Prüfungskommission über Bestehen oder Nichtbestehen der Prüfung, über Erteilung oder Nichterteilung der Fahrerlaubnis sowie ggf. über zu erteilende Auflagen zu entscheiden;
- während der Prüfung Ruhe und Ordnung aufrechtzuerhalten, um im Interesse aller Bewerber einen ordnungsgemäßen Prüfungsablauf zu gewährleisten;
- alle Entscheidungen nach Maßgabe der gesetzlichen Vorschriften zu treffen und dabei die Richtlinien des Bundesministeriums für Verkehr und digitale Infrastruktur, die sonstigen Anordnungen der Verbände sowie die Weisungen der zuständigen Fachaufsichtsbehörde zu beachten;
- sich bei Entscheidungen, die nach pflichtgemäßem Ermessen zu treffen sind, ausschließlich von sachgerechten Erwägungen leiten zu lassen und sachfremde Überlegungen nicht zu berücksichtigen;
- sich den Bewerbern gegenüber höflich, aber bestimmt zu verhalten.

Über die Belehrung ist eine Niederschrift nach Anhang 1 zu Anlage 7 zu führen.

Anhang 1 (zu Anlage 7 SpFV)

Niederschrift

über die Verpflichtungen zur gewissenhaften und unparteiischen Tätigkeit und zur Verschwiegenheit, auch im Sinne des § 83 Absatz 2 des Verwaltungsverfahrensgesetzes in der Fassung der Bekanntmachung vom 23. Januar 2003 (BGBl. I S. 102), und nach § 53 des Bundesdatenschutzgesetzes in der Fassung der Bekanntmachung vom 30. Juni 2017 (BGBl. I S. 2097) in Verbindung mit Artikel 32 Absatz 4 der Verordnung (EU) 2016/679 des Europäischen Parlaments und des Rates vom 27. April 2016 zum Schutz natürlicher Personen bei der Verarbeitung personenbezogener Daten, zum freien Datenverkehr und zur Aufhebung der Richtlinie 95/46/EG (Datenschutz-Grundverordnung) (ABl. L 119 vom 4.5.2016, S. 1), jeweils in geltender Fassung.

I.

Herr/Frau	«Titel» «Vorname» «Name»
geboren am	«Geburtsdatum»
wohnhaft	«Straße», «Ort»

wurde heute im Rahmen der Tätigkeit als **«Prüfer/-in»** des Prüfungsausschusses **«[...]»** für die **Sportschifffahrt** gemäß § 9 Absatz 2 i. V. m. § 10 der Sportbootführerscheinverordnung (SpFV) vom 3. Mai 2017 (BGBl. I S. 1016) und den Durchführungsrichtlinien in den jeweils geltenden Fassungen verpflichtet, die Arbeit entsprechend untenstehender Gesetze/Vorschriften, Belehrungen und Vorgaben gewissenhaft und unparteiisch auszuüben und die gebotene Verschwiegenheit zu wahren.

II.

Es wurde auf folgende geltende Gesetze/Vorschriften jeweils in der geltenden Fassung hingewiesen:

Strafgesetzbuch:

§ 133 Absatz 1, 3	– Verwahrungsbruch
§ 201 Absatz 3	– Verletzung der Vertraulichkeit des Wortes
§ 203 Absatz 2, 4, 5	– Verletzung von Privatgeheimnissen
§ 204	– Verwertung fremder Geheimnisse
§ 331	– Vorteilsannahme
§ 332	– Bestechlichkeit
§ 353b	– Verletzung des Dienstgeheimnisses und einer besonderen Geheimhaltungspflicht
§ 355	– Verletzung des Steuergeheimnisses
§ 358	– Nebenfolgen

Abgabenordnung:

§ 30 Absätze 1 bis 3	– Steuergeheimnis

Bundesdatenschutzgesetz:

§§ 41 – 43	– Sanktionen
§ 83	– Schadensersatz und Entschädigung

Datenschutz-Grundverordnung:

Artikel 5	– Grundsätze für die Verarbeitung personenbezogener Daten
Artikel 9	– Verarbeitung besonderer Kategorien personenbezogener Daten
Artikel 24, 25 und 32	– Anforderungen an die Sicherheit bei der Datenverarbeitung personenbezogener Daten".

Anlage 8 SpFV
(zu § 5 Absatz 2)

Binnenschifffahrtsstraßen, auf denen für das Führen eines Sportbootes unter Segel eine Fahrerlaubnis erforderlich ist

Havel-Oder-Wasserstraße von der Spreemündung bei Spandau bis km 10,20

einschließlich:	Nieder Neuendorfer See
	Spandauer Havel
mit:	Tegeler See

Untere Havel-Wasserstraße von der Spreemündung bei Spandau bis km 16,40

einschließlich:	Pichelsdorfer Havel
mit:	Großem Wannsee

Spree-Oder-Wasserstraße von der Abzweigung aus der Havel bei Spandau bis Oder-Spree-Kanal (km 45,10)

einschließlich:	Untere Spree
	Berliner Spree
	Treptower Spree
mit:	Ruhlebener Altarm
	Rummelsburger See
	Müggelspree von der Einmündung in die Spree-Oder-Wasserstraße (Köpenick) bis km 11,40 einschließlich Großem und Kleinem Müggelsee sowie „Die Bänke"
	Langer See
	Großer Krampe
	Seddinsee
	Griebnitzsee
	Kleinmachnower See
	Stölpchensee
	Pohlesee
	Kleiner Wannsee

Anlage 9 SpFV
(zu § 8 Absatz 8 Satz 2)

Muster für den vorläufigen Sportbootführerschein

Ausstellende Behörde

Vorläufiger Sportbootführerschein
(nur gültig in Zusammenhang mit einem Personalausweis oder Reisepass)
Gültig für
Binnenschifffahrtsstraßen*
Sportboote mit Antriebsmaschine/unter Segel*, Länge < 20 Meter**
Seeschifffahrtsstraßen*
Sportboote mit Antriebsmaschine

Frau/Herr* ______________________ ______________________
(Name) (Vorname)

Geburtsdatum: ______________________ Geburtsort: ______________________

Staat: ______________________

ist Inhaberin/Inhaber* des oben angegebenen Sportbootführerscheins. Dieser vorläufige Führerschein ist gültig bis zum Erhalt des amtlichen Sportbootführerscheins, längstens bis 3 Monate nach seinem Ausstellungsdatum.

____
(Unterschrift der Inhaberin/des Inhabers*)

Ausstellungsort: ______________________

Ausstellungsdatum: ______________________

____
(Stempel/Unterschrift der ausstellenden Behörde)

* Nichtzutreffendes bitte streichen.
** auf dem Rhein < 15 Meter.

Sachregister

Sachregister